Original illisible

NF Z 43-120-10

"VALABLE POUR TOUT OU PARTIE DU DOCUMENT REPRODUIT".

VIE

DU

R. P. JEAN EUDES

Instituteur de la Congrégation de Jésus et Marie et de l'Ordre
de Notre-Dame de Charité

PAR

LE P. JULIEN MARTINE

Eudiste

MANUSCRIT INÉDIT

PUBLIÉ ET ANNOTÉ

Par l'Abbé LE COINTE

CURÉ DE CORMELLES-LE-ROYAL
MEMBRE DE LA SOCIÉTÉ DES ANTIQUAIRES DE NORMANDIE

TOME I

CAEN

IMPRIMERIE DE F. LE BLANC-HARDEL, LIBRAIRE

Rue Froide, 2 & 4

1880

VIE

DU

R. P. JEAN EUDES

LE VÉNÉRABLE JEAN EUDES,
Instituteur de la Cong.^{tion} de Jésus et Marie,
de l'ordre de N.D. de Charité, et de la Société
du S.^t Cœur de la Mère admirable.

VIE
DU
R. P. JEAN EUDES

Instituteur de la Congrégation de Jésus et Marie et de l'Ordre de Notre-Dame de Charité

PAR

LE P. JULIEN MARTINE

Eudiste

MANUSCRIT INÉDIT

PUBLIÉ ET ANNOTÉ

PAR L'ABBÉ LE COINTE

CURÉ DE CORNELLES-LE-ROYAL
MEMBRE DE LA SOCIÉTÉ DES ANTIQUAIRES DE NORMANDIE

TOME I

CAEN

IMPRIMERIE DE F. LE BLANC-HARDEL, LIBRAIRE

Rue Froide, 2 & 4

1880

A Monseigneur

FLAVIEN-ABEL-ANTOINE HUGONIN

ÉVÊQUE DE BAYEUX ET LISIEUX

Monseigneur,

Je vous prie de vouloir bien agréer l'hommage de l'œuvre que j'édite conformément au désir que m'en a témoigné Votre Grandeur.

La Vie du P. Jean Eudes par le P. Julien Martine a une importance évidente pour tous les esprits sérieux : elle comble une lacune qui existait dans l'histoire de l'Église de Normandie, au XVIIe siècle. Elle fait connaître d'une manière détaillée, précise, complète, l'incomparable missionnaire normand, l'infatigable apôtre, l'homme extraordinaire, la merveille de son siècle (1), *suscité par Dieu pour relever et régénérer les âmes profondément abaissées, à la suite de guerres néfastes qui, trop long-*

---

(1) Mém. aut. de M. Olier.

temps, hélas ! avaient ensanglanté le sol sacré de la patrie.

J'éprouve une véritable jouissance à faire paraître le consciencieux récit de ce vieil historien, notre compatriote, sous les auspices du Prélat distingué qui, continuant l'œuvre des saints évêques de Bayeux et Lisieux, amis et protecteurs du Vénérable P. Eudes, travaille tous les jours, avec un dévouement sans bornes, à former à l'Eglise des prêtres selon le cœur de Dieu, c'est-à-dire instruits et pieux.

J'ai l'honneur d'être avec le plus profond respect,

Monseigneur,

De Votre Grandeur

Le très-humble et très-obéissant serviteur.

E. LE COINTE,
Curé de Cormelles-le-Royal.

Cormelles-le-Royal, 1ᵉʳ décembre 1879.

RÉPONSE ET APPROBATION

DE

MONSEIGNEUR L'ÉVÊQUE DE BAYEUX ET LISIEUX

Bayeux, le 8 décembre 1879.

Cher Monsieur le Curé,

Vous m'annoncez la publication prochaine de la vie manuscrite du P. Eudes par le P. Julien Martine. Je vous encourageai au début de cette laborieuse entreprise ; c'est avec bonheur que je vous félicite de son heureux achèvement. Je souhaite à votre livre de nombreux lecteurs. Les familles du vénérable Patriarche l'accueilleront avec joie. Nous y trouverons tous un modèle parfait de piété éclairée et solide, et de ce dévouement sacerdotal qui fit du P. Eudes un véritable réformateur après les tristes guerres de Religion.

Tout à vous en N.-S.

† Flavien.

Lettre de Monseigneur l'Évêque de Bayonne

A M. L'ABBÉ LE COINTE, CURÉ DE CORMELLES

Évêché de Bayonne, le 24 novembre 1878.

Cher Monsieur le Curé,

Quand vous vîntes à Bayeux, il y a bientôt six mois, déposer dans la cause de la Béatification du Vénérable P. Jean Eudes, missionnaire apostolique, fondateur de la Congrégation des prêtres de Jésus et Marie et de l'Ordre de Notre-Dame de Charité du Refuge, le Tribunal que j'avais l'honneur de présider fut très-frappé de l'importance de votre témoignage et surtout de la manière victorieuse dont vous aviez fait justice de certains jugements formulés à la légère contre le Serviteur de Dieu, et trop facilement acceptés comme définitifs sur le seul renom de leurs auteurs.

Votre déposition, recueillie d'abord dans les actes du procès apostolique soumis à cette heure à l'examen *de la Sacrée Congrégation des Rites, appartenait à tous les amis de la mémoire du Vénérable P. Eudes ; elle appartenait aussi à tous les hommes curieux de notre histoire locale : et c'est avec plaisir que j'en ai retrouvé les éléments mis en ordre et développés dans votre* Etude historique sur le P. Jean Eudes, *etc.*

Un travail aussi consciencieux et aussi concluant devait être accueilli avec la faveur qui a salué vos précédentes publications ; il contribuera puissamment à fixer l'attention sur une des plus grandes et des plus saintes physionomies, je ne dis pas seulement du clergé de Normandie, mais du clergé de France, au XVIIe siècle.

Vous vous souvenez, cher Monsieur le Curé, qu'alors nous regrettions ensemble qu'il n'y eût pas encore une véritable histoire du Vénérable Serviteur de Dieu. Les détails de cette vie si féconde et si héroïque n'avaient été conservés que dans les annales intimes des deux familles religieuses fondées par le P. Eudes. Il manquait à cette grande figure le cadre de l'époque dans laquelle elle s'est développée, des événements auxquels elle a été mêlée. Mais déjà la Providence vous avait réservé le moyen de combler cette lacune.

Mis à même de compulser une vie du P. Jean Eudes, écrite au milieu du XVIIIe siècle, par le P. Julien Martine, l'un des membres les plus distingués de la Congrégation de Jésus et Marie, comme vous enfant de Vaucelles de Caen, vous avez vite reconnu l'importance de cette œuvre, composée sur les documents originaux avec tous les *procédés de l'histoire, et avec les garanties de la critique la plus sévère.*

C'est alors, cher Monsieur le Curé, que vous avez résolu de nous donner une édition de cette Vie, *demeurée manuscrite. Les encouragements des hommes les plus compétents sont venus se joindre aux vœux des enfants et de tous les amis du P. Eudes. Monseigneur l'Evêque de Bayeux a daigné applaudir à votre généreux dessein : je ne puis, pour ma part, que joindre mes félicitations à celles que vous avez reçues, et demander à Dieu pour vous la force de mener à bonne fin ce grand travail.*

Recevez, cher Monsieur le Curé, l'assurance de mon affectueux dévouement.

† Arthur-Xavier, *Evêque de Bayonne.*

AVANT-PROPOS.

───

Au commencement de l'année 1878, nous fûmes invité par M. l'abbé Ducellier, vicaire général du diocèse de Bayeux, nommé depuis à l'évêché de Bayonne, à déposer, en qualité de témoin d'office, devant le tribunal constitué à Bayeux pour la cause de la Béatification du Vénérable Serviteur de Dieu, le P. Jean Eudes. Après une hésitation bien naturelle, à la vue d'un travail qui nous paraissait beaucoup au-dessus de nos forces, nous nous rendîmes à l'invitation qui nous était faite, par déférence pour l'autorité, et, obéissant aussi à cette curiosité intellectuelle qui séduit toujours les esprits amis de l'étude. Les nombreux et riches manuscrits des écrivains eudistes furent mis à notre disposition; et bientôt apparut à nos yeux et à notre esprit étonnés la figure saisissante d'un héros et d'un saint. Nous sentîmes nos forces s'accroître à la pensée que ce grand homme était à peu près inconnu, même dans le monde lettré de cette Athènes normande qui avait été le théâtre de ses exploits, le centre de ses opérations, le champ de bataille de son héroïque charité. Si peu que nous pourrions faire, nous contribuerions du moins, pensions-nous, à lever un coin du voile que l'indifférence de deux siècles avait jeté sur cette grande existence. Le travail devenait dès lors pour nous un besoin et une délicieuse jouissance.

Le 11 et le 12 juin, nous nous efforçâmes de répondre avec l'attention la plus scrupuleuse, pendant douze heures, aux diverses questions posées par le formulaire. En émettant nos jugements sur les différents biographes du P. Eudes, que nous avions étudiés, nous fûmes amené à apprécier le manuscrit d'un écrivain eudiste, du P. Julien Martine, qui avait fixé notre attention d'une manière toute spéciale. Avant de signer notre déposition, nous demandâmes la permission d'y ajouter le vœu suivant : « Au nom de la gloire de Dieu, pour la glorification du Vénérable P. Eudes, notre compatriote, et dans l'intérêt de la science historique, nous demandons l'impression du manuscrit intitulé : *Vie du R. P. Jean Eudes par le P. Julien Martine.* » Nous eûmes la satisfaction de voir tous les vénérés membres du Tribunal s'associer avec empressement et bonheur au vœu que nous venions d'émettre.

Au mois de septembre, nous publiâmes sur le P. Jean Eudes une Etude de critique historique destinée à dégager la question relative au Vénérable Serviteur de Dieu des reproches sans fondement, des contradictions, des attaques, en un mot de toutes les manœuvres auxquelles on a eu recours pour l'obscurcir, alors qu'il est pourtant si facile d'y apporter la lumière, quand on l'étudie sans idées préconçues. N'était-il pas important d'ailleurs, tandis que le Tribunal ecclésiastique instruisait le procès du P. Jean Eudes, au point de vue de la sainteté de sa vie, de faire entrer la question dans le domaine de la science historique ? Peu de temps après la publication de ce travail, sa Grandeur, Mgr l'Évêque de Bayeux, nous fit l'honneur de nous adresser la lettre suivante :

Caen, le 14 novembre 1878.

Cher Monsieur le Curé,

Je viens de lire avec un vif intérêt votre Etude critique sur le P. Eudes. *Le Souverain-Pontife nous a chargé de faire, sur la vie et les vertus du Vénérable Serviteur de Dieu, l'enquête qui doit servir de base au procès de sa béatification. Votre étude tiendra une place honorable parmi les documents que nous avons recueillis.*

Je voudrais, en vous adressant mes sincères félicitations, vous exhorter à continuer votre œuvre en publiant la Vie manuscrite que vous signalez à notre curiosité. Vous aurez ainsi largement contribué à faire revivre parmi nous la mémoire trop oubliée d'un saint prêtre et d'un grand bienfaiteur de la province de Normandie.

Tout à vous en N.-S.

† Flavien, *Evêque de Bayeux et Lisieux.*

Cette invitation d'un évêque si justement vénéré de tous ses prêtres, jointe aux encouragements et aux adhésions de nombreux Prélats, amena la réalisation du vœu que nous avions formulé. Nous nous remîmes au travail pour éditer, cette fois, une histoire du P. Eudes complète, judicieuse, et, on peut le dire, riche de documents du plus haut intérêt pour l'histoire de l'Eglise de Normandie.

Nous avons évité dans cet Avant-propos de nous livrer à des considérations générales sur le P. Eudes, sur son caractère, ses œuvres, ou même sur l'époque qui sert de cadre à cette grande figure. Ces détails, ces appréciations sur l'homme qui est mis en scène, sur les œuvres qu'il a accomplies ou sur les événements auxquels il s'est trouvé mêlé, viendront à leur place dans le récit de l'historien eudiste, ainsi que dans les annotations que nous y avons jointes. D'un autre côté, les nombreux extraits des écrits du Serviteur de Dieu, insérés dans ce récit historique, ont l'immense avantage de mettre continuellement le lecteur en contact avec son héros, de lui permettre de le voir à l'œuvre, de l'entendre parler lui-même, de suivre, pour ainsi dire, pas à pas, les faits et gestes de ce véritable Chevalier du Christ, lui aussi *sans peur et sans reproche*, dont la parole ardente, convaincue, enflammée par la charité, a réussi, au prix de labeurs incessants et de prodiges de courage, à faire sortir des provinces entières de leur sommeil de mort, et à les ramener au Vrai, au Bien, au Juste, c'est-à-dire à Dieu.

Le vénérable et judicieux M. Olier, jugeant l'ouvrier par les fruits qu'il lui voyait produire, a appelé le P. Eudes *un homme extraordinaire, la merveille de son siècle.* De nombreux Prélats, des hommes bien connus par leurs talents et vénérés par leurs vertus, ont porté sur lui le même jugement. Quiconque aura étudié cette mâle et pure figure, loyalement, avec attention, sans opinions préconçues, reconnaîtra aussi que le P. Eudes a été, non-seulement un saint prêtre, mais un grand homme, un apôtre dans toute l'étendue du mot, un des principaux réformateurs de l'Eglise et de la société française au XVIIe siècle. Laissant à l'historien du Serviteur de Dieu à mettre en relief les qualités et les mérites de ce héros chrétien, nous allons consacrer cet Avant-propos à faire connaître les anciens biographes eudistes, sources auxquelles il faut nécessairement remonter pour étudier à fond et juger avec connaissance de cause les œuvres du P. Jean Eudes.

Le P. Martine commence sa préface en nous révélant un fait étonnant au premier abord, et qui pourtant devait inévitablement se produire dans des conditions données. Moins de soixante ans après la mort du P. Eudes, la grande œuvre accomplie par lui, d'une manière si laborieuse et avec tant d'éclat, était déjà, sinon oubliée, du moins peu connue dans ses détails et dans les développements si variés, si émouvants qu'elle avait reçus durant une vie active qui compte plus d'un demi-siècle. Il est facile d'en trouver la cause. Si féconde en œuvres et en bienfaits que soit la vie d'un homme, elle doit nécessairement pâlir et s'effacer avec le temps, s'il ne se trouve un historien qui, en la burinant, en quelque sorte, la rende à jamais impérissable. L'histoire seule a le privilége de rendre les grands hommes immortels.

Fidèles aux recommandations du P. Eudes, les prêtres de la Congrégation de Jésus et Marie s'étaient consacrés entièrement à l'œuvre des Missions et des Séminaires. Absorbés par les occupations de ce double ministère, ils s'étaient appliqués à reproduire et à continuer les vertus de leur vénéré maître, beaucoup plus qu'à les consigner par écrit et à les livrer à la publicité. Mais Dieu ne permit pas qu'une vie si édifiante et si remplie fût perdue pour la postérité. Les œuvres du P. Eudes enfantées sur la croix, au milieu des contradictions de toutes sortes, devaient être racontées pour ranimer le courage et apporter aux âmes la consolation et l'espérance, quand viendrait pour les chrétiens d'un autre âge l'heure des persécutions et des grandes douleurs. Les biographes n'ont pas manqué; seulement, pendant trop longtemps, leurs œuvres, demeurées ensevelies dans les archives de la Congrégation, furent pour le public comme si elles n'avaient pas existé. La manifestation a commencé à se faire, et elle continuera son cours jusqu'au temps où elle atteindra son complet couronnement.

Le premier des prêtres eudistes qui ait consigné par écrit les faits relatifs aux commencements de la Congrégation est le P. Jacques Finel, né à Marchézieux, dans le diocèse de Coutances. Il entra dans la Congrégation de

Jésus et Marie en 1646, et mourut à Saint-Nicolas de Coutances, à l'âge de 54 ans, le 16 mars 1652. Le Mémoire qu'il a composé sur les commencements de la Congrégation est intitulé : *Verba dierum*. Ce travail, perdu depuis la Révolution, n'est pas encore retrouvé. En tout cas, il eût ajouté peu de choses aux relations des biographes qui l'ont connu, et dont nous possédons les écrits beaucoup plus complets.

Après le P. Finel, vient, par ordre de date, le Père Hérambourg, né à Rouen, dans la paroisse Saint-Vivien, le 9 septembre 1661 : c'est à proprement parler le premier biographe du P. Eudes. « Encore enfant, il dévoroit les livres (1). » Son intelligence se développa d'une manière si précoce, qu'il soutint, à l'âge de 12 ans, une thèse de philosophie contre un petit compagnon d'études qui n'en avait que dix. Au bas des thèses de ces deux jeunes jouteurs, le professeur, justement fier d'avoir formé de tels élèves, avait fait mettre ces paroles : « *Has « theses propugnabunt Robertus de Horse decennis et « Petrus Herambourg duodennis.* » Quelques années plus tard, nos deux philosophes, devenus hommes, mettaient leur talent au service de l'Eglise. Pierre Hérambourg entra dans la Congrégation de Jésus et Marie en 1682, deux ans après la mort du P. Eudes; il y fut incorporé en 1686, et attaché à la maison de Coutances dont il devint supérieur en 1711. Mgr de Loménie, admirateur de son

---

(1) Costil, *Fleurs*.

talent, de son zèle et de sa sainteté, lui imposa la charge d'archidiacre; et jusqu'à sa mort, en 1720, ce prêtre si pieux et si actif fut le bras droit de son évêque dans l'administration du diocèse. Le P. Hérambourg était un homme de talent, un penseur et un saint. « Donner « l'éloge du P. Hérambourg, dit le P. Costil, c'est décou- « vrir les beautez et les perfections d'un ange incarné qui « n'a respiré que pour la gloire de Dieu, qui n'a travaillé « que pour le faire connoître et adorer, en esprit et en « vérité, de tous ceux qui vouloient profiter de ses « avis (1). » L'ouvrage qu'il a composé sur le P. Eudes forme deux forts volumes in-8°; il a pour titre : « *La* « *vie du Vénérable Serviteur de Dieu, Jean Eudes, prêtre,* « *missionnaire, Instituteur et premier supérieur de la* « *Congrégation de Jésus et Marie et des Religieuses de* « *Notre-Dame de Charité, divisée en deux parties.* » Cet ouvrage est extrêmement précieux, non-seulement à cause du mérite et de la sainteté de l'auteur, mais encore parce que l'écrivain a vécu à une époque très-rapprochée et non loin du personnage dont il a su nous faire une peinture si émouvante et si complète. La première partie de son travail, consacrée plus spécialement aux faits historiques, n'est guère qu'une suite de notes très-intéressantes, mais données sans ordre chronologique et surtout très-incomplètes. Plus écrivain, plus penseur, plus moraliste que le P. Martine, le P. Hérambourg avait peu de dispositions pour conduire un récit avec tous

---

(1) *Fleurs.*

les détails que comporte l'histoire. C'est dans la seconde partie, où il traite des vertus du P. Eudes, que l'auteur a révélé son talent. Cet exposé exhale un si suave parfum de piété, il met si bien en relief une foule de faits relatifs à la vie du saint missionnaire, les pensées de l'écrivain revêtent parfois une telle grandeur, une telle majesté d'expression, qu'on lit ce traité, un peu long peut-être, avec une véritable jouissance. L'ouvrage du P. Hérambourg qui, à notre avis, est après le P. Eudes, le sujet le plus distingué de la Congrégation de Jésus et Marie, demande à n'être pas lu d'un trait. La deuxième partie de ce beau travail, celle qui traite des vertus du P. Eudes, a été publiée pour la première fois, en 1868, par le R. P. Ange Le Doré, supérieur général de la Congrégation des Eudistes. Nous désirons ardemment que cette première publication, qu'on peut appeler une édition populaire, soit bientôt suivie d'une édition complète, et de nature à répondre aux besoins et aux désirs des hommes lettrés qui veulent étudier, comparer, juger par eux-mêmes, connaître enfin d'une manière véritablement sérieuse et approfondie la vie du Vénérable P. Eudes (1).

L'année même de la mort du P. Hérambourg, un autre prêtre eudiste, le P. Costil, commençait à rédiger les

---

(1) Le R. P. Le Doré a publié, depuis, en 1870, une étude historique d'un grand intérêt, qui a pour titre : *Le Vénérable Jean Eudes, premier apôtre des sacrés Cœurs de Jésus et Marie*.

Annales de la Congrégation de Jésus et Marie, bientôt suivies du livre des *Fleurs*. Nous croyons utile de faire connaître les circonstances dans lesquelles ont été écrits ces deux importants ouvrages.

Pierre Costil, né à Rouen en 1669, se fit remarquer de bonne heure par sa tendre piété envers la très-sainte Vierge. Après avoir été par ses vertus et son amour du travail le modèle de ses condisciples, durant ses études, il fut ordonné prêtre en 1694 et entra, la même année, dans la Congrégation des Eudistes : il y fut incorporé le 20 août 1697. Attaché successivement aux séminaires de Senlis et de Rennes, il était devenu supérieur de la maison d'Avranches, lorsqu'en 1720 M. de Fontaines de Neuilly, troisième supérieur général des PP. Eudistes, le chargea de recueillir les documents relatifs non-seulement à la vie du P. Eudes, mais à l'histoire générale de la Congrégation. Le P. Costil se mit aussitôt à l'œuvre, et parcourut successivement toutes les maisons d'origine eudiste, compulsant les registres, les lettres et toutes les pièces que les divers établissements purent mettre à sa disposition. En possession de tous les précieux documents qu'il avait pu réunir, il commença à Caen, en 1722, la rédaction des *Annales de la Congrégation de Jésus et Marie*, qu'il a continuées jusqu'en l'année 1739. Ce qui donne un grand prix à cet ouvrage, formant environ la matière de huit volumes in-8°, c'est qu'il contient *in extenso* des pièces d'une importance capitale pour la Congrégation des Eudistes, qu'on ne trouverait maintenant nulle part ailleurs. En

1724, l'infatigable écrivain commença le livre des *Fleurs de la Congrégation de Jésus et Marie* ou biographies des prêtres eudistes les plus célèbres : ce travail finit également en l'année 1739. Le premier volume est consacré tout entier au P. Eudes, sans contredit la plus belle des Fleurs de la Congrégation. Supérieur du séminaire de Lisieux de 1726 à 1731, le P. Costil eut de nouveau la direction de la maison d'Avranches de 1736 à 1739, et mourut au séminaire de Rouen, le 2 décembre 1749. Les Annales et les Fleurs, souvent identiques dans le récit des faits, surtout en ce qui concerne le P. Eudes, se complètent parfois l'un l'autre. Ce travail laisse beaucoup à désirer au point de vue du style ; mais ainsi que l'a dit, avec raison, l'éditeur du P. de Montigny, « l'auteur rachète ce défaut par son exactitude à rapporter fidèlement les discours et les faits, par les détails qu'il donne et par le ton de simplicité et de sincérité qui règne dans tout le récit. » On peut dire que l'âme candide et limpide du P. Costil se laisse voir jusqu'au fond. Le livre des Annales sera toujours un trésor, une mine précieuse et inépuisable pour les hommes qui seront appelés à écrire sur la vie et les œuvres du vénérable P. Eudes (1).

Un jésuite breton, le P. Antoine de Montigny, né à

---

(1) Les Pères Eudistes possèdent l'original des *Annales*, et l'ouvrage entier des *Fleurs* trouvé au Séminaire de Coutances. Une copie du IIe volume des *Fleurs* se trouve à la Bibliothèque de la ville de Caen, et une copie du Ier volume au monastère de Notre-Dame de Charité de Caen.

Vannes, en 1694, composa, vers 1765, un abrégé de la vie du P. Eudes, révisé et édité, en 1827, par M. l'abbé Tresvaux. Ce récit, très-précieux assurément, tant qu'il a été le seul travail livré à la publicité, est tout à fait incomplet, sec, sans mouvement et sans vie; il est surtout beaucoup trop avare de ces intéressantes citations qui, laissant parler et agir le héros lui-même, permettent aux lecteurs de saisir son caractère, sa manière de dire, sa physionomie tout entière. Certainement, on ne connaît pas le P. Eudes, quand on ne l'a vu qu'à travers le pâle récit du P. de Montigny (1).

Un siècle environ s'était écoulé depuis la mort du P. Eudes, lorsque les Religieuses de Notre-Dame de Charité, désolées de ne posséder encore aucune histoire de leur saint Instituteur, conjurèrent l'Assemblée des Eudistes réunie à Caen, en 1779, pour l'élection de son 8° Supérieur, de faire enfin écrire cette vie si intéressante à tant de points de vue divers. Leur vœu fut pris en considération, et le P. Beurrier fut chargé de donner cette histoire si ardemment désirée. Le P. Beurrier se mit peu en frais pour remplir la mission d'historien qu'on lui avait confiée. Il s'est borné, la plupart du temps, à reproduire le récit du P. de Montigny, avec

---

(1) La Bibliothèque de la ville de Caen possède une très-belle copie du manuscrit du P. de Montigny, format in-f°, n° 39, antérieure évidemment à l'impression de l'ouvrage, et dans laquelle on peut suivre les nombreuses retouches faites par l'éditeur. Quelques erreurs de date commises par M. l'abbé Tresvaux ne se trouvent pas dans le manuscrit.

quelques additions très-insuffisantes, malgré leur importance, pour donner à son œuvre un caractère véritablement original. Pour parler exactement et être juste, il faudrait intituler ce travail : Vie du P. Eudes par le P. de Montigny, complétée par le P. Beurrier : *Suum cuique.* Ce récit porte la date de 1780.

Le P. Julien Martine, dont il nous reste maintenant à apprécier l'œuvre, naquit à Vaucelles de Caen, le 15 octobre 1669 (1). Ordonné prêtre, il débuta dans le ministère par exercer les fonctions de vicaire dans sa paroisse natale, où sa piété, son zèle et ses manières aimables, lui concilièrent bientôt l'estime universelle. Il entra dans la Congrégation de Jésus et Marie le 12 novembre 1703, et y fut incorporé, à Coutances, le 25 janvier 1707. L'exactitude scrupuleuse avec laquelle il s'acquittait de tous ses devoirs attira sur lui l'attention des Supérieurs, qui le nommèrent, en 1712, directeur de la *Probation* (2) de la maison de Launay. En 1720, après la mort du P. Hérambourg, il devint Supérieur du Séminaire de Coutances; dans cette nouvelle charge, il jouit de la même considération que son digne et vénéré

---

(1) « Le dit jour (Dimanche vingtiesme jour du moys d'octobre 1669), fut baptisé Jullient Martinne, fils de Michel et d'Elisabeth Cardin, nagé de cinq jours, nommé par Louis-Charles-Jullient Fontaine, présence de Le Boucher et Marie Lévesque qui ont signé. » (État civil de Caen, *Registre des Baptêmes de la paroisse Vaucelles.*)

(2) La *Probation* est le Noviciat des Eudistes.

prédécesseur, Mgr Léonor de Matignon, deuxième du nom, mettant à profit les conseils éclairés du P. Martine, accomplit dans son grand Séminaire de sages réformes qui en firent une des maisons les plus régulières et les plus estimées de la Congrégation. Monseigneur de Coutances nomma en même temps le P. Martine secrétaire général des Conférences Ecclésiastiques, ce qui lui permit de se livrer activement à l'étude de la théologie, pour laquelle il avait un goût bien marqué.

Dans l'Assemblée de 1729, le P. Martine, nommé premier Assistant de la Congrégation, fut chargé de réviser un manuscrit intitulé : *Vie du R. P. Jean Eudes, Instituteur de la Congrégation de Jésus et Marie*, et d'y faire les modifications, additions et remaniements qui lui paraîtraient désirables. Cet ancien Mémoire, ainsi remanié, a peut-être fourni le fond du manuscrit que nous publions aujourd'hui. Il importe pourtant de remarquer que l'ouvrage que nous éditons est bien certainement de la main du même auteur, dans toute son étendue : le doute n'est pas possible sur ce point. D'une lettre écrite de Paris, en 1739, dans laquelle on donnait au P. Martine, supérieur du Séminaire d'Evreux depuis 1735, les renseignements par lui demandés sur une mission du P. Eudes à Meaux, il résulte, qu'à cette date, le travail de l'auteur n'était pas encore terminé. De plus, à la page 155 du Ier volume, l'historien parle de « Mon-« sieur Vincent qui, dit-il, *vient d'être canonisé.* » La canonisation de saint Vincent de Paul ayant eu lieu le 19 juin 1737, c'est vers cette époque, c'est-à-dire de

1737 à 1740 que le P. Martine a dû terminer son travail.

Pendant les six dernières années de sa vie, le digne Supérieur du Séminaire d'Evreux fut éprouvé par un asthme violent. A partir de Noël, 1744, il fut obligé de rester nuit et jour dans un fauteuil, sans pouvoir célébrer la sainte messe, ce qui fut pour ce bon prêtre une dure privation. Résigné en tout à la volonté divine, il supporta la souffrance avec un courage admirable, et mourut saintement, comme il avait vécu, le 28 janvier 1745, à l'âge de 76 ans, dont 42 passés dans la Congrégation. « M. Martine, dit le nécrologe d'Evreux, était un prêtre « très-capable, très-régulier, un modèle d'humilité. » Le nécrologe de Rouen lui donne un témoignage non moins élogieux : « Ce saint prêtre, dit-il, avait conservé « l'esprit de nos premiers Pères : sa modestie, son déta- « chement, son amour de la pauvreté, son dévouement « pour la Congrégation lui avoient gagné le cœur de tous « ses confrères, dont il fut toujours honoré. »

Pour apprécier équitablement l'ouvrage du P. Martine, il ne faut pas le juger d'après les principes admis et les procédés en usage à notre époque dans les compositions historiques. Sauf pour quelques hommes supérieurs qui avaient devancé leur temps, l'histoire ainsi comprise n'existait pas encore au commencement du XVIIIe siècle. Au point de vue du plan, de l'ordonnance du récit, de la richesse des documents, de la critique, l'œuvre du P. Martine a certainement un mérite incontestable. L'historien se montre toujours, et jusque dans les plus petits détails, loyal, consciencieux, plein de respect pour ses lecteurs, auxquels il fournit constamment la preuve de ses affirmations : au risque de devenir monotone, il leur met sous les yeux les pièces du procès historique qu'il instruit, il veut les faire juges du débat, et leur donner les moyens de contrôler ses propres jugements. C'est un mérite d'un prix inappréciable, et dont manquent trop souvent, à notre époque, beaucoup de récits plus brillants par le mérite littéraire que par l'exactitude et la critique historique.

Mais si le P. Martine était un homme de valeur, d'un jugement sûr, il lui manquait pourtant une qualité indispensable à l'historien : il n'avait pas l'habitude d'écrire. Du reste, il ne fait pas mystère de son incompétence comme écrivain; et en la constatant, nous ne faisons que reproduire l'aveu qu'il en a fait lui-même, avec une modestie et une candeur qui lui font honneur. Sa phrase est ordinairement lourde, mal construite, chargée d'expressions répétées à satiété et presque toujours embarrassée de conjonctifs qui en rendent la lecture fastidieuse (1). C'est dire que son œuvre n'aurait pu être livrée à l'impression sans être révisée avec soin. Quant à la fatigue que cause au lecteur cette longue division, en livres, adoptée par l'auteur, elle était assez généralement en usage à cette époque. Le P. Costil explique lui-même que se conformant à la règle qui avait cours

---

(1) Nous signalons les défauts du manuscrit avant la révision que nous en avons faite.

de son temps, il avait repoussé la division par chapitres pour ne pas trop hacher son récit (1).

On peut être un homme de mérite, un penseur, avoir le sens historique, sans être un écrivain dans le sens propre du mot : c'est le cas du P. Martine. Il aime l'histoire et comprend les qualités qu'elle doit avoir pour trouver créance dans l'esprit du lecteur. Il a même l'idée du récit dramatique ; dans certaines circonstances, il essaie de donner ce caractère à sa narration, souvent, il est vrai, sans réussir à atteindre l'effet désiré. Il a surtout le mérite d'avoir compris que dans les événements dont il fait le récit, en mettant en scène les grands personnages qui en ont été les principaux acteurs, en les mêlant à l'action, en produisant leur propre témoignage, il donnait à son histoire un caractère archaïque qui n'est assurément pas dénué d'intérêt, et à ses jugements une force de persuasion d'une incontestable valeur (2).

Considéré comme homme, le P. Martine a une belle âme ; une âme candide, qui aime ardemment la vérité et désire la faire connaître, telle qu'il la voit lui-même, d'une manière consciencieuse et impartiale ; s'il se trompe parfois, ce qui lui arrive très-rarement, c'est certainement

---

(1) Préface des Annales.

(2) « L'auteur me paraît fort bien inspiré de faire souvent parler dans cette vie, l'homme de Dieu lui-même : la parole des Saints a, plus que toute autre un singulier parfum de piété et d'édification ; et plus que jamais, nous avons besoin de respirer cette bonne odeur de Jésus-Christ, pour échapper à l'influence délétère du siècle de corruption où nous vivons. » (Mgr Robert, évêque de Marseille, *Lettre à l'éditeur*).

de la meilleure foi du monde. Toujours charitable et modeste, il est cependant obligé, on le sent, de faire appel à sa foi pour pardonner aux adversaires de son vénéré maître et de sa chère Congrégation. On voit qu'il aurait pu manier l'ironie, s'il ne s'en fût interdit l'usage, quand il fait ressortir, avec une bonhomie mêlée d'un petit grain de malice gallicane, les lenteurs des Congrégations romaines, chez lesquelles il était cependant trop porté à supposer des intentions hostiles au P. Eudes, alors même qu'elles lui accordaient des faveurs signalées, mais insuffisantes au gré de notre vieil historien.

Il ne nous reste plus qu'à faire connaître le principe qui nous a servi de règle dans la révision de l'ouvrage que nous éditons. Nous rejetons la méthode des éditeurs qui, poussant à l'excès la fidélité matérielle, se croient obligés de reproduire les manuscrits avec les fautes grammaticales même les plus grossières, dont ils sont inévitablement entachés, quand l'auteur n'a pas eu le temps de réviser son œuvre et d'y mettre la dernière main.

Ce procédé nous paraît injuste, injurieux même pour l'écrivain dont l'œuvre inachevée se trouve ainsi déshonorée par des incorrections matérielles qui nuisent notablement à l'intérêt du récit, et que l'auteur, bien certainement, n'eût pas manqué de faire disparaître au moment de l'impression. Nous sommes parti de ce principe que, dans la publication d'un manuscrit laissé brut, en ce qui concerne les fautes matérielles, l'éditeur doit se substituer à l'auteur, et redresser les incorrections grammaticales, les phrases boiteuses, incohérentes, en un mot incorrectes, mais évidemment sans jamais altérer la plus légère nuance de la pensée de l'historien ni l'originalité de son expression. Nous croyons avoir rempli ce devoir avec une attention poussée jusqu'au scrupule.

Mais nous ne nous sommes pas borné à réviser le texte du P. Martine. Mettant à contribution les riches manuscrits qui nous ont été confiés, nous avons élucidé les faits douteux, les points controversés; et, après une étude comparée de tous ces manuscrits, nous avons complété, dans de nombreuses et longues notes, le récit de l'historien dont nous éditons l'œuvre. De plus, nous avons donné aux *Pièces justificatives* un grand nombre de documents aussi riches que variés, jusqu'alors restés inédits. Ainsi comprise, cette publication devient un répertoire où l'on trouvera toutes les pièces nécessaires pour discuter et approfondir la vie et les œuvres du vénérable P. Eudes. Quand le R. P. Le Doré nous aura gratifié d'une édition complète de l'ouvrage du P. Hérambourg, nous aurons, en comptant le livre du P. de Montigny, trois documents anciens qui donneront une ample connaissance du grand missionnaire, et permettront à l'historien de l'avenir d'écrire son histoire avec tous les procédés et les ressources en usage à notre époque. Comme toutes les études historiques, la question relative à la vie du P. Eudes et à ses œuvres doit nécessairement passer par ces deux phases distinctes : il faut jeter les fondements et réunir les matériaux qui doivent servir à élever l'édifice, avant d'en poser le couronnement. Pour contrôler sérieusement le récit de l'historien moderne, il est indispensable de pouvoir remonter aux sources.

Le manuscrit du P. Martine est la propriété de la Communauté de Notre-Dame de Charité de Caen, et c'est au nom et à la demande des Religieuses de ce monastère que nous en avons entrepris la publication. A deux siècles de distance, ces saintes filles ont conservé pour leur digne Instituteur la même vénération profonde dont étaient remplies, aux premiers jours, leurs Sœurs aînées, elles qui ont pu être les témoins émus de la vertu, du zèle, des trésors de charité renfermés dans cette âme d'apôtre, toujours prêt à donner sa vie « et des millions de vies, » comme il le disait lui-même, quand il s'agissait de la gloire de Dieu et du salut de ses frères. En nous livrant à ce travail aride et ingrat de rectification, qui n'a pas été pour nous sans fatigue, parce que nous le voulions consciencieux, nous aimions à penser que cette maison de Notre-Dame de Charité de Caen, la fille aînée du P. Eudes, aurait l'honneur, disons mieux, la pure jouissance d'élever à la mémoire de son bon Père le premier monument historique véritablement complet, destiné à faire revivre sa mâle figure et à perpétuer, à travers les siècles, le souvenir de ses héroïques vertus ; et que la joie des « filles de la Mère admirable » (1), comme disait le

---

(1) « Quand le P. Eudes avoit quelque habitude avec les personnes, il leur demandoit d'abord si elles aimoient bien Nostre-Seigneur et la *Mère*

P. Eudes, serait partagée par les Pères de la Congrégation de Jésus et Marie, eux dont le zèle infatigable a déjà tant fait pour la glorification de leur commun Instituteur.

Nous ne pouvons mieux terminer cet Avant-propos qu'en citant les délicieuses paroles par lesquelles le P. Costil finit la préface des *Annales de la Congrégation de Jésus et Marie ;* elles nous semblent admirablement convenir à la circonstance actuelle :

« Je ne dois pas oublier icy, disait le pieux Eudiste, la part que nos très-chères et très-honorées Sœurs, les Religieuses de Notre-Dame de Charité du monastère de Caën et des autres de leur Ordre, ont prise à mon travail ; et je manquerois de reconnoissance à leur égard, si je n'attestois icy qu'elles m'ont fourni plusieurs pièces sans lesquelles l'ouvrage eût été défectueux. Elles ont suivi, en cette occasion, comme en toutes les autres, le désir qu'elles avoient de contribuer de tout leur pouvoir à relever le mérite du bon P. Eudes, notre commun Instituteur, et à mettre en évidence et en bel ordre l'état d'une Congrégation qui leur a toujours été chère. Elles m'ont rendu encore un service, en cette matière, que j'estime le plus important de tous : c'est d'avoir prié Dieu avec ferveur pour luy demander les lumières et la force dont j'avois un extrême besoin pour entreprendre un ouvrage de cette

admirable : c'estoit le nom qu'il donnoit ordinairement à Nostre-Dame. »
(*Le Ménologe historique composé par une Religieuse du Saint-Sacrement. — 1682.)*

nature; et je ne doute point que Dieu n'ait eu égard à la pureté de leurs vœux, tant je me suis senti de courage et d'ouverture pour débrouiller certains faits et leur donner la place qui leur convenoit. Car, il est bien certain que si j'avois connu la peine et le poids de ce travail, je n'aurois jamais eu la hardiesse de le commencer ; et j'espère que ceux qui me connoissent verront clairement que Dieu en a fait son affaire, et qu'il étoit moralement impossible qu'un homme comme moy pût, je ne dis pas l'achever, mais seulement l'entreprendre. »

Cormelles-le-Royal, 1ᵉʳ janvier 1880.

E. LE COINTE.

PRÉFACE.

Quand je commençay l'ouvrage dont il est icy question, je n'avois point d'autre dessein que d'amasser des matériaux et de les disposer dans un certain ordre, espérant qu'il se trouveroit un jour quelque homme habile qui voudroit bien employer son talent à les mettre en œuvre. Mais, après avoir attendu longtemps inutilement, comme personne ne se présentoit pour l'entreprendre, la pensée me vint de le faire moy-même : et quoy que je fusse très-convaincu de mon insuffisance pour exécuter un tel dessein, je crus que l'importance du sujet et l'excellence des matériaux que j'avois réussi à rassembler pourroient peut-être suppléer à la bassesse de mon style et aux défauts de ma composition; que bien des gens me sçauroient gré de leur faire connoître ce grand personnage qui a procuré tant de gloire à Dieu pendant sa vie, et contribué au salut de tant d'âmes par ses travaux apostoliques.

On peut dire en effet que, de nos jours, l'idée qu'on se fait du Père Eudes et de ses Œuvres est singulièrement inexacte; beaucoup ne le connoissent que par ce qu'ils en ont appris dans quelques-uns de ces libelles diffamatoires, qui furent composez avec tant d'artifice, et répandus avec tant de malice par toute la France, pour détruire sa réputation; d'autres ne le jugent que sur les rapports de gens qui, par intérêt de parti ou de profession, se sont fait un mérite de le décrier durant sa vie et après sa mort (1). Ceux qui

---

(1) Les Jansénistes et leurs gazetiers; la faction de l'Oratoire gagnée aux idées de Jansénius.

conservent encore quelque vénération pour sa mémoire n'ont guère pour l'apprécier que les récits bien insuffisans faits par quelques hommes de bien, ou des abrégez de la vie du serviteur de Dieu très-incomplets et souvent inexacts. Il y a plus, on peut même ajouter que dans les deux Congrégations qu'il a fondées, ceux-là mêmes qui sont ses enfants et le vénèrent comme leur Saint Instituteur, qui luy doivent, après Dieu, leur sanctification, ignorent bien des côtez de l'admirable vie de leur vénéré Père.

Aussi j'espère que tous les gens de bien me sçauront gré de leur faire connoître à fond la vie de ce grand personnage qui a si bien mérité de l'Église. Ils considéreront avec admiration ce zélé serviteur de Dieu, prévenu des plus abondantes bénédictions, qui porta le joug du Seigneur dez sa plus tendre jeunesse ; qui, après avoir été un modèle de piété pour ses condisciples pendant ses études, le fut ensuite de toutes les vertus, pour toutes sortes de personnes, de tout âge et de toute condition, durant sa longue vie, qui fut de près de quatre-vingts ans. Ils le contempleront avec étonnement parcourant, à pas de géant, une si vaste carrière, dissipant les ténèbres de l'ignorance alors si épaisses, détruisant le règne du péché par ses éclatantes missions, et faisant ressentir partout les ardeurs de sa charité et de son zèle. En effet, on peut dire que depuis saint Vincent Ferrier, on ne vit point de missionnaire plus apostolique que le P. Eudes et dont les missions ayent produit des effets plus merveilleux (1).

La Normandie, la Bretagne, la Picardie, l'Isle de France,

---

(1) *Saint Vincent Ferrier naquit à Valence (Espagne) en 1357 ; entra dans l'ordre des Frères Prêcheurs en 1374, fit des études brillantes et fut reçu docteur en théologie à l'âge de vingt-huit ans. En 1396, il refusa l'évêché de Valence, que lui offrait le pape Benoît XIII, pour se livrer aux missions. Il évangélisa la France, l'Espagne, l'Angleterre, l'Irlande, l'Écosse, l'Allemagne et une partie de l'Italie, entraînant sur ses pas les populations par la puissance de sa parole. A la demande du roi d'Angleterre, Henri V, il vint à Caen en 1418 et y prêcha trois jours, au milieu d'une foule immense accourue de tous côtés pour l'entendre. Il mourut à Vannes, en 1419, et fut canonisé en 1455.*

le Perche et le pays Chartrain, la Brie, la Champagne et la Bourgogne ressentirent les influences de cet infatigable apôtre. Son action ne s'étendit pas seulement sur les villages et les bourgs de ces pays; les villes de Rennes, de Caën, de Rouën, de Lisieux, d'Évreux, de Coutances, de St-Lô, d'Autun, de Beaune, de Châlons, de Meaux et de Paris, etc., servirent de théâtre à la charité immense de cet homme apostolique; partout il laissa des monumens de sa piété et de son zèle.

Nous ne dirons rien davantage icy, ny du succez de ses missions, ny de ses livres, ny des résultats obtenus par les séminaires qu'il fonda, ny des pesantes croix et des violentes persécutions qu'il eut à endurer pendant près de quarante ans, ny enfin de ses éminentes vertus, pour ne pas anticiper sur les faits. Les œuvres et la sainteté du grand missionnaire seront exposées en détail dans le cours de cette histoire.

A l'égard des sources d'où j'ay tiré les faits qui font la matière de cet ouvrage, je puis dire qu'elles sont des plus sûres et des plus fidèles. On m'a fourny tous les mémoires que je pouvois souhaiter pour faire une histoire complète; surtout quantité de pièces originales qui sont dans les archives du séminaire de Caën, et grand nombre de lettres, tant de celles qui luy avoient été écrites, que de celles qu'ils avoit luy même adressées à différentes personnes, et qu'elles ont bien voulu renvoyer au dit séminaire, pour qu'on pût s'en servir, au besoin.

Je me suis fait un devoir de rapporter beaucoup d'extraits de ces lettres; j'en ay même donné quelques-unes en entier, pensant que ces pièces authentiques, expression vivante de la pensée même du Serviteur de Dieu, feroient plus de plaisir au lecteur qu'une histoire qui, malgré son mérite, laisse toujours quelque lieu de douter de la complète impartialité de l'auteur.

Mais comme le Père Eudes a rapporté luy-même une partie des principales choses qui luy sont arrivées dans une espèce de journal qu'il a intitulé Memoriale beneficiorum Dei, recueil qu'il n'avoit écrit que pour conserver la mémoire de ces faits et s'exciter à en louer et remercier Dieu, j'ay cru que je devois m'y attacher aussi bien qu'à ses lettres ; je m'en suis surtout servi pour fixer les dates et éclaircir grand nombre de faits qui sont rapportez dans cette histoire, et par là j'ay trouvé moyen de corriger les erreurs où sont tombez les biographes qui nous ont donné des abrégez de la vie de ce saint homme. Nous relèverons ces inexactitudes à mesure que nous les rencontrerons, par amour de la vérité. Je ne doute pas qu'on n'en remarque bien d'autres, et peut-être de plus considérables, dans l'histoire que je donne ; je la soumets bien volontiers à la censure des docteurs et au jugement de l'Église. Pour me conformer aux décrets des Souverains Pontifes, je déclare que lorsque dans cette vie je donne quelquefois au P. Eudes le nom de saint, d'homme de Dieu, d'homme apostolique ou quelque autre semblable qualité, je n'ay nullement prétendu luy attribuer le nom de saint dans le sens que l'Église le donne à ceux qui, après ses examens juridiques et les formalitez requises, en ont été jugez dignes ; mais seulement au sens de saint Paul, qui, parlant de ses disciples Thimothée et Tite et des chrétiens de la primitive Église, les qualifioit de saints, à cause de la vie sainte qu'ils menoient : Je n'ay pas voulu dire autre chose. A l'Église romaine seule appartient le droit de décerner le titre de saints, dans le sens strict du mot, à ceux qu'elle en juge dignes, après l'examen sérieux et approfondi auquel elle soumet leurs actes.

LIVRE PREMIER

SOMMAIRE :

Isaac Eudes et Marthe Corbin. — Leur vœu et leur pèlerinage à la chapelle de Notre-Dame-de-Recouvrance. — Naissance de Jean Eudes. — Bénédictions dont il est prévenu dez son enfance. — Son premier maître. — Sa première communion et son vœu de chasteté. — Ses études à Caën chez les P. P. Jésuites. — Il fait choix d'un directeur. — Sa dévotion à la Sainte Vierge. — Son progrez dans la piété et à l'étude. — Choix d'un état de vie. — Une assertion gratuite et invraisemblable. — Ses parens luy permettent de se faire prêtre. — Il reçoit, à Séez, la tonsure et les ordres moindres (mineurs). — Il se dégoûte du monde et arrête de se retirer à l'Oratoire. — Son départ de la maison paternelle. — Accident qui le fait revenir. — Son père luy donne son consentement. — Arrivée à la maison de Saint-Honoré. — Sa grande estime pour les P. P. de Bérulle et de Condren. — Ses vertus pendant son noviciat. — On l'envoie à Notre-Dame-des-Vertus. — Il reçoit les ordres majeurs. — Sa première messe. — Son retour à Saint-Honoré. — La peste de Séez. — Dévouement héroïque du P. Eudes. — Il est envoyé à Caën pour se préparer aux Missions. — La peste de Caën. — Nouveau dévouement du jeune prêtre. — Il se loge la nuit dans un tonneau. — Le Supérieur de l'Oratoire de Caën enlevé par la peste. — Conversion et mort d'un vieux huguenot. — Le P. Eudes tombe dangereusement malade. — Ses désirs de la mort et du ciel. — Prières à Caën pour sa guérison. — Rétablissement de sa santé. — Lettre à une religieuse sur ce sujet.

Le R. P. Jean Eudes, si célèbre par toute la France, que l'on peut regarder comme un des plus saints et des plus illustres personnages, comme une des grandes lumières de son siècle et le restaurateur de la piété et de la discipline dans tous les lieux où il travailla, l'apôtre de la Normandie, et un des beaux ornemens de l'Église gallicane, naquit le 14 novembre 1601, en la paroisse de Ri, au diocèse de Séez, proche la ville d'Argentan (1). Il fut régénéré sur les saints fonts du baptême le vendredy suivant, et nommé Jean. La divine Providence le fit naître de parens d'une condition médiocre, mais craignant Dieu ; son père, Isaac Eudes, avoit étudié à dessein de se faire prêtre ; il avoit dans le pays la réputation d'homme de bien, et la droiture de son cœur, jointe à la fidélité avec laquelle il s'acquittoit de tous les devoirs de la religion, le faisoit estimer de tous ceux qui le connoissoient. Souvent sa parfaite probité le fit choisir pour arbitre dans les différens qui s'élevoient dans tout le canton.

Il épousa une fille de sa condition, appelée Marthe Corbin, bien digne de luy être unie, par les sentimens profondément chrétiens et par les qualitez du cœur : c'étoit, disoit-on, le modèle accompli d'une heureuse union. Une seule jouissance manquoit à ces heureux époux : mariez depuis déjà quelques années (2), ils n'avoient pas encore d'enfant. Pleins de cette vive foy, à laquelle il semble que Dieu ne peut rien refuser, ils firent vœu, de concert, d'aller en pèlerinage à Notre-Dame-de-Recouvrance, chapelle dédiée à la Sainte-Vierge, dans la paroisse des Tourailles, distante de Ri d'environ deux lieues, et d'y faire leurs dévotions pour demander à Dieu, par l'intercession de la très-sainte Vierge, de féconder leur union.

Dieu exauça la prière de la foy : Marthe mit au monde, le 14 novembre, un fils, auquel on donna le nom de Jean. Peu de jours après que le petit enfant eut été régénéré sur les saints fonts du baptême, la pieuse mère, suivant les inspirations de

---

(1) Ri, à 12 kilom. d'Argentan (Orne), 349 habitants.

(2) Dans son *Memoriale beneficiorum Dei*, le P. Eudes dit 3 ans. « Je suis tout à vous, Seigneur Jésus, ajoute le saint prêtre, après avoir rappelé cette touchante circonstance, je suis tout à vous, Marie Nostre-Dame ; recevez-moy et me possédez entièrement, et que je sois tout occupé et tout consumé avec Jésus, Marie et tous les saints, à louer et glorifier éternellement la très-sainte Trinité. Ainsy soit-il. Je le désire de tout mon cœur ; que Dieu m'en fasse la grâce ! Que le saint nom de Dieu soit bény ! luy qui combla de joie celle qui estoit auparavant stérile, en luy donnant beaucoup d'enfants. »

son cœur reconnaissant, le prit dans ses bras, et le portant à Notre-Dame-de-Recouvrance, l'offrit à Dieu, en le conjurant d'accepter ce premier-né, qui luy appartenoit de tout droit, et de le combler de ses plus abondantes bénédictions (1).

Dieu fit paroître dans la suite combien cette offrande luy avoit été agréable, en versant ses grâces et ses bénédictions sur la mère et sur l'enfant : sur la mère, en luy donnant encore dans la suite deux autres garçons et quatre filles (2). Le premier de ces garçons, après celuy dont nous écrivons la vie, fut appelé François; il prit dans la suite le surnom de Mézeray, sous lequel il est connu des sçavans, et s'est rendu fameux, principalement par son *Histoire de France*. Le second, appelé Charles, réussit aussi à se faire un nom ; car, ayant pris la profession de chirurgien, il l'exerça avec honneur durant quelques années, d'abord à l'armée, et ensuite à la campagne. La ville d'Argentan ayant été affligée de la peste, le courageux chirurgien y accourut en toute hâte, et les services qu'il y rendit furent tels, que les habitans par reconnoissance le reçeurent gratuitement dans leur ville pour y exercer sa profession, avec exemption de tailles, de subsides et de logemens de gens de guerre, pour le reste de ses jours (3). C'est

---

(1) « Ce fut un fruit d'oraison plutost que de nature » (Hérambourg).

(2) Le P. Martine, le P. Costil et le P. de Montigny donnent quatre filles à Isaac Eudes. D'après le P. Hérambourg, il n'en aurait eu que trois, ainsi qu'on peut l'inférer de cette phrase : « La femme qui jusqu'alors avoit été stérile, devint une vigne féconde ; elle eut six enfans, qui furent comme de nouveaux plants d'oliviers autour de sa table. » Dans le testament de Mézeray, on ne voit également figurer que trois filles d'Isaac Eudes : Marie, l'aînée, Magdeleine, et Marie épouse de Jacques Corbin. — La quatrième, Jacqueline Eudes, mourut sans doute en bas-âge. (Le Vavasseur, *Notice sur les trois frères Eudes*.)

(3) Charles Eudes d'Houay fut, comme son frère aîné, d'un caractère mâle et énergique. Vers le milieu du XVIIe siècle, le gouverneur d'Argentan, Jacques Rouxel de Médavi, comte de Grancey, maréchal de France, ayant ordonné de démolir la tour de l'Horloge de cette ville, ouvrage de défense et d'utilité publique à la fois, l'intrépide chirurgien osa seul s'y opposer. « *D'où viens-tu donc, et qui es-tu pour oser résister à mes ordres ;* lui dit le gouverneur irrité? — *Nous sommes trois frères*, répondit le fier bourgeois, *adorateurs de la vérité : l'aîné la prêche, le second l'écrit, et moi je la défendrai jusqu'à mon dernier soupir.* » La tour resta. (Le Vavasseur, *Les trois frères Eudes.*)

par celuy-cy que sont conservez jusqu'à présent le nom et la famille d'Isaac Eudes ; les filles furent mariées d'une manière convenable à leur condition.

Quant à Jean Eudes, Dieu le bénit d'une bénédiction toute spéciale : le destinant comme un autre saint Paul, pour en faire un vase d'élection, propre à porter son nom devant les roys, les princes et les peuples, pour être le soutien de la religion, remédier aux maux de l'Église et réparer les brèches que l'hérésie y avoit faites, pour être le restaurateur de la discipline ecclésiastique et de la morale chrétienne, pour sanctifier une infinité d'âmes, dans toutes sortes d'états et de conditions, il falloit, selon le principe de saint Thomas, qu'il proportionnât les grâces aux grands employs auxquels il l'appeloit et aux services importans qu'il en désiroit tirer.

Aussi, dez qu'il eut atteint l'usage de la raison, il fut aisé de reconnoître en luy les grâces abondantes dont Dieu l'avoit favorisé ; on aperceut chez le jeune enfant un excellent naturel, un esprit vif, de la docilité, un air prévenant, qui gagnoient le cœur de tout le monde, et surtout une soumission parfaite envers ses parens : tant de bonnes dispositions laissoient espérer que cet enfant visiblement béni de Dieu seroit un jour quelque grand personnage. Les parens, qui remarquoient mieux que personne ces belles qualitez, étoient remplis de joye et de consolation : ils regardoient ce fruit du vœu qu'ils avoient fait à Dieu, sous l'invocation de la très-sainte Vierge, comme un présent du ciel, dont ils devoient prendre un grand soin ; aussi ne négligèrent-ils rien pour luy donner une bonne éducation, afin de correspondre autant qu'il seroit en eux aux effets de la grâce (1).

Sa mère s'appliqua d'abord à luy inspirer *la crainte de Dieu qui,* comme le dit la Sainte Écriture, *est le commencement de la véritable sagesse ;* elle luy faisoit remarquer, avec un soin pieux, tout ce qui pouvoit l'offenser et s'attachoit à luy en donner de l'horreur. Souvent, elle le menoit avec elle à l'église et luy apprenoit, par ses exemples et ses

---

(1) « Il a été saint presque aussitost qu'il a commencé d'estre homme. » (Hérambourg.)

conseils, à s'y tenir avec piété et respect. Cette bonne mère fut bien récompensée de ses soins : on prenoit plaisir à voir la modestie et le recueillement de l'enfant pendant la messe et les saints offices. Il étoit si heureux quand il pouvoit aller au lieu saint faire ses petites prières ! Sa mère, qui ne le quittoit presque jamais, l'ayant un jour perdu de vue, le chercha longtemps de tous côtez, mais sans réussir à le trouver. Inquiète, désolée, elle courut à l'église ; quelle ne fut pas sa joye lorsqu'elle l'aperceut, caché dans l'enfoncement d'un pilier où il se retiroit pour satisfaire avec plus de recueillement à ses petites dévotions !

Entre autres pratiques de piété, sa bonne mère eut soin de luy inspirer une grande dévotion pour la très-sainte Vierge ; souvent elle luy représentoit les grandes obligations qu'il avoit de l'honorer et de l'aimer, luy inculquant cette idée que c'étoit à elle après Dieu qu'il étoit redevable de la vie. A mesure qu'il grandissoit, elle luy donnoit quantité d'instructions religieuses, qu'il ne manquoit pas de mettre en pratique, quand il en trouvoit occasion. Les mémoires que j'ai consultez en citent un trait bien digne de trouver icy sa place. Il n'étoit encore âgé que de neuf ans, lorsqu'il eut, avec un de ses camarades, un de ces petits démélez qui sont si ordinaires aux enfans de cet âge. Ce camarade, emporté par la colère, luy donna un soufflet ; Jean Eudes, qui avoit entendu dire à sa mère que lorsque l'on reçoit un soufflet sur une joue, le bon Dieu disoit de présenter l'autre, crut que l'occasion étoit favorable de mettre cette instruction en pratique : aussi, se jetant à genoux, il présenta l'autre joue, d'un air tranquille, à celuy qui venoit de le souffleter et luy dit : « Frappe encore sur l'autre joue, si tu le juges à propos. » Il n'en fallut pas davantage pour arrêter ce compagnon et le faire rougir de son emportement. Comme il n'étoit pas bien instruit de sa religion, il ne comprit pas alors la perfection d'une action si généreuse ; mais longtemps après, voyant le P. Eudes devenu célèbre par ses œuvres, il racontoit ce fait comme une preuve de sa solide vertu dez un âge si tendre.

Mais si la vertu de Jean Eudes croissoit ainsi de jour en jour d'une manière si sensible, il n'en étoit pas de même des forces de son corps : durant son enfance, il fut d'une complexion très-délicate, et ce fut durant quelque temps un obstacle à l'instruction que ses parens avoient dessein de luy procurer ; car il ne se trouvoit personne dans leur paroisse qui voulût s'employer à instruire la jeunesse, employ cependant si méritoire devant Dieu, quand on s'en acquitte comme il faut.

Il y avoit, à la vérité, dans une paroisse voisine, un bon prêtre, nommé Jacques Blavette, qui s'y appliquoit avec un dévouement béni de Dieu ; mais les parens de l'enfant avoient peine à se résoudre, faible et délicat comme il l'étoit, à l'envoyer si loin. Sa mère surtout, qui l'aimoit tendrement, auroit bien voulu ne le perdre jamais de vue. Elle craignoit aussi que la malice, qui se glisse si aisément parmi les écoliers, ne vînt à flétrir cette fleur encore si tendre ; et, dans sa sollicitude pour cet enfant, l'objet de ses plus chères espérances, volontiers elle se fût contentée des petites instructions qu'on eût pu lui donner au foyer domestique.

Mais le père, qui avoit d'autres vues sur l'éducation de son fils, arrêta de l'envoyer à l'école du bon prêtre dont nous venons de parler. Il sçavoit que ce zélé et vertueux maître, tout en mettant son application à bien instruire ses écoliers des principes des lettres humaines, ne laissoit échapper aucune occasion de les former à la piété et à la pratique des vertus chrétiennes, persuadé que les premières semences que l'on jette dans ces jeunes âmes ne manquent guère de porter des fruits proportionnez en leur temps.

Isaac Eudes étoit d'ailleurs convaincu qu'une marche modérée pourroit contribuer à fortifier le tempérament de son fils, et les résultats confirmèrent sa sage prévision : la santé de l'enfant finit peu à peu par s'affermir. Le maître ne tarda pas à remarquer les excellentes dispositions de son nouvel élève, sa docilité à mettre en pratique les moindres avis, son air ingénu et sa suave piété ; il s'attacha à entourer de tous ses soins un enfant qui luy parut destiné à un grand avenir.

Le voyant approcher de l'âge de douze ans, il s'appliqua à luy donner les instructions nécessaires pour luy faire faire sa première communion. Il sçavoit qu'il étoit d'une paroisse où les peuples, pour la plupart, vivoient dans une ignorance grossière des véritez du salut, parce que ceux qui étoient obligez par état de les en instruire n'avoient pas assez de zèle pour accomplir les obligations du saint ministère ; la plupart des paroissiens n'approchoient qu'une fois l'an du tribunal de la pénitence et de la sainte communion, encore le faisoient-ils d'une manière toute matérielle et seulement pour satisfaire au précepte paschal. Le maître, voyant Jean Eudes suffisamment instruit de son catéchisme, l'engagea à faire une confession générale pour se préparer à sa première communion.

Ce fut à la fête de la Pentecôte qu'il accomplit ce grand acte. On ne peut dire avec quelle dévotion, avec quelle ferveur ce pieux écolier receut pour la première fois son adorable Sauveur; tout son extérieur marquoit le feu du divin amour dont son cœur étoit embrâsé. Cette grande action produisit en luy un merveilleux accroissement d'amour envers le Très-Saint-Sacrement.

Depuis ce temps-là, Jean Eudes communia régulièrement tous les mois, et ce fut toujours avec la même foi profonde, avec le même amour. A chaque fois, Dieu répandoit avec tant de profusion ses douceurs célestes dans l'âme du jeune communiant, que son visage en paroissoit tout en feu, et que son cœur laissoit assez voir, par les soupirs qu'il exhaloit et par les larmes de tendresse qui couloient de ses yeux, les saintes ardeurs dont il étoit intérieurement dévoré. Ce fut après une de ces communions qu'il s'attacha à Dieu par le vœu de chasteté perpétuelle. Dieu luy avoit donné, dez ses plus tendres années, un si grand amour pour la pureté, qu'un mot trop libre, un objet indécent luy faisoient monter la rougeur au visage ; son amour pour cette angélique vertu se fortifiant avec l'âge, les moindres apparences de mal sur cette matière blessoient la délicatesse de sa conscience ; et ses confesseurs étoient surpris du soin scrupuleux qu'il apportoit à son examen sur ce sujet.

C'est ainsi qu'il profita pour la piété de la direction d'un si bon maître. Il sçut également la mettre à profit pour ses études. Après avoir appris, outre la lecture et l'écriture, les élémens de la grammaire et de l'arithmétique, il se trouva assez avancé pour que son père songeât à l'envoyer compléter son instruction à Caën. La mère fut attristée, sans doute parce qu'il luy en coûtoit de se séparer d'un enfant dont toute la conduite luy donnoit tant de jouissances, mais surtout par les dangers qu'elle redoutoit pour sa foy. Elle sçavoit que la ville de Caën étoit alors pleine de huguenots (1), et qu'il n'étoit pas rare de voir des catholiques, vivant ainsi entourez d'hérétiques, se pervertir, abandonner leur foy et embrasser le calvinisme pour accorder à leurs passions une liberté plus grande. Entouré de tant de sectaires, son enfant sçauroit-il se tenir ferme et conserver sa foy ?

Mais Isaac Eudes, qui avoit remarqué le caractère énergique et la foy profonde de son fils, dissipa les alarmes exagérées de l'amour maternel. D'ailleurs, ils ne seroient pas si éloignez de leur enfant qu'il ne pussent veiller sur sa conduite, l'encourager, le soutenir. La ville de Caën ne possédoit-elle pas un Collége établi depuis peu par les PP. Jésuites (2), où l'on avoit grand soin de bien instruire la jeunesse, *et cela gratuitement?* Les Pères surveilloient exactement leurs écoliers, qu'ils faisoient approcher tous les mois des Sacremens : il n'y avoit donc pas sujet de craindre.

Jean Eudes, alors âgé de 14 ans, partit donc pour Caën, plein de courage et de zèle, bien résolu à ne rien négliger pour correspondre aux intentions de ses parens et les récompenser des sacrifices qu'ils faisoient pour son instruction. Il fut examiné et trouvé capable de suivre le cours de la quatrième classe : ce fut au commencement d'octobre de l'année 1615. Comme il n'y avoit pas longtemps que ces Pères avoient été établis à Caën par Henri IV, ils y étoient dans cette première ferveur, qui accompagne d'ordinaire les nouveaux établissemens : les Régens s'ap-

---

(1) « En 1608, les protestants formaient un tiers de la population totale de la ville de Caen. » (Vaultier, *Hist. de la ville de Caen*, p. 142.)

(2) « L'établissement des Jésuites à Caen ne date que de l'an 1608 et fut l'œuvre du roi Henri IV. » (Vaultier, *Hist. de la ville de Caen*.) — « Le roi les mit alors même en possession du Collége du Mont, qu'ils ont régi avec un grand éclat jusqu'à la suppression générale de leur ordre en 1762. » (De La Rue, *Nouveaux Essais*, p. 402.) Le Collége du Mont se trouvait dans la rue de l'église de Saint-Étienne-le-Vieux, maintenant rue de Caumont. De nos jours, on y a installé le musée de la Société des Antiquaires de Normandie.

pliquoient avec beaucoup de zèle à faire profiter les écoliers qui y venoient de tous côtez en grand nombre et se trouvoient ainsi entretenus dans une noble émulation. Jean Eudes eut le bonheur d'avoir pour professeur un saint Jésuite, qui n'épargnoit rien pour bien cultiver les jeunes plantes que la Providence confioit à ses soins, et qui aspiroit beaucoup plus encore à faire de ces jeunes gens de bons chrétiens que des sçavans selon le monde. Il prenoit occasion de tout ce qui se rencontroit dans les auteurs pour porter ses élèves à Dieu et remplir leur esprit des plus saintes maximes. Il trouva dans Jean Eudes un fond excellent bien propre à recevoir cette divine semence et à la faire fructifier. Le jeune et fervent écolier le put facilement, car il eut le bonheur de conserver ce bon Père Jésuite durant trois années consécutives pour Régent, c'est-à-dire en quatrième, troisième et seconde. C'est luy-même qui nous apprend ces faits dans son *Mémorial des bienfaits de Dieu* :

« Je fus receu, dit-il, dans la quatrième classe en 1615, à la
« Saint-Denis, sous le P. Robin, sous lequel j'étudiay jusqu'à la
« seconde classe inclusivement, par une faveur spéciale de
« Nostre-Seigneur, parce que c'étoit un régent très-vertueux et
« très-pieux, qui nous parloit souvent de Dieu avec une ferveur
« extraordinaire, ce qui m'aida plus que je ne puis dire pour
« les choses du salut. Mon âme, bénissez le Seigneur, et n'ou-
« bliez pas tous ses bienfaits; *Benedic, anima mea, Domino, et*
« *noli oblivisci omnes retributiones ejus.* »

De ce témoignage de son Journal ou Mémorial, il résulte que M. Hermant, curé de Maltot, s'est trompé, aussi bien que ceux qui l'ont suivi, lorsqu'il nous dit « que le P. Eudes n'alla au Collége que dans l'âge que les autres écoliers sont près de le quitter, » puisqu'il n'étoit âgé que de 14 ans lorsqu'il fut receu, à Caën, en quatrième, et que, par conséquent, il n'avoit tout au plus que 12 ans lorsqu'il fut mis au latin (1).

Quoy qu'il en soit, M. Hermant auroit beaucoup mieux rencontré, si au lieu de nous le donner pour beaucoup avancé en âge, lorsqu'il alla étudier au Collége, il nous l'avoit représenté comme très-avancé en sagesse. Plusieurs personnes ont

---

(1) Hermant, *Histoire de l'établissement des Ordres religieux*, p. 433.

assuré que durant le temps de ses études, il se conduisoit avec tant de sagesse et de modestie, que jamais on ne remarqua rien en luy de puéril, ny qui ressentit la légèreté et l'indiscrétion des autres écoliers de son âge. Sa physionomie heureuse et son air modeste prévinrent avantageusement son Régent pour luy ; il le prit en affection, et fondant sur luy de grandes espérances, il le cultiva avec un soin tout spécial ; le jeune Eudes, de son côté, profitant d'une direction si sage et si habile, devint bientôt un des premiers élèves de sa classe.

A ses progrez dans les lettres, venoit s'ajouter son avancement dans la piété. C'est que, dez son arrivée au Collége, son cœur étoit déjà tout formé pour la vertu. Un de ses premiers soins fut de choisir un bon confesseur. On sçait que suivant la louable coutume établie dans les Colléges des Pères Jésuites, les écoliers sont obligez de se confesser tous les mois, et de se faire donner un billet de confession par leur Régent. Jean Eudes ne se laissa point aller à l'abus, qui est si commun parmi les écoliers, de s'adresser au premier venu des Pères et de préférence à celuy qui est réputé le plus facile. Comprenant que le prêtre auquel il s'adresseroit pour la confession devoit être en même temps pour luy un moniteur, un guide chargé de diriger ses pas dans la voie difficile du salut, il demanda à Dieu avec instance de luy enseigner ce sage directeur ; et, quand il l'eut trouvé, il luy ouvrit son cœur avec la plus entière confiance. Pour être bien connu de luy, il commença par faire une confession générale. Conformément au règlement particulier qu'il en receut, il approchoit des sacremens de Pénitence et d'Eucharistie, au temps marqué. C'étoit aussi son directeur qui luy désignoit et luy prêtoit souvent luy-même les livres dans lesquels il devoit faire ses lectures de dévotion. Ce fut aussi par l'avis de son guide spirituel que dez ce temps-là il commença à faire usage de ces instrumens de pénitence qui lui devinrent si familiers dans la suite (1). Il reçonnut vite que tout étoit

---

(1) Ils ne lui devinrent que trop familiers ; « il continua, dit M. Mannoury, le premier de ses confrères, de se servir de tous ces instrumens jusqu'à l'âge de 40 ans, avec tant d'excès, qu'il en diminua notablement ses forces et pensa en mourir. » (Costil, *Ann.*, p. 9.)

plein d'écueils et de dangers dans la vie, et qu'à moins d'une grande vigilance, il luy seroit difficile de n'y pas faire naufrage. Aussi, quel soin ne prit-il pas de veiller continuellement sur son cœur et d'en fermer toutes les avenues par la mortification de ses sens ! Il évitoit les occasions dangereuses, fuyoit les mauvaises compagnies, surtout celles des écoliers violateurs de la règle, qui luy paraissoient plus dangereux que les libertins déclarez, dont un cœur honnête se détourne tout naturellement et sans effort. Il passoit ordinairement ses jours de congé dans les églises ; et lorsque le Saint-Sacrement étoit exposé, il restoit la meilleure partie de l'après-midy en sa présence, avec une piété et un recueillement qui édifioit tous ceux qui en étoient témoins.

Ce fut par ces excellens moyens que dans ces années si funestes à la plupart des jeunes gens, où les passions, comme des bêtes féroces, font parmy eux de si étranges ravages, et en entraînent tant dans le vice et le libertinage, il sceut dompter les siennes, se garantir des surprises de l'ennemi et d'une infinité de piéges tendus de tous côtez à la pauvre jeunesse ; ce fut par ces mêmes moyens qu'il conserva son innocence, qu'il servit de modèle à ses compagnons, et que sa piété, sa modestie et sa retenue le firent respecter de tous ses condisciples. Toutefois, nous devons ajouter que son application aux exercices de piété ne nuisoit en rien à son travail ; il avoit également soin et que ses études n'affaiblissent en rien la ferveur de sa piété, et que sa piété ne diminuât rien de la fidélité qu'il devoit apporter à ses études.

Jean Eudes, finissant sa seconde, fut jugé digne de la rhétorique ; mais il luy fallut se séparer de ce professeur sous lequel il étudioit depuis trois ans et qui avoit eu tant de bonté pour luy. Cette séparation lui coûta ; mais il accepta généreusement ce sacrifice, et la Providence l'en récompensa en luy donnant un autre maître qui n'eut ny moins de bonté pour luy, ny moins de soin de le faire profiter dans ses études. En effet, ce nouveau professeur ayant connu les bonnes qualitez de Jean Eudes, se fit un devoir de l'aider en tout ce qui dépendoit de luy pour la science et pour la piété.

D'abord, il luy témoigna son étonnement de ce qu'il n'étoit

point de la Congrégation de la Sainte-Vierge, établie dans le Collége en faveur des écoliers, et l'engagea à s'y faire inscrire. Le pieux élève receut cette invitation comme une grande faveur et s'empressa d'y conformer sa conduite ; il étoit si heureux quand il pouvoit faire quelque chose qui pût être agréable à la très-sainte Vierge ! Aussitôt qu'il fut receu dans la Congrégation (1), sa piété, sa modestie et tout l'ensemble de sa conduite le mirent bientôt à la tête de cette édifiante jeunesse. On ne peut dire les grands biens que produisirent ses bons exemples et la régularité de sa vie. Ce fut dans cette sainte chapelle, où se réunissoient les congréganistes, que sa dévotion envers la mère de Dieu luy fit goûter des douceurs qui sont au-dessus de tout ce que l'on peut exprimer. Il y renouvela le vœu de chasteté perpétuelle qu'il avoit fait quelques années auparavant et y receut des grâces très-signalées, dont il parle dans son *Memoriale beneficiorum Dei* comme d'une grande faveur pour laquelle il devoit sans cesse remercier la divine bonté. En effet, cette sainte association le mettoit dans une heureuse nécessité de donner souvent à cette grande Reine de l'univers des marques de son amour et de sa reconnoissance pour tant de grâces qu'il avoit déjà reçues par sa médiation. Ce fut dans ce temps-là qu'il prit pour cette bonne Mère ces sentimens d'amour tendre et respectueux que l'on rencontra en tant d'occasions durant le reste de sa vie. L'amour ardent qu'il luy portoit luy inspira l'idée de la choisir pour son épouse ; tous les jours il la conjuroit très-affectueusement de ne luy pas refuser une si précieuse faveur ; dans la confiance qu'elle l'avoit pour agréable, il écrivit à quelque temps de là le contract d'une si sainte alliance, comme nous le rapporterons dans la suite (2).

Ce fut aussi durant cette même année que, par l'avis de

(1) Son vrai nom était *la Congrégation des Écoliers ;* elle était placée sous la protection de la Sainte-Vierge.

(2) Le P. Hérambourg et le P. Costil ajoutent qu'à l'exemple de saint Edmond, archevêque de Cantorbéry, pour conserver le souvenir de cette mystique alliance, ce pieux jeune homme mit une bague au doigt d'une image de la très-sainte Vierge.

son sage directeur, il prit la résolution de communier plus souvent, persuadé que ce pain de vie seroit sa force et luy donneroit tous les secours nécessaires contre les efforts de tant d'ennemis dont il se voyoit environné. Cette même considération luy fit redoubler ses pratiques de mortification ; car il sçavoit qu'elles ne sont pas moins nécessaires pour conserver l'innocence que pour expier les péchez que l'on a eu le malheur de commettre, et que, faute de mortification, le malheureux penchant de la nature entraîneroit bientôt dans les plus grands déréglemens.

Une conduite si régulière et si édifiante luy acquit le glorieux surnom de dévot, que lui donnèrent ses condisciples ; on le nommoit ordinairement le *dévot Eudes*. Mais comme la vraye dévotion ne gâte rien, il ne s'appliquoit pas moins à l'étude, et s'acquittoit toujours de ses devoirs de classe avec la même fidélité. Il se distingua encore plus en sa rhétorique que dans ses classes précédentes (1). Ce fut là qu'on découvrit ces belles dispositions qu'il avoit pour l'éloquence ; son corps s'étoit fortifié et étoit devenu passablement robuste : on commença à remarquer en luy cette voix mâle et sonore, ce ton persuasif, ces expressions fortes, et tant d'autres qualitez qui faisoient entrevoir de quoy il pourroit être capable dans la suite. Ce ne fut pas seulement dans le genre oratoire que Jean Eudes se distingua durant sa rhétorique ; il ne réussissoit pas moins dans la traduction des auteurs latins et grecs et dans la poésie ; et l'on peut croire que s'il avoit cultivé son talent pour composer des vers, il ne se seroit pas moins rendu fameux dans la poésie que dans l'éloquence. Cependant, bien loin de s'enorgueillir de ses beaux talens, on ne voyoit en luy qu'un dehors simple et une grande attention à éviter tout ce qui auroit pu luy attirer de l'estime.

Sur la fin de son année de rhétorique, il commença à penser sérieusement à sa vocation. Quelques discours qu'il avoit entendus sur l'importance du salut, sur le choix de la vocation,

---

(1) « J'ai appris, dit le P. Costil, que dans l'année de sa rhétorique, luy et un autre écolier de sa force, occupèrent successivement la première place. » (*Les Fleurs de la Congrégation de Jésus et Marie*, p. 22.)

sur les grands dangers qui se rencontrent dans le monde, enfin, les chutes funestes de quelques compagnons dont il étoit parfois témoin, le faisoient sérieusement réfléchir. Toutes ces considérations le remplissoient d'une sainte frayeur et luy inspirèrent la pensée de s'éloigner d'un air si contagieux, et de se renfermer dans quelque communauté pour mettre son salut en sûreté.

La chose luy parut d'une trop grande conséquence pour la décider de luy-même; il se crut obligé d'en conférer avec son directeur. Celuy-cy ne le voyant point assez déterminé pour y reconnoître la volonté de Dieu, luy conseilla de faire son cours de philosophie avant que de rien arrêter, et, pendant ce temps-là, de demander instamment à Dieu qu'il luy plût faire connoître sa très-sainte volonté sur un point si important. Jean Eudes receut cet avis comme un oracle du ciel; il résolut de s'y conformer, et d'en faire la règle de sa conduite.

1619. Il fit sa philosophie avec le même succez qu'il avoit obtenu dans ses études précédentes. Il eut pour professeur un Père Jésuite, qui enseignoit alors avec beaucoup de réputation. Comme Jean Eudes, à un esprit excellent et à un jugement solide joignoit un grand amour de l'étude, il acquit en cette matière des connoissances qu'on n'a pas toujours assez estimées, parce que sa profonde humilité les luy faisoit souvent cacher aux yeux des hommes. Il pénétra facilement tout ce qu'il y a de plus épineux dans cette science, et en dévora, pour ainsi dire, toutes les difficultez. Il y soutint plusieurs thèses aux applaudissemens de tous ceux qui étoient bons juges sur ce sujet.

Quelques-uns ont prétendu que tandis que Jean Eudes faisoit sa philosophie, il se laissa aller à quelques petits dérangemens; que son père, qui en eut connoissance, résolut, pour cet effet, de le retirer de ses études et de l'appliquer aux travaux de la campagne; que pour cette même raison, il le voulut engager dans le mariage dont nous parlerons cy-après; que ce moment d'oubli explique ces sentimens d'humilité et de componction qu'il a fait paroître en tant de différentes occasions. Ces raisons ne me paroissent pas assez convaincantes pour établir ce sentiment; mais quoy qu'il en soit de ces égaremens, si toutefois il luy en est arrivé quelques-uns, ils ne durent pas aller loin, et il rentra bientôt dans le devoir. Les déplorant comme de grands crimes, il les répara d'une manière bien avantageuse ; et l'on peut dire que Dieu, qui tire le bien du mal, s'en servit comme de moyens pour le faire entrer dans cette voye de perfection, où nous aurons lieu de le voir marcher à grands pas dans toute la suite de sa vie (1).

Se voyant au moment de terminer son cours de philosophie,

(1) Ce bruit vague, dont on ne trouve de trace dans aucun biographe, et que le bon et loyal P. Martine a tenu à enregistrer si fidèlement, n'a pas la moindre apparence sur laquelle on puisse l'appuyer ; on peut même dire qu'il n'est pas vraisemblable. Au commencement de son année de philosophie, l'histoire nous présente Jean Eudes comme le modèle des jeunes gens vertueux ; et on le retrouve encore d'une vertu éprouvée à sa sortie du Collége. C'est à tel point que ses camarades les moins réguliers disaient, en le voyant venir : « Soyons sages, voilà le saint qui vient. » Il faut autre chose qu'un bruit insaisissable pour infliger dans l'histoire une note infamante à la conduite d'un homme généralement reconnu pour vertueux. D'ailleurs, ses adversaires les plus implacables n'ont pas osé, dans leurs pamphlets les plus violents, lui jeter à la face ce souvenir de jeunesse ; ils n'y auraient certes pas manqué, s'ils l'avaient trouvé tant soit peu vraisemblable. Nous avons cependant éprouvé une vraie jouissance à voir le bon Eudiste mentionner un bruit qui, bien que vague et sans fondement aucun, était de nature à l'affecter péniblement. Nous savons par ce seul trait à quoi nous en tenir sur sa scrupuleuse impartialité à écrire l'histoire. Un acte authentique, conservé dans les archives du séminaire de Caen et mentionné dans *Les Fleurs* et dans *les Annales de la Congrégation*, par le P. Costil, montre bien l'inanité de ce bruit : nous voulons parler du certificat d'études qui fut délivré à J. Eudes, le 27 août 1621, par le P. Delahaye, préfet du Collége des Jésuites de Caen. « On y lit expressément, dit l'auteur des *Fleurs* et des *Annales*, que Jean Eudes avoit étudié quatre ans dans les humanités avec la distinction des meilleurs écoliers, qu'il avoit fait de mesme son cours de philosophie et soutenu des thèses publiques avec applaudissement, et fait paroistre, *durant tout ce temps*, une conduite, une probité et une modestie dignes d'exemple. » Le fait des petits dérangements n'est donc qu'un indécent persifflage. Quant aux paroles de mépris que le P. Eudes a employées en parlant de lui-même, il n'est pas besoin de la théorie *des petits dérangements* pour les expliquer : c'est un langage à l'usage des saints. L'admirable saint Vincent de Paul s'appelait : « ce misérable, ce chétif homme, ignorant, idiot, le pire, le plus indigne et le plus grand pécheur de tous. » (V. Maynard, *S. Vincent de Paul*, t. I, p. 107 ; t. II, p. 41 et 42.) Pour s'étonner de ce souverain mépris avec lequel se traitent les saints, il faudrait n'avoir jamais ouvert le livre d'or de l'*Imitation*.

il résolut de prendre un parti relativement à la grande affaire de sa vocation : prières assidues, communions fréquentes, visites au Saint-Sacrement, pratiques de mortification, furent autant de moyens qu'il employa pour obtenir les lumières dont il avoit besoin dans une circonstance si importante. Après avoir imploré l'assistance divine, il alla trouver son directeur, qu'il regardoit comme tenant la place de Dieu, et luy fit connoître toutes ses dispositions, protestant qu'il étoit prêt à embrasser l'état où il croiroit que Dieu le vouloit, quel qu'il fût.

Quoy que le directeur crût le bien connoître, il ne voulut cependant rien précipiter, et prit encore quelque temps pour y penser devant Dieu. Il luy fixa ensuite un certain jour dans lequel il le devoit venir trouver après avoir fait ses dévotions et son action de grâces. Jean Eudes, ayant fidèlement accompli tout ce qui luy avoit été prescrit, revint trouver son confesseur, qui luy dit pour lors d'un ton ferme qu'il croyoit que Dieu le vouloit dans l'état ecclésiastique, et qu'il eût à prendre ses mesures pour exécuter ce dessein. Il n'en fallut pas davantage à cet humble disciple ; il renonça à toute autre vue et fixa toutes ses pensées sur l'état ecclésiastique, comme si Dieu même luy avoit parlé.

Peu de jours après, son année de philosophie étant finie, Jean Eudes retourna chez ses parens. Il seroit difficile d'exprimer la joye que ressentirent son père et sa mère en retrouvant un enfant si vertueux et si accompli ; sa modestie et sa douceur luy gagnoient les cœurs de tous ceux qui le voyoient. Il n'étoit occupé que de la pensée du saint état où Dieu l'appeloit, sans cependant en rien faire connoître à ses parens, qui avoient formé sur luy de bien autres projets. Comme ils ignoroient ses desseins, le vœu de chasteté qu'il avoit fait après sa première communion, et qu'ils le voyoient en état de leur rendre de grands services dans leurs affaires temporelles, ils pensoient à se l'attacher par les liens du mariage. Pieux et mortifié comme ils le sçavoient, ils craignoient qu'il ne les quittât pour aller se renfermer dans quelque monastère. Les parens donc, pour empêcher une résolution si contraire à leurs projets, avoient jeté les yeux sur une jeune personne dont tous les sentimens leur paroissoient admirablement en rapport avec ceux de leur fils ;

elle étoit d'une famille honorable; elle avoit pour elle la piété, la beauté, une richesse suffisante, en un mot toutes les qualitez propres à rendre un mariage heureux. Ils avoient parlé de leur projet aux parens de la fille qui, de leur côté, connoissoient bien le mérite du jeune Eudes; et tous convenoient que ce mariage seroit à l'avantage des deux familles.

Isaac Eudes en fit la proposition à son fils ; et, tout aussitôt après luy avoir fait ressortir les avantages de cette union, il ajouta que la chose étoit déjà bien avancée, et que pour la conclure on n'attendoit plus que son consentement. Le jeune homme écouta respectueusement toutes les considérations de son père, se contentant, pour le moment, de répondre d'une manière évasive et sans insister : « qu'il avoit pourtant fait choix d'une autre épouse incomparablement plus belle, plus riche et plus vertueuse. »

Le père et la mère, ne désespérant pas de l'amener à leur projet, le conduisirent dans une partie de plaisir qui eut lieu, le lendemain, chez les parens de la jeune fille qu'ils désiroient luy faire épouser. Comme on le pense bien, dans cette réunion préparée à dessein, il ne fut question que de divertissemens et surtout de projets de mariage. Jean Eudes, qui vit le piége, resta poli, mais froid ; et le père, fort désappointé de cette tenue correcte sans doute, mais d'une indifférence sur laquelle il n'y avoit pas à se méprendre, fut réduit à suppléer luy-même, par sa belle humeur, à la gaieté qu'il essayoit, mais en vain, d'exciter chez le jeune homme. De retour chez luy, Isaac, plus libre de faire sentir à son fils son mécontentement, luy demanda ce que signifioit la conduite qu'il avoit tenue. « Où prétendoit-il en venir ? Le choix qu'il luy proposoit étoit une bonne fortune ; avoit-il, par hasard, l'intention de ne pas tenir compte de la volonté paternelle ? » Et après ces paroles sévères, il quitta brusquement le jeune homme.

Jean Eudes vit bien que le moment étoit venu de faire à son père une déclaration nette et positive. Il le rejoignit aussitôt, et l'abordant de la manière la plus respectueuse, il luy dit avec une émotion qui n'excluoit pourtant pas la fermeté, qu'après avoir bien réfléchi sur sa vocation, prié Dieu et pris conseil de ses supérieurs, il s'étoit décidé pour l'état ecclésiastique, qu'il le prioit de ne pas le trouver mauvais, et que s'il vouloit bien le luy permettre, ce qu'il le conjuroit avec larmes de luy accorder, il avoit intention de se préparer pour la prochaine ordination. Le père simula une grande surprise, voire même une certaine irritation : il se plaignit du retard que son fils avoit mis à luy faire part de la résolution qu'il avoit prise, et luy reprocha d'avoir manqué de confiance à son égard. En réalité, il se trouva tiré d'inquiétude; car il avoit appréhendé surtout de le voir se faire religieux. Puisqu'il se bornoit à se faire prêtre, il pourroit rester avec ses parens et ne laisseroit pas que de leur rendre de bons services : il luy permit de suivre le conseil que luy avoient donné ses maîtres, puisqu'il croyoit y voir l'expression de la volonté de Dieu.

Jean Eudes se voyant en liberté d'embrasser l'état où il étoit persuadé que Dieu l'appeloit, fut pénétré d'une sensible consolation, et ne pensa plus qu'à prendre les moyens d'exécuter promptement son pieux dessein. D'ailleurs, le temps pressoit : il ne restoit plus qu'environ deux mois jusqu'à l'ordination de septembre, où il projettoit de recevoir la tonsure et les moindres ordres; ce temps luy paroissoit bien court pour se disposer comme il l'auroit souhaité à une action si importante. Il le consacra à la lecture de livres propres à l'instruire du saint état qu'il vouloit embrasser, de l'excellence des ordres qu'il espéroit recevoir, des obligations qu'il contracteroit, de l'esprit de foi et de piété avec lequel il devoit exercer les saintes fonctions. Il joignit à ces lectures de sérieuses réflexions et de ferventes prières pour attirer l'esprit de Dieu et les grâces nécessaires pour s'en acquitter dignement.

Jamais, depuis la fondation des séminaires les plus fameux, on ne vit ordinand, sous la conduite du plus zélé directeur, plus pénétré des véritez ecclésiastiques et rempli de meilleures dispositions pour la réception des saints ordres que ne le fut Jean Eudes, par les pieux exercices auxquels il se livra de luy-même (1). Lorsque le temps de l'ordination fut arrivé, il

---

(1) Avant l'établissement des grands séminaires par M. Olier et saint Vincent de Paul, en 1642, les ordinands n'étaient préparés à la réception

se rendit à Séez ; examiné et admis pour recevoir la tonsure et les ordres moindres, il fut ordonné par les mains de son propre évêque, Mgr Le Camus, le 19 de septembre 1620, étant âgé de dix-neuf ans.

Monsieur Eudes (car c'est ainsi que nous le devons appeler maintenant), se voyant engagé par son ordination au service des autels, ne songea plus qu'à se bien acquitter des obligations qu'il avoit contractées. Comme il ne vit pas seulement une formalité à remplir dans la réception de la tonsure et dans ces belles paroles que l'Église met en la bouche des clercs auxquels l'évêque la confère : *Dominus pars hereditatis meæ et calicis mei ; tu es qui restitues hereditatem meam mihi* (ps. 15), il les prononça, ces saintes paroles, beaucoup plus de cœur que de bouche, et tout pénétré des saintes affections qu'elles ont coutume d'exciter en ceux qui les ont bien méditées. Il ne pensa plus qu'à se détacher des faux biens de la terre, et de toutes les prétentions du siècle, afin de prendre Dieu pour son seul et unique partage. Il travailla à se dépouiller du vieil homme et à se revêtir parfaitement du nouveau, suivant ce qui luy étoit marqué par la réception du surplis ; et il ne chercha désormais que des occasions d'exercer les fonctions de ses ordres et de pratiquer les vertus qu'ils exigent de ceux qui en sont honorez.

Depuis ce temps-là, il fit paroître par toute sa conduite combien les intentions qui l'avoient porté à choisir l'état ecclésiastique avoient été pures et saintes, en recherchant tout ce qui pouvoit contribuer à le mettre en état d'en remplir les obligations. Mais s'il avoit compris que la sainteté la plus élevée doit être le partage des prêtres, il sçavoit aussi que la vertu sans la science ne suffisoit pas, que ceux qui étoient appelez à cet état devoient être tout brillans de lumières pour éclairer les autres ; qu'étant les maîtres et les docteurs des

des saints ordres que par une retraite qu'on appelait l'exercice de dix jours. Ils passaient donc de l'Université au saint ministère, sans plus de préparation. Encore faut-il ajouter que tous les diocèses n'étaient pas en possession de l'heureuse innovation de la retraite de dix jours. Nous reviendrons avec plus de détails sur ce point, quand il sera question de la part que le P. Eudes prit à l'établissement des séminaires.

peuples, ils devoient être en état de les instruire de tout ce qui est nécessaire au salut, et toujours prêts à répondre à toutes les difficultez sur lesquelles on pouvoit les consulter; que, par conséquent, il luy falloit redoubler d'application à l'étude.

Ce fut ce qui l'obligea de prier son père de le renvoyer à Caën pour étudier en théologie. Il pensoit avec raison que cette science est la plus nécessaire de toutes à un prêtre, que sans elle, quelque connoissance qu'il eût d'ailleurs, il ne seroit qu'un guide aveugle qui s'égareroit luy-même et conduiroit les autres dans le précipice. Cette demande parut si juste au père, qu'il ne put pas la luy refuser. M. Eudes se rendit donc à Caën pour l'ouverture des classes, et il s'appliqua à l'étude de la théologie avec beaucoup d'ardeur et d'assiduité. Il ne se borna pas à l'étude de ses cahiers; comme il avoit l'esprit ouvert et pénétrant, il put étudier par luy-même les auteurs. Il en trouva quelques-uns à emprunter, dans lesquels il eut le moyen d'étudier la plupart des traitez de théologie que l'on a coutume d'expliquer à l'Université. Il y joignit l'étude des controverses: c'étoit dans ce temps la partie de la théologie la plus nécessaire à l'Église, à cause des occasions fréquentes qu'on avoit de disputer avec les calvinistes qui en faisoient le principal de leur religion. Il l'étudia donc d'une manière toute particulière, ne doutant pas qu'il ne dût trouver bien des occasions d'en tirer avantage.

M. Eudes goûta pendant quelque temps les douceurs du nouvel état où il venoit d'entrer. Il prenoit un grand plaisir à acquérir les lumières qui luy étoient nécessaires, et la fidélité qu'il apportoit à s'acquitter de ses exercices spirituels le remplissoit de grandes consolations. Mais il ne tarda guère à se dégoûter du monde : les grands dangers où il se voyoit sans cesse exposé, les difficultez qu'il trouvoit d'y vivre dans la sainteté convenable à son état et d'en remplir dignement les grandes obligations, la corruption presque générale où il voyoit le clergé, soit à la ville, soit à la campagne, l'impossibilité morale où il se trouvoit d'étudier suffisamment et d'acquérir la science nécessaire pour s'acquitter des sublimes fonctions du sacerdoce; tout cela le jeta dans d'extrêmes perplexitez (1623).

Pendant que M. Eudes rouloit ces pieuses idées dans son

esprit et qu'il cherchoit de tous côtez un lieu où il pût vivre conformément à ses engagemens, Dieu permit qu'il arrêtât les yeux particulièrement sur la communauté de l'Oratoire. Elle n'étoit établie à Caën que depuis l'année 1622, et déjà elle y étoit en grande estime; ceux qui la composoient, quoy qu'en petit nombre, y vivoient dans une grande régularité et répandoient de tous côtez la bonne odeur de Jésus-Christ. Ils faisoient leurs fonctions d'une manière si édifiante, disoient la sainte messe avec tant de recueillement et de piété, qu'ils en inspiroient à tous ceux qui y assistoient; ils prêchoient aussi d'une manière fort affective (1).

Rien ne pouvoit mieux convenir à M. Eudes qu'un tel Institut; il étoit persuadé que c'étoit ainsi que tous les prêtres et ecclésiastiques auroient dû s'acquitter de leurs saintes fonctions. Ce fut ce qui luy donna l'idée de demander à entrer dans cette congrégation. Après avoir bien réfléchi et surtout beaucoup prié, il fit connoître son désir au supérieur de l'Oratoire de Caën, et le pria de vouloir bien luy procurer les moyens de l'exécuter. Celuy-cy, qui avoit beaucoup de pénétration, luy fit diverses questions sur son état, sur les motifs de sa demande, sur ses études, sur sa santé, sur ses parens, enfin sur la communauté elle-même dans laquelle il désiroit entrer. M. Eudes répondit à toutes ces questions avec tant d'esprit et d'ingénuité que le supérieur reconnut facilement, sous ce dehors si simple et si modeste, les vertus et le talent du jeune postulant, dont la vocation luy parut être de Dieu; il luy promit d'écrire en sa faveur au supérieur majeur (2). Sur le portrait qu'il en fit, une réponse favorable ne tarda pas à arriver. Quelques jours après, M. Eudes étant

---

(1) Pierre de Bérulle, issu d'une ancienne et illustre famille de Champagne, fonda l'Oratoire de France le 11 novembre 1611, jour de Saint-Martin. « Les PP. de l'Oratoire s'établirent à Caen, en 1622, d'abord dans la rue Guilbert; ce ne fut qu'en 1653 qu'ils se fixèrent dans celle qui porte leur nom et où l'on voit encore, tout près de la rue Saint-Jean, leur maison qui ne paraît pas avoir été jamais entièrement achevée. » (Trebutien, *Caen*, etc., p. 67.) Le supérieur de la maison de Caen, en 1622, était M. de Répichon.

(2) Le supérieur général, M. de Bérulle.

retourné chez le supérieur, celuy-cy luy fit un très-bon accueil, et sans luy rien dire de la réponse qu'il venoit de recevoir, il le pressa encore de questions pour éprouver de nouveau sa résolution. Ayant trouvé notre postulant plus déterminé que jamais à exécuter son pieux dessein, il ne douta plus que sa vocation ne fût de Dieu. Il luy communiqua, en conséquence, la réponse du supérieur général, et luy promit une lettre de recommandation dez qu'il souhaiteroit partir.

M. Eudes étoit dans la joye; cependant, une seule chose ne laissoit pas que de l'inquiéter : il ne pouvoit se rendre à Paris sans avoir obtenu le consentement et la bénédiction de son père, et il voyoit que ce seroit une grosse difficulté pour luy. Il auroit bien voulu rencontrer quelqu'un, parent ou ami, qui eût voulu luy rendre le service de préparer son père et sa mère à la déclaration qu'il alloit leur faire; mais n'en trouvant point, il s'arma de courage, et sans plus tarder, il se mit en route pour son pays, résolu à leur faire connoître luy-même la résolution qu'il avoit prise. Chemin faisant, il roulloit dans son esprit les difficultez qu'il avoit déjà rencontrées pour entrer dans les ordres, et celles bien autrement grandes qu'il luy faudroit encore vaincre. Puis il se représentoit la désolation de son père et de sa mère à cette nouvelle à laquelle ils étoient si loin de s'attendre et qui alloit détruire toutes les espérances qu'ils avoient fondées sur luy. Dans de certains momens, il luy paroissoit qu'il y avoit de la dureté d'abandonner ainsi un père et une mère déjà avancez en âge, qui avoient tant fait pour son instruction, dont il étoit tendrement aimé et qu'il aimoit luy-même plus que sa propre vie. Mais ensuite revenant à soy, il ne luy paroissoit pas possible de demeurer dans le monde où il seroit sans cesse exposé à tant de dangers de se perdre, sans trouver nulle part rien qui anime, qui édifie, qui donne le bon exemple; et alors il entendoit sa conscience qui luy disoit qu'avant tout il faut se sauver et obéir à Dieu plutôt qu'aux hommes. Telle étoit la lutte qu'il soutenoit au fond de son cœur, tandis qu'il avançoit vers la maison paternelle.

Ses parens ne furent pas peu surpris en le voyant arriver.

Soupçonnant qu'un retour si imprévu, sans vacances pour l'expliquer, malgré la mauvaise saison, devoit cacher quelque mystère, son père le pressa vivement de luy faire connoître la raison pour laquelle il avoit cru devoir revenir. M. Eudes, faisant effort sur luy-même, luy déclara alors, sans hésiter plus longtemps, qu'après s'être bien rendu compte des dangers qu'un bon prêtre couroit au milieu d'un monde peu chrétien, il avoit pris le party de se retirer à l'Oratoire, qu'il venoit le prier d'y consentir et de luy donner sa bénédiction ; et en disant cela, il se jeta à genoux pour la recevoir.

Son père, tout interdit, resta un moment sans rien dire ; puis, éclatant en reproches et luy rappelant d'une manière assez dure tous les sacrifices qu'il avoit faits pour lui, il ajouta « qu'il voyoit trop maintenant qu'il n'avoit travaillé que pour un ingrat, pour un fils inhumain et dénaturé. »

M. Eudes voulut exposer à son père les graves raisons qu'il avoit d'agir ainsi : le triste état du clergé dans tout le pays, et, au contraire, la ferveur de l'Oratoire qui édifioit l'Église par les grandes vertus de ses sujets ; mais le père, irrité, se retira sans vouloir rien entendre. Une épreuve plus rude encore attendoit M. Eudes : son père venoit à peine de le quitter, quand il vit accourir vers luy sa mère fondant en larmes. A cette vue, le jeune homme comprit qu'il alloit succomber dans cette nouvelle lutte bien autrement douloureuse, qu'il ne luy restoit qu'une ressource : se dérober par la fuite et partir sans la bénédiction paternelle, qu'il n'avoit plus d'espérance d'obtenir. Il s'échappe donc, monte à cheval et se met précipitamment en route pour Paris. Il avoit déjà parcouru environ trois lieues, lorsque son cheval s'arrêta tout court et refusa obstinément d'avancer. M. Eudes vit dans cet accident un fait providentiel ; il se dit que, sans aucun doute, Dieu vouloit luy faire comprendre qu'il avoit eu tort de partir sans le consentement et la bénédiction de ses parens, et rebroussant chemin aussitôt, il revint à Ri.

De retour auprez de son père, il se jeta de nouveau à ses pieds, les arrosa de ses larmes et le conjura de ne pas s'opposer plus longtemps à une vocation qui luy venoit certainement de Dieu. Attendri et désarmé par cette longue et vive instance, Isaac Eudes consentit enfin à laisser son fils luy exposer les raisons qu'il avoit jusqu'alors refusé d'écouter. Comme, nonobstant toutes ses oppositions, il étoit homme de bien et avoit de la religion, il finit par comprendre la légitimité des motifs que fit valoir le pieux jeune homme à l'appui de sa résolution et luy dit : « Je ne prétends pas « m'opposer à votre vocation, si elle est de Dieu ; il est le « maître, je sçais que nous devons tous luy être soumis ; « je sçais que vous êtes bien plus à luy qu'à moy. Mais « quand vous demeureriez avec nous pour nous assister et « consoler dans notre vieillesse, en seriez-vous moins à « Dieu ? Comment pouvez-vous nous abandonner ainsi, après « tout ce que nous avons fait pour vous ? » Mais voyant qu'il ne gagnoit rien, ny par ses observations ny par ses résistances, il ajouta : « Cependant, puisque vous persistez « dans vos résolutions, croyant que c'est la volonté de Dieu, « exécutez-la ; je ne veux pas m'y opposer. » A ces mots, M. Eudes, le visage inondé de larmes, se jeta à genoux aux pieds de son père qui luy donna sa bénédiction et se retira aussitôt accablé de douleur. La mère et les enfans, qui avoient assisté à cette dernière lutte entre la nature et la grâce, comprirent qu'il n'y avoit plus pour eux d'espérance, et donnèrent un libre cours à leurs larmes.

Ainsi on peut dire que jamais vocation ne fut plus éprouvée ; la passion la plus séduisante pour un jeune cœur, l'appât de la fortune, la résistance opiniâtre, et enfin la douleur d'un père, les larmes d'une mère aimée, tout fut mis en usage pour battre en brèche cette vocation naissante, et tout fut inutile. Non certes que M. Eudes soit resté insensible dans ces circonstances douloureuses ; tout au contraire, la nature cria bien haut, plaida éloquemment la cause des affections de famille ; mais la grâce fortifia le pieux jeune homme ; il s'arma de courage, et rien ne fut capable de le faire dévier de la voye dans laquelle il avoit résolu d'entrer.

M. Eudes ayant obtenu le consentement et la bénédiction de son père, reprit la route de Paris, attristé à la pensée de la douleur dans laquelle il laissoit ses parens, mais infiniment consolé de se voir délivré de cette Égypte, où il ne voyoit que désordres et corruption.

Quelle joye il ressentit dans son cœur, quand, arrivé à Paris, il aperceut enfin cette maison de Saint-Honoré, depuis si longtemps l'objet de ses désirs ! Il ne s'amusa point à voir les curiositez que renferme cette grande ville, ordinairement si admirée de ceux qui ne l'ont point encore visitée. Il n'eut d'yeux et d'affections que pour la sainte maison où Dieu l'appelloit et où il se voyoit enfin arrivé, après tant et de si grandes difficultez. Le digne et vénérable M. de Bérulle, alors supérieur général de l'Oratoire, le receut avec beaucoup de bonté, le jour de l'Annonciation, 1623 (1).

M. Eudes étoit pour lors âgé d'environ vingt-deux ans. Son extérieur plut beaucoup à M. de Bérulle : il étoit de taille moyenne et bien proportionnée ; il avoit une physionomie heureuse, un grand front, des yeux vifs, mais modestes ; dans tous les traits de son visage, il paroissoit un air de douceur et de bonté, qui prévenoit avantageusement en sa faveur et luy attiroit les sympathies et le respect de tous ceux qui le voyoient. Mais si l'extérieur du jeune clerc plut ainsi au supérieur général, l'examen attentif qu'il en fit dans la conversation, les réponses qu'il obtint, luy en donnèrent encore une plus haute idée : M. de Bérulle reconnut dans le postulant un jugement droit, un grand esprit et une capacité qui luy fit juger qu'il seroit un jour un des bons sujets de sa Congrégation.

Ce fut ce qui l'obligea à ne pas différer à luy donner l'habit de l'Institut, c'est-à-dire la longue soutane, et le reste tel qu'on le portoit dans la maison. Il l'en revêtit le vendredy de la semaine de la Passion, jour consacré par l'Église à honorer les souffrances de la très-sainte Vierge. Ainsi, coïncidence digne de remarque, le jeune lévite entra à l'Oratoire le 25 de mars, qui est le jour de l'Incarnation du Verbe, comme si

(1) M. Huet, ancien évêque d'Avranches, dit que ce fut en 1625 que M. Eudes entra dans l'Oratoire ; il s'est trompé de deux ans. Le continuateur du P. Héliot-Piquepuce donne bien la date exacte de l'entrée du jeune clerc à St-Honoré, mais il se trompe en luy donnant alors vingt-trois ans. Il n'en avoit que vingt-deux, puisqu'il est né en 1601. *(Note du P. Martine.)*

Dieu avoit voulu faire connoître par là qu'il avoit choisi le jeune novice pour être l'instrument de ses divines miséricordes et pour faire par luy l'application des fruits de cet ineffable mystère à une infinité d'âmes ; et il prit le saint habit de l'Institut le jour de la Compassion de la sainte Vierge, pour marquer qu'il devoit être un homme de croix et de douleur, destiné à participer abondamment à la passion et aux souffrances de notre divin Sauveur, comme la sainte Vierge avoit participé à celles de ce même Sauveur, son cher Fils. Quoy qu'il en soit de cette coïncidence, M. Eudes se regarda dez ce temps comme entièrement mort au monde, comme un homme de mortification, qui ne devoit plus respirer qu'après les occasions de souffrir et de mourir.

M. de Bérulle, ayant conceu une si haute idée de notre jeune novice, s'appliqua avec un soin particulier à luy inspirer en tout l'esprit de son Institut. Il trouva en ce cher disciple un cœur pur et droit, humble, docile et tout disposé à la pratique des plus excellentes vertus. Il le forma à la prière et à la méditation des grandes véritez du salut ; et par ce saint exercice, on peut dire qu'il jeta les fondemens de cette sublime perfection, à laquelle Dieu l'éleva et où nous le verrons monter dans la suite de sa vie. Il n'épargna rien pour le rendre capable des plus importans employs de l'Église (1).

Mais parce que M. de Bérulle ne pouvoit pas être toujours appliqué à cultiver ses jeunes sujets, à cause des grandes affaires dont il étoit chargé, il avoit substitué à sa place le P. de Condren, qui dans la suite fut son successeur, et le second supérieur général de l'Oratoire. Ce grand serviteur de Dieu travailla aussi beaucoup à perfectionner Monsieur Eudes, et luy communiqua tout ce qu'il put de ses grandes lumières. Aussi, ce fidèle disciple eut-il toujours pour ces deux grands hommes tout le respect, l'estime et la vénération que l'on peut avoir pour les plus grands saints. Plus tard, quand il parloit de M. de Bérulle, il l'appeloit toujours son très-honoré

(1) « On ne sçauroit dire la charité singulière que ce saint cardinal a toujours eue pour ce jeune novice, qu'il regardoit comme son enfant. » (Hérambourg.)

père, son oracle, son prophète, son ange tutélaire. Il disoit que ce grand homme avoit été un des plus passionnez amans que le Verbe incarné eût eus depuis l'établissement de l'Église. Il reconnoissoit et il se faisoit un plaisir de publier que c'étoit par son moyen qu'il avoit receu les plus grandes grâces de Dieu, et tout ce qu'il avoit appris dans la vie spirituelle. Il ne cessoit d'en bénir Dieu et de luy en marquer sa reconnoissance (1).

Il en faisoit de même par rapport au P. de Condren; dans la suite, il ne se lassoit pas de louer ce grand serviteur de Dieu. Il en parloit comme d'un homme qui avoit été favorisé des plus vives lumières, qui avoit receu de Dieu de profondes connoissances sur nos plus grands mystères, et qui avoit pénétré le plus avant dans les secrets de notre sainte Religion. Il disoit encore qu'on n'avoit point assez connu les grands trésors qui étoient cachez dans cet homme de Dieu, et que sa profonde humilité en avoit dérobé la plus grande partie aux yeux des hommes (2).

(1) Le pape Urbain VIII, ravi de la piété admirable et de l'humilité profonde de M. de Bérulle, dit un jour au P. Bertin, supérieur de St-Louis-des-Français : « Le P. de Bérulle n'est pas un homme, mais un ange. » Il l'éleva à la dignité de cardinal, le 30 août 1627. C'est encore le même pape qui lui a décerné le titre d'*Apôtre du Verbe incarné*. Le saint cardinal, épuisé par une longue maladie, « tomba mort à l'autel, en arrivant à la consécration, comme un guerrier au champ d'honneur », suivant la belle expression de M. Cousin (2 octobre 1629). Son dernier mot fut : « *Où est-il Jésus-Christ, mon Sauveur ? que je le voie, que je l'adore, que je le reçoive.* » (Tabaraud, *Hist. de P. de Bérulle.* — Perraud, *L'Oratoire de France*, ch. IV.)

(2) Charles de Condren, né le 15 décembre 1588, près de Soissons, fut nommé supérieur de l'Oratoire, le 29 octobre 1629. Peu de temps avant sa mort, qui arriva le 7 janvier 1641, il prédit avec une étonnante précision les maux que le jansénisme devait causer à l'Église. « Ce qui me fait gémir, dit-il aux Pères de l'Oratoire, c'est le schisme que je prévois et qui paraîtra dans deux ans. » La doctrine de ce grand serviteur de Dieu était si sublime, que le cardinal de Bérulle écrivait à genoux tout ce qu'il lui entendait dire, que saint Vincent de Paul se plaisait à répéter : « qu'il ne s'était point trouvé un homme semblable à celui-là, *non est inventus similis illi*, et que la Mère de Chantal ravie, s'écriait, après une heure d'entretien avec lui : « Si notre bienheureux Père est capable d'instruire les hommes, le P. de Condren est capable d'instruire les anges. » Dans le beau portrait qu'il nous a tracé de ce saint prêtre, M. Olier a pu dire de lui : « C'était plutôt Jésus-Christ vivant

Notre fervent novice ayant donc de si belles dispositions et étant sous de si excellens maîtres, qu'en pouvoit-on attendre sinon qu'il fît de merveilleux progrez dans la science des saints, et dans l'acquisition des plus excellentes vertus ? Aussi, le vit-on avancer chaque jour de plus en plus dans les voyes de la perfection évangélique. Toutes les instructions de ses maîtres étoient une bonne semence qui, tombant dans un excellent fond, rapportoient au centuple des fruits de grâce et de bénédiction.

On n'avoit point encore vu en cette maison un novice si fervent, ny si fidèle à travailler à sa perfection; son exactitude à remplir tous les devoirs de son état, sa ponctualité à tous les exercices, la perfection de son obéissance, sembloient en effet son caractère distinctif. Les plus petits détails de la règle, les moindres signes de la volonté du supérieur, étoient pour luy des loix qu'il ne discutoit jamais et qu'il s'empressoit d'accomplir. La mortification des sens, une profonde humilité, une rare modestie, un rigoureux silence, en un mot l'assemblage de toutes les vertus requises pour son saint état, en firent bientôt un parfait modèle, non-seulement pour ses confrères novices, mais pour les anciens membres de la communauté : tous trouvoient dans ce jeune clerc des exemples de vertu, qui excitoient à la fois leur étonnement et leur admiration.

Pendant qu'il étoit encore dans son noviciat, quoy qu'il n'eût receu que les ordres moindres, M. de Bérulle le fit prêcher en présence de sa communauté, et M. Eudes y fit déjà paroître tant de talent que ce digne supérieur et tous ceux qui enten-

---

dans le P. de Condren, que le P. de Condren vivant en lui-même. » Enfin, Louis XIII, apprenant qu'il venait de mourir, fit de lui ce bel éloge : « Le plus saint homme de mon royaume est mort, et le plus désintéressé. Plus j'ai voulu l'attirer à la cour, plus il s'en est éloigné. Il y aura ample matière pour une oraison funèbre, qu'il ne faudra manquer de faire. » De son côté, le P. Costil nous apprend que le P. Eudes, devenu supérieur de la Congrégation de Jésus et Marie, « vouloit qu'on lust la vie de ce saint homme au réfectoire tous les ans, afin qu'on profitast de sa rare doctrine et de ses exemples de sainteté. » (Perraud, *L'Oratoire de France*, ch. XI. —Bougaud, *Histoire de sainte Chantal*, II, 73.— Faillon, *Vie de M. Olier*, I, l. IV.—Costil, *Fleurs*.)

dirent le jeune prédicateur en furent très-satisfaits. En effet, il étoit déjà doué d'excellentes dispositions pour cette sainte fonction : il avoit l'air grave et modeste, une voix mâle et onctueuse, une si excellente mémoire qu'il apprenoit aisément tout ce qu'il vouloit et le retenoit si parfaitement qu'il n'oublioit presque jamais ce qu'il avoit une fois appris. Dieu luy avoit accordé cette pieuse éloquence du cœur qui touche, persuade et entraîne les auditeurs où elle veut ; son débit étoit véhément, ses expressions pathétiques ; il possédoit au plus haut degré l'art d'inculquer ses sentimens et ses pensées à tous ceux devant lesquels il parloit. On remarqua dez lors en luy ce beau talent qui en fit dans la suite un des meilleurs prédicateurs de son siècle. Tant et de si belles dispositions furent à ses supérieurs d'heureux présages des grands services qu'il pourroit rendre à l'Église, et, en particulier, de l'honneur qu'il feroit à sa Congrégation.

M. de Bérulle, charmé des rares talens de son novice, et voyant les grandes bénédictions dont Dieu le combloit, crut qu'il ne pouvoit pas rendre un plus grand service à l'Église que de luy faire conférer au plus tôt les ordres sacrez, afin de lui donner par là le moyen de travailler à la sanctification des âmes. Il luy dit donc de se préparer aux saints ordres, et, pour cet effet, il l'envoya faire sa demeure à Notre-Dame-des-Vertus, maison peu distante de Paris (1), où, séparé de tout commerce avec les hommes, il pourroit n'être occupé que de Dieu, et, en même temps, rétablir sa santé un peu altérée par sa trop grande ferveur durant son noviciat à Saint-Honoré. Il suffisoit que ce fût un lieu consacré spécialement à la très-sainte Vierge pour le luy faire préférer, s'il avoit été à son choix, à toutes les plus splendides maisons de Paris et à tous les palais des lieux circonvoisins.

Ce fut là qu'il passa tout le temps qui luy avoit été donné pour se préparer à son ordination, et qu'il s'exerça à l'acquisition et à la pratique de toutes les vertus nécessaires à l'état qu'il avoit embrassé. Ce fut dans cet aimable séjour, au sein

---

(1) Aubervilliers ou Notre-Dame-des-Vertus, à 2 lieues de Paris, était alors un lieu de pèlerinage très-fréquenté.

de cette heureuse solitude, que sa tendresse envers cette mère d'amour prit de merveilleux accroissemens, qu'il la fit éclater par quantité de saintes pratiques, par de fréquentes aspirations, par de douces et ardentes affections et par les larmes d'amour qu'on luy vit parfois répandre ; il parloit souvent de cette mère de belle dilection, mais avec tant d'onction et de force que tous ceux qui l'entendoient en étoient édifiez et tout pénétrez de dévotion.

Il auroit bien voulu qu'on luy eût accordé un temps plus considérable pour étudier au pied du crucifix les grandes véritez de la religion, les méditer à loisir, s'en bien pénétrer et les mettre en pratique avant de se faire ordonner ; mais le supérieur général l'avertit qu'il eût à se préparer au plus tôt, qu'on ne luy donnoit pour tout délay que jusque aux Quatre-Temps de l'Avent prochain. Ce temps arrivé, M. de Bérulle l'envoya à Séez pour y recevoir le sous-diaconat de la main de son propre évêque, Mgr Le Camus ; ce fut le 21 décembre, samedy des Quatre-Temps, 1624, qu'entré dans les ordres il commença à dire le Bréviaire, le jour même de saint Thomas apôtre, comme il le remarque dans son *Memoriale beneficiorum Dei*.

Il se seroit plaint, s'il avoit osé, de ses supérieurs, qui luy avoient donné si peu de temps pour se préparer à cette ordination du sous-diaconat. Il se consoloit en se disant qu'il n'en seroit pas ainsi pour le diaconat ; il croyoit que les interstices, si sagement prescrits par l'Église entre chacun des ordres sacrez pour mieux préparer le prêtre à monter au saint autel, seroient comme une barrière qui arrêteroit ses supérieurs et les obligeroit à luy laisser du moins cet espace de temps pour se préparer aux ordinations suivantes. Il s'en expliqua avec un de ses directeurs ; mais celuy-cy le tirant de son illusion, l'avertit que, selon toute apparence, il seroit ordonné diacre avant Pâques et prêtre à la fin de l'année, qu'il eût donc à prendre ses mesures en conséquence.

En effet, M. de Bérulle, bien rassuré sur les dispositions de son pieux sous-diacre, désiroit de le mettre en état de faire valoir au plus tôt le grand talent dont il étoit doué pour la chaire. Il décida donc que M. Eudes seroit ordonné diacre au Carême prochain. Celuy-cy, désolé de l'ordre qu'il recevoit, mit à profit le temps qui luy restoit jusque-là. Bien que son noviciat tout entier eût été une préparation continuelle aux saints ordres, il ne laissa pas que de se disposer d'une manière toute particulière au nouvel ordre qui alloit lui être conféré, par de ferventes prières, de bonnes œuvres qu'il faisoit à cette intention, et par de sérieuses réflexions sur les nouveaux engagemens qu'il alloit contracter, sur son néant et ses imperfections, sur la pureté angélique que demandent de si saintes fonctions de la part de ceux qui en sont chargez. Dans ces vues, il se trouvoit saisi de frayeur; et si ceux qui luy tenoient la place de Dieu ne l'eussent exigé de luy, il se seroit éloigné pour toujours de si redoutables fonctions.

Depuis le Carême de 1625, où il fut ordonné diacre, à Bayeux, par Mgr Jacques d'Angennes (1), il restoit encore environ neuf mois jusqu'au temps qu'on luy avoit marqué pour recevoir l'ordre de la prêtrise. Il employa fidèlement tout ce temps à s'y préparer. Il passoit la plus grande partie des jours à méditer les grandeurs ineffables du sacerdoce, à considérer ce que demande cette sublime dignité de ceux qui y sont élevez, à s'anéantir devant Dieu à la vue de son indignité, et à faire de ferventes prières pour obtenir les grâces dont il avoit besoin.

Mais, aux approches de son ordination et durant son ordination même, il ramassa pour ainsi dire toute son énergie pour attirer en luy la plénitude du Saint-Esprit. Il n'y a que Dieu qui ait connu quelles furent les affections de son cœur, appliqué à adorer Jésus-Christ comme auteur d'un si grand sacrement, à luy rendre de continuelles actions de grâces pour toute la gloire qu'il a procurée à son Père par l'établissement du sacerdoce, à luy offrir les sentimens de sa profonde reconnoissance de ce qu'il vouloit bien l'admettre, tout indigne qu'il

---

(1) Le manuscrit du P. Hérambourg, que nous avons consulté, porte que Jean Eudes fut ordonné diacre à Paris : c'est sans doute une erreur de copiste. Le P. Eudes dit lui-même dans son *Memoriale* : « J'ay reçeu l'ordre de diacre à Bayeux, en l'année 1625, en Caresme. »

en étoit, à un ministère si auguste et si saint ; enfin à se soumettre entièrement à tous les desseins qu'il avoit formez sur luy.

Il s'adressoit ensuite à son incomparable Mère et Maîtresse, la très-sainte Vierge, mère du souverain prêtre Jésus et de tous les saints prêtres de l'Église, pour la conjurer de luy obtenir, en cette importante occasion, l'esprit du divin sacerdoce de son cher fils, et toutes les grâces qui étoient nécessaires pour en remplir les grandes obligations : voilà de quelle manière il se disposa à son ordination.

Le P. Eudes étant ainsi disposé (car c'est ainsi que nous l'appellerons désormais) fut ordonné prêtre à Paris, le 20 de décembre, samedy des Quatre-Temps, 1625, par M. de Boivin, évêque de Tarse et coadjuteur de M. de Péricard, évêque d'Avranches (1). La plénitude de l'esprit sacerdotal qu'il receut en ce moment se répandit avec abondance sur toute la suite de sa vie et produisit les merveilles que nous aurons bientôt à raconter. Cette action de la grâce que Dieu luy avoit alors si largement départie se fit bien remarquer dans la célébration de sa première messe, qu'il dit quelques jours après, dans la nuit de Noël, à Saint-Honoré, à un autel dédié à la très-sainte Vierge. Il la célébra avec tant de piété et de religion, avec un tel recueillement et une telle modestie qu'on eût dit qu'il étoit dans le ciel, devant le trône de la majesté de Dieu, environné de tous les esprits célestes. Il étoit au saint autel comme un séraphin tout embrasé d'amour et ravi d'admiration, en considérant que ce Dieu d'amour, ce Verbe adorable, incarné pour le salut des âmes, vouloit bien s'incarner en quelque sorte de nouveau entre ses mains, dans le même temps qu'il avoit voulu se trouver pour la première fois entre les bras de sa très-sainte Mère.

Le sacrifice de la messe, depuis ce temps-là, fut pour luy une source intarissable de grâces et de consolations. Il offroit l'adorable victime tous les jours, mais avec une joye si vive, une dévotion si respectueuse, un amour pour Jésus-Christ si ardent que son visage en paroissoit tout en feu.

---

(1) Le continuateur du P. Héliot-Picquepuce dit qu'il fut ordonné prêtre en 1626. Il s'est trompé d'une année *(Note du P. Martine.)*

Il le manifestoit par tout son extérieur, par le ton de sa voix, par sa gravité à faire les cérémonies, par sa rare modestie, par les larmes abondantes qui couloient de ses yeux. Ceux qui assistoient à sa messe, en le voyant au saint autel, en étoient tout pénétrez de dévotion. On pourroit conjecturer quels furent alors ses sentimens par ces paroles qu'on luy a tant de fois entendu répéter : « qu'il faudroit trois éternitez pour bien dire une seule messe ; la première, pour s'y bien préparer ; la seconde, pour la bien célébrer, et une troisième pour en rendre de dignes actions de grâces. » Il fut toujours si fidèle à s'acquitter de cet important devoir, que ny les plus importantes affaires, ny les voyages les plus nécessaires n'étoient pour luy des raisons de s'en dispenser, ou même d'employer moins de temps à satisfaire la tendre dévotion qu'il y avoit dans son cœur pour ce saint exercice. Une impossibilité physique ou morale pouvoit seule l'en empêcher, et c'étoit toujours pour luy une grande peine de s'en voir privé.

Le P. Eudes resta peu de temps à Paris après son ordination. Suivant l'ordre qu'il en receut de M. de Bérulle, il retourna à Notre-Dame-des-Vertus pour achever de rétablir sa santé, qui étoit encore loin d'être suffisamment raffermie. Il nous parle de cette infirmité dans son *Memoriale beneficiorum Dei* sans nous dire en quoy elle consistoit ; mais, selon toute apparence, elle n'étoit pas bien considérable, puisqu'elle ne l'empêcha pas de s'appliquer à l'oraison, ny à la lecture des bons livres, ny à l'étude de la Sainte-Écriture.

Une des choses à quoy il s'appliqua le plus durant le temps qu'il passa dans cette solitude, si favorable au rétablissement de sa santé, fut l'oraison mentale ; il s'attacha à mettre exactement en pratique tous les enseignemens qui luy avoient été donnez durant son noviciat. Il y fit de grands progrez, et par ce moyen il acquit ce courage intrépide qui luy fit vaincre dans la suite les plus grosses difficultez, les plus violentes contradictions. De là luy vinrent cet attrait pour le recueillement, cette fidélité à se tenir continuellement en la présence de Dieu ; il faisoit toutes ses actions en esprit d'oraison ; et, sans rien exagérer, on peut dire que sa vie étoit une oraison continuelle. Dans ce temps il augmenta beaucoup ses pratiques de mortification et l'usage des instrumens de pénitence, haires, disciplines, chaînes de fer. Il est vrai que Dieu le dédommageoit bien de ces innocentes cruautez par les torrens de délices spirituelles dont son âme étoit souvent inondée.

Une de ses principales occupations, tandis qu'il demeura dans cette maison, fut l'étude de l'Écriture-Sainte, suivant le conseil que luy en avoit donné son sage supérieur. Il s'y appliquoit avec bonheur, et les progrez admirables qu'il fit dans cette science sacrée luy furent d'une merveilleuse utilité pour toute la suite de sa vie. Quoy qu'il ne négligeât pas l'étude des interprètes, Jésus-Christ crucifié étoit le docteur qu'il consultoit le plus assidûment. Il dit un jour à quelques personnes de confiance que Dieu luy avoit donné là, dans l'oraison au pied de son crucifix, tout ce qu'il sçavoit, et surtout une si grande facilité d'entendre la Sainte-Écriture, qu'à la seule lecture de quelques versets de l'Évangile, il trouvoit à l'instant des sujets de sermons pour tout un Avent, ou même pour tout un Carême. Ce fut là enfin que, comme un autre Moyse, il conversa avec Dieu dans une sainte familiarité, et qu'il concerta avec luy les moyens dont il pourroit se servir dans la suite pour ramener les pécheurs dans la voye du salut et luy gagner des âmes. Telles furent les pieuses occupations du P. Eudes, durant le séjour qu'il fit à Notre-Dame-des-Vertus.

Sur la fin de novembre de 1626, sa santé se trouvant suffisamment rétablie, M. de Bérulle jugea à propos de le rappeler à Paris, dans la maison de Saint-Honoré, pour luy fournir l'occasion d'entendre de bons prédicateurs. Comme il avoit imité Moyse, en traitant familièrement avec Dieu dans la solitude, il en sortit aussi, comme ce grand législateur, c'est-à-dire tout brillant de lumières célestes, tout embrasé de l'amour divin, et tout brûlant de zèle pour le salut des âmes. Il ne fut pas longtemps sans trouver des occasions d'en donner les marques les moins équivoques. Ce fut en se dévouant par deux fois différentes, assez proches l'une de l'autre, au service des pestiférez.

Dieu, extraordinairement irrité contre la France, pour tant de crimes et d'abominations qui s'étoient commis et qui se commettoient encore tous les jours, appesantit son bras sur ce royaume et y fit sentir les effets de sa juste indignation : une peste cruelle y causa d'étranges ravages pendant bien des années. Ce terrible fléau alloit successivement d'endroit en endroit, de canton en canton, et portoit partout la désolation et la mort. Durant l'été de l'année 1627, tandis que le P. Eudes faisoit sa demeure à Saint-Honoré, il receut une lettre de son père qui luy mandoit que la peste désoloit tout dans le diocèse de Séez, principalement aux environs d'Argentan, et que les peuples y étoient dans le dernier délaissement, destituez de tout secours, tant pour le spirituel que pour le corporel. Cette triste nouvelle, qui effraya tous ceux qui l'entendirent, produisit bien d'autres impressions sur le cœur du P. Eudes ; il y fit de sérieuses réflexions, principalement dans ses oraisons. Ce fut dans ce saint exercice qu'il considéra devant Dieu la grandeur de ce mal et toutes ses fâcheuses suites ; cet abandon général de tout secours spirituel, par ceux-mêmes qui sont obligez par état et par droit d'assister leurs frères, étoit ce qui le touchoit le plus sensiblement. Dans cette pensée, il ne put retenir ses larmes : il rappela à son esprit tous ces beaux sentimens de zèle pour la gloire de Dieu et pour le salut des âmes, dont il s'étoit trouvé tant de fois pénétré durant son séjour à Notre-Dame-des-Vertus, et il se sentit vivement pressé de demander les permissions nécessaires pour aller secourir ses frères soumis à une dure épreuve. A cet effet, il s'offrit à Dieu de tout son cœur, et le conjura d'inspirer à ses supérieurs la volonté de le luy permettre.

Il s'adressa ensuite à M. de Bérulle, son digne supérieur, par lequel il espéroit que Dieu luy feroit connoître sa très-sainte volonté. Il luy exposa le désir qu'il avoit de se consacrer, s'il vouloit le luy permettre, au service de tant de malheureux qui étoient dans un si grand délaissement de tout secours pour leur salut. Il luy apporta toutes les raisons qu'il croyoit capables de l'y faire consentir : il lui représenta surtout qu'il n'étoit qu'une bouche inutile dans la maison, indigne du pain qu'il mangeoit, qu'on pourroit très-facilement se passer de luy, et que peut-être Dieu voudroit bien se servir de son ministère pour secourir quelqu'un de ces pauvres abandonnez; qu'il ne trouveroit peut-être jamais une plus belle occasion de faire quelque chose pour Dieu et pour le salut des âmes.

M. de Bérulle ne put apprendre ce dessein du P. Eudes sans étonnement et sans en ressentir de la peine, parce qu'il l'aimoit tendrement, et qu'il craignoit de le perdre, en l'exposant à un danger si évident. Cependant, comme cet homme de Dieu étoit également rempli de zèle pour le salut des âmes, et qu'il n'étoit pas moins sensible au malheur de tant de pauvres gens qui périssoient faute d'assistance, il se trouva combattu en luy-même entre la crainte de trop exposer un si excellent sujet, et celle de refuser à tant de malheureux le secours qui se présentoit. Mais, afin de s'assurer davantage de la volonté de Dieu en ce point, il crut devoir éprouver le zèle du généreux jeune homme et prit le parti de paroître s'opposer formellement à sa résolution. Il luy dit que c'étoit témérité à luy de faire une telle demande; que ce n'étoit qu'un zèle indiscret qui le portoit à une telle entreprise, qu'il devoit demeurer en repos et se contenter de faire à Dieu de ferventes prières pour demander les grâces nécessaires à ceux qui y étoient obligez par état, et obtenir qu'il en suscitât d'autres, sur les lieux, qui pussent satisfaire aux besoins de ces pauvres contagiez. Le P. Eudes ne se rebuta point pour ce refus; il luy fit de nouvelles instances, réitérant les mêmes raisons et y en ajoutant encore d'autres; mais le supérieur parut toujours disposé à refuser sa demande.

Le bruit se répandit bientôt dans la maison que le P. Eudes sollicitoit cette permission, et qu'il étoit déterminé à partir dez qu'il l'auroit obtenue. Il parut dans cette occasion combien il étoit aimé de tous ses confrères; à la vue du danger où il vouloit s'exposer, il n'y en eut aucun qui ne fît tous ses efforts pour le détourner d'une telle entreprise. Ils luy représentèrent même avec exagération le danger où il se mettoit d'y périr et de se voir dans le même délaissement où étoient ceux qu'il prétendoit secourir, d'y manquer de tout secours pour le salut et des choses nécessaires à la vie; mais tout cela fut inutile et ne put le faire changer de sentiment. Il leur dit agréablement qu'il ne craignoit pas la peste, puisqu'il étoit plus mauvais qu'elle ; que par rapport aux dangers qu'ils luy représentoient, il se confioit en Dieu et ne croyoit rien hasarder ; que Dieu est trop bon pour abandonner ceux qui s'exposent pour son amour ; qu'il n'appréhendoit pas la mort, et beaucoup moins celle qu'il pouvoit rencontrer dans une telle occupation ; qu'il ne voyoit rien de plus glorieux que de mourir en assistant ses frères et en travaillant à leur salut, puisque rien ne nous rend si semblables à notre divin Sauveur ; que cette seule pensée le remplissoit de joye et de consolation.

Ces discours ayant été rapportez à M. de Bérulle, il comprit assez que de si nobles sentimens, si purs et si désintéressez, ne pouvoient venir que de Dieu. Il fut touché de son zèle, et il l'admira. Il ne crut pourtant pas encore devoir luy accorder ce qu'il demandoit. Il continua à l'accuser de zèle indiscret et de témérité : il employa même son pouvoir de supérieur pour luy défendre de parler davantage de ce projet. Mais le P. Eudes, plein d'une vive foy et animé d'une parfaite confiance en Dieu, fit tant d'instances et de nouvelles représentations qu'enfin M. de Bérulle crut devoir le laisser aller, et l'abandonna aux soins de la divine Providence. Ainsi, il luy donna une lettre à l'adresse du supérieur de l'Oratoire de Caën, pour prendre avec luy les mesures convenables à l'exécution de ce pieux dessein.

Aussitôt que le P. Eudes eut obtenu ce consentement et reçu sa mission, il fit, pour cette expédition, ses préparatifs qui ne furent pas longs, puisqu'ils ne consistèrent qu'à mettre quelque peu de linge avec son bréviaire dans un petit sac, à demander à Dieu de bénir son voyage et les travaux auxquels il alloit se livrer pour son amour, à se recommander enfin aux prières de ceux de la maison qu'il rencontra ; et dez le lendemain matin, il partit pour Caën, à pied, le bâton à la main et son petit sac à son bras.

Étant arrivé à Caën, il présenta au P. Allard, qui étoit pour lors supérieur de la maison de l'Oratoire, la lettre de M. de Bérulle qui l'instruisoit de quoy il étoit question. Celuy-cy ne manqua pas, suivant l'instruction du supérieur général, de l'examiner de près et de luy faire toutes les objections dont il put s'aviser ; il ne négligea rien pour le faire changer de résolution ; mais tout cela n'aboutit qu'à confirmer le jugement que M. de Bérulle avoit porté. Il trouva chez le P. Eudes une fermeté si inébranlable, des réponses si pieuses et des motifs si purs, qu'il ne crut pas devoir le mettre à une plus longue épreuve, ny retarder davantage l'exécution d'un dessein qui luy paroissoit venir de Dieu. Ainsi, se conformant à l'ordre qu'il en avoit reçeu de M. de Bérulle, il luy donna une lettre adressée aux supérieurs ecclésiastiques du diocèse de Séez, pour le recommander à leurs soins. Il y marquoit plusieurs choses très-avantageuses au P. Eudes, surtout l'estime qu'on en faisoit dans la Congrégation; il attestoit que c'étoit par le pur zèle de la gloire de Dieu et du salut des âmes qu'il se dévouoit au service de ses compatriotes affligez du fléau de la peste, principalement de ceux qui étoient dans un plus grand besoin; et il les assuroit qu'ils pouvoient luy confier en toute sûreté les pouvoirs nécessaires, le soin de l'instruction, la dispensation de la parole de Dieu et l'administration des sacremens. Cette lettre étoit écrite de Caën, en date du 13 aoust 1627, et signée Allard, prêtre indigne de l'Oratoire (1).

Le P. Allard remit cette lettre au généreux apôtre de la charité, luy donna sa bénédiction, et l'embrassant tendrement, il l'abandonna aux soins de la Providence. Dez le lendemain matin, le P. Eudes partit pour Argentan, de la même manière qu'il étoit venu de Paris, ne voulant pas être traité autrement que comme un pauvre prêtre. Il alla directement à Argentan; quoyqu'il passât assez proche de sa famille, il se donna bien de garde de voir aucun de ses parens pour ne se pas rengager dans les difficultez dont il avoit eu tant de peine à se tirer. D'Argentan, il se rendit à Séez pour obtenir les pouvoirs dont il avoit besoin. Il s'adressa au grand vicaire, et, en luy présentant sa lettre de créance, il luy fit connoître le sujet de sa venue. Celuy-cy le receut avec une grande affection et luy adressa ces paroles de l'Écriture : « *Béni soit celuy qui vient au nom du Seigneur !* » Après avoir lu la lettre que le P. Eudes luy avoit présentée, il luy accorda avec plaisir tous les pouvoirs dont il pourroit

(1) V. aux pièces justificatives le texte latin de cette lettre et la traduction qu'en a donnée le P. Costil.

avoir besoin, l'exhortant à prendre toutes les précautions que demandoit la prudence pour se préserver de la contagion.

Mais comme le P. Eudes n'avoit pas fait une si grande démarche à dessein de s'épargner, et qu'il ne désiroit rien plus que de s'immoler pour l'amour de Celuy à qui seul il désiroit plaire, il se contenta de le remercier : et ayant pris congé de luy, il s'informa du lieu où étoit le plus grand besoin, où le mal paroissoit le plus violent et les peuples dans le plus grand délaissement. On luy indiqua les paroisses de St-Christophe, de St-Pierre et de St-Martin de Vrigny, d'Avoines et quelques autres du même canton. Il s'y transporta aussitôt, et vit de ses yeux la désolation où ce pays étoit réduit. Plusieurs pasteurs, vrais mercenaires, voyant le danger, s'étoient enfuis ou cachez, et avoient laissé les peuples confiez à leur conduite sans secours et sans consolations. La consternation étoit si grande dans tout le pays, que ceux qui se portoient bien s'enfuyoient ou se cachoient dans la crainte de rencontrer quelque malade qui leur communiquât le mal. A peine put-il trouver quelqu'un qui voulût luy prêter le couvert seulement pour une nuit (1). On luy enseigna cependant un bon prêtre, appelé M. Laurent, demeurant dans la paroisse de St-Christophe, qui s'étoit aussi dévoué à l'assistance des pestiférez. Le P. Eudes alla le trouver et luy communiqua le sujet de sa venue. Ce charitable prêtre le receut dans sa maison, avec toute la cordialité possible, le regardant comme un ange qui luy avoit été envoyé de Dieu pour le seconder dans un si pénible ministère.

Les deux saints prêtres commencèrent par conférer ensemble de ce qu'ils avoient à faire, et de ce qu'il y avoit de plus pressé : ils convinrent de se séparer tous les matins pour aller chacun de son côté, et de ne partir point sans avoir célébré les saints mystères et s'être munis du pain des forts.

---

(1) « Il ne put obtenir aucun hospice (hospitalité) de Messieurs les curez, ny des seigneurs des paroisses. Il fut en cela semblable à son Maistre, qui étant descendu du trône de sa gloire pour soulager les homes et les délivrer de leur infirmité en fut honteusement rebuté : *In propria venit et sui eum non receperunt* » (Hérambourg, liv. II, ch. XXIII).

Il y avoit par bonheur, assez proche de là, une chapelle dédiée à saint Évroult, où ils pouvoient dire assez commodément la sainte messe. Ils y consacroient des hosties pour administrer le saint Viatique à ceux qu'ils jugeoient en état de le recevoir. Le P. Eudes, qui nous marque ces particularitez dans son *Memoriale beneficiorum Dei*, ajoute qu'il mettoit une partie de ces hosties consacrées dans une petite boîte de fer-blanc qu'il pendoit à son cou, pour aller plus commodément où la nécessité le demandoit (1). Ce bon prêtre luy donna beaucoup de bons avis tant que dura ce pénible travail : il connoissoit très-bien le terrain, étoit fort expérimenté en cette matière et avoit un talent admirable pour secourir ces pauvres contagiez. Ce premier soir, après le souper, le P. Eudes étant retiré dans un petit cabinet, où il devoit coucher, se prosterna contre terre, fit à Dieu un nouveau sacrifice de sa vie et le conjura de donner sa bénédiction aux travaux qu'il alloit entreprendre pour son amour, d'être luy-même son conducteur et son appui, de le soutenir dans les dangers et de donner à ses paroles une force et une onction capables de luy gagner tous ceux qu'il assisteroit.

Le lendemain matin, après tous ces préparatifs, il partit pour aller du côté que M. Laurent luy avoit marqué. Il trouva bientôt une ample matière à son zèle : le nombre des malades abandonnez de tous secours étoit si grand, que sa charité avoit bien de la peine à suffire à tous ceux qui le demandoient. Il trouvoit des villages presque entièrement abandonnez, excepté de quelques-uns de ces pauvres affligez, qui imploroient son secours d'une voix lamentable. A la vue d'un si triste spectacle, pénétré tout à coup de douleur, et ne pouvant retenir ses larmes, il s'offrit à la justice de Dieu pour porter la rigueur de ses châtimens, ou pour servir d'instrument à sa miséricorde en secourant ses frères malheureux. Il alloit dans les différens hameaux de ces paroisses, entroit dans les plus pauvres chaumières, visitoit les malades les plus abandonnez, les consolant, les assistant en tout ce

---

(1) Le continuateur du P. Hélyot-Picquepuce dit, sans fondement, que c'étoit dans une boîte d'argent. *(Note du P. Martine.)*

qui dépendoit de luy, et pour l'âme et pour le corps : rien n'échappoit à son zèle ; sa charité industrieuse s'étendoit partout ; aussi assidu auprès des plus misérables que des plus distinguez par leur qualité ou par la fortune ; comme il n'avoit en vue que Dieu et le salut des âmes, pauvres et riches, tout lui étoit égal.

Après avoir passé presque tout le jour dans ces pénibles occupations, la nuit, on le pense bien, n'étoit guère pour luy un temps de repos : il en employoit encore une partie à administrer les sacremens, à entendre les confessions de ceux qui, se portant bien et craignant d'être surpris, usoient de ces sages précautions. S'il luy restoit quelque temps, il le consacroit à satisfaire à ses exercices de piété. Pour tout repos, ou bien il se jetoit tout habillé sur son lit, ou il passoit la nuit assis sur une chaise ; et aussitôt qu'il pouvoit s'éveiller, il s'appliquoit à l'oraison, et à prévoir ce qu'il auroit à faire, en attendant l'heure où il diroit la sainte messe, pour recommencer ensuite ses travaux ordinaires. Telles furent ses occupations durant tout le temps que la contagion dura, c'est-à-dire depuis le 25 du mois d'aoust, qu'il commença à s'y employer, jusqu'après la Toussaint, que la peste cessa entièrement (1).

Quelque peu de temps avant la cessation entière du fléau, le P. Eudes, voyant que la maladie avoit déjà beaucoup diminué, crut qu'il en devoit donner avis à M. de Bérulle, qui, pour ses mérites et les grands services qu'il avoit rendus tant à l'Église qu'à l'État, venoit d'être élevé par Urbain VIII au cardinalat. Le Père Eudes luy écrivit pour luy faire son compliment sur sa nouvelle dignité, et en même temps pour luy

(1) Suivant le P. Beurier, qui a écrit, en 1778, une vie du P. Eudes restée manuscrite, « la peste, en quittant les cantons envahis, pénétra jusqu'à Argentan. Le P. Eudes, accourant dans la ville affligée, y renouvela les actes de dévouement qu'il venait d'accomplir dans les paroisses circonvoisines. Rempli de confiance envers la très-sainte Vierge, il conseilla aux habitants de mettre leur ville à perpétuité, par un vœu public et solennel, sous la protection de l'auguste Mère de Dieu... Le fléau cessa... Pour conserver tout à la fois le souvenir de ce vœu et de la guérison qui l'avoit suivi, le P. Eudes les engagea à faire placer sur toutes les portes de la ville l'image de cette puissante consolatrice des affligés qu'on y voit encore aujourd'huy. » (L. I, p. 30-32.)

demander en quel lieu il souhaitoit qu'il se retirât, parce que la peste étoit beaucoup diminuée et paroissoit près de cesser. Le cardinal de Bérulle luy assigna la maison de Caën, et luy donna ordre de se préparer aux Missions pour aider dans la suite à quelques Pères qui, doués de talent pour cet employ, y avoient déjà travaillé avec beaucoup de fruit. Ainsi, après avoir rendu de très-humbles actions de grâces à Dieu de l'avoir préservé de tout fâcheux accident, après avoir remercié son hôte, ce bon prêtre chez lequel il avoit logé durant qu'il travailloit à assister les pestiférez, il prit congé de luy et partit pour se rendre à Caën.

Dez qu'il y fut arrivé, pour obéir aux ordres de son digne supérieur, il se renferma dans la maison de l'Oratoire et s'appliqua à se préparer au ministère que l'on demandoit de luy. Il se munit de quelques bons sermons, tels qu'il les croyoit nécessaires pour faire du fruit dans les missions afin d'être en état d'y aller, dez qu'il en recevroit l'ordre. Mais comme l'occasion ne s'en présenta pas sitôt, il n'épargna rien pour profiter d'un temps si précieux. Il étudia tout ce qui pouvoit contribuer à le rendre un missionnaire parfait : les divines Écritures et les meilleurs Commentaires, les Conciles et les Saints-Pères, l'Histoire ecclésiastique et la Vie des Saints, la théologie morale et les casuistes, quelques sermonnaires, mais beaucoup plus les livres de piété et les maîtres de la vie spirituelle ; par là, on peut dire qu'il se fit un fond de connoissances sur tout ce qui est nécessaire à un prêtre destiné à travailler au salut des âmes dans les missions.

Mais ces études n'étoient pas des études sèches et stériles. Il y joignoit de longues et ferventes oraisons ; souvent il se jettoit au pied de son crucifix pour demander à Dieu, par les mérites de Notre-Seigneur, ses lumières, pour exposer les grandes véritez qu'il étoit appelé à prêcher, et éclairer tant de peuples qui croupissoient dans les épaisses ténèbres de l'ignorance et du péché, l'onction de sa grâce pour amollir les cœurs endurcis de tant de malheureux qui étoient comme ensevelis dans la corruption de leurs iniquitez. Faisant quelquefois réflexion à l'état déplorable où il sçavoit que la plupart des ecclésiastiques étoient réduits, il s'offroit à Dieu, comme autrefois le prophète Isaïe : « *Me voicy, Seigneur,* disoit-il, *envoyez-moi, si vous le jugez à propos, envoyez-moy travailler à votre vigne. Ecce ego, mitte me.* » D'autres fois, pénétré d'une vive douleur en pensant à l'état misérable où étoient tant de pauvres pécheurs qui tomboient à milliers dans l'enfer, il versoit des torrens de larmes au pied de son crucifix, et s'offroit à la justice de Dieu comme une hostie de propitiation, pour les retirer et les remettre dans la voye du salut.

Tandis que le P. Eudes étoit ainsi occupé à faire de si salutaires provisions, Dieu luy préparoit une nouvelle occasion de signaler son zèle. En 1631, la peste éclata dans la ville de Caën ; en peu de temps, elle y enleva un nombre considérable d'habitans et jetta les autres dans la consternation. Les personnes de qualité se retirèrent dans leurs maisons de campagne ou s'enfuirent dans les pays voisins ; le peuple, resté presque seul dans l'enceinte des murailles de la ville, étoit dans une désolation qu'on ne peut exprimer : car il se trouvoit dans un délaissement presque entier pour son salut. Les curez, vicaires et autres ecclésiastiques s'étoient enfuis ou cachez, par la crainte de la mort ; très-peu eurent assez de générosité pour s'acquitter, en présence du danger, de leur indispensable devoir (1).

---

(1) Dans sa remarquable *Histoire de sainte Chantal*, M. l'abbé Bougaud a donné un tableau effrayant de cette peste qui, de 1627 à 1631, étendit ses horribles ravages sur la France, la Savoie, le Piémont et l'Italie.

« Les fléaux, dit le savant auteur, qui ont ravagé le XIXe siècle ne peuvent pas nous donner une idée de ce qu'était alors une peste. La malpropreté des villes, la nullité des secours de l'art, l'absence d'une police régulière, capable de mettre un peu d'ordre au milieu d'une telle confusion, le caractère contagieux du mal, que l'on croyait plus contagieux encore, tout contribuait à multiplier la mortalité, à augmenter l'effroi et le désespoir. En présence d'une maladie qui se communiquait par le toucher, que le pestiféré soufflait dans son haleine, qu'il laissait imprégnée dans tout ce qui lui avait servi, on n'osait plus ni voir personne, ni toucher à rien ; les aliments eux-mêmes devenaient suspects ; les plus chères relations cessaient. A la première apparition du fléau, on abandonnait les villes, qui devenaient désertes pendant des mois entiers, où l'herbe poussait dans les rues, et que traversaient de grandes bandes de loups attirés par l'odeur

Il semble que Dieu n'avoit envoyé le P. Eudes à Caën que pour y montrer sa vertu et son zèle sur un plus grand théâtre, et lui fournir ainsi l'occasion d'accomplir, à la vue de tout un grand peuple, ce qu'il avoit fait peu de temps auparavant dans d'obscurs villages du diocèze de Séez. En effet, ayant appris le triste état de tant de malheureux qui périssoient tous les jours faute d'assistance, il se sentit vivement pressé du désir de les assister. Après avoir généreusement fait à Dieu le sacrifice de sa vie, il alla trouver son supérieur, qui étoit pour lors le P. de Répichon, et luy fit part de son dessein. Celuy-cy ne manqua pas de s'y opposer fortement et de luy apporter force raisons pour l'en détourner. Pour rendre la chose plus difficile et arriver ainsi à luy faire abandonner son projet, M. de Répichon luy dit qu'il devoit s'adresser au supérieur général. Mais le P. Eudes ne prit point le change; il luy soutint que cette permission étoit de sa compétence; que, comme il étoit sous sa dépendance immédiate et qu'il n'étoit point question de sortir de la ville, il n'étoit pas nécessaire de recourir au supérieur général. Il protesta à M. de Répichon qu'il ne s'adresseroit point à d'autre qu'à luy; et que si quelqu'un venoit à périr faute de ce secours, il en répondroit devant Dieu. Cette parole fit beaucoup d'impression sur ce supérieur; il ne se rendit pourtant pas encore pour cela; mais il ajouta que, puisque Dieu luy donnoit assez de générosité pour ne point craindre la peste, et pour vouloir assister ceux qui ne le touchoient que de loin, il devoit plutôt se réserver pour assister ses confrères, si Dieu permettoit que quelqu'un d'eux en fût attaqué.

Lorsque le bon religieux parloit ainsi, il ne pensoit pas probablement qu'il seroit un des premiers qui en auroit besoin, comme nous le verrons bientôt. Plusieurs des sujets de la maison entrèrent dans les sentimens du supérieur, et n'épargnèrent rien pour faire changer le P. Eudes de résolution.

---

des cadavres laissés sans sépulture. Les laboureurs eux-mêmes quittaient les champs et jetaient la pioche. Une année de peste amenait une année de famine, laquelle, à son tour, ramenait la peste : cercle meurtrier dans lequel on tourna longtemps. (T. II, p. 255.)

Mais l'amour de Dieu et du prochain placé si avant dans son cœur, et le désir sincère qu'il avoit d'imiter Jésus-Christ qui avoit bien voulu se livrer luy-même à la mort pour ces mêmes hommes, ne luy permirent pas d'écouter aucune de leurs raisons. L'exemple des saints qui s'étoient sacrifiez dans de semblables occasions servit encore merveilleusement à le fortifier dans sa généreuse résolution.

Cependant la peste augmentoit considérablement et faisoit de grands progrez; le nombre des malades croissant tous les jours, on fut obligé d'en transporter un grand nombre à la Gobelinière : c'étoit un hôpital bâti à cette intention sur la paroisse de Sainte-Paix, à l'extrémité du faubourg de Vaucelles. Il y avoit là des personnes établies pour soigner les pestiférez, tant pour le corporel que pour le spirituel. Quelques Jésuites et quelques Capucins s'y dévouèrent avec beaucoup de générosité, et il y en eut qui y trouvèrent une glorieuse mort. C'étoient d'ordinaire les plus pauvres et les locataires que l'on transportoit dans ce lieu, même malgré eux; car, pour les propriétaires, c'est-à-dire ceux qui habitoient leur propre maison, on ne pouvoit pas les contraindre d'y aller, mais on leur défendoit de sortir. C'étoient ceux-là que le P. Eudes demandoit d'aller visiter, consoler et assister; ils étoient en effet les plus abandonnez, et il en mouroit beaucoup sans assistance (1).

Le bruit que le nombre des malades augmentoit chaque jour, et que beaucoup mouroient sans sacremens ayant pénétré jusqu'aux oreilles du P. de Repichon, il craignit que Dieu ne luy en demandât compte, puisqu'il ne tenoit qu'à luy de leur procurer le précieux secours qui se présentoit. Ce fut ce qui le détermina à permettre au P. Eudes de suivre le mouvement qui le portoit à cette bonne action, à condition cependant qu'il reviendroit à la maison au premier avertissement pour assister ses confrères, si Dieu permettoit que quelqu'un fût

(1) Le lieu de la Gobelinière dépendait de l'abbaye de Fécamp, à cause de la baronnie d'Argences. La ville de Caen l'acheta, le 29 juillet 1606, et y fit bâtir un grand logis, sorte de succursale de l'Hôtel-Dieu, destinée aux pestiférés qu'on vouloit éloigner de l'établissement principal. (Voir Huet, *Origines*; Vaultier, *Hist. de Caen.*)

attaqué de ce mal. Ses confrères ayant appris que le supérieur luy avoit enfin accordé la permission, se retranchèrent à luy demander que du moins il se ménageât en tout ce qu'il pourroit; qu'il ne s'exposât que dans les grands besoins, qu'il ne touchât, si cela se pouvoit, aucun des contagiez et qu'il se servit de quelques préservatifs.

Le P. Eudes les remercia de leur charité, de leurs bons avis et de toute la part qu'ils prenoient à sa conservation; il se recommanda à leurs prières; puis, se présentant de rechef à Dieu, il renouvela le sacrifice qu'il luy avoit déjà fait de sa vie et de tous ses intérêts; et comme s'il eût été certain d'y perdre la vie, il fit une acceptation de la maladie et de la mort, se soumettant aveuglément à tout ce qu'il luy plairoit faire de luy; puis, plein d'ardeur et de confiance, il partit pour aller assister les pestiférez.

A peine fut-il sorti de l'Oratoire pour aller chercher les occasions de travailler, que le bruit s'en répandit bientôt par toute la ville. Il tourna sa marche du côté de Saint-Pierre, de Saint-Gilles et du Vaugueux, comme étant le quartier où il crut que les peuples étoient les plus abandonnez. Il se vit en peu de temps environné de personnes qui venoient implorer son assistance pour leurs parens, amis ou voisins qui étoient atteins de ce funeste mal et couchez dans leurs maisons. Il écoutoit tout le monde, et donnoit le secours à chacun autant qu'il le pouvoit.

Sur ces entrefaites, Mme de Budos, abbesse de Sainte-Trinité de Caën, qui avoit déjà des liaisons de piété avec le P. Eudes, ayant appris ce qui se passoit, luy écrivit une grande lettre sur la générosité qu'il faisoit paroître en ces occasions si périlleuses et sur la charité tout extraordinaire qu'il exerçoit envers tant d'âmes abandonnées. Elle le conjuroit de se ménager et de prendre toutes ses précautions pour se préserver du mal. Elle luy offrit en même temps, avec beaucoup de générosité, de fournir à sa subsistance, tandis que ce pénible travail durèroit. A l'égard des ménagemens que Mme de Budos conseilloit, il ne répondit rien, déterminé qu'il étoit à n'en admettre aucun; mais il n'eut garde de refuser l'offre charitable que cette pieuse abbesse luy faisoit de fournir à sa nourriture;

car, comme il étoit toujours parmi les malades, bien des gens le fuyoient, et luy-même n'osoit approcher de personne, de peur de leur communiquer le mal; de sorte que, sans la charité de Mme de Budos, il auroit eu beaucoup de peine à subsister. Pour cet effet, on convint de luy apporter un tonneau dans la grande prairie qui est au-dessous de l'abbaye de Saint-Gilles, proche la rivière d'Orne, où il se retiroit la nuit pour prendre un peu de repos, et où on luy apportoit tous les jours de quoy vivre. La chose fut ainsi exécutée, et ce fut là qu'il établit son logement; pendant tout le temps que la peste dura, son tonneau luy servit de réfectoire, de dortoir et d'oratoire. C'étoit de là, qu'après avoir pris un peu de repos durant la nuit, il sortoit plein d'un nouveau courage, le matin, pour continuer ses pénibles fonctions (1).

Ce qui luy faisoit beaucoup de peine, durant ce temps-là, c'est qu'il ne pouvoit suffire à tous ces malheureux malades et qu'il ne sçavoit souvent auquel entendre. Il leur donnoit à tous quelques paroles de consolation et leur promettoit de les aller voir les uns après les autres, les exhortant à mettre leur confiance en Dieu, les assurant qu'il n'épargneroit rien pour les assister, non pas même sa propre vie. Mais ce qui luy inspiroit le plus de compassion, c'étoient ceux qui avoient été enfermez dans leurs maisons et qui se trouvoient privez de tout secours. Ces pauvres infortunez, à demi morts, accouroient aux fenêtres, et, avec des cris lamentables, le conjuroient d'avoir pitié de leurs âmes et de venir entendre leurs confessions. Un si triste spectacle luy fit verser plusieurs fois une abondance de larmes. Il en confessa beaucoup, il en assista un grand nombre à la mort; mais combien y en eut-il encore qu'il ne put pas secourir et qu'il trouva morts sans confession! Sa douleur en fut si grande qu'il en pensa mourir.

Souvent le soir, lorsqu'il étoit retiré dans son gîte ordi-

---

(1) Le P. Costil dit « qu'il tient ce fait d'une religieuse de l'abbaye de Sainte-Trinité, qui l'écrivit ainsy à M. Hérambourg. » (*Fleurs—Annales.*) Le lieu où le P. Eudes s'était logé dans son tonneau fut longtemps désigné à Caen sous le nom de *Pré-du-Saint.*

naire, il n'étoit guère tenté de dormir, quoyqu'il fût si fatigué qu'à peine pouvoit-il se remuer. Il passoit une partie de la nuit à s'entretenir avec Dieu sur ce qu'il avoit vu pendant la journée. Il s'offroit à luy comme une victime de propitiation pour apaiser sa juste colère. « C'est moy, disoit-il à Dieu en soupirant, c'est moy qui mérite votre indignation : tournez contre moy votre colère et cessez de frapper ces infortunez! ou du moins donnez-moy la grâce de les secourir, de les consoler et de leur aider à faire un saint usage de leurs misères. »

Durant qu'il travailloit avec tant de bénédiction, s'exposant à toutes sortes de dangers, sans aucun ménagement, Dieu le préserva d'une manière toute miraculeuse des atteintes de la contagion; mais il n'en fut pas de même de grand nombre d'autres qui, nonobstant toutes les précautions qu'ils purent prendre, ne laissèrent pas d'en être saisis, et beaucoup d'eux furent enlevez du monde en très-peu de jours. De ce nombre là furent le supérieur de la maison de l'Oratoire et deux de ses sujets qui en furent attaquez. On le fit sçavoir au P. Eudes; et il se rendit aussitôt auprès d'eux pour les secourir en tout ce qui dépendoit de luy. La charité bien ordonnée, et la parole qu'il en avoit donnée au supérieur, exigeoient cela de luy. Il leur rendit tous les services dont il étoit capable, non-seulement pour le spirituel, mais encore pour le corporel, se faisant leur infirmier, sans se rebuter de rien.

Il administra les sacremens au supérieur qui étoit, comme nous l'avons dit, le P. de Repichon. Il le consola dans ce triste état et ne négligea rien pour luy aider à bien mourir; il l'assista dans son agonie et ne le quitta point qu'il n'eût rendu l'esprit. Il assista de la même manière les deux autres, dont il y en eut un qui mourut et l'autre qui recouvra la santé. C'est le P. Eudes luy-même qui nous a marqué ces particularitez dans son *Memoriale beneficiorum Dei*.

A peine se fut-il libéré de cette occupation domestique, qu'il retourna pour continuer d'assister ceux du dehors, comme il faisoit auparavant, c'est-à-dire avec une charité toujours égale, n'usant d'aucune distinction, si ce n'est que les malades les plus infects, et où il y avoit le plus de puanteur, étoient ceux qu'il recherchoit et au service desquels il s'employoit plus volontiers. Rien ne le dégoûtoit, et ce qui auroit été capable de rebuter tout autre, la charité le luy rendoit aisé et, pour le dire ainsi, agréable.

Comme il alloit chercher les malades dans les lieux les plus reculez, il apprit qu'il y avoit là un vieillard calviniste qui, seul enfermé avec sa femme, étoit attaqué de la peste et presque à l'extrémité. Il se fait ouvrir la porte et luy parle ; il le console, il s'insinue dans son esprit ; il luy fait voir, en peu de mots, la fausseté de sa religion. Il luy représente si vivement le danger évident où il étoit de périr pour toute l'éternité ; que ce pauvre malheureux, malgré l'entêtement où il avoit vécu jusques alors, se rendit docile ; et autant touché de la charité si désintéressée du serviteur de Dieu que de la force de ses raisons, il renonça à ses erreurs et en fit abjuration. Il se confessa, receut le saint viatique et mourut catholique entre les bras de son charitable libérateur, à la grande consolation de tous ceux qui connoissoient son opiniâtre attachement à sa mauvaise religion, et qui apprirent avec joye un si heureux changement.

La peste continua encore quelque temps en sa force et procura au P. Eudes bien des occasions d'exercer son dévouement et de pratiquer une infinité de bonnes œuvres. Il seroit difficile d'exprimer tout ce que sa charité industrieuse luy fit faire de bien durant tout le temps qu'il fut occupé à assister les pestiférez. Mais enfin Dieu commanda à l'ange exterminateur, qui avoit fait tant de massacres dans la ville de Caën, de cesser de frapper et de remettre son épée dans le fourreau. La peste commença à se ralentir peu à peu, et s'étant considérablement diminuée, ceux qui s'étoient cachez reparurent, ceux qui s'étoient éloignez se rapprochèrent, et le commerce se rétablit. Pour le P. Eudes, il rentra dans l'Oratoire chargé de mérites, comme un conquérant qui revient à la cour chargé de lauriers et de dépouilles après une glorieuse campagne (1).

(1) « Lorsque la peste affligea les habitans de Caën, en l'année 1631, le P. Eudes fit mettre des statues de la très-sainte Vierge à toutes les portes

Durant tout le temps que le P. Eudes fut occupé à assister ceux qui étoient affligez de cette funeste maladie, non-seulement il en fut préservé, mais aussi de tout autre mal. Cependant tant de travaux et de fatigues, où il avoit été si longtemps exposé et qui eussent pu abattre les plus robustes, luy causèrent une dangereuse maladie, qui en peu de jours le conduisit jusqu'aux portes de la mort. C'étoit une fièvre continue qui, dez les premiers jours, parut très-sérieuse. Le médecin, que l'on fit venir, la jugea mortelle et crut qu'elle étoit sans remède. Il ne luy dissimula point le danger où il le croyoit. Mais bien loin que le serviteur de Dieu s'en effrayât, il s'en réjouit comme d'une heureuse nouvelle, et crut que Dieu vouloit luy accorder par là ce qu'il avoit si ardemment désiré : c'est-à-dire le délivrer des misères de la vie, pour le mettre en possession des biens qu'il a préparez pour ceux qui l'aiment et ne cherchent qu'à luy plaire.

Car depuis qu'il eut approfondi dans l'oraison ces consolantes véritez, tandis qu'il demeuroit à Notre-Dame-des-Vertus, il ne cessa de se détacher des créatures, de se regarder sur la terre comme un exilé, de soupirer après la possession de Dieu ; et, envisageant la mort comme un moyen sûr pour arriver à ce bonheur, il la désiroit avec une sainte impatience.

Ce fut un des principaux motifs qui le portèrent à se dévouer, par deux fois, au service des pestiférez. Il affrontoit avec bonheur ce terrible fléau de la peste, parce que, suivant

---

de la ville et au pont Saint-Pierre ; et depuis ce temps-là on n'y a vu arriver aucun fâcheux accident. » (Hérambourg, l. II, p. 117). Ce biographe est mort en 1720.

Sans doute pour les causes indiquées plus haut par M. l'abbé Bougaud, la peste a souvent exercé ses ravages dans la ville de Caen avant le XVII° siècle. On peut citer les années 1478, 1533, 1584 et enfin l'année 1631. La peste qui affligea Rouen et les environs, en 1668, ne s'étendit pas à la Basse-Normandie. La peste de 1631 est la dernière dont parlent les historiens de Caen. Celle de 1584 fut la plus horrible de toutes. « Et fut la contagion de peste si vehemente en ceste ville de Caen, dit l'historien de Bras, qu'il y trespassa dix mille personnes, comprins les enfans, selon les extraicts et registres des paroisses. » (De Bras, *Les Recherches et Antiquitez*, p. 296.)

son expression, « il voyoit dans les dangers qu'il alloit courir une belle porte pour sortir de cette vie où l'on rencontroit tant de dangers de se perdre. » On a sceu par un de ses ouvriers des missions, à qui il en avoit fait confidence, que tandis qu'il étoit occupé à assister ces pauvres contagiez, son plus grand désir étoit d'y rencontrer la mort.

Quand, épuisé de fatigues, il sentoit quelques petits dérangemens dans sa santé : « Grâces vous soient rendues, ô mon Dieu, s'écrioit-il, la voilà enfin venue, cette mort si désirée ! » Et la voyant s'éloigner, il s'en affligeoit comme de la perte d'un grand bien. Lors donc qu'il se vit attaqué de cette fièvre continue, il crut que Dieu vouloit par là luy accorder ce qui faisoit depuis longtemps l'objet de ses désirs. Dans cette vue, il ne pouvoit contenir la joye qu'il en ressentoit. Il la fit même paroître à quelques-uns de ses amis qui le vinrent visiter, leur disant avec le Prophète-Roy : « *Je me suis réjoui de l'heureuse nouvelle qu'on m'a annoncée : nous irons bientôt en la maison du Seigneur.* »

Mais tandis que parfaitement détaché de la vie et de tous les biens de ce monde, il saluoit, selon l'expression de l'apôtre, la couronne de justice, la tenant presque, grand nombre de personnes de piété, qui, prenant beaucoup d'intérêt à sa conservation, craignoient de le perdre, levoient sans cesse les mains en haut et poussoient des gémissemens vers le Ciel pour demander à Dieu sa guérison. De ce nombre étoient particulièrement les Carmélites de Caen, qui suivent la réforme de sainte Thérèse. Elles avoient de saintes liaisons avec cet homme de Dieu. Il leur avoit déjà donné beaucoup de sermons et de conférences ferventes, dont elles avoient été très-édifiées ; il y en avoit même plusieurs qui étoient sous sa direction. Ces bonnes religieuses ayant appris le danger où elles étoient elles-mêmes de perdre un si bon père, il n'y eut rien qu'elles ne missent en usage pour faire une sainte violence au Ciel, afin d'engager Dieu à le leur conserver : oraisons mentales, prières vocales, mortifications, jeûnes, disciplines, neuvaines, communions, messes qu'elles firent célébrer, elles n'omirent rien pour obtenir la conservation d'une vie qui leur étoit si précieuse.

Les Bénédictines de Sainte-Trinité de Caën répandirent aussi devant Dieu des prières non moins ferventes pour ce saint prêtre avec lequel elles entretenoient également des relations spirituelles. On a vu cy-dessus que Mme de Budos, qui en étoit abbesse, avoit pris grande part aux dangers où le serviteur de Dieu s'étoit exposé, et qu'elle fournit libéralement à sa subsistance. Elle fut sensiblement touchée lorsqu'elle apprit qu'on étoit sur le point de se voir enlever par la maladie cet apôtre de la charité si heureusement échappé aux dangers de la peste. Elle en étoit d'autant plus affligée, qu'ayant déjà beaucoup travaillé à réformer son abbaye et à y rétablir la règle, à y faire refleurir la piété avec l'aide de ce saint prêtre, si apte à achever ce grand ouvrage, elle se voyoit à la veille de le perdre avant que la réforme de sa maison fût bien affermie ; toute sa communauté, dont une partie étoit sous la direction du P. Eudes, partageoit ses alarmes.

Beaucoup d'autres gens de bien, qui étoient sous sa conduite, et avoient en luy une parfaite confiance, levoient aussi continuellement les mains vers le Ciel pour demander sa guérison. Enfin, Dieu se laissa toucher par tant de vœux, de prières et de larmes. Le bon P. Eudes guérit, et comme il étoit jeune, il ne fut pas longtemps à recouvrer ses forces.

Mais bien loin de s'en réjouir, il sceut en quelque sorte mauvais gré aux personnes qui l'avoient arraché, pour ainsi dire, de la porte du bonheur éternel, dont il se croyoit si proche, pour le replonger dans l'abîme des misères du monde. Il s'en plaignit amoureusement à Notre-Seigneur, luy disant souvent avec le Prophète-Roy : « *Hélas! Seigneur, faut-il que mon exil soit ainsi prolongé!* » Il n'y avoit que sa résignation parfaite à la volonté de Dieu qui pût le tranquilliser sur ce point. Telle fut la disposition constante qui persévéra en luy jusqu'à sa mort. Nous en avons un précieux monument d'environ ce temps-là, qui est trop beau pour en priver le lecteur. C'est dans cette lettre écrite par luy à une religieuse Bénédictine, dont il avoit la direction et qui, alors languissante, étoit assez proche de la mort :

« Je vous donne pour ce mois, luy dit-il, et pour toute

« vostre éternité, la grande Solennité de Jésus que nous
« célébrons le 28 de ce mois ; c'est une des trois grandes
« solennitez qui se font continuellement dans le ciel. Si
« Nostre-Seigneur vous y appelle bientost, vous l'y ferez avec
« joye et dans les réjouissances, pendant que nous la ferons
« icy-bas en douleur et en tristesse; nous solenniserons vous
« et nous la mesme fête ; mais, hélas! ce sera en une manière
« bien différente ! Je ne puis penser à cecy sans larmes et
« sans soupirs! Hélas! qui ne soupireroit, qui ne pleureroit
« amèrement! Je ne pleure point sur vous, mais sur moy.
« Ah! ma chère et bien-aimée Sœur, si vous avez quelques
« petits grains de charité pour vostre pauvre frère, suppliez
« Nostre-Seigneur, lorsque vous serez auprès de luy, de me
« tirer bientost hors de ce lieu de péché et d'imperfection,
« pour me mettre en un lieu et état où on l'aime purement,
« parfaitement et continuellement (1). » La lettre est du

(1) Nous nous reprocherions de ne pas faire connaître la délicieuse lettre qui fut écrite au P. Eudes, pendant sa maladie, par une des religieuses Carmélites, au nom de toute la communauté. Cette lettre, qui porte la date du 6 mai 1631, se trouve dans les *Annales* et dans les *Fleurs* du P. Costil :

Mon Très-Révérend Père,

Nous avons appris que vous avez grand peur que nous ne vous ravissions d'entre les mains de Dieu. Non, non, ne craignez point. Ah! que nous n'avons garde; nous n'avons pas si peu de charité pour vous. C'est une chose trop douce et trop agréable d'estre entre les mains d'un Père si aimable. Reposant doucement entre les bras de son amoureuse Providence, vous vous plaisez trop là pour vous en retirer. Ce que j'ay une fois donné à Dieu, je ne veux point luy oster. L'intention que nous avons en nos dévotions journalières que nous faisons pour vous, c'est par le désir d'accomplir ce verset : « Invoca me in die tribulationis, eruam te et honorificabis me. » Nous ne demandons pas absolument la continuation de vostre vie, mais seulement ce qui sera à la plus grande gloire de nostre uniquement très-cher et bien-aimé Jésus. Que si c'est son bon plaisir de vous attirer à luy, je suis résolue de tascher de me réjouir plutost de vostre bonheur que de m'attrister de ma perte. Si cela est, nous vous supplions, quand vous serez avec Nostre-Seigneur, de nous faire la charité de nous donner toutes à luy et de le prier d'accomplir en nous ses saints desseins. Nous vous supplions aussy de saluer pour nous la très-sainte Vierge, nostre Mère sainte Thérèse, saint Joseph nostre bienheureux Père, et tous nos saincts parens et amis de par delà. Que si

mois de janvier 1634. Cette grande solennité dont parle icy le P. Eudes, c'est la fête des Grandeurs de Jésus, que l'on fait à l'Oratoire le 28 janvier. On voit, par toutes ces expressions, quel étoit l'objet de ses désirs, comment il se regardoit sur la terre, et de quel œil il contemploit les biens du ciel.

Jésus-Christ veut encore se glorifier en vous et par vous en cette vallée de larmes, il n'y a remède, mon Père, il faut que vous ayez patience : fussiez-vous à la porte du ciel, prest à y entrer, nous vous en retirerons. Il n'importe que vous ayez fait vostre testament ; il faut que vous vous résolviez de supporter cet exil pour l'amour de Celuy qui vous est tout (1).

Tout le monde pensera avec nous qu'il est heureux que le P. Costil nous ait conservé ce charmant joyau.

(1) V. aux Pièces justificatives, t. I, une note consacrée à Mme de Budos et à son abbaye.

LIVRE SECOND

SOMMAIRE.

Le P. Eudes est appliqué aux missions. — Nécessité des missions, état du clergé. — Corruption du peuple. — 1632. Missions de Lessay, Périers, Saint-Sauveur-le-Vicomte, La Haye-du-Puits, Cherbourg, Montebourg. — Grands fruits de ces missions. — 1635. Le P. Eudes chef de mission. — Missions de Benauville, Avenay, Évrecy, Villers-Bocage. — 1636. Missions en Bretagne, à Pleurtuit, à Plouer, à Cancale. — État de ce pays. — Premières calomnies. — Heureux résultats. — Mission de Fresne. — Huguenots convertis. — Le P. Eudes y établit l'usage des prières du matin et du soir. — Ses livres des *Exercices de piété* et du *Royaume de Jésus*. — 1637. Ses désirs de la mort et son vœu du martyre. — Mission de Ri. — Délicatesse de sa chasteté. — 1638. Missions de Bromoy et d'Étréham. — Liaison du P. Eudes avec M. de Cospean; caractère de ce prélat. — Mission du Pont-l'Évêque. — 1639. Mission de Saint-Étienne de Caën. — Lettre de M. Cospean. — Le P. Eudes prêche le Carême au Pont-l'Évêque. — Nouvelle lettre de M. Cospean. — Le P. Eudes supérieur de l'Oratoire de Caën. — Mission de Lisieux. — Émotions populaires à Caën. — Punition des séditieux. — Le P. Eudes prêche l'Avent à Saint-Pierre de Caën. — 1640. Il y prêche le Carême. — Témoignage que luy rend l'évêque de Bellay. — Lettre de M. Cospean. — Projet de mission manqué. — Nouvelles lettres de M. Cospean au P. Eudes. — Mission du Mesnil-Mauger. — Il prêche l'Avent de 1640 et le Carême de 1641 à Lisieux. — 1641. Missions à Urville, à Remilly, à Landelle, à Coutances, au Pont-Audemer. — Fruits de ces missions. — Les liaisons du P. Eudes avec M. de Bernières. — Ses entretiens aux prêtres. — Ses liaisons avec M. de Renty et M. Le Plleur. — Lettre de M. Cospean. — Deux nouveaux livres du P. Eudes : *Le Testament de Jésus* et *Le Catéchisme de la Mission*. — Projet de l'Ordre de Notre-Dame de Charité et de la Congrégation de Jésus et

Marie. — 1642. Mission de Saint-Ouën de Roüen. — Lettre de M. Cospean. — Le P. Eudes mandé à Paris. — Mission de Saint-Malo. — Le livre des *Avertissemens aux Confesseurs.* — Mission de Saint-Lo. — Huguenots convertis. — Le cardinal de Richelieu mande le P. Eudes en cour et luy communique ses grands desseins sur l'établissement des séminaires. Il luy promet des lettres-patentes pour la congrégation qu'il projette d'établir. — Conférences du P. Eudes à Saint-Magloire. — Mort du cardinal de Richelieu. — Retour du P. Eudes à Caën. — Il consulte de nouveau M. d'Angennes sur l'établissement de sa congrégation. — Réponse du prélat.

Nous avons vu cy-devant que le P. Eudes avoit été envoyé par le cardinal de Bérulle dans la maison de l'Oratoire de Caën pour se préparer aux missions, et qu'il avoit apporté tout son soin à se rendre digne de cet important ministère : il trouva bientôt l'occasion de mettre son zèle au service d'une si grande cause. On sentoit partout le grand besoin qu'on avoit des missions pour ramener les populations à la pratique bien comprise de la religion.

La corruption étoit presque générale dans toute la Normandie, nous pourrions même dire dans toute la France. L'hérésie de Calvin et les guerres civiles avoient fait d'étranges ravages dans tout le royaume, il n'y avoit pas encore bien du temps. De là, étoit sorti un effroyable désordre qui s'étoit répandu dans tous les états et toutes les conditions. Les études avoient été extrêmement négligées ; le clergé, n'ayant point encore le secours des séminaires qui furent érigez dans la suite, étoit plongé dans une profonde ignorance, et, par une suite nécessaire, dans un grand dérangement. La plupart des curez et des vicaires ne songeoient qu'à leurs plaisirs, sans se mettre en peine du salut des âmes qui leur avoient été confiées. Ils négligeoient d'instruire les fidèles de leurs devoirs, n'administroient les sacremens que rarement et par manière d'acquit ; d'ailleurs, nul zèle de la discipline, nulle édification ; et, ce qui est encore pis, des scandales aussi communs que crians achevoient de porter partout la ruine.

Faut-il s'étonner, après cette conduite des prêtres, s'il y

avoit tant de corruption parmi les fidèles! que pouvoit-on attendre de peuples qui se trouvoient sous la conduite de tels guides? Il n'était pas rare de voir commettre impunément les plus grands crimes. De là venoient les fornications et les adultères ; de là, les duels, les meurtres, les empoisonnemens, les juremens, les blasphèmes alors si fréquens ; de là, tant d'injustices, de faux témoignages, d'usures publiques, de fraudes dans la marchandise, de concussions parmi les officiers, tant de violences et d'usurpations parmi les grands et les nobles qui avoient la force en main, tant d'injustices criantes et de jugemens iniques parmi les officiers de justice, qui vendoient argent comptant leur voix et leur suffrage pour la décision des procez. Les crimes les plus énormes n'étoient point punis, pourvu que les coupables eussent le moyen de gagner ou d'intimider les juges. Tout ce que nous disons icy étoit de notoriété publique, et nos pères l'ont encore vu long-temps pratiquer. Le mal le plus commun et le plus ordinaire parmi le simple peuple étoit le peu de piété et de religion. Il y avoit beaucoup de ces pauvres gens qui ne connoissoient pas Jésus-Christ, et n'avoient d'idée ny du christianisme, ny des obligations de leur baptême. On ne trouvoit chez la plupart qu'un fantôme de religion qui ne consistoit qu'en quelques formalitez accomplies d'une manière purement matérielle, et certaines pratiques souvent mêlées de superstitions. De là venoit le peu d'usage que l'on faisoit de la confession et de la communion ; et tous ces désordres procédoient du peu de soin que les pasteurs prenoient d'instruire le peuple des véritez du salut, de la nécessité des sacremens et des dispositions requises pour en approcher dignement. Bien loin de les en instruire, quand quelques fidèles, plus éclairez et plus dévots, vouloient quelquefois approcher des sacremens un peu plus souvent que les autres, ou bien ils les rebutoient, sous prétexte qu'ils n'avoient pas le temps, et qu'ils avoient d'autres affaires ; ou ils se moquoient d'eux, leur demandant avec une sorte d'ironie s'ils étoient malades, ou ce qui pouvoit les tant presser d'y recourir ; et par là, ils les obligeoient de n'en approcher que pour satisfaire au devoir paschal. Les excommunications et les anathèmes de l'Église étoient comptez pour rien, la privation des sacremens n'étant pas réputée une peine par des gens qui s'en privoient assez souvent d'eux-mêmes (1).

Tel étoit l'état du clergé et des populations en 1632, lorsqu'on demanda aux Pères de l'Oratoire de Caën une mission à Lessay, dans le diocèse de Coutances. C'est un bourg situé en la partie occidentale de la Basse-Normandie, sur le bord de la mer (2). La troupe des missionnaires étoit composée de Pères de l'Oratoire et de quelques prêtres séculiers associez aux premiers en qualité d'auxiliaires. Le P. Eudes étoit au nombre des Pères de l'Oratoire qui prêchoient cette mission, et ce fut le début de ses travaux apostoliques. Les missionnaires ne furent pas longtemps à s'apercevoir du triste état où le clergé et le peuple de ce canton étoient réduits. L'ignorance étoit si grande, que la plupart ne connoissoient pas les principaux mystères et les devoirs les plus communs de la religion; un grand nombre même sçavoit à peine s'il y avoit un Dieu. De cette ignorance affreuse venoient comme naturellement la plupart des crimes dont nous avons parlé cy-dessus. Nos missionnaires ne se laissèrent cependant décourager ny par les difficultez du travail, ny par l'étendue du terrain qu'ils avoient à défricher. Au contraire, pleins de zèle et de confiance en Dieu, ils travaillèrent tous à l'envi à bannir l'ignorance, qu'ils regardoient avec raison comme la source de tous les maux.

---

(1) Si profondément lamentable que soit cet exposé du P. Martine, la vérité oblige à dire qu'il n'exagère rien. Pour s'en convaincre, il suffit, entre autres, de lire le triste tableau que nous ont tracé du clergé et de la société, au commencement du XVIIe siècle; Abelly, le vieil historien de saint Vincent-de-Paul, l. I, ch. i; Maynard, *Saint Vincent-de-Paul*, t. II, p. 15-18; Faillon, *Vie de M. Olier*, t. II, p. 8-17; Houssaye, *Le Père de Bérulle et l'Oratoire de Jésus*, p. 8-13; Bougaud, *Histoire de sainte Chantal*, t. I, p. 845. Mais c'est le cas de répéter les belles paroles de l'historien de sainte Chantal : « Quand Dieu veut sauver un siècle, et que son Église a besoin d'être glorifiée et vengée, il envoie un souffle divin, et la face de la terre se renouvelle. Ce souffle passait alors sur le monde »; et cette remarque non moins belle du nouvel historien de saint Vincent-de-Paul : « Il faut parler pourtant, ne serait-ce que pour faire comprendre... la force vitale de l'Église, qui se régénère elle-même sous l'action de l'esprit de Dieu, au moment même où elle semble devoir périr. »

(2) Lessay, chef-lieu de canton, à 23 kil. de Coutances, 1,600 hab.

Le P. Eudes commença avant tout par se donner entièrement à l'esprit de Dieu, le priant de vouloir bien l'animer et se servir de luy comme d'un chétif instrument pour travailler à un si grand ouvrage. Il le conjura de ne pas permettre que ses propres péchez missent obstacle aux grâces et aux miséricordes que dans sa divine bonté il vouloit accorder aux pauvres pécheurs; puis il se mit, luy et les travaux qu'il alloit entreprendre, sous la protection de la très-sainte Vierge, en qui, après Dieu, il avoit placé toute sa confiance. Cela fait, il se livra au travail avec tant de zèle et de succez que ces premiers coups d'essay passèrent pour des coups de maître : il étoit déjà un missionnaire accompli.

Il s'appliqua surtout à rendre ses sermons instructifs et populaires, se souciant peu de flatter les oreilles, pourvu qu'il instruisît et qu'il touchât les cœurs. On peut dire que ces discours dans le fond n'étoient que d'excellens catéchismes; mais en même temps il parloit d'une manière si pathétique que toutes ses paroles produisoient de vives impressions sur le cœur de ses auditeurs. Elles étoient si embrasées du divin amour, dont son cœur étoit tout brûlant, que ceux qui les entendoient ne pouvoient retenir leurs larmes. Au sortir de ses sermons on voyoit ses auditeurs se ranger en foule avec empressement autour des confessionnaux et principalement autour du sien. Tous auroient bien voulu se confesser à luy, s'il avoit pu y suffire : car il n'avoit pas moins de talent pour le confessionnal que pour la chaire, et il achevoit ordinairement dans l'un ce qu'il avoit, pour ainsi dire, ébauché dans l'autre.

La seconde mission où travailla le P. Eudes, et qui se fit immédiatement après celle de Lessay, fut à Périers, gros bourg à deux lieues de Lessay et à trois de la ville de Coutances (1). Le succez étonnant de sa première mission l'avoit déjà mis en si grande réputation, que les peuples accouroient de tous côtez pour l'entendre, en sorte que l'église de Périers, quoyque très-vaste, se trouva souvent

---

(1) Périers, chef-lieu de canton, à 17 kilomètres de Coutances; 2,900 habitants.

trop petite pour contenir une si prodigieuse affluence. Il y soutint la grande réputation qu'il s'étoit acquise à Lessay et l'augmenta même considérablement. Le bruit du succez de ses missions et des bénédictions que Dieu y donnoit, se répandant au loin, fit bientôt naître à plusieurs paroisses le désir d'attirer chez elle les missionnaires.

Tandis qu'il travailloit encore à Périers, les habitans de La Haye-du-Puits, de Saint-Sauveur-le-Vicomte et de Montebourg (1), qui sont trois bourgs importans, et de Cherbourg, qui est une ville maritime, tous dans le même dioceze, envoyèrent leurs députez pour demander avec instance au chef de la mission qu'il voulût bien venir avec ses ouvriers travailler chez eux, et leur accorder la grâce de la mission. Quoy qu'il parût difficile d'en tant entreprendre, cependant la chose ayant été mise en délibération entre les missionnaires, presque tous furent d'avis de profiter de ces heureuses dispositions et d'aller travailler successivement dans ces différens lieux. Ainsi, après la mission de Périers, ils allèrent à Saint-Sauveur-le-Vicomte, bourg situé à trois lieues de Valognes; d'où revenant sur leurs pas, ils donnèrent des missions tour à tour à La Haye-du-Puits, à Cherbourg et enfin à Montebourg. Voilà les six missions qui furent faites en cette année 1632, et dans le rang que le P. Eudes les rapporte dans son journal.

Ce furent là comme les prémices des travaux apostoliques de ce digne ouvrier, qui brilla d'un si grand éclat, dans la suite, par toute la France. Par les fruits merveilleux qu'ils produisirent, ces saints exercices, nouveaux alors, firent connoître ce qu'on pouvoit attendre de l'œuvre des missions. A la suite des prédications du grand missionnaire, on vit en peu de temps la piété renaître et refleurir dans tous les cantons où il avoit travaillé. Le bruit de tant de bénédictions que Dieu versoit sur les travaux de cet homme déjà si apostolique et de ses confrères, se répandant de tous

---

(1) La Haye-du-Puits, à 31 kil. de Coutances, 1,550 hab. Saint-Sauveur-le-Vicomte, à 18 kil. de Valognes, 2,800 hab. Montebourg, à 7 kil. de Valognes, 2,470 hab. Ces trois communes sont des chefs-lieux de canton.

cotez, parvint bientôt jusqu'à Caën, où tous les gens de bien se réjouirent, mais surtout les Carmélites. Ces ferventes religieuses qui, pendant que ce Josué combattoit les ennemis du peuple de Dieu, levoient sans cesse les mains vers le Ciel pour luy obtenir, par leurs instantes prières, les grâces et les forces dont il avoit besoin, furent les premières à l'en congratuler. Elles luy écrivirent une lettre pendant qu'il travailloit à la mission de Montebourg, pour luy marquer la joye qu'elles ressentoient des heureux succez de ses premières missions, et pour luy dire aussi les prières et les autres exercices de piété qu'elles offroient continuellement à Dieu, afin de participer, autant qu'il étoit en elles, à tant d'actions si saintes et d'un si grand mérite pour ceux qui y sont employez.

Après ces missions, le P. Eudes vint se reposer à Caën, dans la maison de l'Oratoire. Nous ne trouvons dans ses Mémoires, pour les années 1633 et 1634, rien qui mérite d'être rapporté icy (1). Il passa ces deux années à achever de se préparer à l'œuvre des missions, pour lesquelles il avoit de si beaux talens et un attrait si particulier. Étant dans la solitude, il repassa dans son esprit tout ce qu'il avoit remarqué dans les paroisses où il avoit travaillé; il comprit les grands besoins du clergé et du peuple; il rechercha par quels moyens il pouvoit le plus efficacement y remédier. Il vit qu'il avoit besoin de disposer encore plusieurs sermons, qui luy manquoient sur les plus importantes matières de la religion, afin d'être toujours prêt à se livrer à la prédication, durant les missions, où il faut prêcher souvent et où l'on trouve si peu de temps pour s'y préparer comme il faut.

Il comprit qu'il n'avoit pas moins besoin d'étudier les casuistes pour se mettre en état de décider les cas de conscience et les difficultez les plus épineuses de la morale chrétienne. Enfin, il s'appliqua surtout, durant ces deux années, au saint exercice de l'oraison, s'entretenant avec Dieu, des

(1) Les missions placées par le P. de Montigny en l'année 1634 n'eurent lieu qu'en 1635. Le *Mémorial* est positif sur ce point.

importantes véritez qu'il devoit prêcher ; il s'en pénétra intimement, de sorte que, quand il vint ensuite à les exposer, sa bouche n'eut qu'à parler de l'abondance du cœur. L'esprit de Dieu, qui animoit toutes ses paroles, versoit abondamment ses grâces sur ceux qui avoient le bonheur de l'entendre.

Les Pères de l'Oratoire qui avoient travaillé avec le P. Eudes dans les missions de 1632, et qui avoient remarqué le grand talent dont il y avoit fait preuve, parlèrent de luy d'une manière si avantageuse aux supérieurs de leur Congrégation, que ceux-cy ne crurent rien faire de mieux pour la gloire de Dieu, et pour le bien de l'Église, que de le destiner pour toujours à ces fonctions apostoliques, et de l'établir chef de toutes les missions qu'on viendroit leur demander. Luy, de son côté, s'y voyant légitimement appelé, embrassa de tout son cœur ces pénibles travaux et les continua avec un zèle toujours égal. Depuis ce temps-là, il n'est presque pas possible de détailler les courses apostoliques, les travaux incessans, les fruits admirables, et pour tout dire, en un mot, les merveilles que Dieu opéra par ce digne ouvrier. Ces missions n'eurent pourtant pas d'abord toute leur perfection. Il y ajouta, dans la suite, quelques exercices qui ne contribuèrent pas peu aux grands résultats qu'il eut le bonheur d'obtenir ; nous en parlerons à mesure que nous en rencontrerons l'occasion.

En cette année (1635), il fit quatre missions dans le diocèze de Bayeux ; sçavoir à Beneauville, à Avenay, à Évrecy et à Villers-Bocage. Il n'ajoute rien de plus à ce sujet dans son journal. Que de choses édifiantes il auroit cependant pu nous apprendre, s'il avoit voulu rechercher les applaudissemens des hommes ! Avenay et Beneauville ne sont que de simples paroisses de campagne, également distantes de la ville de Caën ; la première, du côté du soleil couchant, et la seconde, au levant (1). Évrecy est un bourg à trois lieues de Caën, et Villers-

---

(1) Beneauville, *Abonelvilla*, *Bonsauvilla*, ancienne paroisse du doyenné de Vaucelles, dans l'archidiaconé d'Hyesmes, réunie depuis le concordat à Chicheboville, canton de Bourguébus, à 16 kilomètres sud-est de Caen. « L'église paroissiale de Notre-Dame de Beneauville dépendoit, pour

Bocage à cinq lieues, tous deux du côté du soleil couchant par rapport à la ville de Caën, dans ce dioceze de Bayeux.

L'année suivante (1636), il donna trois missions, durant l'été, dans le dioceze de Saint-Malo, en Bretagne ; sçavoir à Pleurtuit, à Plouer et à Cancale. Ce fut M. de Harlay, évêque de Saint-Malo, qui l'invita à venir travailler dans son dioceze. Ce prélat, tiré de l'Oratoire pour être fait évêque, avoit connu le grand talent du P. Eudes pour la prédication et le succez extraordinaire qu'il avoit obtenu dans les missions de 1632. Il écrivit à cet homme déjà tout apostolique, le conjurant de venir travailler au salut des peuples de son dioceze, avec de bons ouvriers qui eussent tout à la fois la science, la piété et les autres qualitez nécessaires au bon missionnaire, luy promettant de les défrayer et de les soutenir en tout ce qui dépendoit de luy.

Les peuples de ces cantons n'étoient pas dans de meilleures dispositions que ceux de Normandie. Depuis bien du temps déjà ils croupissoient dans l'ignorance et la corruption, sans trouver personne qui leur tendît la main pour les en retirer. Dieu, dans sa miséricorde infinie, prit enfin compassion de leur misère et leur envoya ces excellens ouvriers pour les retirer des ombres de la mort et les conduire au salut. Mais

---

le patronage, du seigneur du lieu, et de l'évêque, pour la collation. » (Hermant, *Histoire du diocèse de Bayeux*, IIe partie, p. 257.) En 1635, l'église de Beneauville dépendait, pour le patronage, de la riche famille de Touchet, originaire du diocèse d'Avranches. L'église, qui offre des parties intéressantes, appartient aux XIIe et XIIIe siècles. Le château de Beneauville, style XVIe siècle, est aujourd'hui la propriété de la famille de Fribois.

Au lieu de *Beneauville*, l'abbé Tresvaux, qui a édité le manuscrit du P. de Montigny, en 1827, a donné *Bénouville*. Comme l'éditeur ne trouvait plus, à cette époque, de paroisse de Beneauville dans le diocèse de Bayeux, il a supposé qu'il s'agissait de la paroisse de Bénouville, dans le canton de Douvres, à 10 kilomètres nord-est de Caen. C'est une erreur. Tous les manuscrits eudistes, sans exception, et l'exemplaire du manuscrit du P. de Montigny, classé à la bibliothèque de la ville de Caen sous le n° 69, donnent : *Beneauville*. Le petit nombre d'habitants d'une paroisse n'enlevait rien à l'importance d'une mission du P. Eudes. Ses missions étaient presque toujours régionales, puisqu'on y accourait de plusieurs lieues à la ronde. Quand l'église ne pouvait contenir l'affluence des fidèles, la prédication avait lieu en plein air.

le diable ne se laissa pas chasser de ces lieux, qu'il possédoit paisiblement, sans de rudes combats et sans opposer une grande résistance. Il mit tout en usage, selon sa coutume, pour décrier les missionnaires et pour en inspirer de la défiance; mais, malgré tous ses efforts, la ferveur fut grande dans cette mission et il n'en retira que de la confusion.

Voicy de quelle manière le P. Eudes nous fait connoître l'un et l'autre, c'est-à-dire la résistance et enfin le triomphe de la grâce, dans une lettre qu'il écrivit de la mission de Plouer à Mme de Budos, abbesse de Sainte-Trinité de Caën : « Me voicy, luy marque-t-il, dans un bourg pour commencer « la mission; je ne sçais pas ce qui m'y arrivera; mais dans « la précédente on m'a donné de fort belles qualitez : car « les uns ont dit que j'estois le précurseur de l'antechrist; « les autres, que j'estois l'antechrist mesme; quelques-uns, un « séducteur et un diable qu'il ne falloit pas croire ; d'autres, « un sorcier qui attiroit tout le monde après luy; quelques-« uns délibéroient de me chasser, et ils eussent peut-être « exécuté leur dessein si nos Pères ne fussent venus le « mesme jour. Tout cela n'est que des roses ; mais les épines « qui me percent le cœur, c'est de voir plusieurs pauvres « gens qui sont quelquefois huit jours après moy sans pouvoir « se confesser, quoyque nous soyons dix confesseurs. »

Ce furent là les premières persécutions que le P. Eudes eut à souffrir dans les missions, et c'est à quoy doivent s'attendre ceux qui sont destinez aux mêmes employs, s'ils sont de véritables et dignes ouvriers; mais aussi, c'est ce qui doit faire leur plus solide consolation, puisque c'est une marque des plus certaines du bien qu'ils accomplissent dans leur ministère. C'est ainsi qu'ont été traitez les Apôtres, et tous les hommes apostoliques, après notre divin Sauveur. C'est également ce qui est arrivé icy au P. Eudes; ce fut dez son arrivée à Pleurtuit qu'il fut si maltraité, puisque ses autres ouvriers n'étoient pas encore venus et qu'ils arrivèrent si à propos pour luy. Mais il en fut bien dédommagé ensuite, puisque la ferveur fut si grande que les peuples étoient quelquefois des huit jours après luy sans pouvoir se confesser. Il est vray que, d'abord, cette mission fut pénible parmi ces peuples, que l'ignorance et la corruption avoient rendus à demi sauvages; le courageux missionnaire y eut beaucoup à souffrir. Mais Dieu donna de si grandes bénédictions à son zèle et à ses travaux, que la moisson devint abondante, et qu'il vit en peu de temps fleurir la piété et la religion à la place de l'ignorance et de la superstition.

Le P. Eudes, quittant la Bretagne, vint se reposer à Caën, durant le mois d'aoust; mais, dez le mois de septembre, on le trouve exerçant son ministère d'apôtre dans la paroisse de Fresne. Cette paroisse est à trois lieues de Caën, un peu à côté du chemin qui mène de cette ville à Bayeux (1), proche de Camilly; ce fut M. de Camilly qui fit les frais de cette mission. Voicy de quelle manière le P. Eudes nous en parle luy-même dans son *Memoriale beneficiorum Dei*. « Dans la
« mesme année, dit-il, au mois de septembre, je fis une
« mission en la paroisse de Fresne, que M. de Camilly dé-
« fraya, en laquelle il plut à Dieu de convertir un bon
« nombre de Huguenots; ce fut en cette mission que je
« commençay à faire les prières du matin et du soir, comme
« nous les faisons dans les missions. »

Cette mission eut cela de remarquable, qu'elle amena la conversion d'un certain nombre de Huguenots. Il y en avoit beaucoup à Fresne et dans les paroisses voisines, parce qu'il existoit plusieurs prêches dans ce canton. Ces pauvres hérétiques voyant en quelle grande réputation étoit le P. Eudes, et étonnez de tout ce qu'ils entendoient raconter de ses sermons par leurs amis catholiques, voulurent aussi l'entendre; ils vinrent donc l'écouter, attirez d'abord par la curiosité; mais la grâce de Dieu agissant sur leur cœur, ils se sentirent touchez en entendant cette parole d'apôtre, ardente, convaincue et si pleine d'onction: plusieurs le voulurent voir de plus près, et venant le trouver luy proposèrent leurs difficultez: il les leva toutes d'une manière si claire et si solide, qu'ils ne purent presque rien répliquer. Douze ou

(1) Le chemin de Caen à Bayeux par Creully.

treize se rendirent dociles à la grâce et abjurèrent leurs hérésies ; plusieurs autres fortement ébranlez se convertirent aussi dans la suite (1). Ce travail ne laissa pas de luy coûter beaucoup de temps et de peines ; mais la consolation de ramener au bercail ces brebis égarées le dédommagea bien de ses peines.

Une seconde chose bien digne de remarque, dans cette mission de Fresne, fut l'établissement des prières du matin et du soir, exercice qui est d'une merveilleuse utilité pour tous les fidèles, spécialement pour ceux de la campagne. Il voyoit avec douleur que la plupart même de ceux qui avoient une certaine instruction ne sçavoient presque point prier Dieu ; que la plupart ne s'acquittoient de ce saint exercice de la prière que par une malheureuse routine, qui les rendoit coupables devant Dieu. Pour remédier à un si grand mal, il se proposa d'apprendre aux peuples, non-seulement des actes et des formules de prières, mais encore la manière de les faire et de s'en servir avec fruit, comme aussi le moyen de sanctifier toutes leurs actions et de se comporter chrétiennement dans les différens événemens de la vie, de bien entendre la sainte messe, de se bien confesser, de bien communier, de bien faire l'examen de sa conscience tous les soirs, et le reste. Les missionnaires de la Congrégation de Jésus et Marie ont, depuis ce temps-là, continué cet exercice dans les missions, surtout dans celles de la campagne. On le fait d'ordinaire immédiatement avant le sermon du matin, et l'après-midi après le catéchisme ou après le sermon du soir, quand il y en a.

Le P. Eudes ne se contenta pas de faire ainsi les prières publiques dans ses missions ; il établit encore le bon et salutaire usage de la prière faite en commun à la maison, pratique qui a persévéré en beaucoup de familles et qui a attiré sur elles de grandes bénédictions.

---

(1) Le P. Costil rapporte, d'après un mémoire de ce temps-là, qu'il s'en convertit encore 87 les années suivantes, et il ajoute qu'il s'en faut de beaucoup que ce nombre représente la totalité des conversions qui suivirent les premières.

Ce fut dans la même intention qu'il composa le premier de ses livres, intitulé : *Exercices de piété contenant en abrégé les choses principales qui sont nécessaires pour vivre chrétiennement et saintement.* Il le fit imprimer pour la première fois, en cette année 1636. C'est un très-petit livre, que l'on voit bien n'avoir été fait que pour faciliter l'exercice des prières du matin et du soir. Ce recueil est très-bien nommé : *Exercices de piété*, car il ne contient, en effet, que des exercices de la piété chrétienne à la portée des simples fidèles : beaucoup de prières vocales et des actes de vertus tout formez en faveur de ceux qui n'ont pas le talent d'en produire d'eux-mêmes, ny de méditer. Il y en a pour toutes les actions de la journée et pour plusieurs différentes conjonctures dans lesquelles on se peut rencontrer. Il ne laisse pas que d'être utile aussi aux personnes éclairées.

M. Beuvelet, du séminaire de Saint-Nicolas-du-Chardonnet, qui écrivoit longtemps après la publication de ce livre, en conseille fortement l'usage dans sa *Conduite pour les exercices des Séminaires* ou règlement de vie qu'il donne à un curé ou autre ecclésiastique de campagne. « On peut, dit-il, se servir du livre intitulé : *Exercices de piété* du P. Eudes. » Depuis ce temps-là, on en a fait un grand nombre d'autres, beaucoup plus sçavans, plus étendus, et qui conviendroient peut-être mieux aux personnes éclairées; mais il faut convenir que celuy du P. Eudes est un des premiers en ce genre, qu'il est plus à la portée des simples fidèles, et que, comme la plupart croupissoient alors dans une ignorance grossière des devoirs de la religion, on ne sçauroit dire combien il produisit de fruits.

L'année suivante, 1637, le P. Eudes donna au public le second de ses livres, intitulé : *La Vie et le Royaume de Jésus dans les âmes chrétiennes, contenant plusieurs exercices de piété pour vivre et mourir chrétiennement et saintement, et pour former, sanctifier et faire vivre et régner Jésus dans les âmes.* Cet ouvrage, qui fut fait immédiatement après le petit livre des *Exercices de piété*, a beaucoup de conformité avec luy; formé sur le même dessein, il est beaucoup plus ample. Il contient douze parties et est dédié à Mᵐᵉ de Budos, dont nous avons parlé cy-devant. Il est tout plein d'une exquise piété, et fait sentir à ceux qui le lisent le feu du divin amour dont étoit embrasé son auteur. Il a toujours été très-estimé des gens de bien. Comme on en a fait un grand nombre d'éditions, et qu'il est entre les mains de tout le monde, nous ne nous arrêterons point icy plus longtemps à en faire l'éloge (1).

Nous avons déjà vu les désirs ardens que le P. Eudes avoit de la mort et ce que ces désirs luy firent entreprendre. Bien loin que le temps et le ministère actif des missions où il avoit travaillé les eussent refroidis, on peut dire, au contraire, qu'ils alloient toujours en augmentant. Il ne faudroit pourtant pas croire que ce fut par ennuy de la vie, et pour être délivré des misères qui en sont inséparables, qu'il souhaitoit mourir; mais uniquement par un désir ardent de posséder Dieu, de l'aimer et de le glorifier plus parfaitement dans le ciel, et aussi pour luy donner dez cette vie des témoignages éclatans de son amour. Il s'entretenoit de ces idées dans ses oraisons, il en produisoit souvent de vives affections, et s'en exprimoit par des oraisons jaculatoires toutes enflammées, qu'il poussoit vers le Ciel. « Que « je serois heureux, mon adorable Jésus, s'écrioit-il quelque- « fois, si je pouvois mourir pour vous !.. » Il avoit pris pour une de ses plus ordinaires oraisons jaculatoires ces deux vers d'un cantique spirituel :

O bienheureux martyrs, que je vous porte envie
D'avoir pour Jésus-Christ immolé vostre vie.

Dans une retraite qu'il fit en cette année 1637, il se trouva tellement rempli de ce désir qu'il fit vœu d'endurer le martyre, si Dieu vouloit luy en donner l'occasion. Il l'écrivit de sa propre main, et les dernières lignes sont écrites de son sang. Cette pièce est trop édifiante et trop propre à faire connoître les sentimens de son cœur, pour ne pas la

(1) « *Le Royaume de Jésus* est un écoulement du ciel. » (Hér.)

rapporter icy telle qu'on la trouva parmy ses papiers après sa mort :

JESUS † MARIA.

Vœu ou Élévation à Jésus pour s'offrir à luy en l'estat d'hostie et de victime, qui doibt estre sacrifiée à sa gloire et à son pur amour.

« O mon très-aimable Jésus, je vous adore et glorifie
« infinies fois dans le martyre très-sanglant que vous avez
« souffert en vostre passion et en vostre croix.

« Je vous adore et vous bény, autant que je puis, dans
« l'estat d'hostie et de victime dans lequel vous estes au
« St-Sacrement de l'autel, là où vous estes continuelle-
« ment sacrifié pour la gloire de vostre père et pour nostre
« amour.

« Je vous honore et vénère dans le martyre très-dou-
« loureux que vostre saincte mère a porté au pied de vostre
« croix.

« Je vous loue et magnifie dans les divers martyres de
« vos saincts, qui ont enduré tant, et de si atroces tourmens
« pour l'amour de vous.

« J'adore et je bénis toutes les pensées, les desseins et
« l'amour infiny que vous avez eus de toute éternité au
« regard de tous les bienheureux martyrs qui ont esté
« depuis le commencement et qui seront jusqu'à la fin du
« monde dans vostre saincte Église.

« J'adore et je vénère, en toutes les manières qu'il m'est
« possible, le désir extrême et la soif très-ardente que vous
« avez de souffrir et de mourir jusqu'à la fin du monde
« dans vos membres, afin d'accomplir le mystère de vostre
« saincte passion, et de glorifier vostre père par la voye
« des souffrances et de la mort jusqu'à la fin du monde.

« En l'honneur et hommage de toutes ces choses, et en
« union du très-grand amour par lequel vous vous estes
« offert à vostre père dès le moment de vostre Incarnation
« en qualité d'hostie et de victime, afin d'estre immolé pour

« sa gloire et pour nostre amour par le très-douloureux mar-
« tyre de la croix; comme aussy en union de tout l'amour
« de vostre sacrée mère et de tous vos saincts martyrs, je
« m'offre et me donne, je me voue et consacre à vous, ô
« Jésus, mon Seigneur, en l'estat d'hostie et de victime,
« pour souffrir en mon corps et en mon âme, selon vostre
« bon plaisir et moiennant vostre saincte grâce, toutes sortes de
« peines et de tourmens, et mesme pour répandre mon sang et
« vous sacrifier ma vie par tel genre de mort qu'il vous plaira;
« et ce pour vostre seule gloire et pour vostre pur amour.

« Je vous fais vœu, ô mon seigneur Jésus, de ne jamais
« révoquer, c'est-à-dire de ne jamais faire un acte formel de
« désaveu de cette mienne oblation, consécration et sacrifice
« de moy-mesme à la gloire de vostre divine majesté. Et
« s'il se présentoit une occasion en laquelle je fusse obligé,
« ou de mourir, ou de renoncer à vostre saincte foy, ou bien
« de faire quelque chose d'importance contre vostre divine
« volonté, je vous fais vœu et promesse, autant ferme et
« constante qu'il m'est possible, me confiant en vostre infinie
« bonté et en l'ayde de vostre grâce, de vous confesser, re-
« cognoistre, adorer et glorifier devant tout le monde, au
« prix de mon sang, de ma vie et de tous les martyres et
« tourmens imaginables; et de souffrir plustost mille morts,
« avec tous les supplices de la terre et de l'enfer, que de
« vous nier ou de rien faire d'importance contre vostre saincte
« volonté.

« O bon Jésus, recevez et acceptez ce mien vœu et ce
« sacrifice que je vous fais de mon estre et de ma vie, en
« hommage et par les mérites du très-divin sacrifice que
« vous avez faict de vous-mesme à vostre père, sur la croix.
« Regardez-moy désormais comme une hostie et une victime
« qui est dédiée pour estre immolée entièrement à la gloire
« de vostre nom. Faictes, par vostre très-grande miséri-
« corde que toute ma vie soit un perpétuel sacrifice d'amour
« et de louange vers vous; que je vive d'une vie qui aille
« imitant et honorant vostre très-saincte vie et celle de vostre
« bienheureuse mère et de tous vos martyrs; que je ne
« passe aucun jour sans souffrir quelque chose pour vostre

« amour; et que je meure d'une mort qui soit conforme à
« vostre très-saincte mort.

« C'est de quoy je vous supplie très-humblement et très-
« instamment, ô très-bon Jésus, par cet amour très-ardent
« qui vous a faict mourir pour nous en une croix, par ce
« précieux sang que vous avez répandu, par cette mort très-
« douloureuse que vous avez soufferte, par le très-grand
« amour que vous portez à vostre sacrée mère, la royne des
« martyrs, par celuy que vous portez à tous vos saincts martyrs
« et par celuy qu'ils vous portent, et en somme, par tout ce
« que vous aimez et par tout ce qui vous aime au ciel et
« en la terre. »

« O mère de Jésus, Royne de tous les martyrs, ô saincts
« martyrs de Jésus, priez, s'il vous plaist, ce mesme Jésus
« que, par son infinie bonté, il opère ces choses en moy,
« pour sa seule gloire et pour son très-pur amour. Offrez-luy
« ce mien vœu, et le priez qu'il le confirme et accomplisse par
« la vertu de son précieux sang, comme je vais le signer de
« mon propre sang, en tesmoignage du désir que j'ay de le
« répandre jusqu'à la dernière goutte pour son amour.

« Faict à Caën, en l'Oratoire de Jésus, le 25° de mars
« 1637. »

Jean EUDES.

VIVE JÉSUS ET MARIE
QUE J'AIME PLUS QUE
MA VIE.
JESUS MARIA.

Credo in Deum, patrem omnipotentem, Creatorem cœli et terræ, et in Jesum Christum filium ejus unicum Dominum nostrum, qui conceptus est de Spiritu Sancto, natus ex Maria Virgine, passus sub Pontio Pilato, crucifixus, mortuus et sepultus, etc.

« *Amo te, amantissime Jesu; amo te, bonitas infinita; amo te ex toto corde meo, ex totâ animâ meâ, et ex totis viribus meis, et magis atque magis amare volo.*

« *Beati qui ad cœnam nuptiarum Agni vocati sunt.*

« *Beati qui laverunt stolas suas in sanguine Agni.*

« *Majorem charitatem nemo habet, ut animam suam ponat quis pro amicis suis.*

« *Amen. — Veni, Domine Jesu.*

« *Jesus, Maria.*

« *Jesu, fortitudo martyrum, miserere nobis.*

« *Regina martyrum, ora pro nobis.*

« *Omnes sancti martyres, clarificate et orate Jesum pro nobis.*

Jesus Maria (1).

Voilà les sentimens tout embrasez d'amour dont étoit rempli le cœur de cet apôtre passionné de Jésus et Marie. Ces désirs ne furent pas accomplis à la lettre par une mort sanglante; mais on peut dire qu'ils furent exaucez en ce sens, que sa vie a été un vray martyre, par les grandes et fréquentes maladies que Dieu luy envoya, par les mortifications et austéritez qu'il s'imposa luy-même librement, et qu'il porta à un tel excez, qu'on se vit obligé de les luy interdire; par l'ardeur de son zèle et la grandeur de ses travaux apostoliques, par les pénibles fonctions qu'il eut si souvent à remplir, par la fatigue de ses voyages, et la rigueur des saisons; enfin, par toutes les ca-

---

(1) « Je vous aime, mon très-aimable Jésus; je vous aime, ô bonté infinie; je vous aime de tout mon cœur, de toute mon âme et de toutes mes forces, et je désire vous aimer de plus en plus. — Heureux ceux qui sont invitez aux noces de l'Agneau! — Heureux ceux qui ont lavé leurs robes dans le sang de l'Agneau! — Personne ne peut avoir un plus grand amour que de donner sa vie pour ses amis. — Ainsi soit-il ! Venez, Seigneur Jésus. — Jésus, Marie. — Jésus qui êtes la force des martyrs, ayez pitié de nous. — Reine des martyrs, priez pour nous. — Vous tous, saints martyrs, glorifiez et priez Jésus pour nous. — Jésus, Marie. » (*Traduction du P. Martine.*)

Nous avons collationné la formule de ce vœu du martyre sur l'autographe du P. Eudes, qui est conservé au monastère de Notre-Dame de Charité dit Saint-Michel, à Paris.

Le P. Costil et le P. de Montigny ont mutilé, de la manière la plus déplorable, cette suave et touchante *Élévation*. Le P. Beurier a fait mieux encore : il l'a détruite entièrement et l'a remplacée par une formule de sa façon. On aurait bien étonné le bon Père, si on lui eût dit que sa composition était loin de valoir celle de son saint Instituteur.

lomnies si souvent répandues contre luy, par les persécutions qu'on luy suscita en tant de différentes manières, et dont nous verrons le détail dans la suite : par là, on sera obligé de convenir que sa vie fut véritablement un long et douloureux martyre.

En la même année 1637, le P. Eudes fit une mission en la paroisse de Ri, proche d'Argentan, lieu de sa naissance. Son père, qui vivoit encore, éprouva bien de la consolation de le revoir, et il eut le loisir, pendant tout le temps que la mission dura, de se convaincre par luy-même qu'il n'y avoit eu rien d'inconsidéré dans la résolution que son fils avoit prise d'entrer à l'Oratoire. Les consolations qu'il en ressentit le dédommagèrent avantageusement de tous les chagrins que luy avoit causés son départ. En effet, le P. Eudes y travailla avec zèle, comme partout ailleurs, et Dieu versa sur ses travaux les mêmes bénédictions et les couronna des mêmes succez. On peut dire, nonobstant la parole de Notre-Seigneur dans l'Évangile, « que nul prophète n'est estimé et honoré en son propre pays », que le P. Eudes fut écouté dans le sien, sinon comme un prophète, au moins comme un apôtre, et qu'il y fut autant estimé et honoré qu'en aucun autre lieu. Il est vray qu'il n'y avoit séjourné que très-peu de temps, puisqu'il passa la plus grande partie de sa jeunesse à Caën pour étudier, et qu'il se retira de bonne heure à l'Oratoire. La conduite édifiante qu'on luy avoit toujours reconnue et la grande réputation qu'il s'étoit acquise dans les missions précédentes, n'avoient pas peu contribué à luy concilier toute l'estime et l'affection de ses compatriotes.

Ce fut en cette occasion que sa belle-sœur, femme de son frère Charles, qui ne l'avoit probablement jamais rencontré, s'étant avancée pour l'embrasser, croyant en cela s'acquitter d'un devoir affectueux envers son parent, il se retira brusquement, la priant de l'excuser; et, comme pour corriger ce qu'il y avoit d'un peu roide dans ce refus, il ajouta qu'il n'avoit pris que rarement cette liberté avec sa propre mère. Par là, on peut connoître la délicatesse de sa chasteté, et combien cette excellente vertu avoit jeté de profondes racines dans son cœur.

En 1638, il fit trois missions : les deux premières furent au diocèze de Bayeux, sçavoir à Bremoy et à Étreham, et la troisième au Pont-l'Évêque, diocèze de Lisieux. Bremoy (1) est une simple paroisse de campagne, située dans le canton qu'on appelle Bocage, entre Thorigny et Vire ; il fit cette mission dans l'été de cette année. Étreham est aussi une paroisse de campagne, située sur le bord de la mer, à l'embouchure de la rivière d'Orne, qui dépend de l'abbaye de Sainte-Trinité de Caën (2). Ce fut Mme de Budos, abbesse de ce monastère, qui la demanda et la défraya. Elle étoit trop zélée pour le salut des âmes qui étoient de sa dépendance pour ne leur pas procurer un si puissant secours ; et le P. Eudes avoit trop de liaisons spirituelles avec cette pieuse abbesse pour ne pas correspondre à ses bonnes intentions dans l'exécution d'un si grand bien. Cette mission eut lieu au mois de septembre. A l'égard de la mission du Pont-l'Évêque, il la fit durant l'Avent de cette même année. « On ne peut dire, écrit le P. Eudes dans son *Memoriale* « *beneficiorum Dei*, les fruits que Dieu tira de toutes ces « missions dont il soit bény et glorifié éternellement ! » C'est ainsi qu'il renferme en très-peu de mots tout ce qu'on peut rapporter de plus avantageux des grands succez qu'il obtint. Mais avant de raconter ce qui se passa en la mission du Pont-l'Évêque, comme c'est la première qu'il fit au diocèze de Lisieux, il faut parler des liaisons que le saint missionnaire avoit avec M. Cospean, qui en étoit évêque.

Ce prélat étoit flamand de nation, très-distingué par sa naissance, mais incomparablement beaucoup plus encore par sa vertu et son mérite ; c'étoit un des plus sçavans et des

---

(1) Bremoy, canton d'Aunay, à 23 kil. de Vire, 447 habitants.
(2) *Oistrehan, Estreham*, maintenant *Ouistreham*, à 14 kil. de Caen, 1,200 habitants ; belle église, port important dès le XIIe siècle ; le patronage et les dîmes d'Ouistreham appartenaient à l'abbaye de Sainte-Trinité par donation du duc Guillaume et de la reine Mathilde, son épouse. L'abbesse avait le droit de faire acheter le poisson pris à Ouistreham avant que personne autre n'eût choisi. De plus, elle avait encore droit à tout le poisson franc.

plus éloquens prédicateurs de son temps (1). Il avoit été confesseur de la reine, Anne d'Autriche, qui l'avoit nommé d'abord à l'évêché d'Aire, d'où il fut transféré à Nantes et peu de temps après à Lisieux. Ce prélat étoit très-appliqué aux fonctions de son ministère et très-zélé pour le bien de son diocèze; il vivoit avec ses diocezains comme un bon père avec ses enfans, et ses diocezains avoient réciproquement pour luy tout le respect que de bons enfans ont ordinairement pour le meilleur des pères. Il aimoit tendrement les pauvres et n'épargnoit rien pour fournir à tous leurs besoins (2). Pendant environ dix ans (3), il gouverna son diocèze avec beaucoup de prudence et de piété.

Dez qu'il connut le P. Eudes, il conceut une estime toute particulière pour luy, et l'honora toujours depuis de sa confiance. Il le recevoit avec une cordialité d'ami intime, et s'entretenoit souvent et longtemps avec luy sur les affaires les plus délicates, non-seulement de son diocèze, mais aussi de sa conscience. Plein d'admiration pour les grands talens dont Dieu l'avoit favorisé, il disoit qu'il ne connoissoit point d'homme plus propre, que le P. Eudes, à remettre l'état ecclésiastique dans son premier lustre, la discipline dans toute sa vigueur, et le Christianisme dans la pureté de la primitive Église. C'est ce qu'on peut voir par plusieurs lettres de ce digne prélat, écrites pour la plupart en latin, que l'on conserve avec grand respect dans les archives du Séminaire de Caën. Elles ne respirent que la piété, le zèle et l'amour de Dieu, et sont toutes pleines de sentimens d'estime et de la plus tendre affection pour le P. Eudes. Nous en rapporterons, par occasion cy-après, quelques extraits qui justifieront tout ce que nous en venons de dire.

M. Cospean étoit à Paris pendant que le P. Eudes faisoit la

---

(1) « Le clergé de la province, et peut-être toute l'Église de France, est redevable à M. de Cospean du goust qu'ont pris depuis lors les prédicateurs de remplir leurs discours des preuves et des textes de l'Écriture Sainte au lieu des maximes et des citations des auteurs payens. » (Costil, *Les Fleurs ; Les Annales.*)

(2) « Plus d'une fois, il ne fist point de difficulté d'engager sa croix pastorale pour secourir les pauvres. (Costil, *Fleurs ; Annales.*)

(3) Mars 1635. — 8 mai 1646.

mission du Pont-l'Évêque, et voicy ce qu'il luy écrivit : « Mon
« cher Père, je vous envoye tout ce que vous me demandez et
« feray tout ce que vous voudrez; vous m'obligerez au dernier
« point, mon cher Père, de vouloir bien faire vos sainctes
« missions dans mon dioceze. Je me rendray donc chez moy
« pour ce sujet, incontinent après la feste; je vous supplie de
« n'en pas douter........ Vous me feriez plaisir si vous vouliez
« commencer vostre mission par Lisieux; mais je laisse pourtant
« cela à vostre discrétion et vous retiens dez à présent pour
« prescher le Caresme dans Lisieux, m'assurant que vous ne me
« dédirez pas, puisque je suis; » et le reste. La lettre est du
19 décembre de la même année 1638.

Le P. Eudes n'auroit eu rien de plus à cœur que d'accorder
à M. Cospean ce qu'il luy demandoit, et dans le temps qu'il
luy marquoit, car il avoit un respect profond et une vénération
singulière pour un prélat d'un mérite si distingué. Mais sa
réputation se répandant de tous côtez par le grand fruit de
ses missions, on luy en demandoit de toute part et il avoit
peine à satisfaire à toutes les demandes qu'on luy adressoit;
il fut même obligé d'en laisser quelques-unes sans pouvoir y
faire droit. Il ne put donner celle de Lisieux que pendant l'été
de l'année suivante, y prêcher l'Avent qu'en 1640, et le Carême
qu'en 1641, comme nous le dirons cy-après.

Venons maintenant à la mission du Pont-l'Évêque. C'étoit
M. le Curé de la paroisse qui, étant ami particulier du P.
Eudes, l'avoit engagé à faire cette mission, de l'agrément et
avec le consentement de M. Cospean. Les abus étoient nombreux dans cette ville, et bien grande aussi étoit la corruption
qui y régnoit. Le Curé, tout zélé qu'il étoit, ne pouvoit pas y
remédier seul; et ce fut ce qui l'obligea de conjurer le P. Eudes
de luy accorder une mission. Quoyque le Serviteur de Dieu fût
pressé de celles qu'on luy demandoit de tous côtez, il le préféra
à plusieurs autres et luy promit de la faire dans cet Avent de
1638 : Il s'y rendit au temps marqué. La réputation de sa
sainteté et de ses beaux talens, qui l'avoit précédé à cette mission, ne contribua pas peu à luy acquérir dez les premiers jours
un grand crédit sur l'esprit des habitans. Il travailla avec son
zèle ordinaire, et on en vit bientôt des fruits merveilleux, dans

le clergé, et parmy le peuple. Les abus cédèrent à la force de ses sermons, les vices furent bannis de toutes les conditions, et en très-peu de temps on y vit la piété renaître ; mais on peut dire que tous ces beaux effets ne furent pas moins la production des bons exemples du grand missionnaire, que de la force de ses discours.

Aussitôt que la mission du Pont-l'Évêque fut achevée, le P. Eudes en vint commencer une à Caën, qui fut encore plus fameuse que toutes les précédentes : on choisit l'église de l'Abbaye de Saint-Étienne, parce qu'étant une des plus vastes du royaume, on y pouvoit faire plus aisément les exercices de la mission, sans incommoder les confesseurs occupez à entendre les confessions, la plus grande partie de la journée. Non-seulement les habitans de la ville, mais aussi les populations des campagnes voisines, y affluèrent en si grand nombre, que cette église, toute vaste qu'elle est, se trouvoit presque toujours pleine. Le P. Eudes remua extraordinairement les cœurs de ses auditeurs, durant cette mission ; on peut dire que la parole de Dieu fut en sa bouche, dans cette occasion, comme un marteau brisant les pierres les plus dures, selon l'expression de Jérémie. Il y prêcha avec tant de force, et Dieu bénit tellement ses paroles, qu'il brisa des cœurs plus durs que des rochers. Un nombre très-considérable des plus grands pécheurs s'y convertirent d'une manière éclatante. Les larmes abondantes que l'on voyoit répandre dans l'auditoire, et les nombreuses restitutions qui eurent lieu, furent des preuves non suspectes des fruits de cette mission.

Mais si le serviteur de Dieu travailla avec tant de zèle et d'une manière si fructueuse à la conversion des pécheurs, l'activité qu'il déploya obtint un succez égal en ce qui concerne les hérétiques. Nous avons déjà dit que la ville de Caën étoit remplie alors de grand nombre de Calvinistes. Comme l'église où se faisoient les exercices de la mission n'étoit pas éloignée du Prêche où les Calvinistes s'assembloient deux fois la semaine (1),

(1) Le premier temple des protestants à Caen était placé entre la rue de Bayeux et la rue de Bretagne, à environ 400 mètres de l'église Saint-Étienne. Le journal manuscrit de Simon Lemarchand, conservé à la Bibliothèque de Caen, dit, à l'année 1612 : « Les Huguenots de ceste ville de Caën ont faict

il y en eut beaucoup qui, piquez de curiosité par tout ce qu'ils entendoient raconter aux Catholiques des sermons du P. Eudes, voulurent aussi entendre le célèbre missionnaire ; ils vinrent en grand nombre assister à ses instructions, et beaucoup se retirèrent touchez des véritez qu'ils avoient entendu exposer avec tant d'onction, et d'une manière si claire et si précise. Le P. Eudes, profitant de leurs bonnes dispositions, les invita alors à revenir entendre quelques sermons de controverses. Beaucoup se rendirent à son appel ; le prédicateur leur donna des instructions si solides et si touchantes sur la présence réelle de Notre-Seigneur dans l'Eucharistie, et sur quelques autres sujets controversez, que grand nombre de ceux qui n'étoient venus l'écouter que par curiosité se sentirent ébranlez ; quelques éclaircissemens donnez dans des conférences particulières achevèrent de porter la lumière dans l'esprit de plusieurs d'entre eux qui abjurèrent le Calvinisme, et rentrèrent dans le sein de l'Eglise.

La solidité et la force des sermons de cet homme apostolique contribuèrent beaucoup à ramener et les hérétiques et les pécheurs de leurs égaremens ; mais sa conduite tout entière, son grand désintéressement, sa piété qui se traduisoit au dehors par l'onction de ses paroles et qui accompagnoit toutes ses actions, son zèle infatigable, que rien n'étoit capable de rebuter, ne contribuèrent pas moins à gagner toutes ces âmes à Dieu. Le souvenir de son dévouement dans la ville de Caën, pendant que la peste y ravageoit tout, huit ans auparavant, donnoit à ses paroles une puissance à laquelle rien ne résistoit. Un des points sur lequel il revint le plus souvent dans la morale de ses sermons fut ce qui s'étoit passé à Caën et dans le pays d'alentour, durant que cette terrible maladie y portoit partout la désolation et la mort. C'étoit une matière sensible que tout le monde avoit encore présente à l'esprit, et pour ainsi dire,

---

faire une maison que nous appelons *Godivedu*, parce qu'il est faict en façon d'un pasté. » Ce temple, dont il existe encore une gravure fort rare, fut démoli, en 1685, lors de la révocation de l'édit de Nantes. Quelques bâtiments de l'hôpital général de Saint-Louis ont été construits avec les matériaux provenant de cette démolition. (Trebutien, *Guide de Caen*. — Vaultier, *Histoire de Caen*.)

devant les yeux. Il reprocha à Messieurs les Curez, Vicaires et autres Prêtres, qui s'étoient enfuis ou cachez dans ces déplorables conjonctures, leur lâche désertion, le crime qu'ils avoient commis en abandonnant ainsi leurs ouailles, dans le temps qu'elles avoient le plus besoin de secours et de consolation. Il fit voir l'obligation où sont les Curez de résider, même dans ce temps-là, au milieu du danger, et d'administrer les Sacremens aux peuples qui sont confiez à leurs soins, quoyque atteints de maladie contagieuse.

Il démontra pareillement aux simples fidèles le devoir qu'ils ont de s'entre-assister les uns les autres en de pareilles occasions ; et il eut là un beau champ pour étaler son éloquence et son érudition, en soutenant ces véritez par quantité des plus beaux passages des Pères, par un grand nombre de faits tirez de l'Histoire Ecclésiastique, par ce que les chrétiens avoient fait en de pareilles rencontres, et enfin, par de fortes et de solides raisons tirées de l'essence même du Christianisme. Il représenta d'une manière sensible, et comme l'ayant vu de bien près, l'état déplorable où se trouvent ces pauvres contagiez, lorsque étant affligez de ce formidable fléau, ils se voyent abandonnez généralement de tout le monde, et de ceux-mêmes qui par état sont chargez du soin de leur salut. Il exhorta puissamment et les prêtres et les fidèles à profiter de ce temps si précieux de la mission pour amasser des trésors de richesses spirituelles, afin d'apaiser ainsi la colère de Dieu, et de satisfaire à sa justice, quand il luy plairoit faire naître de semblables occasions.

Il reprocha pareillement avec beaucoup de liberté à Messieurs les magistrats le peu de soin qu'ils avoient eu de réprimer et de punir les vices publics ; de soutenir par leur autorité et par leurs exemples la piété et la vertu, la sanctification du dimanche et des fêtes, qu'ils voyoient profaner impunément sans s'y opposer. Il fit sentir à tous que la véritable cause de ce funeste fléau étoient les crimes innombrables qui se commettoient dans toutes les conditions, mais surtout les péchez publics et scandaleux, qui sont une peste incomparablement plus pernicieuse que celle des corps, puisque non-seulement elle en est la cause, mais qu'elle tue les âmes et les précipite dans l'enfer pour toute l'éternité. Le zèle de la gloire de Dieu et le salut des âmes l'entraînant de plus en plus à l'exposition complète de la vérité, il ne craignit pas de dire aux magistrats foibles et coupables, que quoy qu'ils eussent été si sévèrement punis par ce terrible fléau, qui avoit désolé pendant un si long temps et leur ville et tout le pays, ils n'en étoient cependant pas devenus meilleurs. Puis, avec cette onction pénétrante qu'il savoit donner à ses paroles, il les conjura, de tout son cœur et avec larmes, de se corriger et de faire une sincère pénitence de leurs fautes, ajoutant que c'étoit là le plus sûr préservatif contre la peste et contre tous les fléaux de la colère divine; qu'au reste, s'ils ne faisoient pas pénitence, Dieu sçauroit bien se faire justice à luy-même, que son bras n'étoit pas raccourci, qu'ils pourroient bien encore en ressentir la pesanteur; qu'il entrevoyoit de grandes calamitez prêtes à fondre sur leur ville, s'ils n'avoient soin de prévenir ces malheurs par de dignes fruits de pénitence et par la pratique de toutes les bonnes œuvres. Ces menaces et ces avertissemens parurent à plusieurs comme une espèce de prophétie des malheurs qui alloient arriver à la ville de Caën, et dont on vit l'accomplissement sur la fin de cette même année, comme nous aurons à le dire tout à l'heure.

Cependant M. Cospean, évêque de Lisieux, qui avoit espéré avoir une mission du P. Eudes dans sa ville épiscopale, à cette époque, luy écrivit une lettre en laquelle il se plaignit avec des termes pleins de tendresse de ce que le serviteur de Dieu avoit préféré la ville de Caën à celle de Lisieux. Elle est en latin (1); en voicy la traduction en faveur de ceux qui n'entendent point cette langue. « Vous avez donc fait, luy dit-il, pour vos habi« tans de Caën, ce que je me flattois d'obtenir pour ceux de « Lisieux. J'espérois, en effet, avoir le bonheur de combattre « avec vous, en qualité de compagnon de vos travaux, et

(1). « Fili in Christo mi. . . . . Idque Cadomensibus tuis indulsisti, quod Lexoviensibus nostris sperabam concedendum; ut scilicet in hoc campo, hocque ipso tempore Christo militares, eoque in certamine me commilitone, fratreque utereris. Verum quod differtur, non aufertur, fili mi. Dabitur, ubi adveneris, miscere colloquia, et quæ ad majorem Dei gloriam conferre videbuntur, statuere », etc.

« comme un de vos frères, dans ce champ de bataille, pour la
« gloire de Jésus-Christ. Mais, mon fils, ce qui est différé n'est
« pas perdu ; j'auray dans un autre temps, le bonheur de pro-
« fiter de vos entretiens, et de concerter avec vous ce que
« nous pourrons faire pour la plus grande gloire de Dieu » ; et
le reste. La lettre est du 20 janvier 1639.

Après la mission de Saint-Étienne de Caën, le P. Eudes alla prêcher le carême au Pont-l'Evêque suivant la parole qu'il en avoit donnée à M. le Curé, pendant la mission de 1638. « Et ce « fut, dit-il en son Journal, comme une continuation de la « mission que j'y avois faicte l'Advent précédent. » En effet, il retoucha la plupart des matières qu'il avoit déjà traitées, et en demanda les fruits. Parmy les pénitens qui s'étoient adressez à luy dans la mission précédente, il eut la consolation d'en trouver plusieurs qui avoient persévéré dans leurs bonnes résolutions, et il n'eut qu'à les y affermir. Quant à ceux qui étoient retombez dans leurs mauvaises habitudes, il leur en fit remarquer la cause, et leur donna de bons moyens pour persévérer ; en un mot, le Carême qu'il prêcha ne fit pas moins de bien, à proportion, que n'en avoit fait la mission de l'Avent.

Durant qu'il travailloit ainsi au Pont-l'Evêque, M. Cospean luy écrivit une lettre dans laquelle il le prioit instamment de le venir trouver à Lisieux pour une affaire d'importance qu'il avoit à luy communiquer. « J'ay un besoin extrême, luy « disoit-il, de vous parler avant mon départ, qui sera, pour le « plus tard, mercredy prochain. Je vous prie donc, mon cher « fils, de venir jusques icy avant ledit mercredy ; laissez plutôt « de prêcher un jour. Je prie Notre-Seigneur qu'il vous con- « tinue ses saintes grâces ; et suis... » et le reste. Ce qui fait connoître la grande confiance qu'il avoit en notre vénéré Père.

Le supérieur de la maison de l'Oratoire de Caën étant décédé environ ce temps-là, les sujets de cette maison prièrent le P. de Condren, alors général de l'Oratoire, de leur désigner le P. Eudes pour remplir cette place. Il étoit impossible de faire un meilleur choix, et il semble que le Père de Condren ne pouvoit se refuser à une demande si bien fondée. Le P. Eudes étoit alors l'honneur de leur Communauté ; il s'étoit acquis une haute réputation dans Caën par plusieurs missions qu'il avoit faites en différens lieux avec beaucoup d'éclat et de bénédiction, et tout récemment en l'abbaye de Saint-Étienne ; il étoit écouté dans ses sermons comme un oracle, ou plutôt comme un homme tout apostolique, et estimé comme un des plus habiles directeurs de son temps. Il avoit de plus donné au public quelques livres dont on faisoit beaucoup de cas. En un mot, il étoit regardé comme un saint (1).

Quoyque le P. de Condren connût bien tous les mérites du P. Eudes, cependant il ne jugea pas à propos d'accorder aux PP. de la maison de Caën la demande qu'ils luy avoient adressée ; il sçavoit que le talent et l'attrait que le P. Eudes avoit pour les missions ne pouvoit pas s'accommoder avec cette exacte résidence qu'exige la charge de supérieur dans une communauté ; il s'efforça donc de leur faire comprendre les raisons de son refus. Mais les PP., loin de s'y rendre, députèrent deux d'entre eux pour aller à Paris solliciter plus fortement cette grâce : ceux-cy, prosternez aux pieds de leur général, peu disposé d'abord à se rendre à ces nouvelles instances, le pressèrent de tant de sollicitations qu'il finit par céder, et leur accorda ce qu'ils luy demandoient. Ainsi le P. Eudes fut établi supérieur de la maison de l'Oratoire de Caën (2).

---

(1) Le P. de Montigny (p. 69) dit, sous forme de transition, à la date de 1641 : « Il étoit naturel que, pour relever cette maison (l'Oratoire de Caën), assez peu nombreuse *et que la peste venoit d'exposer à une ruine entière*, les supérieurs en confiassent le gouvernement à un homme qui, par son zèle, sembloit se multiplier. » La transition est au moins forcée, la peste de Caën ayant eu lieu en 1631, c'est-à-dire dix ans avant la nomination du P. Eudes à la supériorité de l'Oratoire. Il est encore inexact de dire qu'à la suite du fléau, « la maison *avoit été exposée à une ruine entière* », puisque, d'après le P. de Montigny lui-même (p. 87), elle n'avoit perdu que deux de ses membres. Le même biographe commet une nouvelle erreur quand il remarque (p. 70), toujours à la date de 1641, « que le P. Eudes étoit attaché à la Congrégation de l'Oratoire depuis dix ans. » Il fallait dire dix-huit ans, puisque Jean Eudes est entré à l'Oratoire le 25 mars 1623.

(2) « M. Hermant, curé de Maltot, dit que le P. Eudes fut envoyé à Caën en qualité de supérieur de l'Oratoire ; il y avoit plus de dix ans qu'il y faisoit sa demeure. Le continuateur du P. Héliot-Picquepucé dit que le P. Eudes succéda dans la supériorité de l'Oratoire au supérieur qui mourut de la peste en

Pendant que toutes ces choses se passoient, il ennuyoit à M. Cospean de ce que le P. Eudes tardoit tant à faire la mission qu'il luy avoit promise pour la ville de Lisieux. Il luy écrivit une petite lettre, pour le presser de venir au plus tôt. « Mon Révérend Père, luy dit-il, je vous attends avec impa-
« tience, espérant toutes sortes de bénédictions pour notre
« peuple à votre arrivée ; ne différez pas, mon cher Père ; et
« me croyez »... et le reste. La lettre est du 15 juin 1639. Elle eut son effet. Le P. Eudes se rendit incessamment à Lisieux. La mission commença à la Saint-Jean, et elle dura jusqu'au mois d'aoust. La cérémonie de l'ouverture se fit avec beaucoup d'éclat. Le Prélat s'y trouva luy-même en personne, persuadé que sa présence et son exemple auroient plus de force et d'efficace pour y attirer les fidèles que tout ce qu'il pourroit faire, ou dire. Il n'y eut rien de plus édifiant que la conduite que tint ce Prélat en cette occasion.

Depuis ce temps-là, il assista aux prédications et autres exercices de la mission autant que les importantes occupations de son dioceze le luy permirent, et toujours avec une modestie et un esprit de piété dont tout le monde étoit charmé. Il traitoit tous les missionnaires avec grand respect, les regardant tous comme des hommes apostoliques, mais principalement le P. Eudes, qu'il auroit bien voulu avoir toujours avec luy. On auroit peine à comprendre combien la conduite de ce Prélat contribua à attirer aux missionnaires la confiance de la population et à fertiliser leurs travaux apostoliques. Dieu seconda la piété et les saintes intentions de ce digne Pasteur, il eut la consolation de voir le grand concours des fidèles qui

---

1631 ; il y a huit ans d'intervalle entre les deux faits. « *(Note du P. Martine.)*

D'après le récit du P. Martine, le P. Eudes aurait été nommé supérieur de l'Oratoire entre le carême et le mois de juin de l'année 1639 ; suivant le P. Costil, cette élection n'aurait eu lieu qu'en 1640.

Le dictionnaire de Moréri reproche au P. Eudes, « d'avoir sollicité la supériorité de la maison de Caën, qui fut accordée à ses vives instances » : on voit par le récit du P. Martine combien est injuste cette accusation de l'écrivain janséniste, auteur de l'article inséré dans le dictionnaire. Le P. Eudes n'était pas homme à descendre à cette honteuse sollicitation ; et en supposant qu'il se fût oublié jusqu'à ce point, le vertueux et si vénérable P. de Condren ne se serait certes pas prêté à ce manque de dignité.

accouroient de tous côtez pour participer aux grâces de la mission, et les fruits très-abondans qu'elle produisit, dont Dieu fut grandement glorifié, ainsi que le P. Eudes s'en exprime dans son Journal.

Ce fut pendant l'été de l'année 1639 qu'arrivèrent ces émotions populaires qu'on appelle la révolte des *Vanupieds*. C'est un petit trait d'histoire qui a beaucoup de rapport à la vie du P. Eudes, et que l'on ne sera pas fâché de voir icy. Le Roy se trouvant obligé d'entretenir plusieurs corps de troupes en différens endroits du royaume, pour repousser et pour attaquer les ennemis de l'Etat, fut obligé, pour y fournir, de lever plusieurs impôts nouveaux. Les provinces qui en furent chargées adressèrent des remontrances au Roy pour faire connoître l'impuissance où elles étoient de payer les sommes qu'on leur demandoit. Mais le cardinal de Richelieu, qui étoit ministre d'Etat, et qui sçavoit que si les nerfs de la guerre venoient à manquer, il n'y avoit pas moyen de réussir, ne voulut rien relâcher. Il donna ses ordres pour la levée des taxes, et les officiers qui furent chargez de lever ces subsides le firent avec tant de dureté, qu'il y eut grand nombre de soulèvemens populaires en différentes provinces, et principalement en divers endroits de la Normandie. La ville de Caën eut beaucoup de part à ces révoltes : elle se laissa aller à tous les excez dont est capable une populace mutinée. Le nombre de ces séditieux devint en peu de temps si considérable, que les magistrats ne furent plus en état de les réprimer. Ils se jetèrent dans les bureaux des receveurs des impôts, les pillèrent, les saccagèrent et y exercèrent les dernières violences (1).

(1) « Le mouvement avoit commencé à Avranches, parmi les cordonniers. Un de ceux-ci avoit pris le commandement sous le titre de *Colonel de l'armée souffrante*... Les insurgés furent défaits à Avranches, avec une perte d'environ 300 des leurs... Deux individus de Caen furent pendus pour délit de pillage. Un troisième fut livré au supplice de la roue pour avoir tué le baron de Courteaumer, le prenant pour Gassion, qui étoit près de lui. Ces insurgés furent appelés dans le temps les *Va-nu-pieds*. » (De La Rue, *Nouveaux Essais*, II, 407.) Ils sont désignés plus ordinairement par les historiens sous le nom de *Nupieds*.

La cour ne trouvant point d'autre moyen et voulant faire un exemple qui pût retenir les autres sujets dans le devoir, il fut arrêté, dans le conseil du Roy, qu'on enverroit au plus tôt un corps de troupes régulières de dix mille hommes de l'armée qui étoit pour lors en Picardie. M. de Gassion, qui n'étoit encore alors que maréchal de camp, et qui peu de temps après devint maréchal de France, fut envoyé pour commander ces troupes. Il exécuta avec beaucoup de dureté la commission dont il étoit chargé. Il arriva à Caën avec ses soldats le 24 de novembre de cette année (1639). Il les fit entrer comme en pays ennemi, la cavalerie ayant le sabre nud au poing et le mousqueton bandé, et l'infanterie comme prête à faire main basse sur la bourgeoisie. Une partie de ces troupes se saisit d'abord des forts et des places publiques, et le reste fut rangé en haye le long des rues. On désarma les bourgeois, les obligeant tous de porter leurs armes au Château. Cet appareil jeta une telle consternation et un tel effroy dans l'esprit des habitans, qu'ils ne sçavoient quelle contenance tenir; ny à quoy devoit aboutir une si effrayante scène.

M. de Gassion usa de beaucoup de rigueur envers tout le monde, n'épargnant pas plus les innocens que les coupables. Il mit ses troupes à vivre à discrétion chez les bourgeois, leur donnant toute licence, excepté le viol et le pillage : on sçait assez de quoy sont capables ces sortes de gens, lorsqu'on leur donne une telle liberté. Les magistrats eurent beau représenter que ce n'étoit pas leur faute, que c'étoit la lie du peuple et une multitude de misérables, qu'on avoit appelés pour cela les *Vanupieds*, qui s'étoient ainsi soulevez, et qu'il n'avoit pas été en leur pouvoir de les réprimer; cela ne leur servit de rien : on leur soutint toujours que c'étoit à eux de les arrêter dez les commencemens et à en faire justice; que, ne l'ayant pas fait, ils devoient répondre de tout, et que c'étoit leur faire grâce que de ne les traiter que comme les autres.

Au bout de quinze jours, c'est-à-dire vers le 10 de décembre, M. de Gassion laissant la ville de Caën dans cette triste situation s'en alla avec un détachement de quinze cens hommes, dans toute la Basse-Normandie et jusqu'à Avranches où les plus déterminez de ces séditieux s'étoient renfermez, comptant bien se défendre et vendre chèrement leur vie, si on vouloit les y forcer. Le calme, pour lors, succéda à la tempête dans la ville de Caën; et Dieu, qui sçait tirer la lumière des ténèbres et la vie de la mort, se servit aussi de cette occasion pour opérer, par le P. Eudes, le salut d'un grand nombre de personnes.

Il n'est pas de mon sujet de rapporter icy toutes les suites de ces brouilleries; il suffit de sçavoir que les choses étoient en cet état, lorsque le P. Eudes commença à prêcher l'Avent à Saint-Pierre de Caën. Cette église est la principale de la ville, et celle où se font le plus souvent les sermons donnez dans les circonstances extraordinaires. Ces grandes calamitez qui faisoient gémir tout le monde ne fournirent pas peu de matières au zèle et à l'éloquence apostolique du P. Eudes.

Il protesta d'abord qu'il ne paroissoit dans cette chaire que pour prendre part à la grande affliction des habitans de Caën, pour compatir à leur douleur, et pour mêler ses larmes aux larmes qu'ils versoient eux-mêmes. Il fit sentir ensuite que la cause de tant de malheurs ne venoit que de leur ingratitude envers Dieu; de l'abus qu'ils avoient fait des grâces, du mépris de ses avertissemens, de la licence des mœurs, en un mot, de leur impénitence. Il se servit adroitement de ces considérations et de cette triste situation de la ville, pour porter ses auditeurs à une véritable et sincère pénitence. Jamais elle ne fut plus facile à persuader que dans cette conjoncture, particulièrement après que les troupes se furent retirées, ce qui eut lieu au bout de 15 jours, c'est-à-dire huit ou dix jours après le commencement de l'Avent; époque à laquelle M. de Gassion les retira de Caën pour les faire marcher ailleurs, où elles étoient plus nécessaires contre les ennemis de l'Etat.

Le P. Eudes trouva depuis ce temps-là ses auditeurs merveilleusement bien disposez à écouter tout ce qu'il voulut leur dire, et à en profiter. Après les avoir engagez à rendre à Dieu des actions de grâces de les avoir délivrez d'une si dure oppression, il ne manqua pas de leur faire sentir que ce mauvais traitement étoit une punition visible de leurs péchez et de ce qu'ils n'avoient pas profité des châtimens précédens ; il les fit souvenir de cette cruelle peste qui avoit jeté la désolation dans leur ville, et qui devoit être plus que suffisante pour les amener à changer de conduite ; et cependant ils n'en avoient rien fait. Il rappela aussi à leur mémoire les grandes véritez qu'il leur avoit annoncées dans cette fameuse mission qu'il avoit faite au commencement de cette même année, dans l'église de l'abbaye de Saint-Étienne, dont ils avoient paru touchez, et qui n'avoit pourtant pas produit les fruits qu'elle avoit paru promettre. Il les avoit menacez de nouveaux malheurs de la part de Dieu, s'ils ne se convertissoient pas, et ils n'en avoient pas tenu compte.

De là, il passa à leur représenter la sévérité des jugemens de Dieu, et par cette terrible indignation du Roy qui, n'étant qu'un homme, punit néanmoins d'une manière si sévère ceux qui l'ont offensé, il leur fit entrevoir ce que c'est que d'avoir encouru la colère divine et de tomber entre les mains du Dieu vivant, d'éprouver toute la pesanteur de son bras, et de porter le poids de ses justes vengeances durant toute l'éternité. Il leur dit que ces mauvais traitemens des soldats qui leur avoient fait pousser tant de soupirs et de gémissemens n'étoient pourtant que des punitions incomparablement moindres que ne méritoient nos plus petits péchez : que seroit-ce donc, quand ce Dieu irrité puniroit dans l'éternité, selon la rigueur de sa justice ! Ne falloit-il pas dez lors travailler incessamment à apaiser sa colère, par une sincère pénitence et obtenir miséricorde par la pratique de toutes sortes de bonnes œuvres ? Dieu donna tant de force et d'onction à sa parole, tant d'efficace à ses remontrances qu'elles changèrent heureusement les cœurs d'un grand nombre de pécheurs qui firent de dignes fruits de pénitence.

De plus, ces mêmes sermons abolirent, au moins pour longtemps, tous les spectacles profanes et les extravagances du carnaval, réformèrent la plupart des abus de différentes professions, et firent renaître la piété et la ferveur des fidèles d'une manière si édifiante, que, bientôt, tout parut changé.

Les sermons de ce prédicateur tout évangélique calmèrent les esprits de ceux qui eurent le bonheur de les entendre, et leur firent accepter de la main de Dieu leurs misères comme des punitions qu'ils reconnoissoient avoir méritées ; bien des gens disoient qu'on n'étoit pas moins redevable de la paix dont on jouissoit aux sermons du P. Eudes, qu'à l'effroy inspiré par les punitions rigoureuses des soldats du Roy. Les magistrats eux-mêmes le congratulèrent d'avoir plus contribué à remettre le peuple dans le devoir que l'armée de Gassion.

1640. Le temps du Carême étant arrivé, le P. Eudes prêcha encore cette station à Saint-Pierre de Caën, suivant la parole qu'il en avoit donnée. Comme il sçavoit que tout le monde n'avoit pas assisté à ses sermons de l'Avent, et que tous ceux qui les avoient entendus n'en avoient pas profité autant qu'ils auroient dû, il commença son Carême par les exhorter à la pénitence ; et il continua encore, pendant une bonne partie de ce temps de grâces et de salut, à leur parler de cette importante matière. Il leur remit encore devant les yeux les rigoureux jugemens que Dieu exerce tant en cette vie qu'en l'autre. Et il traita ces sujets d'une manière si pathétique, qu'il produisit de grandes impressions sur ses auditeurs.

Mais un jour, les ayant extraordinairement touchez et jetez dans un grand effroi sur la fin de son sermon, il les fit tous mettre à genoux et les exhorta à crier avec luy à haute voix : *Miséricorde, mon Dieu, Miséricorde !* Ils le firent tous ensemble par plusieurs fois, répétant ces mêmes paroles avec luy, mais d'une manière si touchante et accompagnée de tant de componction, que cela perça le cœur des plus endurcis et les fit fondre en larmes. Ce fut la première fois qu'il se servit de ce tour d'éloquence chrétienne (1) ; elle luy réussit si bien pour toucher

(1) L'incident relatif au cri de *Miséricorde !* jeté, non pas spontanément, mais sur l'invitation formelle du prédicateur, eut donc lieu, pour la première fois, à Saint-Pierre de Caen. On sait que ces sortes d'invocations étaient parfois en usage au XVI⁵ siècle et même encore au commencement du XVII⁵. Le récit du P. Martine est, en tout, plus précis et beaucoup plus historique, cela se sent, que le tableau fantaisiste du P. de Montigny reproduit par le P. Beurier. Ces deux biographes ont brodé sur ce sujet un petit récit dramatique, qui n'est assurément pas sans intérêt, mais auquel il manque une

ses auditeurs, qu'il la mit en usage dans la suite en beaucoup de ses sermons de missions, y ajoutant des protestations, qu'il faisoit faire tout haut à ses auditeurs de quitter le péché, ou certains péchez particuliers contre lesquels il venoit d'invectiver ; de fuir les occasions qui les y avoient fait tomber ; de se servir pour cela de tels et tels moyens qu'il leur suggéroit : et toujours il eut la consolation d'en voir naître des fruits merveilleux.

Dans ce temps-là, le fameux Jean-Pierre Camus, évêque de Belley, qui s'étoit démis de son évêché, étoit à Caën, où il faisoit sa résidence chez les PP. de l'Oratoire. Ayant entendu rapporter ce que le P. Eudes avoit fait dans ce sermon qui avoit produit de si grands effets, il rendit ce beau et honorable témoignage à l'éloquence tout apostolique du serviteur de Dieu : « Il y a déjà longtemps que je connois le talent tout extraordinaire du P. Eudes, la grâce qui accompagne ses discours, et combien l'esprit de Dieu se fait sentir à tous ceux qui ont le bonheur de l'entendre. » Il avoit déjà dit, dans une autre occasion, en parlant du P. Eudes, qu'il voyoit passer : « J'ay bien entendu en ma vie des prédicateurs, tant en France qu'en

---

condition indispensable en histoire : l'exactitude, la conformité avec les faits. Or, avant tout, suivant la magistrale expression du grand orateur romain, l'histoire est le témoin de la vérité, *historia testis veritatis*.

Le P. Costil dit, comme notre historien, que « le P. Eudes exhorta ses auditeurs à crier tout haut avec luy : *Miséricorde !* » et il ajoute que « toute cette multitude répéta ce cri avec des sentimens de contrition capables de toucher les plus endurcis. » Mais son récit diffère de celui du P. Martine, en ce qu'il laisse entendre, sans pourtant le dire précisément, que ce fait eut lieu dans l'église de l'abbaye de Saint-Étienne, non en 1639, mais « trois ans après la répression de la révolte des Nupieds », c'est-à-dire en 1642. Il raconte ensuite, comme le P. de Montigny et le P. Beurier, la joute plus que naïve, et en fin de compte infructueuse, de l'évêque de Belley, Mgr Camus, que le P. Martine n'a pas cru devoir mentionner. Ce qui frappe dans le récit de ces deux biographes, relativement à l'incident en question, c'est le vague, l'incohérence, l'ignorance des circonstances de temps et de lieu : tous défauts qu'a su éviter notre historien. Né à Vaucelles de Caen en 1669, il pouvait très-facilement être renseigné sur un fait dont son aïeul avait pu être témoin oculaire. Nous donnerons cependant le récit dramatisé du P. de Montigny dans les pièces justificatives de ce premier volume.

Italie ; mais je n'en ay point entendu qui entrast plus avant dans le cœur de l'homme que ce bon Père, et qui eust un plus grand don de toucher. » Telle étoit l'estime qu'avoit pour le P. Eudes ce grand Prélat, qui étoit luy-même un des bons prédicateurs de son temps.

Je ne m'arrêteray point icy à faire un plus long détail des prédications et autres actes du Serviteur de Dieu dans le cours de cette station ; je me contenteray de rapporter ce qu'il en dit luy-même dans son *Memoriale beneficiorum Dei.* « Il plut à « N. S., dit-il, y opérer plusieurs grands effets de grâces en « plusieurs âmes, par la vertu de sa divine parole. » Nous aurons occasion d'en parler encore, lorsque nous traiterons de l'établissement de Notre-Dame de Charité.

Pendant que le P. Eudes prêchoit le Carême, M. Cospean luy écrivit une lettre des plus tendres, pour l'exhorter à modérer son zèle et à ménager sa santé. Elle est trop honorable au P. Eudes pour ne pas la rapporter icy. Elle est écrite en beau latin ; en voicy la traduction (1) : « Plût à « Dieu qu'il me fût permis d'assister à vos sermons, dont le « seul bruit nous remplit icy de consolation. Il n'y a qu'une « seule chose qui m'empêche de la goûter parfaitement : « c'est que vous ne ménagez point assez une santé qui m'est « plus chère que ma propre vie ; vous vous épuisez par un « travail immodéré, sans faire réflexion que votre perte seroit « capable de nous causer la mort ; vous n'ignorez pas néan« moins, mon cher fils, que le service du Roy demande de « la discrétion, que je vous prie, pour l'amour de Dieu, « de joindre à votre zèle, qui ne peut être défectueux que « par cet excez. Comme vous connoissez la sincérité de mes « sentimens, vous pouvez attendre de moy ce que vous

---

(1) Utinam mihi liceret tuis interesse concionibus, quorum vel fama hic nos beat ; unum doleo, non satis tibi curæ esse valetudinem, quæ mea mihi vita carior est. Labore te frangis immodico ; nec satis cogitas, dum ipse læderis, nos occidi ; honor Regis, fili mi, judicium diligit. Id, te in Domino rogo, tuis adhibe conatibus, qui sola exuberantia peccare possunt. A me expectabis omnia, si tibi satis sum notus, quæ patris, fratris, filiique vocabula pollicentur. Benedicat tibi Dominus ex Sion. Sum eroque, dum vivam, Pater optime, tuis obsequiis addictissimus. *Phil.*, Epis. Lexov.

« pourriez vous promettre d'un père, d'un frère ou d'un
« fils. Je prie le Seigneur qu'il vous comble de ses béné-
« dictions. C'est en luy que je suis et que je seroy pendant
« que je vivroy, mon cher Père, le plus dévoué à vous
« rendre service. *Phil.*, évêque de Lisieux. » La lettre est
du 25 mars 1640.

Dez l'année 1639, on avoit fait quelques projets pour obtenir du P. Eudes une mission dans la ville de Rouën; mais une sédition du petit peuple, semblable à celle qui causa tant de mal à la ville de Caën (1), ayant eu des conséquences non moins fâcheuses pour celle de Rouën, fit avorter ce dessein. Il y a apparence que M. Cospean comptoit aller travailler à cette mission de Rouën avec le P. Eudes; du moins c'est ce qui paroît par une lettre que ce prélat écrivit à ce digne ouvrier pendant qu'il prêchoit l'Avent à Saint-Pierre de Caën. Écrite en beau latin, elle fera plaisir à ceux qui entendent cette langue. En voicy la traduction accompagnée du texte latin :

« Mon très-cher Père (2), me voicy enfin arrivé et en état
« de vous embrasser au plus tôt, n'ayant rien de plus cher
« en Jésus-Christ que vous. Mais hélas! mon cher Père, l'espé-
« rance de la mission de Rouën s'est déjà évanouie; car les
« troubles horribles de cette misérable ville, comme vous sçavez,
« ne nous pourroient permettre de la faire..... Je me recom-
« mande très-affectueusement à vos prières et à celles de
« tous vos confrères. Je vous seroy toujours, mon très-cher
« Père, parfaitement dévoué en Jésus-Christ. *Phil.*, év. de
« Lisieux. » La lettre est datée du 21 décembre 1639.

Les troubles s'étant pacifiez quelques temps après dans la ville de Rouën, et les choses étant rétablies, le projet de la mission parut aussi se renouer ; on crut qu'elle se pourroit

---

(1) La révolte des Nupieds, en 1639.

(2) Pater optime, adveni tandem, te, pope diem, amplexurus, quo in Christo, nihil habeo carius. Sed heu Pater! spes jam periit Rothomagensis missionis. Turbæ enim, ut nosti, in misera ista urbe horrendæ nos non ferrent..... Commendo me etiam atque etiam tuis, tuorumque omnium precibus, æternum futurus, Pater optime, addictissimus tibi in Christo servus. PHIL., Episc. Lexov.

faire dans l'hyver suivant. C'est encore ce que marque le même Prélat dans une lettre qu'il écrivit au saint homme, où il fait connoître encore plus nettement l'espérance qu'il avoit de travailler avec le P. Eudes à cette mission. « Si vous « me quittiez, luy dit-il, vous m'affligeriez au dernier point. « Nous ferons, s'il plaît à Dieu, la mission de Rouën entre « l'Avent prochain et le Carême ; puis je reviendray avec vous « à Lisieux, où nous nous unirons de telle sorte, pour le ser-« vice de Jésus-Christ, que nous ne nous séparerons jamais... « Je suis tout à vous, avec une affection plus que paternelle ; « rien au monde ne me sépare de vous, prenez garde aussi « que rien ne vous sépare de moy. » Et le reste. Cette lettre est du 5 de juin 1640.

Cependant cette mission de Rouën ne se fit ny en cette année, ny en la suivante : elle n'eut lieu qu'en 1642, comme nous le verrons cy-après. Mais ce que nous pouvons faire remarquer dans ces lettres de M. Cospean au P. Eudes, c'est la cordialité avec laquelle il luy parle. Nous en avons encore quelques autres qui ne sont pas moins affectueuses, ny moins honorables à cet homme de Dieu que les précédentes ; je me ferois un plaisir de les rapporter ici, si je ne craignois de passer pour écrire son panégyrique plutôt que l'histoire de sa vie, tant elles luy sont avantageuses. Le P. Eudes, aussy de son côté, n'épargnoit rien pour y correspondre en tout ce qui dépendoit de luy, et il se faisoit un devoir d'accorder à ce digne Prélat tout ce qu'il demandoit, autant du moins qu'il étoit en son pouvoir. Nous en avons la preuve dans les nombreuses missions et stations que l'homme de Dieu a données dans le dioceze de Lisieux « et auxquelles « la divine bonté, dit-il dans son journal, continua tousjours « ses bénédictions ordinaires. » Durant l'été de 1640, le P. Eudes fit une mission au Mesnil-Mauger, paroisse de ce même dioceze de Lisieux. Il prêcha à cette mission avec un concours prodigieux et des fruits si surprenans que cela ne se peut comprendre. On accouroit de tous côtez pour l'entendre et il étoit bien rare que ses prédications ne fussent suivies de quelque conversion remarquable. Parlant luy-même de cette mission dans son *Memoriale beneficiorum Dei*, il a

écrit ces paroles significatives : « Sur cette mission, Dieu versa
« tant de bénédictions que cela ne se peut exprimer. »

En 1641, outre le Carême qu'il prêcha à Lisieux, avec de
très-grands fruits, il fit encore cinq belles missions. La première
fut à Urville, doyenné de Cinglais au dioceze de Bayeux (1);
la deuxième à Remilly au dioceze de Coutances; la troisième à
Landelles, qui est un bourg, au même dioceze, à deux lieues de
Vire (2); la quatrième en la ville de Coutances, et la cinquième
enfin en la ville du Pont-Audemer, au dioceze de Lisieux. Le
P. Eudes ne nous dit que peu de choses de ces cinq missions;
si cependant ce qu'il en rapporte peut être appelé peu de choses.
Il nous apprend seulement dans son Journal, « qu'elles furent
« toutes pleines de très-grandes bénédictions », ce qui est
certainement dire beaucoup en peu de paroles. Que ne doit-on
pas comprendre par là, suivant le style de son Journal, aprez
ce que nous avons observé de ses talens et de ses travaux !

En effet, si nous ajoutons un petit commentaire à ces paroles, que n'y trouvons-nous point ? « Elles furent toutes
pleines de très-grandes bénédictions », ce qui signifie que le
P. Eudes fit en ces missions ce qu'il avoit déjà fait partout
ailleurs, c'est-à-dire qu'il prêchoit avec tant de force et d'éloquence qu'il attiroit tout le monde, et que l'on venoit de tous
côtez pour avoir le plaisir de l'entendre, qu'il parloit d'une
manière si touchante qu'il jetoit ses auditeurs dans une
émotion indicible; que son zèle infatigable amenoit cet empressement autour des confessionnaux, cette persévérance des
fidèles pendant plusieurs jours pour parvenir à se confesser,
ces marques évidentes de conversion, ces changemens de
conduite, ces corrections de mœurs, ces restitutions du bien

(1) Le P. de Montigny (p. 69) place à tort Urville dans le diocèse de Séez.
Tous les pouillés du diocèse de Bayeux, depuis le livre Pelut (*Liber Velutus*)
rédigé vers 1350, jusqu'au pouillé Delamare, en 1786, mettent la paroisse
d'Urville dans le doyenné de Cinglais, qui a toujours fait partie du diocèse
de Bayeux. *Decanatus de Cinguleis.... Eclia de Urvilla* (*Liber Velutus*).

(2) Remilly, c. de Marigny, à 16 kil. de Saint-Lo, 878 h. Au lieu de Remilly, le
P. de Montigny donne Ermilly, nom qui n'a été porté par aucune paroisse du
diocèse de Coutances. Landelles est aujourd'hui dans le diocèse de Bayeux.

d'autruy, ces reconciliations sincères, et tant d'autres semblables effets prodigieux qui étoient les fruits ordinaires de ses missions ; c'est à n'en pas douter ce qu'il a renfermé dans ces paroles : « pleines de très-grandes bénédictions. »

Mais le P. Eudes nous donne encore lieu de faire plusieurs réflexions importantes sur ces mêmes missions, qui luy sont très-honorables. La première, c'est que la mission de Remilly fut défrayée par M. et Mme de Montfort, sœur de M. de Bernières de Louvigny. Ce M. de Bernières étoit trésorier de France à Caën, et appartenoit à une des familles les plus distinguées de cette ville ; mais il étoit beaucoup plus distingué par son grand mérite et par ses excellentes vertus. Les grandes lumières et les belles actions de cet homme si spirituel, sont trop connues pour nous arrêter à en parler plus longuement. Nous dirons seulement que le P. Eudes entretenoit depuis longtemps de grandes liaisons de piété et de spiritualité avec M. de Bernières de Louvigny, et que ce fut à la demande de ce pieux seigneur que le serviteur de Dieu donna la mission de Remilly.

La deuxième réflexion que l'on doit faire, c'est que ce fut à cette mission de Remilly que le P. Eudes commença à donner des entretiens particuliers aux ecclésiastiques du canton, pratique qui a passé en usage et qui a persévéré depuis ce temps-là dans ses missions. Il voyoit avec douleur que le grand mal des peuples venoit en bonne partie des prêtres, et que le mal de ceux-cy venoit de leur ignorance, de ce qu'ils n'étoient point instruits de l'excellence de leur état, de la grandeur de leurs obligations. Il crut que par le moyen de ces entretiens il remédieroit, en quelque manière, à de si grands maux. Il en fit l'essay à cette mission de Remilly ; il les pria de s'assembler, à une heure précise, en un lieu qu'il leur indiqua, un jour de chaque semaine. Répondant à son invitation, ils s'y rendirent en grand nombre. Le P. Eudes leur parla d'une manière si respectueuse et si cordiale qu'il leur gagna le cœur ; puis il leur promit de les entretenir de sujets qui leur seroient propres et qui leur feroient plaisir. Et sans plus tarder, il commença à leur montrer en détail leurs obligations, les prêchant tout à la fois avec force et avec onction. Ils en furent touchez, et comprenant le grand besoin qu'ils avoient de ces instructions, ils se rendirent fidèles à venir les entendre.

Le P. Eudes ne fut pas longtemps sans en apprécier les fruits. Il eut la consolation d'apprendre que plusieurs de ces prêtres réformoient beaucoup de choses dans leur conduite personnelle, qu'ils se faisoient un mérite de remplir leurs devoirs avec fidélité, d'instruire leurs paroissiens par de bons prônes et de bons catéchismes, de visiter et de consoler les malades, de se trouver à leurs confessionnaux aux fêtes et dimanches, et que les peuples, répondant à leurs bonnes intentions, se formoient à la piété.

En troisième lieu, le P. Eudes nous dit que la mission de Landelles fut demandée et défrayée par M. de Renty. C'étoit le fameux M. de Renty qui a vécu et est mort comme un saint, dont la vie tout édifiante a été donnée au public par le P. Saint-Jure, de la compagnie de Jésus. Il étoit déjà très-étroitement lié de piété et d'amitié avec le P. Eudes. Ces deux grands serviteurs de Dieu, quoyque si différens d'état, avoient pourtant beaucoup de rapport et d'union l'un à l'autre. Tous les deux avoient un grand fond de religion : même charité, même zèle pour la gloire de Dieu et le salut des âmes ; tous les deux enfin n'avoient qu'un seul désir : faire le bien eux-mêmes, partout, toujours, le plus possible, et le faire pratiquer aux autres. C'étoit cette parfaite conformité de sentimens qui les avoit si parfaitement liez ensemble : nous en verrons les beaux effets dans la suite en beaucoup d'importantes occasions (1).

En quatrième lieu, le P. Eudes nous apprend que ce fut M. Le Pileur qui procura et défraya la mission de la ville de Coutances. Ce M. Le Pileur étoit aussi un grand homme de bien, docteur en théologie, vicaire-général de Mgr Léonor

---

(1) Le baron Gaston-Jean-Baptiste de Renty est né en 1611, au château de Bény-Bocage ; il est mort à Paris le 24 avril 1649. La *Vie de Renty*, écrite par le P. J.-B. de Saint-Jure, jésuite, a été traduite en plusieurs langues. 1re édition, Paris, 1651, in-4°; 2e éd., Paris, 1652, avec un portrait d'Audran; éd. in-12, même date, avec portrait. Autre édition, Rouen, 1659; in-12. (*Essai de bibliographie viroise*, de F.-M. Morin-Lavallée, Caen, Le Blanc-Hardel, 1879.)

de Matignon, premier de ce nom, évêque de Coutances. M. Le Pileur fut toujours très-intime ami du P. Eudes, depuis qu'il l'eût connu, et il luy en donna des marques éclatantes, comme nous le verrons dans la suite. Le P. Eudes eut encore d'étroites liaisons de piété avec beaucoup d'autres grands personnages, avec des religieux et des religieuses de divers ordres des plus distinguez par leur mérite. Nous en parlerons à mesure que les occasions s'en rencontreront.

Enfin, le P. Eudes marque que la mission du Pont-Audemer se fit dans l'Avent de cette année 1641, et que ce fut M. Cospean, évêque de Lisieux, qui la défraya. Ce prélat luy avoit écrit que ces bons peuples l'attendoient comme le Messie. En effet, il y fut receu avec les meilleures dispositions qui se peuvent concevoir. Le pieux évêque et le zélé missionnaire, son ami, ne furent pas trompez dans leurs espérances; la mission produisit de si grands effets de grâces que les confesseurs ne suffirent pas à entendre les confessions de tous ceux qui se présentoient. M. Cospean auroit bien souhaité y travailler luy-même; mais la goutte dont il fut attaqué dans ce temps-là ne luy en laissa pas le pouvoir. C'est ce que nous apprenons par deux lettres qu'il écrivit au serviteur de Dieu durant qu'il travailloit à cette mission; la première est du 10 de décembre 1641 : « Mon cher Père, « dit-il, nous en sommes à l'évangile des noces; je fais ce « que je puis pour convier ceux que vous désirez vous aller « trouver. Mais je n'ay pour réponse que des excuses, qui « ne vallent pas mieux que *villam emi*, etc. » Et après avoir rapporté quelques-unes de ces excuses, il ajoute : « En un « mot, *multi vocati*, etc. Si j'avois la santé, vous me « verriez au lieu de cette lettre; mais la goutte m'attache « encore au lict. Ayant le crédit que vous avez en Paradis, « j'en seray quitte, sans doute, si vous priez à bon escient « pour moy. Nous apprenons de toute part le concours « merveilleux qui commence à se faire pour la mission. Je « prie Dieu qu'il la bénisse. » Cette lettre nous apprend que la mission avoit un merveilleux succez, mais qu'il n'y avoit pas assez de confesseurs; que le P. Eudes en avoit fait demander plusieurs par M. Cospean luy-même, qui avoient refusé d'y aller travailler, sous différens prétextes, dont le prélat n'étoit pas satisfait.

Cette lettre étoit en françois ; mais la seconde qu'il luy écrivit, dix jours aprez, étoit en latin, en date du 20 du même mois ; elle mérite bien d'être rapportée icy ; en voicy la traduction : « J'envoie quelque petit secours, dit-il, à votre « sainte troupe ; c'est peu de chose, à la vérité, mais prenez-le « en bonne part, mon cher Père ; et attendez de moy tout ce « dont vous aurez besoin. Si ma maladie me le permettoit, « j'irois avec plaisir vous trouver ; et je ne me contenterois « pas de vous donner de mes biens, je me donnerois moy- « même à vous. Recommandez-moy bien aux prières de vos « auditeurs et me mandez au long quel est le succez de votre « sainte mission, quoyque, lors même que vous n'en diriez « rien, on le sçauroit assez par le bruit commun qui se ré- « pand en tous lieux, et qui publie les grands prodiges que « le Seigneur opère par vous d'une manière si admirable. « Adieu en N.-S. Jésus-Christ (1). » Ces lettres nous font assez connoître les grands biens que le P. Eudes faisoit par ses missions, et le témoignage de M. Cospean en vaut bien un grand nombre d'autres.

Il semble que ces cinq missions que le P. Eudes fit en 1641, outre le Carême qu'il prêcha à Lisieux en la même année, devoient bien suffire pour contenter son zèle. Il ne se borna pourtant pas à ce travail déjà si rude ; il mit encore au jour deux de ses livres, qui tout petits qu'ils étoient, ne laissèrent pas de luy emporter bien de son temps ; de plus, il forma le projet de ses deux Congrégations. Le premier de ces livres est intitulé : *Le Testament de Jésus et le Testament du véritable Chrétien, avec la parfaite consolation*

(1) « Mitto subsidii aliquid exercitui tuo sancto ; hoc licet exiguum, boni consule, mi Pater, et plura expecta, si pluribus egueris. Ipsi ad te excurreremus, si per morbum liceret, meque adeo ipsum, non mea darem. Commenda me auditorum tuorum precibus, et fuse scribe qui sint sanctæ missionis successus, etsi tacente te, latere non possint, insonante locis omnibus famæ tuba, et stupenda quæ per te operatur Dominus miris modis deprædicante. Vale in Christo. »

des affligez. C'est, à la vérité, le plus petit de tous ses livres, mais il n'est pas le moins utile; car, en peu de mots, il contient de grandes instructions. L'autre livre, qui est un in-12, a pour titre : *La vie du Chrétien ou le Catéchisme de la mission, avec un moyen facile pour faire une confession générale.* Il est dédié à la très-sainte Vierge, et affecté à tous les catéchistes-missionnaires et à tous les pasteurs. C'étoit un des meilleurs qui fût alors entre les mains des fidèles et à la portée du simple peuple.

Le premier des projets que le P. Eudes forma en cette année 1641, fut l'établissement de l'ordre de Notre-Dame de Charité. L'idée luy en étoit déjà venue depuis longtemps; mais ce fut à cette époque qu'il prit les moyens convenables pour en venir à l'exécution. Pour ne point interrompre l'histoire de la vie du P. Eudes, ny celle de cet Institut, et aussy pour la plus grande commodité du lecteur, nous renvoyons ce récit au VI⁰ livre de notre ouvrage. Là, nous donnerons sans interruption l'histoire de la naissance et du progrez de cet ordre jusqu'à la mort de son instituteur.

Le second projet de l'homme de Dieu, en cette année, fut l'établissement de sa Congrégation. C'est luy-même qui nous l'apprend dans son *Memoriale beneficiorum Dei* : « En cette « mesme année 1641, dit-il, Dieu me fit la grâce de former « le dessein de l'establissement de nostre Congrégation dans « l'octave de la Nativité de la Saincte Vierge. » Mais pour mieux comprendre les raisons qu'il eut de concevoir ce dessein, il faut remarquer qu'une de ses plus grandes peines dans les missions, c'étoit de voir que les bons résultats obtenus par luy et par ses confrères n'avoient pas de durée, faute d'être soutenus; et la source du mal étoit dans l'état du clergé à cette époque ; il s'en plaignoit quelquefois amèrement sur la fin des missions. Lorsqu'il voyoit les peuples si touchez, si bien disposez à persévérer : « Les voilà, disoit-il aux missionnaires, ses confrères, les voilà ces pauvres gens dans d'excellentes dispositions ; mais qu'en doit-on attendre sous la conduite de pasteurs tels qu'on les rencontre de tous côtez ? N'est-ce pas une espèce de nécessité, qu'oubliant bientôt les grandes véritez dont ils ont été touchez durant la mission, ils retombent dans leurs premiers désordres ? »

Tous convenoient assez d'un si grand mal, mais personne ne voyoit de remède. Ses confrères luy disoient parfois que, pour atteindre le résultat qu'il désiroit, il faudroit transformer entièrement le clergé ; mais comment procurer ce grand bien à l'Eglise ? Personne ne le voyoit. Le P. Eudes fit sur ce sujet de sérieuses réflexions. Il sçavoit déjà par expérience combien les entretiens qu'il avoit faits aux prêtres, en quelques-unes de ses missions, produisoient de bien ; il crut que si l'on pouvoit trouver le moyen de donner des entretiens semblables avec quelques autres exercices de piété aux jeunes clercs qui aspiroient au ministère ecclésiastique, quelque temps avant l'ordination, on arriveroit à les instruire de leurs principaux devoirs et à les mettre dans de bonnes dispositions pour recevoir les saints ordres et en exercer dignement les fonctions. Il étoit persuadé qu'il seroit beaucoup plus facile d'instruire les ordinans et de leur inspirer l'amour de leur saint état, que de réformer les anciens prêtres dont, les habitudes prises céderoient difficilement. D'un autre côté, il comprit que quelque avantageux que fussent ces exercices pour disposer ces jeunes gens à l'ordination, ils seroient encore bien insuffisans ; que les bonnes dispositions ne reposant pas sur une base assez solide, s'évanouiroient infailliblement à la longue ; qu'il en seroit de ces entretiens et de ces exercices de quelques jours comme des orages qui, à la vérité, produisent de grands effets, mais des effets sans durée ; qu'au contraire, une pluye douce, continue, est incontestablement bien plus avantageuse aux biens de la terre. Ces réflexions luy inspirèrent l'idée des séminaires à peu près tels qu'on les voit aujourd'huy ; il se disoit, avec raison, que les jeunes gens demeurant dans ces précieux établissemens durant un temps plus considérable, on pourroit les instruire plus à loisir et faire descendre les véritez ecclésiastiques dans leur cœur comme une pluye douce qui pénètre jusqu'à la racine des plantes.

Il fit part de ces réflexions à ses amis, ajoutant qu'à son avis, c'étoit le seul moyen efficace de remédier aux grands maux de l'Eglise. Et comme on luy objectoit que les évêques consentiroient difficilement à se jeter dans les embarras inséparables de tels établissemens, que d'un autre côté, on auroit peine à trouver des sujets assez capables et assez dévouez pour se charger de si pénibles fonctions, le P. Eudes répliqua qu'il ne disconvenoit pas qu'il ne s'y rencontrât de grandes difficultez, mais que Dieu aidant, et aussi la bonne volonté des évêques, elles s'aplaniroient dans la suite, et que les bénédictions merveilleuses qu'on retireroit de ce travail rude, mais aussi bien consolant, en seroit la meilleure récompense. Tout plein de cette grande idée dont il voyoit déjà, pour ainsi dire, les heureux résultats apparoître à ses regards : « Eh quoy! ajoutoit-il, il n'est pas de professions si basses et si mécaniques qui n'exigent un temps d'apprentissage ; les élèves sont obligez de passer sous la direction d'un maître habile pour faire leur instruction, sans quoy ils ne sont pas admis à l'exercer publiquement ; il n'y a point d'ordre religieux, de l'un ou de l'autre sexe, dans lequel on n'emploie un an, et quelquefois deux ans, pour former les novices, avant que de les admettre à la profession ; ne devroit-on pas trouver honteux de n'en pas employer au moins autant pour former les sujets du plus ancien et du plus excellent ordre qui soit dans l'Eglise ? N'est-il pas inadmissible d'abandonner l'état ecclésiastique qui est *l'art des arts*, à la liberté de quiconque veut y entrer, sans avoir pris presque aucun temps de préparer les postulans aux obligations attachées à une fonction si sublime ? »

Quand le P. Eudes parloit ainsi, il n'avoit encore aucune pensée de se séparer de l'Oratoire ; il croyoit fort au contraire qu'on y pourroit exécuter facilement ce pieux dessein et que les Supérieurs y donneroient d'autant plus volontiers les mains, que c'avoit été un des desseins du pieux cardinal de Bérulle en érigeant la Congrégation. Mais il fut bien étonné, lorsqu'ayant soumis son idée à ses Supérieurs, et à ceux de ses confrères qu'il croyoit propres à appuyer une entreprise si utile à l'Eglise, il ne trouva personne qui voulût y entendre ; soit à cause de la difficulté d'y réussir, soit à raison des grandes dépenses qu'il faudroit faire pour fonder de tels établissemens, soit enfin pour la difficulté de trouver des sujets qui voulussent se consacrer à de si pénibles fonctions : il vit donc son idée entièrement repoussée (1).

Ce refus si formel d'un dessein qu'il croyoit si juste, si utile à la gloire de Dieu, et si avantageux au salut des âmes, le contrista beaucoup; car il n'y avoit que cet intérêt-là tout seul qui fût capable de le toucher sensiblement, et de faire de vives impressions sur son cœur. La pensée luy vint alors de se séparer de l'Oratoire pour mettre à exécution son projet. Tout d'abord il ne s'y arrêta pas beaucoup; mais la même pensée s'étant représentée plusieurs fois à son esprit, il se dit qu'elle pouvoit bien être de Dieu. Cependant, comme il se défioit entièrement de luy-même, et qu'il devroit changer de position, il comprit qu'avant de s'engager dans une entreprise si sérieuse il étoit obligé à une grande circonspection; d'un autre côté, il n'osa pas non plus rejeter tout à fait cette idée, de peur de s'opposer à la volonté de Dieu. Pour le moment, il résolut de méditer à loisir cette entreprise devant Dieu, pendant un certain temps, et de le prier instamment de l'éclairer sur le parti qu'il devoit prendre. Il consulta, de plus, bon nombre de personnes éclairées et entièrement désintéressées, bien résolu à en remettre le tout à leur décision.

Un des premiers à qui il s'en ouvrit, fut M. de Renty, dont nous avons déjà parlé cy-devant. On ne formoit presque point de projets importans pour la gloire de Dieu, non seulement à Paris, mais aussi par tout le royaume, sur quoy M. de Renty ne fût consulté : on peut dire, sans exagération, qu'il n'y avoit point de sainte entreprise dont il ne fût l'âme, qu'il ne soutînt par son zèle, qu'il ne fît réussir par ses conseils. Le P. Eudes étant donc aussi étroitement lié avec luy, que nous l'avons dit, auroit-il pu se dispenser de luy communiquer un dessein de cette nature, surtout dans le temps qu'à

---

(1) « Le P. Eudes voyoit avec peine qu'un dessein si utile à l'Eglise et dont il avoit recogneu plus que jamais la nécessité dans le travail des Missions, fust si négligé (dans l'Oratoire), qu'on lui avoit refusé à luy-mesme la permission de retirer dans la maison de l'Oratoire de Caën quelques ecclésiastiques qui désiroient se former à la pratique de leurs devoirs. » (Costil, *Les Fleurs*, p. 107.)

la demande de M. de Renty, il faisoit la mission de Landelles? Et M. de Renty auroit-il pu ne pas approuver une œuvre dont la nécessité étoit comprise par tous les hommes éclairez et pieux? Aussi ce grand chrétien fut-il un des premiers à encourager le P. Eudes et à le soutenir dans son projet; il fut certainement un de ceux qui contribuèrent le plus à le faire réussir.

L'homme de Dieu consulta ensuite M. Cospean, qui approuva son idée pareillement et luy aida en tout ce qu'il put à l'exécuter. Voicy ce qu'il luy en écrivit à quelque temps de là, à l'occasion des grands fruits produits par une de ses missions : « Mon Révérend Père, c'est un miracle que vous « me mandez ; c'est une chose digne des apôtres mêmes, « *digna res ipsis apostolorum actis*. Douter après cela si Dieu « est avec vous et s'il conduit votre dessein, ce seroit une « extravagance. » Il prit aussi l'avis de plusieurs pieux et savans jésuites, dont il eut toujours l'honneur d'être soutenu, et auxquels il témoigna toujours sa parfaite reconnoissance. Il s'en ouvrit encore à quelques autres grands personnages, qui se distinguoient par leur mérite et leur sainteté, et tous l'encouragèrent à poursuivre une si sainte entreprise (1).

(1) Dans les *Annales* de la Congrégation, le P. Costil donne les noms des principaux personnages et des communautés dont le P. Eudes demanda l'avis ou les prières dans cette grave affaire. Outre Mgr d'Angennes, Mgr Cospean et M. de Renty, on voit figurer dans cette liste M*me* de Budos, M. et M*me* de Camilly, M. de Bernières, Mgr de La Mothe-Lambert, évêque de Béryte, M. de Montmorency-Laval, évêque de Pétrée, M. Le Pileur, grand vicaire de Coutances, M. de Than, religieux de l'abbaye de St-Étienne de Caen, les PP. de Saint-Jure, Jean-Chrysostôme, Boucher, Hayneuve et Ignace, la R*e* Mère Mechtilde du Saint-Sacrement, la R*e* Mère Germaine de la Nativité, religieuse ursuline du monastère de Bayeux, « qui prédit au P. Eudes plusieurs des croix qui luy arrivèrent dans l'établissement de la Congrégation, et ajouta que Dieu luy en avoit découvert tant d'autres, qu'elle n'avoit pu s'empêcher de répandre des larmes en abondance » ; les Ursulines de Caen, MM. De La Vigne et de Guerville, curés de St-Pierre et de Notre-Dame de la même ville ; enfin, la sœur Marie Desvallées, qui révéla au pieux fondateur que « Dieu édifieroit sa Congrégation sur trois fondemens : sa grâce, sa divine volonté et sa croix. » Tous furent d'avis que ce dessein venait de Dieu. Il est donc bien constant que, dans l'établissement de sa Congrégation, le P. Eudes a eu pour but unique la gloire de Dieu et l'intérêt des âmes, et qu'avant de l'entreprendre, il a observé toutes les règles de la prudence chrétienne.

Cependant, la réputation du P. Eudes croissoit tous les jours et se répandoit de tous côtez : on parloit partout de cet infatigable apôtre et des grands fruits de ses missions. Tout le monde auroit voulu le voir, l'entendre, avoir part aux bénédictions que Dieu répandoit si largement sur ses prédications : les personnes riches et puissantes, témoins des résultats merveilleux opérez par les missions, souhaitoient en procurer aux populations qui étoient sous leur dépendance. Il y avoit déjà longtemps qu'on le pressoit d'en faire une dans la ville de Rouën ; déjà, précédemment, on avoit formé plusieurs projets d'obtenir cette mission tant désirée, sans pouvoir l'exécuter, à cause de divers obstacles qui s'étoient rencontrez. Enfin la mission fut arrêtée et fixée au commencement de l'année 1642. On choisit pour cet effet l'église de l'abbaye de Saint-Ouën de Rouën, comme étant la plus grande aprez la cathédrale et très-propre pour faire les exercices. Ce fut Mme la duchesse d'Aiguillon, nièce de M. le cardinal de Richelieu, qui en fit toute la dépense.

Messire François de Harlay, premier de ce nom (1), qui occupoit pour lors le siége archiépiscopal de Rouën, prévenu des mérites et des grands talens du P. Eudes, luy envoya de son château de Gaillon, où il étoit alors, par un de ses aumôniers, une patente des plus honorables et des plus avantageuses, par laquelle il l'établissoit chef de toutes les missions de la province de Normandie, et luy accordoit les plus amples pouvoirs qu'un archevêque pût communiquer à un ouvrier apostolique. Ce prélat luy donnoit dans cette pièce de magnifiques éloges. Il l'appeloit « un homme de Dieu, éclatant par la « pureté de ses mœurs, éminent en science et encore plus par

---

(1) François de Harlay, dont le père était chambellan du duc de Lorraine, naquit en 1583, fit de brillantes études et fut reçu docteur en Sorbonne, après avoir soutenu, avec un merveilleux succès, une thèse sur toute la *Somme* de saint Thomas. Nommé abbé de Saint-Victor, à Paris, en 1603, il devint archevêque de Rouen en 1615. En 1651, il se démit de son siége en faveur de son neveu, François de Harlay, et mourut en 1653, à l'âge de 70 ans. Le P. Costil dit, avec raison, que « Mgr de Harlay étoit un des plus sçavans et des plus judicieux prélats qu'eust alors l'Eglise de France. » (V. *Gallia Christiana*, t. XI, p. 107-111.)

« sa profonde humilité, très-sçavant dans la loy du Seigneur,
« animé d'une vive foy, héros véritablement chrétien, doué
« d'une prudence consommée, d'une intrépidité héroïque et
« d'une douceur qui luy gagnoit tous les cœurs (1). »

Cette patente était en latin ; M. de Harlay la traduisit en françois et, après l'avoir fait imprimer, il ordonna à son aumônier d'en prescrire la publication dans tout Rouën et d'en donner luy-même lecture à l'ouverture de la mission pour servir de mandement. On ne sçauroit dire combien la publication de cette pièce, jointe à la haute opinion qu'on avoit déjà des beaux talens du serviteur de Dieu, prévint avantageusement tout le monde en sa faveur, et combien elle contribua à luy attirer la confiance des peuples et à donner de l'éclat à la mission. Elle dura depuis le commencement de janvier jusqu'à une époque assez avancée dans le Carême, et pendant tout ce temps, trente missionnaires bien choisis, et des plus distinguez, furent occupez sans trouver un moment de relâche (2). On y remarqua tous les caractères de la mission la plus fervente : souvent, on voyoit les auditeurs fondre en larmes sous l'action de la parole brûlante de ces hommes de Dieu. Les pénitens demandoient à faire des confessions générales, les ennemis se réconcilioient, les usuriers offroient de restituer le bien mal acquis ; grand nombre de mauvais livres, de vilains tableaux, de peintures lascives et autres instrumens de péchez y furent brûlez publiquement ; beaucoup de calvinistes se convertirent et abjurèrent leurs hérésies. Pendant cette mission de Rouën, M. Cospean écrivit encore au P. Eudes quelques lettres très-honorables et très-édifiantes. La grande réputation que l'intrépide apôtre s'étoit acquise luy faisoit peur ; il craignit que tant de succez ne donnassent l'idée au supérieur de l'Oratoire de le retirer de Caën pour l'envoyer travailler ailleurs sur un plus vaste théâtre ; il sentoit que le P. Eudes étoit en état de faire honneur à sa Congrégation partout où on voudroit l'en-

---

(1) Cette pièce, qui se trouve en entier dans les écrits du P. Costil, porte la date du 11 janvier 1642.

(2) « Non content de prescher tous les jours, le P. Eudes faisoit encore deux conférences chaque semaine aux ecclésiastiques. » (Costil, *Les Fleurs*.)

voyer. La première lettre qu'il luy écrivit étoit en latin, en date du 1ᵉʳ janvier 1642.

« Je n'appréhende qu'une chose, mon très-cher Père, « luy disoit-il, c'est qu'on ne vous envoie autre part, et « que vous ne m'abandonniez ; ce seroit pour moy le plus « grand malheur qui me pût arriver ; mais votre piété et « votre fidélité me donnent lieu d'attendre toute autre « chose de vous, aussi bien que le lien sacré, dont Jésus-« Christ nous a liez ensemble », etc. (1).

Une autre qu'il luy écrivit de Paris durant la même mission, en date du 22 février ne luy est pas moins honorable ; elle est ainsi conceue : « Mon Révérend Père et « très-cher Fils, j'ay fait écrire à ceux de Saint-Candre « qu'ils ne perdent pas la bénédiction que Notre-Seigneur « donne par vous à tout Rouën. Mais je vous supplie, au « nom de Dieu, que rien ne la ravisse à ce pauvre Pont-« Audemer, qui vous attend comme un second Messie « pour ce Carême, avant lequel je seroy sans doute au « diocèze. Mᵐᵉ d'Aiguillon est ravie des fruits que vous « faites à Saint-Ouën ; elle m'en a dit des merveilles. « Mais tout cela m'épouvante ; car je crains qu'on ne vous « retire d'au milieu de nous. Votre fidélité pourtant et « votre piété, qui m'ont si fort attaché à vous dans le « Seigneur, me rassurent », etc. Il faut toujours se souvenir que c'est M. Cospean qui parle ainsi, c'est-à-dire un des premiers Prélats de son temps. Ceux de Saint-Candre, à qui il avoit fait écrire de profiter de la mission de Saint-Ouën, étoient les habitans d'une paroisse située dans la ville de Rouën et dépendante de l'évêché de Lisieux. Ce qu'il dit du Pont-Audemer, qui attendoit le P. Eudes pour le Carême, comme un second Messie, rappeloit au P. Eudes que les peuples de cette ville, où il avoit fait une mission durant l'Avent précédent, avoient demandé à ce digne ouvrier de leur prêcher encore le Carême, comme

(1) « Unum metuo, Pater charissime, ne alio rapiare, meque deseras, quod mihi malorum esset gravissimum ; verùm aliud me jubet sperare pietas tua, ac fides, tum sacrum vinculum, quo nos colligavit Christus, in quo sum », etc.

il l'avoit fait, quelque temps auparavant, au Pont-l'Évêque; mais il ne purent obtenir cette faveur.

En effet, sur la fin de la mission de Saint-Ouën, on voulut le charger de prêcher le Carême à Notre-Dame-de-Rouën, pour continuer les grands biens qu'il avoit commencé à produire dans cette ville. Bien que très-fatigué, il étoit sur le point d'accepter, lorsqu'il receut une lettre de son supérieur général, le P. Bourgoing, successeur du P. de Condren, qui luy mandoit de s'en excuser et de se rendre au plus tôt à Paris pour se reposer quelque temps et se disposer à faire les conférences de Saint-Magloire (1). Aussitôt que la mission de Saint-Ouën fut finie, le P. Eudes se rendit donc à Paris pour obéir à l'ordre qu'il en avoit receu. Il y prit un peu de repos, mais il ne fut point chargé des conférences de Saint-Magloire. M. de Fourcy, évêque de Saint-Malo, demanda avec tant d'instance au P. Bourgoing pour sa ville épiscopale une mission du P. Eudes, que le supérieur ne put le refuser.

La mission de Saint-Malo fut fixée à l'été de cette année, 1642. Ce fut le Prélat qui en fit la dépense, et fournit libéralement à la subsistance du P. Eudes et de ses ouvriers. Le serviteur de Dieu, en passant par Lisieux pour se rendre à Saint-Malo, ne manqua pas de saluer M. Cospean; dans cette entrevue, ils eurent ensemble de longues conférences sur le projet de l'établissement des séminaires. Mais à peine le P. Eudes fut-il arrivé à Caën qu'il receut une lettre de ce Prélat toute pleine de tendresse. « Mon

(1) Le P. de Bourgoing, qui commençait à craindre que le P. Eudes ne quittât l'Oratoire pour réaliser son projet relatif à l'établissement des séminaires, voulait l'éloigner au plus tôt de l'importante ville de Rouen et même de la maison de Caen, où il était en grande vénération. On voit paraître les appréhensions du supérieur général de l'Oratoire dans plusieurs lettres écrites par lui, à cette époque, au P. Eudes, et surtout dans une lettre qu'il adressa à Mgr de Harlay. Dans sa réponse, le prélat faisait le plus complet éloge du vertueux missionnaire, rendait hommage « *au désintéressement avec lequel il servoit l'Eglise* et souhaitoit à ses détracteurs de prendre son esprit pour devenir parfaits. » (Costil, *Fleurs*). Ces lettres étaient encore conservées dans les archives du séminaire de Caen, à l'époque où le P. Costil et le P. Martine composaient leurs ouvrages, c'est-à-dire vers 1720.

« Révérend Père, lui disoit-il, une indisposition, qui m'a
« obligé à prendre du lait d'anesse, est cause que je n'eus
« pas le bonheur de vous aller dire adieu avant votre dé-
« part. Je vous prie, au nom de Notre-Seigneur, que votre
« absence soit la plus courte qu'il se pourra, afin que je
« puisse passer avec vous le reste de ma vie à travailler
« au salut des âmes. » La lettre est datée du 27 mai 1642.
Elle nous fait voir, une fois de plus, combien ce digne
Prélat estimoit et aimoit le P. Eudes.

Cette mission de Saint-Malo fut accompagnée de grâces
et de bénédictions extraordinaires et ne produisit pas moins
de fruits de salut, à proportion, que la précédente. Les
peuples de ce pays répondirent d'une manière admirable
aux travaux de l'homme de Dieu : ils récompensèrent son zèle
par leur fidélité à y correspondre, et par la réformation
générale des abus, dans tous les états et conditions.

Il arriva en cette mission un petit trait qui mérite bien
trouver place icy : il fera bien connoître la manière d'agir du
P. Eudes avec les autres missionnaires, ses collaborateurs.
Une pauvre femme assez mal habillée et d'un extérieur tout
à fait misérable vint demander à se confesser, alléguant pour
raison que, deguenillée comme elle l'étoit, elle n'osoit pas
prendre son rang au confessionnal, ainsi qu'on avoit coutume
de le faire garder aux autres, dans la crainte de leur être à
charge. Le P. Eudes pria deux de ses ouvriers, l'un après
l'autre, de vouloir bien la confesser ; mais ces deux messieurs
y firent grande difficulté, s'excusant sur leurs autres occupations ; ce n'étoit évidemment qu'un pur prétexte ; la vraye
cause étoit l'extérieur de cette pauvre femme qui avoit quelque chose de rebutant. Le P. Eudes, qui le comprit bien,
prit le parti de dissimuler et de l'entendre luy-même, quoyque
beaucoup plus chargé d'occupations de toutes sortes.

Mais après le dîner, voulant faire sentir leur faute à ces
prêtres, et leur donner une salutaire correction qui pût en
même temps servir aux autres d'instruction, il les appela tous
les deux et leur dit : « Vous m'avez refusé ce matin d'entendre une pauvre femme qui se présentoit, apparemment
parce que son extérieur ne vous plaisoit pas et que vous y

appréhendiez des difficultez ; mais je vous prie maintenant de m'accorder la grâce d'entendre deux honnestes damoiselles qui sont à la porte et qui attendent vostre réponse ; voulez-vous bien me faire ce plaisir ? » — « Oui-da, mon Père, répondirent-ils, très-volontiers. » Et sans plus tarder, mettant la tête à la fenêtre : « Où sont-elles, dirent-ils en même temps ? » — « Voilà justement ce que je cherchois, » repartit le P. Eudes, riant de leur empressement et les contrefaisant : « Très-volontiers, mon Père, où sont-elles ? » répéta-t-il. Reprenant ensuite un ton plus grave, il leur fit une sérieuse réprimande, en présence de tous leurs autres confrères, leur rappelant que la justice, aussi bien que la charité, les obligeoit à ne jamais accorder de preférence à personne ; et que si parfois il y en avoit à faire, ce ne devoit être qu'en faveur des pauvres et des infirmes. Dans la suite, leur rappelant quelquefois cette innocente plaisanterie, il leur disoit en riant : « Oui-dà mon Père, très-volontiers ; où donc sont-elles ? » Cette manière douce et agréable d'exercer la correction fraternelle leur fit incomparablement plus d'impression, et produisit plus d'effet que les termes les plus forts dont il auroit pu se servir.

Dez que la mission de Saint-Malo fut achevée, il repassa en Normandie à dessein d'en commencer une à Saint-Lo, qu'il s'étoit encore engagé de faire ; mais comme on étoit déjà bien avancé dans le mois de juillet, et qu'il ne restoit pas assez de temps pour la terminer avant la moisson, il fut obligé de revenir à Caën, jusqu'à ce que la saison fût plus favorable. Il semble qu'il auroit dû prendre ce peu de temps, que la Providence luy avoit procuré, pour se reposer de ses grandes fatigues. Cependant, comme s'il avoit été incapable d'aucun repos, à peine fut-il de retour, qu'il s'appliqua à mettre ses Instructions aux confesseurs en état d'être imprimées. Il intitula le petit livre qu'il fit paroître : *Avertissemens aux confesseurs.* On ne peut lire ces *Avertissemens* sans être obligé de convenir qu'ils sont pleins d'une excellente doctrine, et accompagnez d'une sagesse qui ne pouvoit venir que de l'esprit de Dieu, et d'une longue et salutaire expérience, également éloignée de la morale relâchée et d'une trop grande sévérité.

Dez que le mois d'aoust fut passé, le P. Eudes ayant réuni ses ouvriers se transporta à Saint-Lo, à dessein d'y donner la mission qu'il avoit promise : il en fit l'ouverture le jour de la Nativité de la sainte Vierge. Il trouva là un vaste champ à cultiver ; car, sans rien exagérer, on peut dire que la vigne du Seigneur y étoit presque en friche. La ville de Saint-Lo étoit pour lors remplie de huguenots et de mauvais catholiques qui, par le commerce continuel qu'ils avoient avec les hérétiques, ne valoient pas beaucoup mieux que ces sectaires ; et dans le clergé presque personne ne travailloit. Le P. Eudes apporta tant d'ardeur et de zèle à défricher cette vigne, toute couverte de ronces et d'épines, qu'on vit bientôt refleurir la Religion, et la piété chrétienne se rétablir partout. Comme toujours, l'éclat des vertus et des bons exemples de cet homme apostolique ne contribua pas peu à rendre son zèle efficace et à convertir les pécheurs.

Par rapport aux hérétiques, le P. Eudes avoit coutume, dans les lieux où il sçavoit qu'il y en avoit beaucoup, de faire plusieurs sermons dans lesquels il mêloit des sujets de controverse de nature à éclairer ces sectaires et à les retirer de leurs égaremens. Mais à Saint-Lo, il s'attacha principalement à démontrer les mauvais fondemens de leur prétendue Réforme, et à faire ressortir d'une manière évidente le défaut de vocation et de mission de leurs premiers pasteurs. Pour la plupart, de l'aveu de leurs propres historiens, leurs premiers réformateurs n'avoient été que de simples artisans, ignorans et sans études, qui s'étoient ingérez d'eux-mêmes dans les fonctions du ministère sacré, et s'étoient mis à déclamer contre l'Eglise, citant sans discernement des passages de l'Ecriture, qu'ils interprétoient à leur mode, et dont ils faisoient des applications à leur fantaisie. En ce qui concernoit leur nouvelle Eglise, même ingérence de leur part : ils y avoient été établis par des laïques, qui n'avoient aucun droit, ny aucun pouvoir. Il leur soutint qu'ils ne pouvoient autoriser une telle conduite ny par la sainte Ecriture, qu'ils se vantoient d'avoir pour leur unique règle, ny par la tradition, ny par

8

aucune autre preuve légitime ; d'où il concluoit que les protestans n'étoient donc point dans la véritable Eglise, puisqu'ils n'avoient point de légitimes pasteurs.

Il s'attacha ensuite à leur faire voir que leur prétendue Eglise n'étoit point la vraye, et ne pouvoit pas l'être, puisqu'elle n'en avoit aucune des marques. Il établit les notes de la vraye Eglise, qui sont d'être *une, sainte, catholique ou universelle et apostolique*. Puis, après avoir expliqué et prouvé clairement la nécessité de toutes ces marques pour connoître la vraye Eglise et la discerner de toutes les autres communions qui prétendent être légitimes, il leur prouva que leur Eglise n'est point la véritable, puisqu'elle manque de toutes ces notes ou caractères. Après avoir posé la question de principes, passant à l'application, il leur fit voir très-solidement et dans un grand détail, que leur prétendue Eglise n'avoit évidemment point d'*unité*; qu'elle enseignoit plusieurs principes de libertinage, et que, par conséquent, elle n'étoit point *sainte*; qu'elle n'étoit point *catholique ou universelle*, puisqu'elle n'étoit que dans une petite portion de l'Europe; enfin, qu'elle n'étoit point *apostolique*, puisqu'elle ne remontoit pas plus haut que la prétendue Réforme de Calvin. D'où il concluoit que leur Eglise n'ayant aucune de ces quatre marques nécessairement requises, elle n'étoit donc point la véritable ; dez lors ils n'étoient point dans la voye du salut, puisque hors de la véritable Eglise, on ne peut point se sauver.

Ce petit abrégé de controverses exposé, et soutenu avec le don extraordinaire qu'il avoit de toucher, ébranla un grand nombre d'hérétiques. D'ailleurs, ses discours étoient rehaussez par de si belles applications de l'Ecriture, qu'il possédoit parfaitement, et appuyez sur de si solides raisons, que les plus attachez à la nouvelle méthode, quand ils étoient de bonne foy, ne pouvoient tenir contre. Aussi, ces mêmes discours furent-ils, pour la plupart de ceux qui eurent le bonheur de les entendre, une précieuse semence qui produisit dans la suite des fruits de grâces et de salut, et amena de nombreuses conversions.

Pendant que le P. Eudes travailloit si utilement à cette mission et qu'elle étoit en sa plus grande ferveur, il luy arriva une chose de grande importance, qui luy fut infiniment glorieuse et qu'il faut raconter. Tout le monde sçait que le cardinal de Richelieu étoit alors ministre d'Etat en France, et que presque tout le gouvernement du royaume étoit entre ses mains. Mais peu de gens ont sceu les vastes projets que ce grand cardinal avoit formez dans les dernières années de sa vie pour le bien de la Religion, pour la gloire du Roy et l'honneur de la France : il ne s'agissoit de rien moins pour luy que de la destruction de l'hérésie et de la réunion des Calvinistes à l'Eglise. Habile politique comme il l'étoit, il ne pouvoit ignorer qu'il n'est rien de plus important pour la tranquillité et le soutien d'un Etat que l'unité religieuse, et conséquemment qu'on ne doit point souffrir que les peuples aient une autre religion que celle du Prince qui gouverne (1), parce que les sujets ne sçauroient être trop étroitement unis à leur Souverain, et qu'ils ne le seront jamais, tandis qu'ils seront de différente religion. Or, pour exécuter ce grand projet, il avoit formé le dessein d'appeler auprez de luy tout ce qu'il pourroit découvrir de gens qui se distinguoient par leur science et par leur éminente piété.

La réputation du P. Eudes étoit trop répandue et ses missions jetoient trop d'éclat pour ne pas arriver jusqu'aux oreilles de Richelieu. Grand nombre de personnes qui approchoient Son Eminence connoissoient le mérite de ce digne ouvrier et ses beaux talens pour les missions ; elles s'empressèrent de luy en parler de la manière la plus avantageuse. Quand il n'y

---

(1) La destruction de l'unité religieuse par la réforme protestante est, sans aucun doute, un fait profondément regrettable : il fallait réformer l'Eglise dans ses membres et non dans ses croyances. C'est à cette œuvre sainte que se sont voués les Bérulle, les Condren, saint Vincent-de-Paul, le vénérable M. Olier et notre P. Eudes. Mais le système du P. Martine, à savoir « qu'on ne doit pas souffrir que les peuples aient une autre religion que celle du Prince qui gouverne », offre trop de dangers pour pouvoir être admis.

Le loyal et consciencieux historien du P. Eudes eût pu s'en convaincre facilement en jetant un regard sur les pays voisins de la France. Toutefois, l'équité oblige à dire que le P. Martine, en posant ce principe inadmissible, parlait comme les hommes de son temps. Maintenant que la scission est consommée, l'Eglise catholique ne demande que la liberté de convertir les hérétiques par la persuasion, et de sauver les âmes en prêchant la vérité.

auroit eu que M. Cospean, évêque de Lisieux, confesseur de la reine, et la nièce du grand ministre, Mme la duchesse d'Aiguillon, si ravie des résultats obtenus par le P. Eudes dans la mission de Rouën, M. de Renty, le zélé et fidèle protecteur du P. Eudes, c'étoit plus qu'il n'en falloit pour fixer l'attention du Cardinal sur ce saint prêtre. Entendant tout le bien qu'on disoit du supérieur de l'Oratoire de Caën, de son mérite, de son zèle infatigable, de sa prudence consommée, il crut qu'il trouveroit en luy un homme capable de comprendre ses projets et de les mettre à exécution. Pour cet effet, il luy écrivit à Saint-Lo, où il sceut qu'il travailloit pour lors, une lettre fort honnête, pleine de sentimens d'estime pour sa personne et pour ses travaux apostoliques ; il le félicitoit de son courage qui ne reculoit devant aucune fatigue, de son zèle qui ne connoissoit point de repos, de l'activité incessante qu'il déployoit pour le rétablissement de la foy et de la piété par tout le royaume ; puis, aprez cet hommage rendu à sa vertu et à ses mérites, il le prioit de faire incessamment un voyage en cour pour conférer avec luy de quelques affaires importantes à la gloire de Dieu et au bien de la Religion. C'étoit prendre cet homme apostolique par l'endroit qui luy étoit le plus sensible ; et, d'un autre côté, il y avoit dans cet ordre envoyé l'hommage le plus éclatant et le plus honorable rendu à ses talens et à sa vertu par ce grand cardinal, qui sçavoit si bien juger du véritable mérite.

Cependant, ces deux affaires qui concouroient ensemble, sçavoir la mission que le P. Eudes donnoit actuellement à Saint-Lo, et le voyage qu'on luy demandoit de faire incessamment, ne laissoient pas que de l'embarrasser. Il en conféra avec quelques-uns de ses ouvriers, à qui il avoit fait la confidence du dessein de l'érection de sa congrégation. Ceux-cy, regardant ce voyage qu'on luy demandoit comme une heureuse conjoncture que la Providence luy avoit ménagée, luy dirent qu'il devoit en profiter et partir sans retard pour obéir à l'ordre qu'il en avoit receu. Pour luy, son sentiment étoit de différer ce voyage jusqu'aprez la mission, croyant que cette seule raison suffiroit pour que Son Eminence ne trouvât pas mauvais ce retardement. Ses amis insistèrent sur l'occasion favorable dont il falloit profiter puisqu'elle se présentoit si heureusement et d'une manière si inattendue, sur le danger de ne la retrouver jamais si on la laissoit échapper. Mais le P. Eudes, repoussant toutes ces raisons, leur répliqua qu'il voyoit trop d'inconvéniens à quitter la mission dans l'état où étoient les choses ; que les hérétiques ne manqueroient pas d'en tirer de grands avantages ; qu'il n'étoit pas à propos d'abandonner tant d'âmes si bien disposées, et que, se confiant à la divine Providence, il devoit attendre à partir aprez la mission (1).

Le sentiment du P. Eudes prévalut. Il se contenta d'écrire une lettre très-respectueuse à M. le Cardinal, le priant de ne point trouver mauvais qu'il achevât la mission où il étoit occupé ; qu'il ne pouvoit la quitter sans inconvénient, vu le grand nombre de calvinistes dont il étoit entouré, et qui, cherchant l'occasion d'exercer leur critique sur les missionnaires, ne manqueroient pas de tirer de très-mauvaises conséquences de son départ ; après quoy il ne pensa plus qu'à continuer ses travaux avec la même tranquillité que s'il n'avoit point eu d'autre affaire dans l'esprit. Dieu, de son côté, continua à verser les bénédictions les plus abondantes sur cette mission, qui fut la troisième donnée par cet homme apostolique en cette année 1642. Voicy comme il en parle dans son *Memoriale beneficiorum Dei* : « L'an 1642, dit-il, je fis trois « missions plus abondantes encore en effets de grâces et de « bénédictions que toutes les précédentes. La première fut à « Rouën, la seconde à Saint-Malo, et la troisième en la ville « de Saint-Lo, au dioceze de Coutances. »

Aussitôt que cette dernière mission fut achevée, le P. Eudes partit et fit diligence pour se rendre incessamment à Paris, dans le désir de satisfaire à ce que le Cardinal souhaitoit de luy. En entrant au palais du Cardinal (c'est aujourd'huy le Palais-Royal), il fut reconnu par un gentilhomme

(1) Le P. Beurier est donc dans l'erreur quand il dit que le P. Eudes partit pour Paris « au plus fort de la mission de Saint-Lo, et qu'un départ si inattendu donna lieu à bien des réflexions. »
Le récit, si précis et si circonstancié du P. Martine, prouve que ce départ n'eut lieu qu'après tous les exercices de la mission.

normand, alors officier chez le Roy, qui s'empressa de le conduire à la salle de Son Eminence et de l'annoncer.

Le Cardinal étoit pour lors dans son cabinet, avec plusieurs personnes de distinction. Il n'eut pas plutôt appris que le serviteur de Dieu étoit là, que, congédiant tous les autres visiteurs, il sortit pour le recevoir. A la manière dont il le receut, il fit bien voir la haute estime qu'il en avoit conceue; car, l'ayant pris par la main, au grand étonnement de tous les courtisans et des personnes de qualité dont la salle étoit remplie, il le fit entrer dans son cabinet particulier pour s'entretenir avec luy d'une manière plus intime. Le P. Eudes voulut d'abord luy faire des excuses de ce qu'il n'étoit pas parti dez le moment qu'il avoit receu ses ordres; mais le Cardinal, bien loin de luy en sçavoir mauvais gré, approuva ce qu'il avoit fait, luy disant qu'il n'y avoit rien de compromis par ce retard, et que les choses pour lesquelles il l'avoit demandé n'étoient pas de nature à s'exécuter avec précipitation; il poussa la bienveillance jusqu'à s'excuser de l'avoir fait venir dans un temps qui commençoit à devenir incommode : c'étoit vers la Toussaint.

Bien informé des mérites et des vertus du P. Eudes, des services qu'il avoit rendus à l'Église, et convaincu qu'il pourroit dans l'avenir en rendre de plus grands encore, il l'entretint du projet qu'il avoit formé, pour la gloire de Dieu et dans l'intérêt de la Religion, de réunir les Calvinistes à l'Eglise, par la destruction de leur secte en France. Après luy en avoir fait voir l'importance, non-seulement pour le salut de ces pauvres égarez, mais encore pour le bien de l'Etat, il luy proposa les moyens dont il espéroit se servir pour y réussir. Il luy dit qu'il étoit persuadé que le simple peuple, parmi les protestans, n'étoit attaché à cette secte que par prévention en faveur de leur prétendue réforme dans laquelle ils étoient nez, et par haine de l'Eglise catholique, qu'on ne cessoit de dépeindre à leurs yeux sous des couleurs affreuses, haine que les ministres avoient soin d'entretenir au moyen de grossières erreurs qu'on luy attribuoit faussement.

Il ajouta qu'il avoit remarqué que deux choses contribuoient le plus à entretenir les sectaires dans leurs erreurs : d'abord l'ignorance et la corruption du clergé ; et en second lieu, la malice des ministres calvinistes et le mauvais exemple des grands qui avoient embrassé leur party ; qu'il falloit nécessairement trouver les moyens de remédier à ces inconvéniens. L'ignorance et la vie déréglée de la plupart des prêtres avoient été le principal motif de l'hérésie et du progrez prodigieux qu'elle avoit fait en si peu de temps. C'étoit encore leur conduite regrettable qui donnoit le plus de fondement à tout ce que les ministres ne cessoient de clabauder dans leurs prêches contre l'Eglise : à n'en pas douter, là se trouvoit le plus grand obstacle au retour de ceux qui étoient malheureusement engagez dans l'hérésie. Pour lever ce premier obstacle, on devoit donc, avant tout, travailler incessamment à la réformation du clergé ; il falloit, pour cet effet, avoir de bons Evêques pleins de zèle et de l'esprit de leur état. Continuant, le Cardinal luy fit connoître les Prélats qu'il croyoit propres à seconder ses desseins, et aussi certains hommes de valeur, dignes de sa confiance et qu'il ne manqueroit pas de placer à la tête des diocezes, quand il se trouveroit quelques vacances.

A l'égard des ministres et autres principaux de ce party, la plupart y tenant bien plus par l'amour du plaisir et par des vués d'intérêt, que par la persuasion de la bonté de leur Religion, il sçauroit bien les détacher de leur secte, par des intérêts ou plus considérables, ou du moins qui le seroient autant ; il avoit déjà fait en ce sens des avances à plusieurs ministres ; plus de trente luy avoient donné leur parole d'abjurer, moyennant des appointemens qu'il s'étoit engagé à leur assurer. Les moyens dont il prétendoit se servir pour les gagner et les faire abjurer étoient les honneurs, les charges, les emplois lucratifs, les récompenses, les libéralitez dont il useroit à leur égard, à proportion de leur rang, de leurs talens, de leurs mérites ; quant à la nature de ces moyens, il ne croyoit pas qu'on dût faire difficulté de les employer pour réunir à l'Eglise catholique des gens qui ne s'en tenoient séparez que par intérêt, par cupidité, par amour des honneurs ; après tout, il ne tiendroit qu'à eux de rectifier leurs intentions et d'abjurer en vue de Dieu et de leur salut. Quant au simple peuple, on agiroit sur luy par voye d'instruction et de persuasion ; on le tireroit infailliblement de ses égaremens en luy envoyant de bons ouvriers, sçavans, zélez, capables d'éclairer, de détruire des préventions si mal fondées et de luy faire voir la fausseté évidente des calomnies dont les ministres ne cessoient de noircir l'Eglise catholique à ses yeux. Enfin, il dit au P. Eudes qu'il cherchoit partout de bons ouvriers propres à exécuter ce grand dessein, et qu'il comptoit beaucoup sur luy, d'aprez les rapports avantageux que luy avoient faits des personnes bien renseignées sur les résultats qu'il avoit déjà obtenus.

Tels étoient les desseins du cardinal de Richelieu, de ce grand génie, que le roy avoit, à si bon droit, honoré de sa confiance et auquel il avoit remis entièrement le gouvernement du royaume. Le P. Eudes entra si bien dans toutes ses vues et répondit si sagement sur tous les points qu'il luy proposa, que le Cardinal en demeura très-satisfait ; et ce, d'autant plus qu'il ne s'attendoit pas à trouver tant de lumières dans un homme de sa profession. Il le sçavoit habile en fait de théologie, de cas de conscience et autres matières ecclésiastiques ; mais il ne croyoit pas rencontrer chez luy tant de connoissance et de pénétration relativement au plan extraordinaire qu'il venoit de luy exposer. En entendant parler le P. Eudes, il comprit combien il pourroit luy être utile dans l'exécution de ses grandes entreprises. Aussi, il luy donna toutes les marques d'une parfaite confiance et luy accorda encore plusieurs audiences pour achever d'éclairer différens points difficiles sur lesquels il vouloit avoir son sentiment.

Le P. Eudes n'avoit garde de laisser échapper une si belle occasion sans la mettre à profit pour la gloire de Dieu et de l'Eglise ; ses desseins avoient trop de convenance avec ceux du Cardinal, pour ne luy en pas faire une entière ouverture. A l'occasion de ce que Son Eminence luy avoit dit touchant l'ignorance et la corruption du clergé, le serviteur de Dieu luy révéla les désordres qu'il avoit remarquez dans ses missions et qui l'avoient tant fait gémir. Dieu avoit, à la vérité, donné de grandes bénédictions à ses travaux ; il avoit eu la consolation de voir partout de nombreuses et touchantes marques de conversion dans le peuple ; mais il trembloit pour ces pauvres âmes, quand il venoit à penser entre les mains de quels prêtres il les laissoit aprez la mission ! Il trouvoit partout une corruption presque générale ; les missions ferventes et bien faites remédioient, il est vrai, aux déréglemens des populations : on les voyoit sortir comme de l'abime et commencer à travailler avec générosité à leur salut ; mais ces bons résultats ne pouvoient pas durer longtemps, faute de bons prêtres pour les soutenir. Ce qu'il falloit, c'étoit former un clergé tout nouveau, d'où on tireroit de bons curez et de saints évêques qui, ayant la capacité, le zèle et l'esprit de leur état, travailleroient à soutenir le bien que les missions auroient commencé. C'étoit le seul remède à tous les maux de l'Eglise.

Le P. Eudes ajouta, qu'aprez y avoir sérieusement pensé, il avoit cru que l'établissement des Séminaires étoit le moyen par lequel on pourroit procurer tous ces biens à l'Eglise ; que ce seroit comme autant de saintes écoles où l'on formeroit les jeunes gens qui se destineroient à l'état ecclésiastique ; qu'on les instruiroit là des grands devoirs de cet état et de la manière d'en faire dignement les saintes fonctions ; mais que la difficulté étoit de les établir, et de les mettre en état de produire ces bons effets ; qu'il avoit formé quelque dessein d'ériger une congrégation, dont les sujets se rendroient capables de diriger ces Séminaires, qu'il y joindroit l'employ des missions, si nécessaires à l'instruction et à la sanctification des fidèles ; que cette congrégation seroit entièrement sous la dépendance et sous la juridiction des Evêques, et que les sujets, dans les Séminaires, travailleroient sous leurs yeux, et par leurs ordres. Il luy fit même le détail des choses dont on pourroit instruire ceux qui y seroient envoyez ou qui y viendroient d'eux-mêmes.

Le Cardinal écoutoit avec beaucoup d'attention et de plaisir tous les projets dont le P. Eudes luy faisoit part. Il applaudit à tout ce que le serviteur de Dieu luy exposoit, parce que tout cela quadroit merveilleusement avec ses desseins à luy-même (1). Mais ce qui donna une grande satisfaction à l'homme de Dieu, c'est que le Cardinal luy promit sa protection et l'assura positivement de tout ce qui dépendroit de luy pour procurer l'exécution de la congrégation qu'il projetoit de fonder. Cette promesse ne fut point un simple compliment, et cette assurance de protection ne resta pas sans effet ; car Richelieu engagea sa nièce, Mme d'Aiguillon, qui avoit déjà tant d'estime et de vénération pour le saint homme, à luy donner une somme considérable (les uns disent quinze cens livres, les autres quinze mille livres) pour faire les premières dépenses de son établissement, et fournir les meubles les plus nécessaires (2).

Afin d'affermir la chose et d'obvier à bien des inconvéniens qui ne manquent guère de se rencontrer en de semblables occasions, le Cardinal voulut qu'on travaillât incessamment à obtenir du Roy des lettres patentes. Il en donna la commission à M. l'abbé de Beaumont, depuis archevêque de Paris, connu sous le nom de M. de Péréfixe, pour lors précepteur du Dauphin, qui fut Louis XIV, de glorieuse mémoire, avec ordre d'en concerter la rédaction avec le P. Eudes, et d'en assurer l'ex-

(1) Le P. Hérambourg rapporte que le cardinal de Richelieu, admirant « la doctrine et la vertu, le zèle et le désintéressement du P. Eudes, luy appliqua les paroles du roy de Tyr à Salomon : *Benedictus Dominus Deus qui dedit David filium sapientissimum.* « Il bénit le Seigneur d'avoir donné à M. de Bérulle un prestre si rempli de son esprit. » (L. I, ch. IV.)

(2) Marie-Madeleine de Wignerod, duchesse d'Aiguillon, était fille de René de Wignerod et de Françoise Duplessis, sœur de Richelieu. « J'aurois une grande matière, dit M. du Ferrier, dans ses *Mémoires*, si je parlois des vertus et des libéralitez de Madame la duchesse d'Aiguillon. Je puis dire que sa générosité et sa charité alloient au-delà de ce qu'on sçauroit penser. » Partout, à cette époque, non-seulement en France, mais à Rome, en Irlande, on rencontre les dons généreux de cette fervente chrétienne, soit pour établir des fondations pieuses, soit pour les soutenir. Saint Vincent-de-Paul et le vénérable M. Olier étaient toujours sûrs de trouver son puissant appui quand ils vouloient entreprendre quelques œuvres importantes. Tout Paris admirait sa profonde piété. Comme M. de Renty, la duchesse d'Aiguillon faisait prêcher des missions dans les paroisses dépendantes de ses domaines. Elle employa au bien de l'Eglise et de la société les riches trésors que lui avait laissés son oncle, le cardinal de Richelieu.

pédition. Comme le P. Eudes n'avoit point de qualité pour les demander en son nom et qu'il ne vouloit point paroître les solliciter, pour ne pas porter ombrage, ny révéler ses projets avant le temps, il les fit solliciter sous le nom de M. d'Angennes, évêque de Bayeux, dans le diocèze duquel il pensoit faire son premier établissement. Il sçavoit bien qu'il n'en seroit pas désavoué ; car il avoit déjà fait confidence à ce Prélat du dessein qu'il avoit formé d'ériger un Séminaire sous ses auspices dans la ville de Caën, et même d'en faire comme le berceau d'une congrégation ; et il l'avoit approuvé de vive voix (1).

M. l'abbé de Beaumont s'employa à cette affaire avec ardeur, et obtint l'expédition des lettres, en bonne forme, au commencement de décembre (1642) ; c'est-à-dire très-

---

(1) Le P. de Montigny et le P. Beurier, s'appuyant sans doute sur le texte des lettres patentes, disent que « M. d'Angennes, évêque de Bayeux, à qui le P. Eudes confia son dessein, en fut si satisfait, *qu'il se chargea de solliciter lui-même les lettres patentes auprès du Roi.* » Il est assez insignifiant de savoir si Mgr d'Angennes a demandé la patente royale directement, lui-même, ou indirectement, par le P. Eudes, en vertu d'un arrangement préalable. Si nous nous arrêtons à cette distinction un peu puérile, c'est à cause des reproches, bien immérités, adressés au P. Eudes par certains adversaires peu consciencieux, « *d'avoir obtenu ces lettres patentes sur des certificats fabriqués et faussement attribués à Mgr d'Angennes :* » accusation parfaitement ridicule, puisqu'il est évident que le P. Eudes ne pouvait fonder sa Congrégation à Caen, sans l'autorisation de l'évêque de Bayeux. La belle lettre adressée par Mgr d'Angennes au P. Eudes, le 7 mars 1643, et l'ordonnance du même évêque, du 14 janvier 1644, montrent bien l'injustice de ce reproche. Les lettres patentes font voir également combien est peu fondée cette autre accusation que lui ont encore faite ses ennemis : « *d'avoir trompé la bonne foi royale en sollicitant l'autorisation de former une Compagnie ou Société n'ayant qu'une seule maison à Caen* (le Dictionnaire de Moréri dit à Bayeux ; l'auteur était bien renseigné !), *et un nombre limité de membres, tandis qu'il prenait ouvertement le titre de chef de Congrégation, recrutait chaque jour de nouveaux disciples et créait des succursales dans tout le royaume.* » (*Dict. biogr. d'Hoefer.*) Les lettres patentes ne contiennent aucune restriction : la clause restrictive aurait certainement été énoncée si on eût voulu l'imposer. Si la ville de Caen est nommément désignée, c'est que la Congrégation de Jésus et Marie devait commencer par s'établir en ce lieu destiné à être la maison-mère de l'Institut, avant de créer des succursales.

peu de temps avant la mort du Cardinal. En voicy la teneur :

« Louys par la grâce de Dieu, etc.

« Nous ayant esté représenté par Messire Jacques d'An-
« genhes, évesque de Bayeux, que, comme le maintien et le
« progrez de la vertu et religion chrétienne et catholique dé-
« pendent de la bonne vie des ecclésiastiques, il désiroit in-
« stituer, dans la ville ou au faubourg de Caën, une Compa-
« gnie ou Société de prestres et autres tendant à la pres-
« trises, vivant ensemble en communauté sous le nom
« et tiltre de *Prestres du Séminaire de Jésus et Marie*,
« dont le principal but soit d'imiter et continuer sur la
« terre, autant qu'il leur sera possible, avec la grâce de
« Dieu, la vie, les mœurs et toutes les fonctions sacer-
« dotales de Jésus-Christ, fondateur souverain du sainct
« ordre de la prestrise, comme aussy la vie et les vertus
« de la très-saincte vierge Marie, la choisissant pour leur
« protectrice spéciale et par ce moyen tascher de parvenir à
« la perfection de l'estat de prestrise, selon son institution ;
« travailler par leurs exemples et instructions à establir la
« piété et la saincteté entre les prestres et ceux qui as-
« pirent à la prestrise, leur enseignant à mener une vie
« conforme à la dignité et saincteté de leur condition, et
« à faire décemment et convenablement toutes les fonctions
« sacerdotales, comme aussy s'employer à instruire le
« peuple en la doctrine chrétienne par les missions, pré-
« dications, exhortations, conférences, catéchismes et autres
« exercices tant en ladicte ville et évesché de Bayeux qu'en
« celle de Caën et autres lieux du mesme diocèze, s'ap-
« pliquer aux fonctions ecclésiastiques, prendre le soin et
« la conduite des bonnes œuvres qui leur seront com-
« mises ; le tout sous la dépendance et les ordres de leur
« dict évesque et généralement faire tout ce que les prestres
« sont obligez de faire pour s'acquitter de leur devoir en
« l'estat de prestrise ; au moyen de quoy ledict seigneur
« Evesque et ses successeurs, et à cet exemple, ceux des
« autres diocezes pourroient utilement pourvoir aux œuvres

« et nécessitez qui se présentent journellement en leurs
« charges et remplir les bénéfices et offices ecclésiastiques
« de personnes qui s'en acquitteront dignement à l'hon-
« neur de Dieu et à l'édification de l'Eglise ; Nous avons
« eu cette proposition très-agréable, et désirant contri-
« buer de tout nostre pouvoir à l'exécution d'une si saincte
« œuvre qui peut apporter tant d'avancement à la gloire
« de Dieu et au salut des âmes de nos subjects pour lequel
« nous emploierions volontiers nostre propre vie ; Sçavoir
« faisons que Nous, pour ces causes et autres bonnes con-
« sidérations à ce nous mouvants, inclinants à la suppli-
« cation qui nous a esté faicte par ledict sieur Evesque de
« favoriser ledict establissement, avons iceluy agréé et ap-
« prouvé, agréons et approuvons et luy permettons par
« ces présentes, signées de nostre main, d'ériger ou faire
« ériger, fonder et arrester en ladicte ville ou au faubourg
« de Caën, une Compagnie de prestres vivant en société
« et Communauté pour vacquer à toutes les fonctions de
« l'ordre et estat de prestrise sous la direction et dépen-
« dance dudict Evesque, acquérir et édifier les manoirs et
« lieux qui leur seront nécessaires pour leur habitation et
« jouir de tous et un chacun des droits et priviléges dont
« jouissent les autres maisons et communautez fondées en
« nostre Royaume, et mesme les missions de prestres
« establies depuis trente ans, nonobstant qu'ils ne soient
« si particulièrement exprimez. Et avons dez à présent pris
« et mis, prenons et mettons en nostre protection et
« sauve-garde spéciale ladicte communauté et maison qui
« sera érigée en ladicte ville, ou faubourg de Caën, avec
« tous les biens, droits et revenus, maisons et héritages
« qui luy appartiennent et appartiendront cy-aprez ; défen-
« dons à toutes sortes de personnes d'y apporter aucun
« trouble ny empeschement, par quelque cause que ce
« soit. Si donnons en mandement. Donné à Saint-Germain-
« en-Laye, au moys de décembre 1642 et de nostre règne
« le trente (1). » Ces lettres patentes étant comme le

(1) Le continuateur du P. Héliot-Picquepuce dit que les premières lettres

fondement de la Congrégation des Eudistes, j'ay cru faire plaisir au lecteur de les luy faire connoître. Elles ne furent vérifiées au Parlement de Normandie que longtemps aprez, comme nous le verrons dans la suite.

Il ne paroît point que les Pères de l'Oratoire de Paris, dans la maison desquels le P. Eudes logeoit, aient eu aucune connoissance de ce qu'il négocia dans ce voyage avec le cardinal de Richelieu, ny des patentes qui luy furent accordées. Comme elles furent expédiées sous le nom de l'évêque de Bayeux, sans faire aucune mention du serviteur de Dieu, ils ne purent rien pénétrer de ses desseins. Et quand même ils auroient sceu que c'étoit luy qui les avoit sollicitées, à dessein de travailler à ce séminaire, ils ne se seroient pas imaginé que c'eût été pour se séparer d'eux et pour faire une nouvelle congrégation.

Quoy qu'il en soit, le P. Bourgoing, le voyant à Paris, voulut profiter de cette occasion pour luy faire faire les conférences de Saint-Magloire, qu'il luy avoit demandées dez le temps de la mission de Rouën, projet dont on avoit dû ajourner l'exécution. Ce fut pendant le temps même que le P. Eudes négocioit avec le cardinal de Richelieu et qu'on travailloit à expédier les lettres patentes de sa Congrégation, qu'il donna ces conférences, c'est-à-dire durant tout le mois de novembre et une partie de celuy de décembre. Elles luy firent infiniment d'honneur, car il y eut pour auditeurs grand nombre de prêtres, d'ecclésiastiques, de docteurs et même de prélats, qui ne purent luy refuser leur admiration.

Il n'y avoit rien de plus édifiant et de plus instructif que de luy entendre développer les questions les plus épineuses et les plus difficiles de la morale, aussi bien que les endroits les plus obscurs de la sainte Ecriture. C'étoit un plaisir que de luy voir traiter les matières ecclésiastiques : de la grandeur et de l'excellence du sacerdoce, de la sublimité de ses fonctions, des grands devoirs de ceux qui y sont engagez, des vertus éminentes dont ils doivent être ornez. En traitant des matières si élevées, il ne faisoit point difficulté, à l'exemple de

patentes pour l'établissement de la Congrégation du P. Eudes sont du 26 de mars 1643. Elles sont du mois de décembre 1642. *(Note du P. Martine.)*

saint Charles Borromée, de descendre dans le détail des moindres pratiques de la vie cléricale, et de reprendre avec beaucoup de liberté les fautes qu'on y pouvoit commettre. Mais c'étoit principalement contre les déréglemens des ecclésiastiques qu'il invectivoit avec le plus de véhémence pour en inspirer l'horreur. On voyoit bien qu'il ne parloit le plus souvent que de l'abondance de son cœur; cependant, il étoit tellement pénétré de tout ce qu'il disoit, et il l'exprimoit d'une manière si éloquente, qu'on eût cru qu'il avoit passé toute sa vie à préparer ces grands sujets de conférence. Il parloit avec tant d'onction, tant d'insinuation et de force, qu'il faisoit passer ses sentimens et ses affections dans l'âme de tous ceux qui l'écoutoient.

De là vint que plusieurs de ceux qui eurent le bonheur de l'entendre dans ses conférences se trouvèrent pressez d'imiter son zèle à travailler au salut des âmes; devenus ensuite d'excellens missionnaires, ils s'employèrent eux-mêmes dans les missions le reste de leur vie, avec une grande bénédiction, et communiquèrent à d'autres le zèle et la piété dont ils avoient été pénétrez en écoutant cet homme tout apostolique. De ce nombre furent trois ecclésiastiques du dioceze d'Avranches, qui étudioient pour lors à Paris. A la suite de ces conférences, auxquelles ils assistèrent avec une religieuse assiduité, ils se sentirent tellement touchez qu'ils prirent la résolution de répandre dans leur pays l'amour brûlant dont eux-mêmes se sentoient dévorez pour Dieu et l'Eglise. Ils sont devenus de saints prêtres, de dignes ouvriers évangéliques et ont gagné une infinité d'âmes à Dieu, principalement dans le dioceze d'Avranches. Leur zèle et leurs vertus y ont fait refleurir la discipline ecclésiastique qui étoit alors extrêmement négligée dans ce dioceze; et depuis ils ont transmis leur esprit à grand nombre d'autres qui ont travaillé comme eux et dont les travaux durent encore actuellement (1). Nous n'avons eu connoissance que de

(1) « On n'étoit pas moins touché de l'humilité du P. Eudes que de son éloquence. Plus d'une fois, on le vit, à la fin de la conférence, se prosterner à la porte de la salle, dans le dessein de baiser humblement les pieds des ecclésiastiques qui y avoient assisté. Charmez de tant de vertus, deux jeunes ecclésiastiques du dioceze d'Avranches, qui étudioient alors en

ces trois Messieurs, qui se sont trouvez pour ainsi dire parmi nous ; mais que n'aurions-nous pas à dire, si nous avions connu le bien que firent tant d'autres, dans le cœur desquels les conférences du P. Eudes allumèrent le zèle de la maison de Dieu ?

Pendant que le P. Eudes travailloit à Saint-Magloire d'une façon si honorable pour luy et si édifiante pour ceux qui y participoient, le cardinal de Richelieu tomba malade de la maladie dont il mourut. Ce grand ministre avoit formé de vastes projets pour le bien de l'Eglise et pour la gloire de l'Etat. Mais Dieu, dont les jugemens toujours justes, toujours sages et dignes de notre respect, sont souvent impénétrables à nos faibles esprits, se contenta de ses bons desseins et ne permit pas qu'il eût le temps d'en venir à l'exécution. L'illustre cardinal avoit conceu une haute estime pour le P. Eudes dans le peu de temps qu'il avoit conversé avec luy ; il luy en avoit donné toutes les marques que nous avons vues cy-dessus ; et s'il avoit vécu encore quelque temps, on ne peut douter qu'il ne l'eût honoré de sa bienveillance et de sa protection, comblé de ses bienfaits et qu'il ne s'en fût servi pour l'exécution de ses grands et pieux projets. Mais Dieu avoit d'autres vues sur le P. Eudes : il ne le vouloit pas dans l'éclat et la gloire; il avoit arrêté de le sanctifier par la croix et les humiliations, ce qui n'auroit pas été si aisé, s'il avoit eu un tel protecteur.

Le serviteur de Dieu adora en cette occasion les desseins de la Providence, qui dispose de tout comme il luy plait et qui conduit souvent les élus par des voyes tout opposées à celles qu'ils croiroient leur être les plus avantageuses. En présence de cette mort si rapide, il prit la ferme résolution de se détacher encore plus du monde et de ses grandeurs, qui disparoissent en un instant, au moment même où on pense à s'y appuyer, et de ne mettre sa confiance qu'en Dieu seul, qui ne manque

Sorbonne, se dirent un jour : « Que faisons-nous icy ? Que n'imitons-nous ce saint prêtre ? » L'annaliste de la Congrégation ajoute qu'ils partirent de Paris, aussitôt leurs études terminées, se dévouèrent à l'œuvre des missions dans leur diocèse, « et firent refleurir la discipline ecclésiastique dans ce pays où elle étoit si ignorée, que la soutane n'y étoit plus en usage. » L'un de ces pieux et zélés missionnaires, M. Anger, devint curé de Brouains ; l'autre, M. Le Prieur, curé de Montgothier. » (Costil, *Annales*.)

jamais et se sert, quand il luy plaît, des instrumens les plus faibles pour faire réussir ses plus grandes entreprises.

Aprez la mort du cardinal de Richelieu, le P. Eudes vit bien qu'il devoit retourner à Caën le plus tôt possible, pour exécuter ses projets, en la manière qu'il plairoit à Dieu. Il ne manqua pas de raisons auprez de ses supérieurs pour leur faire trouver bon ce retour : il n'avoit guère résidé, durant cette année, dans la maison de l'Oratoire de Caën, dont il étoit toujours supérieur, puisqu'il l'avoit employée presque tout entière à donner trois missions et à faire les conférences de Saint-Magloire ; une plus longue absence auroit été préjudiciable à la maison dont il avoit la direction. Il partit donc de Paris pour se rendre à Caën, et fit diligence afin d'y être rendu pour la fête de Noël. Il revenoit, on le comprend, bien satisfait de son voyage, puisque son dessein avoit été approuvé par un homme d'un si grand génie, et qu'il avoit obtenu des lettres patentes autorisant l'établissement qu'il souhaitoit fonder.

Étant de retour à Caën, il ne pensa plus qu'à prendre les dernières mesures pour commencer sans retard l'établissement de sa Congrégation. Il revit ses amis, ceux qui luy avoient déjà donné parole de se joindre à luy pour l'exécution de ce pieux dessein. Il leur fit part des résultats de son voyage de Paris et de la belle occasion que la divine Providence luy avoit fournie pour obtenir si facilement des lettres patentes. Les trouvant tous disposez à exécuter leur promesse, dez qu'il le jugeroit convenable, il leur exprima le grand désir qu'il avoit conceu de fixer l'établissement de sa Congrégation au 25ᵉ jour de mars de l'année 1643, qui n'étoit pas bien éloigné, afin qu'une communauté qui devoit avoir pour but de continuer les travaux et les fonctions du fils de Dieu incarné, prît naissance dans le même jour que ce Verbe divin avoit bien voulu se faire homme dans le sein de la très-sainte Vierge. Comme sa Congrégation devoit être toute dévouée à Jésus et Marie et honorer d'une manière toute spéciale l'union si intime du Fils et de la Mère, il trouvoit tant de convenance et de si grands avantages à la faire commencer le jour même où ils avoient été si parfaitement unis pour la première fois, qu'il n'y avoit rien qu'il n'eût voulu sacrifier pour obtenir un si grand bonheur. Ses amis, qui étoient dans le même sentiment, convinrent qu'il falloit y travailler sans perdre de temps.

Mais parce qu'on ne pouvoit rien faire sans une permission en bonne forme de M. d'Angennes, évêque de Bayeux, quelque agréable que luy eût paru ce dessein, et quelque approbation qu'il luy eût donnée de vive voix, le P. Eudes jugea à propos d'envoyer un de ses prêtres à Bayeux, afin de présenter au Prélat les lettres patentes obtenues sous son nom, avec un petit abrégé où se trouvoit exposé son projet, et une requête pour le prier de l'autoriser à fonder l'établissement en question et d'y avoir une petite chapelle, où luy et les prêtres que la Providence voudroit luy associer pussent commodément célébrer les saints mystères. Le Prélat receut parfaitement bien l'envoyé du P. Eudes, s'entretint longtemps avec luy, et, aprez s'être informé en détail de tout ce qui concernoit cet établissement, il s'empressa d'accéder à toutes les demandes de l'homme de Dieu, auquel il envoya de plus la lettre suivante:

« Mon Père,

« Dans le siècle où nous vivons, il ne se verra guère de
« personnes qui quittent leur gloire pour la donner aux
« autres. Vous estes peut-être le seul exemple qu'on en
« peut remarquer. L'ouvrage de vos mains, les soins et di-
« ligences que vous avez apportez auprez du Roy, vous me
« les donnez libéralement; je les reçois avec grande joye,
« non pas qu'ils me soient dus, mais parce qu'il y a grande
« gloire à se parer d'une si bonne action. Nous avons lu,
« cet honneste ecclésiastique et moy, ce que vous nous avez
« envoyé; j'y ay faict adjouster quelque chose, que je me pro-
« mets de vostre bonté, que vous n'aurez pas désagréable. Je
« crois aussy qu'en érigeant vostre Congrégation il eust été
« bien à propos de voir les moyens qu'il y a de la renter
« et de la faire subsister à l'avenir. Mais comme j'ay vu par
« vostre lettre et appris par le discours de celuy qui me l'a

« rendue, que vous souhaitez l'avancement de cette affaire,
« je me suis résolu de confier le tout à vostre prudence.
« Nous en avons tant de preuves, que je crois que je ne me
« fais point de tort, ny à la dignité que j'ay l'honneur d'avoir,
« si je m'y repose. Voyez donc ce qui se peut faire, pour la
« plus grande gloire de Dieu, et me continuez vos bonnes
« grâces, et vos bonnes prières. Je vous en supplie de tout
« mon cœur, et de croire que je suis, mon Père, vostre très-
« humble et très-affectionné confrère et serviteur. »

JACQUES,

Évesque de Bayeux.

La lettre est du 7 de mars 1643. Je laisse au sage lecteur à faire ses réflexions sur cette pièce. Lorsque le prêtre envoyé à Bayeux à M. d'Angennes fut de retour à Caën, le P. Eudes ne trouvant plus rien qui pût faire obstacle à l'exécution du dessein formé, fixa avec ses amis, le 25 de mars, pour jeter les fondemens de la Congrégation de Jésus et Marie, et en attendant ce jour, on fit les préparatifs nécessaires. On s'assura d'une maison où les membres de la Congrégation pourroient se loger, et des petits ameublemens qui leur étoient d'une absolue nécessité; tout cela fut disposé, mais à petit bruit, et sans rien faire paroître qui pût révéler leur dessein.

LIVRE TROISIÈME.

SOMMAIRE.

Commencement de la Congrégation. — Premier logement. — Premiers bienfaiteurs. — M. de Camilly et sa famille. — Premier gouvernement. — Fausses raisons opposées à la sortie du P. Eudes. — Dépit des PP. de l'Oratoire. — Missions de Saint-Sauveur-le-Vicomte et de Valognes. — Académie de sçavantes déconcertée. — Rétablissement d'une chapelle. — Mauvais livres brûlez publiquement. — Le Père Eudes travaille à affermir sa Congrégation. — Témoignage de M. Le Pileur sur les Missions. — Attestation de M. l'Évêque de Coutances. — Supplique de M. l'Évêque de Bayeux. — Le P. Eudes s'adresse à la Cour. — Il veut s'unir à la Congrégation fondée par M. d'Authier de Sisgau. — Lettres d'Institution de M. d'Angennes. — Le P. Eudes prêche le Carême à Coutances. — Mission de Honfleur. — Lettres de M. Cospean. — Réponse du cardinal de Saint-Onuphre. — Mort du pape Urbain VIII. — Fondation du séminaire de Caën. — Entrée de M. de Than dans la Congrégation. — Conversion d'un huguenot. — Douceurs et consolations du P. Eudes dans ces commencemens. — Pourquoy Dieu le ménagea ainsi. — Horrible tempête contre le P. Eudes. — Sa résignation et sa grande tranquillité. — Réconciliation de M. de Renty avec le P. Eudes. — Premières règles de la Congrégation. — Insuccez du serviteur de Dieu. — Voyage de M. Mannoury à Rome. — Missions d'Estrées, de Vimoutiers, d'Arnay-le-Duc, de Couches, de Torigny, de Bény, de Lion. — M. Finel et M. Le Mesle entrent dans la Congrégation. — Jalousie et plaintes des PP. de l'Oratoire. — Lettre édifiante de M. de Renty. — Manifeste du P. Eudes. — Mort de M. Cospean et de M. d'Angennes. — M. de Renty écrit au P. Eudes. — Soumission parfaite du P. Eudes à la volonté de Dieu dans ses contradictions. — Digression sur les Missions du P. Eudes en général. — Son talent pour le confessionnal. — Ses consolations et ses peines dans les missions. — Estime du P. Eudes pour les confesseurs.— Son grand désintéressement.— Instructions aux ouvriers de ses missions. — Différens exercices de la mission. — Conférences aux prêtres, aux gentilshommes, aux dames, aux artisans. — La guerre qu'il fait aux duellistes. — Les catéchismes de ses missions. — Soin accordé aux enfans. — Première communion. — Ouverture et conclusion des missions. — Le brûlement des mauvais livres. — Après la mission.

Le 24 du mois de mars 1643, le P. Eudes sortit de l'Oratoire dez le matin (1), et s'étant joint aux prêtres qui luy avoient donné parole, et dont il vouloit faire les fondemens de sa Congrégation, il se rendit en pèlerinage à Notre-Dame de la Délivrande. C'est une chapelle distante de Caën de trois lieues, célèbre par la grande multitude de fidèles qui y accourent de toutes parts pour implorer le secours et la protection de la sainte Vierge, et par les grâces spéciales que Dieu y accorde par son intercession. Ils étoient en tout au nombre de six : le P. Eudes, pour lors âgé d'environ 42 ans, dont il en avoit passé 20 dans la Congrégation de l'Oratoire ; Simon Mannoury, prêtre du dioceze de Lisieux, âgé de 29 ans; Thomas Manchon, prêtre du même dioceze, âgé de 26 ans; Pierre Jourdan, prêtre du dioceze de Coutances, âgé de 35 ans ; André Godefroy, prêtre de la paroisse de Saint-Michel de Vaucelles, qui est un des faubourgs de Caën ; Jean Fossey, prêtre de Torigny, au dioceze de Bayeux. Ils allèrent tous ensemble se prosterner aux pieds de Jésus et de Marie ; et après avoir célébré la sainte messe, ils dévouèrent et consacrèrent à leur service, leurs personnes, leurs biens, leurs talens, leurs travaux, leurs employs, avec une ferveur digne d'admiration.

Au retour de leur pèlerinage, ils vinrent se loger dans la maison qu'ils avoient louée à Caën, à cet effet, située au bout des Petits-Prez, du côté de la rue Saint-Laurent qui tend à la Belle-Croix : c'est ce qu'on appelle encore aujourd'huy

(1) Le P. de Montigny, persistant toujours dans l'erreur que nous avons déjà relevée, dit (l. III, p. 98) : « Le lendemain, 25 mars (1643), le P. Eudes, après avoir passé *vingt-deux* ans dans la Congrégation de l'Oratoire », etc. Il n'y était resté que vingt ans, puisqu'il y avait été reçu le 25 mars 1623.

l'ancien séminaire (1). Ils avoient disposé leur logement à peu près comme ils avoient coutume de faire dans les lieux où ils alloient donner les missions ; c'est dire qu'ils n'avoient que très-peu d'appartemens et que tout leur petit mobilier se composoit de meubles d'emprunt. On peut juger par là combien de choses leur manquoient et à quelles difficultez ils se trouvèrent exposez d'abord. Mais ils y étoient accoutumez : n'étoient-ils pas souvent encore plus mal logez dans les missions ? Le P. Eudes étoit trop solidement fondé sur la Providence, et rempli d'une trop parfaite confiance en la bonté et libéralité de Dieu, pour se laisser aller à aucun sentiment d'inquiétude pour l'avenir ; et il avoit grand soin d'entretenir dans ces mêmes sentimens ses compagnons, disposez comme luy, du reste, à se soumettre en tout à la divine volonté. La suite fit bien connoître combien cet abandon total à la Providence fut agréable à Dieu, par le soin qu'il prit de fournir libéralement à tous les besoins de ses serviteurs.

En prenant possession de sa nouvelle demeure, le P. Eudes commença, avant tout, par disposer une petite chapelle *au bout de ce grand bâtiment*, puis établit beaucoup de séparations dans ce même édifice pour avoir des chambres telles qu'il convient à une communauté naissante. On vit bientôt combien le dessein de ce nouvel Institut étoit bien vu dans le public et approuvé de tous les gens de bien, par la libéralité avec laquelle un grand nombre de personnes se portèrent à assister ces bons pères et à les mettre en état de subsister. Le P. Eudes, plein de reconnoissance pour toutes les personnes charitables qui luy faisoient du bien, a marqué dans un registre leurs noms, ainsi que la nature et le prix de leurs offrandes. Il seroit trop long d'en faire icy le détail. Voicy seulement le nom des principaux bienfaiteurs qui contribuèrent à l'ornement de la chapelle.

Mme de Budos, abbesse du monastère de Sainte-Trinité de Caën, assista l'Institut naissant en tout ce qu'elle put, tant pour le temporel que pour le spirituel ; elle fournit les ameublemens

---

(1). Nous ferons connaître, au IVe livre de cet ouvrage, l'emplacement précis de cet ancien séminaire.

nécessaires pour célébrer la sainte messe, un calice avec sa patène, une croix, un bassin et des burettes d'argent. Plusieurs de ses religieuses, à son exemple et avec sa permission, voulurent aussi y contribuer, spécialement Mme Le Haguais, sœur de Mme de Camilly, dont nous allons bientôt parler. Les dames Bernardines de Villers-Canivet, proche Falaise, et les dames Ursulines de Caën et de Falaise y donnèrent des ornemens. M. et Mme de Camilly se montrèrent des plus libéraux en cette occasion : ils donnèrent le tabernacle de la chapelle où devoit reposer le Très-Saint-Sacrement, une bonne partie du linge nécessaire pour le service de l'autel; de plus, ils voulurent fournir l'huile de la lampe qui devoit être toujours allumée devant le tabernacle. On en pourroit citer encore beaucoup d'autres que Dieu connoit et qu'il a récompensez dans le temps et dans l'éternité. Ce fut ainsi que Dieu, toujours infiniment libéral envers ceux qui s'abandonnent à sa Providence, récompensa la parfaite confiance de son fidèle serviteur.

Ce M. de Camilly qui, avec Madame son épouse, se montra si généreux envers le P. Eudes, est le même, dont nous avons déjà parlé, qui fit faire, en 1636, la mission de Fresne et la défraya. Il étoit trésorier de France à Caën et des plus distinguez de cette ville : c'est le grand-père de M. de Camilly, archevêque de Tours (1), de M. de Camilly-Quesné, conseiller au Parlement de Normandie, et de M. de Camilly, chevalier de Malte, qui a été major de la flotte du Levant, plénipotentiaire pour les affaires de Malte au congrez de Cambray et envoyé extraordinaire au Danemark. Il y avoit déjà longtemps que M. de Camilly étoit ami particulier du P. Eudes, et il le fut toujours dans la suite ; il ne l'abandonna point dans ses plus

---

(1) M. Blouet de Camilly, archevêque de Tours, naquit dans la paroisse de Saint-Jean de Caën, en 1665. Il fut nommé abbé du Val-Richer, le 24 décembre 1693, et devint bientôt grand vicaire et official de Mgr le cardinal, évêque de Strasbourg. Louis XIV lui donna l'abbaye de Saint-Pierre-sur-Dives, en 1699, et le nomma, en 1704, évêque de Toul. Le 8 janvier 1721, il fut promu par Louis XV au siége archiépiscopal de Tours. Il mourut à l'âge de 58 ans, dans le mois d'octobre 1723. Il étoit docteur en Sorbonne. (V. Hermant, *Hist. du diocèse de Bayeux*, t. III; manuscrit de la bibl. de Caen.)

violentes persécutions; toujours, il le protégea et l'assista, en tout ce qu'il put, jusqu'à la mort. Sa pieuse épouse, Mme Anne Le Haguais, et toute sa famille luy furent aussi toujours entièrement dévouées, comme on le verra dans la suite de cette histoire.

Le P. Eudes étant ainsi logé avec sa petite Compagnie, ne se pressa pas de luy donner des règles; il étoit luy-même leur règle vivante, et les gouvernoit beaucoup plus par ses exemples que par des règlemens écrits. Il prescrivoit à un chacun, avec beaucoup de simplicité et de cordialité, ce qu'il devoit faire; et tous exécutoient ses ordres avec une grande ferveur et ponctualité. Ils étoient unis par les liens d'une parfaite charité, à l'exemple des premiers fidèles; et, on eût dit qu'ils n'avoient, comme eux, qu'un cœur et qu'une âme. Ils le faisoient paroître principalement par leurs manières prévenantes les uns envers les autres, par leur saint empressement à se soulager réciproquement, à se faire plaisir dans toutes les circonstance qui s'offroient. Voicy un petit abrégé de leurs pratiques, et des exercices auxquels ils s'assujettissoient volontairement dans ces premiers commencemens, lorsqu'ils n'étoient point en mission.

Tous les matins, ils faisoient une heure d'oraison mentale en commun dans leur chapelle. Ils récitoient aussi l'office divin en commun et en surplis, aux heures marquées; les litanies du saint nom de Jésus avant le dîner, à l'examen particulier, qui duroit un quart-d'heure; et le soir, avant le souper, les litanies de la sainte Vierge. Dez ce temps-là, ils prirent la sainte pratique de réciter tous les matins alternativement la salutation au très-saint Cœur. Nous avons une lettre du P. Eudes à M. Mannoury, à la date de 1643, qui luy marque de quelle manière on la doit réciter. Ils avoient aussi, dez lors, l'usage de faire la profession d'humilité, ou plutôt la protestation de notre néant, aprez l'oraison du matin, en tenant le corps profondément incliné. Pour s'entretenir plus exactement dans l'esprit d'humilité que leur Supérieur ne cessoit de recommander, ils tiroient tous les jours au sort la place que chacun devoit tenir au chœur et au réfectoire. Chaque jour, quelqu'un d'entre eux alloit à la cuisine aider à laver la vaisselle. On ne connoissoit pas alors la récréation ; le temps d'aprez le repas du midy étoit employé à expliquer quelques versets de la sainte Ecriture, et celuy d'aprez le souper à décider quelques cas de conscience. Le P. Eudes s'appliqua à inspirer à ses prêtres l'esprit de piété et de modestie, d'humilité, de pauvreté, de simplicité, de candeur, de zèle, d'obéissance absolue, de charité sans bornes : vertus qui ont toujours fait le propre caractère des sujets de la Congrégation.

Il crut qu'il étoit aussi de grande importance d'avoir souvent des entretiens familiers avec ses sujets, pour les éclairer, les soutenir, les encourager, selon que les occasions se présentoient ; il leur parloit donc pour les reprendre de leurs fautes, ou pour les préserver de celles qu'ils pouvoient commettre, pour les exciter à travailler à leur perfection, pour les animer à la ferveur : et toujours, il le faisoit avec une tendresse et une cordialité toute paternelle. Il leur donnoit toute liberté de venir luy parler avec confiance quand ils le souhaitoient; souvent une de ses paroles les déchargeoit de toutes leurs peines, et les remettoit en état de bien faire. Il vouloit qu'ils agissent entre eux avec une grande charité, qu'ils s'avertissent réciproquement de leurs fautes et que tous fussent disposez à bien recevoir les avertissemens et les corrections qu'on leur pourroit adresser. On ne sçauroit dire combien cette manière d'agir contribuoit à leur perfection et combien elle édifioit ceux qui en étoient parfois témoins.

Ils disoient peu de messes pour la rétribution ; ils les réservoient pour les bienfaiteurs de l'Institut, pour les pauvres, aprez leur mort, ou pour leurs dévotions et intentions particulières. S'ils étoient si détachez de tout intérêt, tandis qu'ils résidoient en leur maison, ils l'étoient encore bien plus, lorsqu'ils étoient en mission, pour ne pas donner lieu aux prêtres d'accuser les missionnaires de ne venir que par intérêt et pour leur ôter les rétributions attachées aux messes qu'ils avoient coutume de dire. Ils étoient toujours disposez à entendre les confessions de ceux qui venoient les demander, les jours ouvriers dans leur chapelle ; car pour les jours de fêtes et de dimanche, ils se partageoient dans les paroisses de la ville, selon qu'ils y étoient invitez par les pasteurs, et ils y entendoient les confessions, comme dans les missions, pendant la journée entière. Voilà ce qui leur attiroit l'estime et la confiance de tous les gens de bien. Tels furent les premiers usages que le P. Eudes voulut que l'on pratiquât, durant les premiers temps, jusqu'à ce que l'on connût par une plus longue expérience ce qu'il conviendroit d'établir ; telle fut la naissance de la *Congrégation de Jésus et Marie*, dite *des Eudistes*.

Cependant la nouvelle de la sortie du P. Eudes de l'Oratoire, pour former une Société à part, se répandit bientôt de tous côtez, et ne manqua pas de faire grand bruit dans le monde. Les sujets de l'Oratoire de Caën, qui n'avoient eu aucune connoissance des projets du saint homme, le voyant ainsi séparé de leur maison, et entendant tout ce que le public en disoit, s'empressèrent d'en donner avis à leur Supérieur général. Mais dans le monde, chacun en jugea selon ses différentes affections ou ses préventions à l'égard du serviteur de Dieu. Les uns attribuèrent cette démarche à sa légèreté et à son inconstance, crurent qu'il ne seroit pas longtemps sans s'en repentir, et sans faire ses efforts pour rentrer ; les autres disoient qu'il n'étoit sorti que par un dépit mal fondé, à la suite de quelques peines que les supérieurs luy avoient causées ; que pour s'en venger, il avoit pris le dessein de détruire, autant qu'il seroit en luy, la Congrégation de l'Oratoire et d'en substituer une autre à sa place. D'autres soutenoient que c'étoit par esprit d'ambition, parce qu'il ne faisoit pas à l'Oratoire une aussi grosse figure qu'il auroit souhaité, et qu'en instituant une nouvelle Congrégation, son but unique étoit de se faire un grand nom. Il y en eut même qui répandirent le bruit que les supérieurs l'avoient chassé de leur société pour son indocilité, ses désobéissances et le dangereux esprit d'indépendance qu'il avoit laissé voir. Certains enfin crurent, peut-être avec plus de probabilité, que les nouveautez qui commençoient à s'établir dans l'Oratoire, et dont il appréhendoit les suites, furent le vray motif pour lequel il prit le party de se retirer.

Est-il nécessaire de nous arrêter icy à réfuter ces prétendus motifs? La plupart sont si déraisonnables et conviennent si peu à ce qu'on avoit connu jusqu'àlors de la conduite du P. Eudes, que je croirois perdre mon temps de m'y arrêter. Le motif des nouveautez qui s'insinuoient alors dans l'Oratoire (1), et dont on suppose que la crainte auroit obligé cet homme apostolique à se retirer, paroîtroit plus probable; car on sçait quelle a été toujours son opposition pour les mauvaises doctrines, comme nous le dirons dans la suite. Cependant, je puis dire avec toute vérité qu'aprez avoir consulté tous les mémoires touchant sa vie, je n'ay rien trouvé qui puisse autoriser ce sentiment, et je ne m'arrêterois pas icy plus longtemps à rechercher les causes de sa sortie, si ce n'est qu'on luy en a toujours prétendu faire un grand crime, et que bien des gens n'ont jamais voulu le luy pardonner.

Il est surprenant qu'on ait tant crié aprez le P. Eudes pour sa sortie de l'Oratoire, tandis que tant d'autres en sont sortis dont on n'a jamais dit un seul mot pour s'en plaindre (2). Les sujets de l'Oratoire ne tiennent à leur Congrégation par aucun vœu, ny par aucun lien qu'ils ne puissent rompre, quand ils croient en avoir un juste sujet. Quant à sçavoir si le P. Eudes avoit un motif véritablement juste de sortir de la Congrégation de l'Oratoire, il n'étoit pas obligé d'en rendre compte au public. Il suffisoit qu'il s'inspirât en cela des mouvemens de sa conscience; qu'il consultât, pour le mieux, des personnes éclairées et désintéressées, et suivît leur sentiment. Or, c'est ce qu'il a fait exactement, comme nous l'avons dit cy-devant, en exposant toutes les mesures qu'il avoit prises et les personnes qu'il avoit consultées, lorsqu'il avoit formé le dessein d'ériger sa Congrégation. En faut-il davantage pour la justification du serviteur de Dieu? Mais, si nous ajoutons la véritable

(1) L'hérésie de Jansénius.
(2) « Quelques-uns de ses disciples se plaignirent, un jour, au P. de Bérulle de ce que, grâce à la liberté qu'il laissait de quitter l'Oratoire, on perdait un grand nombre de sujets: « Et moi, j'en suis bien aise », leur répartit-il, « la Congrégation n'étant établie que pour fournir de dignes « ministres et de bons ouvriers à l'Eglise. » (Houssaye, *Le Père de Bérulle et l'Oratoire de Jésus*, p. 370.)

cause que nous avons déjà déclarée cy-devant, qui étoit le dessein d'établir des séminaires pour remédier aux grands besoins de l'Eglise, dessein qu'il auroit voulu exécuter de tout son cœur dans la Congrégation de l'Oratoire, si les supérieurs y avoient voulu donner les mains lorsqu'il leur en fit la proposition, bien loin de l'en blâmer, ne devroit-on pas l'en congratuler (1)?

Quoy qu'il en soit, les supérieurs de cette Congrégation furent très-mortifiez lorsqu'ils virent le P. Eudes sorti de chez eux ; ils se repentirent de n'avoir pas voulu entendre aux propositions qu'il les avoit priez de prendre en considération. Ils

---

(1) Nous croyons, avec le P. Martine, que *la véritable cause* de la sortie du P. Eudes de l'Oratoire ne fut pas l'invasion du Jansénisme dans cette Compagnie, mais bien le refus positif des Supérieurs de fonder des séminaires. Ce grand et fidèle serviteur de Dieu et de l'Eglise abhorrait, sans doute, de toute sa force, la doctrine de Jansénius, cette peste des âmes dont « il étoit aussi éloigné, disait-il, dans son langage énergique, que le ciel l'est de l'enfer. » Sans aucun doute encore, il se trouva heureux et déchargé d'un grand poids quand il put respirer plus librement le grand air du vrai Christianisme, loin d'une Société qui donnait déjà des gages si puissants à l'erreur. Cependant, à notre avis, sans la question si grave de la fondation des séminaires, d'où dépendait la régénération religieuse et sociale du clergé et des fidèles, le P. Eudes n'eût pas quitté l'Oratoire. Vaillant comme il l'était, cet apôtre *sans peur et sans reproche* serait demeuré ferme sur le premier champ de bataille où il avait pris position pour livrer une guerre sans merci au Jansénisme, cet impudent ennemi dont la doctrine n'allait à rien moins qu'à éteindre le véritable amour de Dieu dans les âmes et à supprimer la vertu en refusant à l'homme la liberté morale. L'Oratoire, dont le but principal et exclusif, dans la pensée de son fondateur, était de travailler à la régénération du clergé au moyen des séminaires, préféra n'ériger que des collèges ; c'est à tel point qu'en 1631, cette Congrégation, qui n'avait encore que le seul *séminaire-collège* de Saint-Magloire, *comptait déjà 71 collèges en plein exercice* (Perraud, *L'Oratoire de France*, p. 169). La maison de Saint-Magloire, elle-même, ne devint un séminaire proprement dit qu'à la fin de l'année 1642 ; et, longtemps après, elle était encore le seul établissement de cette nature dans la Congrégation.

Mais si, par une permission toute providentielle, l'Oratoire ne fut pas appelé à fonder des séminaires dont les adeptes de Jansénius et de Saint-Cyran se seraient trouvés trop souvent les directeurs, et où les aspirants au sacerdoce seraient venus s'abreuver « à une source infectée », (Faillon, t. I, p. 299 ; — Maynard, t. II, p. 20) il a eu la gloire, qui suffit

luy en firent à leur tour, et ils mirent tout en usage pour l'engager à revenir. C'est ce que nous apprenons dans les libelles qui furent publiez contre luy : « Les supérieurs, dit un « de ces libelles, firent tous leurs efforts pour le rappeler in- « continent après sa sortie, et expédièrent pour cet effet un « ordre, en date du 28 may 1643, pour le convier de se rendre « dans la maison de Caën, pour y vivre et travailler avec les « autres prestres de l'Oratoire. Le Père Bourgoing, qui en estoit « général, luy fit toutes les offres imaginables pour luy donner « moyen de travailler selon ses lumières et inclinations sans « quitter sa Congrégation. Il luy promit de le laisser tousjours « dans les employs des missions, des conférences ecclésiasti- « ques, et des séminaires, sans le pouvoir tirer de Normandie, « où il paroissoit estre attaché; de le donner à Monseigneur « l'évesque de Bayeux qu'il tesmoignoit vouloir servir pour estre « entièrement à luy et travailler sous sa conduite et dans son « diocèze. En un mot, ce général fit tout ce qu'il put, comme « un très-charitable Père, pour retirer un enfant qu'il aimoit « d'une voye d'erreur et d'illusions qu'il luy voyoit prendre. »

à le rendre à jamais célèbre, d'avoir formé, sous la direction des Bérulle et des Condren, les saints prédestinés à être les premiers et les plus célèbres instituteurs du clergé : saint Vincent-de-Paul, Jean-Jacques Olier, et le vénérable P. Eudes ; sans compter que par surcroît il a été comme une pépinière de savants illustres. Sa part est assez belle, pour qu'on puisse, sans l'offenser, lui dire la vérité tout entière, ses erreurs et ses gloires. Des nouveaux Oratoriens, nous ne dirons qu'un mot : ils sont les dignes héritiers du cardinal de Bérulle et de « *cet illustre Père, Charles de Condren, dont le nom*, dit Bossuet, *inspire la piété, dont la mémoire, toujours fraîche et toujours récente, est douce à toute l'Eglise comme une composition de parfums.* » (Bossuet, édit. de Versailles, t. XVII, p. 577.)

C'est donc à bon droit que le savant historien de M. Olier, après une page remarquable que nous voudrions pouvoir citer, ajoute ces quelques lignes que nous tenons à reproduire : « L'Oratoire était si éloigné de travailler à l'établissement des séminaires que, peu après la mort du P. de Condren, cette Congrégation aima mieux laisser sortir de son sein le P. Eudes, que de lui fournir les moyens de réaliser enfin les vues du fondateur, en se livrant à cette œuvre; et ce fut à cette occasion que le cardinal de Richelieu appliqua au P. Eudes les paroles du roi de Tyr aux ambassadeurs de Salomon : « *Béni soit le Seigneur Dieu qui a donné à David un fils si sage.* » (Faillon, t. I, p. 299.)

Je laisse au judicieux lecteur à faire ses réflexions sur ce nouveau libelle, telles qu'il jugera à propos ; mais en voicy pourtant quelques-unes que je ne puis omettre. La première, c'est que l'auteur de ce libelle est d'autant plus croyable, que son écrit est un des plus violens qui aient été composez contre le P. Eudes. On peut donc ajouter foy à sa déclaration et l'admettre comme véritable, puisque évidemment il n'a pas eu pour but, en écrivant, de le favoriser. La seconde, c'est que ces belles offres qu'on faisoit au serviteur de Dieu luy venoient trop tard, et que ce fut pourquoy elles demeurèrent inutiles. On ne l'avoit pas voulu écouter lorsqu'il avoit proposé le dessein d'établir des séminaires ; il ne voulut pas écouter, à son tour, lorsqu'on luy offrit de rentrer pour exécuter les mêmes projets dans l'Oratoire.

En troisième lieu, les PP. de l'Oratoire devoient nécessairement voir avec beaucoup de peine la sortie du P. Eudes de leur Congrégation ; c'étoit un de leurs meilleurs sujets ; il avoit demeuré longtemps chez eux, leur avoit procuré déjà beaucoup d'honneur par ses éclatantes missions, et pouvoit leur en faire encore davantage dans la suite. Il regardoit cette démarche comme une espèce d'affront ; plus les offres qu'ils avoient faites à ce digne ouvrier, pour l'engager à revenir chez eux, étoient honorables et avantageuses, plus son refus d'y correspondre leur parut injurieux et chagrinant. « Cela excita contre luy, dit « M. Huet, évêque d'Avranches, les plaintes et le ressentiment « de tout ce corps, comme s'il l'eût dépouillé de ses amis et de « ses protecteurs pour s'en prévaloir dans ses nouveaux des- « seins (1). » Ce fut aussy de là que luy vinrent tant de persécutions de la part de quelques-uns d'entre eux, et beaucoup plus de la part de leurs amis qui avoient épousé leur querelle et qui ne luy purent jamais pardonner, comme nous le verrons dans la suite.

Cependant, malgré les occupations incessantes et les difficultez que luy causa sa Congrégation naissante, le P. Eudes trouva encore moyen de donner, en cette même année 1643,

---

(1) Huet, *Origines de Caen*, XXIV, 480.

deux fameuses missions dans le dioceze de Coutances. La première fut à Saint-Sauveur-le-Vicomte, où il avoit déjà travaillé onze ans auparavant. Il la commença le jour de la Pentecôte; Dieu permettant sans doute cette heureuse coïncidence pour faire connoître la conformité qu'il vouloit établir entre ses dignes ouvriers et les apôtres, dont le P. Eudes et ses sujets devoient être les successeurs et les imitateurs dans leurs saintes fonctions. Car, de même que les apôtres, après avoir été renfermez durant quelque temps dans le Cénacle, receurent le Saint-Esprit et la plénitude de ses dons, et allèrent travailler avec tant et de si grands fruits à la conversion des âmes, ainsi le P. Eudes et ses compagnons, étant demeurez renfermez pendant quelque temps dans leur nouvelle maison de Caën comme dans un Cénacle, en sortirent tous remplis du Saint-Esprit pour produire les fruits étonnans que l'on vit paroître dans ces premières missions.

Voicy de quelle manière le P. Eudes parle de ces deux missions dans son *Memoriale beneficiorum Dei*. « En cette « mesme année, dit-il, nous fimes deux grandes missions, « dont les fruits furent extraordinaires et surpassèrent ceux « de toutes les précédentes; comme si Nostre-Seigneur « avoit voulu faire voir clairement à tout le monde qu'il « estoit avec nous et qu'il estoit l'autheur de nostre establis- « sement. » En effet, Dieu fit voir bien sensiblement, dans ces deux missions et dans les suivantes, qu'il avoit choisi ces dignes apôtres pour être les instrumens de ses plus grandes miséricordes sur les pauvres pécheurs, dans tous les lieux où ils furent appelez pour travailler.

Le P. Eudes parut à la mission de Saint-Sauveur avec cet éclat que donne un mérite extraordinaire quand il se trouve joint à une vertu sublime (1). Il y travailla avec tant de succez qu'il rétablit partout le bon ordre, la pureté des mœurs, la vigueur de la discipline, et une solide piété. Aprez avoir travaillé en ce lieu avec de

---

(1) La mission de Saint-Sauveur-le-Vicomte fut défrayée par M. le Prieur de Beaupré, religieux de l'abbaye de Saint-Etienne de Caen. (Costil, *Annales*.)

grandes bénédictions, pendant environ six semaines, il finit cette mission, pour en aller commencer une autre où le Seigneur luy préparoit encore une plus abondante moisson; c'étoit, pour employer la parole même de l'Evangile, à la vigne de Valognes, qui n'est éloignée que de trois lieues de Saint-Sauveur-le-Vicomte. La grande réputation qu'il s'étoit acquise à Saint-Sauveur, par son éloquence, par sa science et sa grande piété, l'accompagna à Valognes, et rendit cette mission encore incomparablement plus fameuse et plus riche en grâces et en bénédictions que la précédente, car il y excita bientôt l'admiration de toute la ville. La multitude des peuples qui accouroient de toutes parts pour l'entendre étoit si grande que l'église, aux jours ouvriers mêmes, étoit trop petite pour les contenir, et que le P. Eudes, préchant tous les jours, étoit obligé d'aller faire le sermon dehors, dans une grande place qui est derrière le château, comme il le marque dans son Journal. On disoit même que les dimanches et fêtes, il s'y trouvoit plus de trente mille personnes (1), tant il y avoit d'empressement pour entendre ses sermons; et ce qu'il y a de surprenant, c'est que, de toute cette prodigieuse multitude, les derniers et les plus éloignez l'entendoient aussy distinctement que ceux qui étoient les plus proches. C'est à cette occasion que M. Cospean, évêque de Lisieux, à qui il l'avoit mandé, luy rendit ce glorieux témoignage, que nous avons rapporté cy-devant, lorsqu'il dit que c'étoit un prodige digne des apôtres mêmes : *Digna res ipsis apostolorum actis.*

Un jour, comme il préchoit dans le même lieu, il s'éleva

(1) Le P. Eudes dit dans son *Mémorial* : « La multitude du monde estoit si grande que j'estois obligé de prescher tous les jours, hors de la ville, derrière le chasteau, et l'on croyoit qu'il y avoit quarante mille personnes aux dimanches et aux festes. » La plupart des biographes ont reproduit, sans examen, ce nombre de quarante mille personnes assistant aux sermons du P. Eudes derrière le château de Valognes. Il est évident que ce chiffre est exagéré. Il faut, en général, lire avec défiance ces évaluations d'hommes. Le plus souvent on doit regarder les chiffres très-hasardés que l'on donne, en pareil cas, comme synonymes de *foule immense, nombre incalculable, multitude innombrable.*

au milieu du sermon un si furieux orage, qu'il sembloit que tout alloit être abîmé. La plupart des auditeurs s'en effrayèrent et se disposoient déjà à se retirer, pour se mettre à couvert, lorsque le P. Eudes les rassura et leur prédit qu'ils n'en seroient point incommodez. Ils restèrent sur sa parole, et l'effet justifia sa prédiction; car, quoyqu'il plût en abondance dans les lieux voisins de la place où avoit lieu le sermon, très-peu des auditeurs s'en ressentirent, et encore très-légèrement; ce qui fut regardé par beaucoup comme l'effet miraculeux de sa prédiction.

Le P. Eudes étoit infiniment consolé de voir la grande ferveur de ces peuples à venir en si grande affluence écouter la parole de Dieu et participer aux grâces de la mission. Mais ce louable zèle augmentoit considérablement ses travaux et ceux de ses ouvriers, qui ne pouvoient plus suffire à entendre tous ceux qui assiégeoient leurs confessionnaux. Ce fut ce qui l'obligea à multiplier le nombre des confesseurs, autant qu'il put trouver de bons prêtres pour luy aider. Ce fut aussi ce qui l'obligea, pour satisfaire à la piété des fidèles, d'établir deux communions générales en chaque semaine, sçavoir le dimanche et le jeudy, ou un jour de fête s'il s'en rencontroit; avant ce temps-là on n'en faisoit qu'une, qui avoit lieu le dimanche. Nous en reparlerons plus amplement cy-après.

En cette mission, il se passa une chose qui mérite bien de trouver icy sa place. On sçait assez que les habitans de Valognes se sont toujours piquez de bel esprit et de politesse, et que cette ville, quoyque petite, est une des plus remplies de personnes de qualité et de distinction de toute la province. Dans le temps que le P. Eudes fit la mission dont nous parlons, ce n'étoient pas seulement les hommes qui se piquoient de bon goût en matière de sermons et d'ouvrages de littérature; il s'y étoit élevé depuis quelque temps une académie françoise d'un genre tout nouveau : elle étoit formée d'une troupe de demoiselles qui s'arrogeoient le droit de décider du mérite des prédicateurs, de les critiquer, de les tourner en ridicule, et de prononcer en dernier ressort sur ce qui s'appelle œuvre d'esprit. Les choses étoient arrivées au point que les ministres de l'Evangile, dans l'appréhension de subir les arrêts de ce nouveau tribunal, quelque incompétent qu'il parût être, refusoient de paroître dans les chaires de Valognes ; ce qui décréditoit la parole de Dieu et faisoit scandale dans le pays.

Quelques gens de bien, qui gémissoient de ce désordre, auquel on n'avoit pu encore apporter de remède efficace, et qui craignoient qu'il ne mît obstacle au succez de la mission, en avertirent le P. Eudes, dez le commencement, et le prièrent de faire cesser cette farce scandaleuse. L'homme de Dieu les rassura et leur promit de faire bientôt justice de cette soy-disant académie de sçavantes. En ayant conféré avec ses confrères, il chargea M. Manchon, qui étoit un de ses meilleurs sujets, d'y employer son ministère. Celuy-cy, qui devoit prêcher le lendemain, invita toute la ville à se trouver au sermon qu'il donneroit deux jours après. Comme il étoit fort éloquent et goûté de tout le monde, l'auditoire fut très-nombreux. La troupe des précieuses ne manqua pas de s'y trouver, à dessein de juger, selon son ordinaire, de la pièce et du prédicateur. Elles étoient loin de s'attendre à y jouer un tout autre rôle et à être si bien drapées qu'elles le furent.

Après que le prédicateur se fut concilié la bienveillance de ses auditeurs, en relevant beaucoup l'esprit et la politesse des habitans de Valognes, il arriva adroitement aux prétendues sçavantes et au personnage qu'elles faisoient dans la ville ; bref, il les tourna si agréablement en ridicule et les chargea d'une telle confusion, que, depuis ce temps-là, elles n'osèrent plus s'assembler ny se mêler de juger, ny d'exercer leur critique. Les autres auditeurs applaudirent au discours du prédicateur : ainsi finit la prétendue académie des sçavantes de Valognes (1).

(1) Le P. Costil nous a donné une analyse assez curieuse de cette allocution satirique à l'adresse des *Précieuses ridicules* de Valognes, dont, notre grand comique, quelques années plus tard, devait si bien *draper* les dignes émules. Nous nous croirions très-coupable de ne pas la reproduire ici textuellement. Quand donc M. Manchon se fut concilié l'attention de l'auditoire, il poursuivit à peu près en ces termes : « Tout le monde sçait, « Messieurs, en quelle réputation est la ville de Valognes, qui renferme « une infinité de personnes si distinguées par leur noblesse, leurs ma-

Il se passa en cette mission un autre fait qui intéresse trop la mémoire du P. Eudes, pour n'être pas rapporté icy. La mission étant déjà avancée, et les peuples fort animez à donner à Dieu des marques de leur amour, le serviteur de Dieu voulut profiter de ces bonnes dispositions pour laisser à la postérité un monument digne de sa piété et de sa tendre dévotion envers la très-sainte Vierge. Il y avoit en la paroisse d'Alleaume, qui tient à Valognes (1), une ancienne chapelle presque abandonnée, puisqu'elle n'étoit fréquentée qu'une fois l'an, le jour où il étoit d'usage d'y dire la messe en l'honneur d'un saint dont le culte étoit assez vague, car on n'en sçavoit pas même le nom. L'image qui se trouvoit dans cette chapelle étoit pareillement innommée, et la chapelle elle-même ne portoit aucun titre. Un tel état de choses parut, avec raison, ridicule au serviteur de Dieu ; il fit faire tant de recherches, qu'on réussit à trouver d'anciens titres, qui démontroient que cette chapelle avoit été dédiée à la très-sainte Vierge.

Le P. Eudes, plus ravi de cette découverte que s'il avoit trouvé un trésor, engagea fortement les fidèles à rétablir cette chapelle, et tous se firent un plaisir d'y contribuer, chacun en sa manière. Il seroit difficile de dire quel fut l'empressement que tous montrèrent pour cette bonne œuvre. Pour réparer cette chapelle et la mettre dans un état décent, les uns

« nières polies, la délicatesse de leur esprit auquel rien n'échappe de tout
« ce qui regarde la littérature et le bon goust. Cependant, je vous l'avoueray,
« vostre ville a encore quelque chose qui me paroist plus singulier et plus
« extraordinaire : c'est que le sexe mesme a une large part à cette distinction
« littéraire, et qu'on remarque parmy les personnes qui s'appliquent à
« l'étude des beaux-arts une compagnie de damoiselles qui font profession
« d'un grand discernement. Il leur manque pourtant une chose : elles
« n'ont point de chef pour présider leur assemblée ; c'est ce qui m'a
« donné l'idée de leur en choisir un qui leur convienne. Pour ma part,
« et vous serez tous, je pense, de mon avis, je n'en trouve pas
« qui soit plus apte, en toutes manières, à remplir ce noble employ que
« l'ânesse de Balaam. » (*Annales*, liv. II ; *Les Fleurs*, p. 161.)
L'annaliste ajoute que les Précieuses, toutes confuses, n'osèrent lever les yeux pendant le reste du discours, ni se rassembler dans la suite. M. Manchon avait prêché son premier sermon dans l'église Notre-Dame de Caen, le jour de la fête de la Purification, 1643. (Costil, *Annales*.)

(1) La commune d'Alleaume est réunie à Valognes depuis 1868.

donnèrent des matériaux, les autres de l'argent ; les ouvriers de différentes professions vinrent en foule offrir leurs services, sans vouloir être à charge ny au P. Eudes, ny à ses confrères ; en un mot, chacun s'y employa selon son pouvoir, de sorte qu'en très-peu de temps, la petite église se trouva réédifiée. Il la consacra sous le nom de *Notre-Dame de la Victoire*. Il inspira tant de dévotion pour ce saint lieu, que depuis ce temps-là il est devenu une source de grâces et de merveilles, semblable à tant d'autres lieux dédiez à la Mère de Dieu, où les peuples vont offrir leurs supplications et leurs vœux, et où ils reçoivent des marques éclatantes de la protection de cette Mère de miséricorde, ainsi que beaucoup de personnes l'ont heureusement éprouvé. On a continué, depuis lors, de fréquenter cette chapelle avec beaucoup de dévotion et de fruit.

Enfin, la dernière chose remarquable en cette mission fut la grande quantité de mauvais livres, de vilains tableaux et autres instrumens de péché, que le P. Eudes y brûla publiquement. Quelques uns ont cru que ce fut en cette mission que ce saint missionnaire établit cette louable coutume ; cependant, il est certain qu'il l'avoit déjà pratiquée en plusieurs autres missions. Pour concilier les différens sentimens, on peut dire qu'il avoit déjà brûlé ailleurs, par occasion, tous ces détestables objets ; mais qu'à partir de ce temps-là, il s'en fit une règle qu'il observa désormais dans toutes ses missions avec beaucoup de fruit et d'édification. Il y avoit grand sujet de faire ce brûlement à Valognes ; peut-être pourroit-on même dire plus qu'ailleurs. En effet, cette ville, comme nous l'avons dit, comptoit grand nombre de personnes de qualité qui menoient une vie assez désœuvrée, ce qui ne les empêchoit pas de se piquer de bel esprit ; leur occupation journalière étoit d'apprendre et de débiter des nouvelles, de faire et de recevoir des visites. Elles ne cherchoient qu'à s'amuser et à passer agréablement le temps. Elles avoient en leur possession bonne provision de mauvais livres, qu'elles regardoient comme un mérite de bien connoître pour en entretenir les compagnies. Comme elles se trouvèrent extraordinairement touchées par les sermons de la mission, il ne fut pas difficile de les engager à se défaire d'un mobilier aussi pernicieux ; elles s'y résignèrent pour mettre fin à une si dangereuse occupation. Le P. Eudes accomplit la cérémonie du brûlement de ces vilains livres, avec beaucoup d'éclat : ce fut par là que finit la mission.

Cette mission finie, le serviteur de Dieu s'appliqua à chercher les moyens d'affermir sa Congrégation ; ce fut ce qui l'occupa pendant le reste de l'année 1643. Quoyque ce ne fût point sur le crédit des hommes, ny sur la faveur des grands qu'il eût jeté les yeux pour accomplir ses projets, mais uniquement sur le secours du Ciel et sur le fond solide de la divine Providence, il crut pourtant devoir ménager les puissances temporelles et y avoir recours, les regardant comme des instrumens dont Dieu a coutume de se servir pour exécuter la plupart de ses desseins. Il n'ignoroit pas combien sa sortie avoit causé de peine aux PP. de l'Oratoire ; il se dit qu'infailliblement il les rencontreroit souvent en son chemin, et qu'ils ne négligeroient aucune occasion de le traverser. Il connoissoit le grand crédit qu'ils avoient en France et les amis puissans qui leur étoient entièrement dévouez ; il étoit donc fondé à croire qu'ils ne manqueroient pas de luy faire expier chèrement l'affront qu'ils prétendoient avoir receu.

Ces réflexions luy inspirèrent la pensée de faire approuver sa Congrégation à Rome, pour opposer cette autorité si respectable comme une forte digue aux contradictions de ses adversaires. Il sçavoit bien que s'il s'étoit agi seulement de fonder un séminaire particulier, à Caën, par exemple, il n'eût pas été nécessaire de prendre la peine de recourir à Rome : les règlemens du Concile de Trente et les Ordonnances royales y ont suffisamment pourveu. Dans ce cas, M. l'Evêque de Bayeux eût été suffisamment autorisé à en établir un dans la ville de Caën pour son diocèze. Mais comme il projetoit de former des sujets non-seulement pour le diocèze de Bayeux, mais encore pour les autres diocezes qui voudroient luy en demander, il croyoit nécessaire de faire approuver son dessein par le Saint-Siége et de luy demander de reconnoître sa Congrégation.

Pour réussir dans ces projets si louables, il crut avoir besoin des attestations de quelques évêques qui fissent foy des grands biens qu'il opéroit par ses missions, et des résultats plus importans encore qu'on devoit espérer de l'établissement de ces séminaires. Comme c'étoit dans les diocezes de Coutances et de Bayeux qu'il avoit le plus travaillé jusqu'alors, et où l'on connoissoit mieux, par conséquent, les grands fruits de ses missions, il commença par demander le témoignage des deux prélats de ces diocezes. Pour cet effet, en revenant de la mission de Valognes, il prit son chemin par Coutances; mais le seigneur Evêque étant pour lors absent, il s'adressa au grand-vicaire, qui étoit M. Le Pileur, dont nous avons parlé cy-devant. Comme celuy-cy connoissoit le mérite du serviteur de Dieu et qu'il étoit parfaitement renseigné sur le bien opéré par luy dans le diocèze de Coutances, il luy donna un témoignage des plus honorables et des plus avantageux.

Il y disoit en substance que, « depuis que le P. Eudes tra-
« vailloit par ses missions dans le diocèze de Coutances, on
« voyoit revivre la ferveur et l'esprit de la primitive Eglise
« dans la plupart des fidèles qui avoient assisté à ses sermons;
« que ses discours étoient receus comme une pluye douce et
« salutaire qu'on avoit ardemment désirée; que, chose éton-
« namment merveilleuse, il faisoit entendre sa parole en même
« temps à plus de quarante (1) mille personnes, sans qu'on en
« perdît un seul mot; que sa voix pénétroit jusqu'au fond des
« cœurs, et qu'il n'y en avoit point de si endurcis qu'il n'eût le
« don de toucher. Il louoit ensuite la pureté de ses intentions,
« disant qu'il étoit ennemi de la flatterie, qu'il n'avoit d'autre
« but, dans ses travaux apostoliques, que de gagner des âmes
« à Dieu, de les pénétrer de la douleur de leurs péchez, de
« l'amour de Notre-Seigneur; qu'après ses sermons, on jugeoit,
« par la componction et l'air dévot des auditeurs, des saintes
« dispositions que ces discours avoient produites dans leurs
« cœurs; qu'au lieu de s'entretenir des louanges du prédicateur,
« ils couroient avec empressement aux pieds des confesseurs;
« qu'on avoit vu suivre de là une infinité de restitutions, de

---

(1) ... Ut a quadraginta millibus auditorum, et amplius, in planitie campi clare et distincte sit auditus.

« réconciliations, d'accommodemens, de procez, d'abolition de
« duels, de cessation d'abus, de scandales; sans parler de
« quantité de livres pernicieux qui avoient été brûlez publique-
« ment, de grand nombre de pécheurs publics, qui réparoient,
« par une vie chrétienne, les mauvais exemples qu'ils avoient
« donnez; qu'enfin on avoit vu avec admiration la bénédiction
« tout extraordinaire que Dieu avoit donnée aux entretiens
« qu'il avoit faits aux ecclésiastiques, bénédiction si abondante
« qu'après quelques semaines, on avoit remarqué un change-
« ment total dans le clergé; qu'il étoit donc à souhaiter,
« ajoutoit-il, que le P. Eudes pût achever ce qu'il avoit si bien
« commencé, et que, d'ailleurs, on avoit déjà proposé à l'As-
« semblée générale du Clergé de France en 1625 (1) : c'est-à-
« dire qu'il pût établir des séminaires dans les diocezes pour
« instruire les prêtres, surtout ceux qui ont charge d'âmes;
« que, pour cet effet, il falloit supplier Sa Sainteté qu'il luy
« plût de faire ressentir en cette occasion au digne mission-
« naire les effets de sa bonté ordinaire, en appuyant cette
« bonne œuvre de sa grâce spéciale. » Cette pièce est en latin,
datée de Coutances, le 3 de septembre 1643.

Cette attestation de M. Le Pileur n'étoit pas directement
pour le Pape, comme on le peut remarquer par plusieurs
termes qui s'y trouvent. Le P. Eudes sçavoit bien qu'on ne
recevroit pas volontiers à Rome une attestation d'un grand-
vicaire. Ce témoignage étoit plutôt comme le modèle de la
lettre que M. de Matignon, évêque de Coutances, devoit donner

---

(1) Charles Godefroy, docteur de la Faculté de théologie de Paris et curé
de Cretteville, dans le diocèse de Coutances, avait présenté un Traité complet
sur la nécessité des séminaires, à l'Assemblée du clergé, tenue à Paris, en
1625. L'Assemblée approuva et encouragea le dessein de ce saint prêtre dans
un acte authentique rédigé par Mgr de Chartres, son rapporteur, et signé
par son président, Mgr François II de Harlay, archevêque de Rouen. Ce projet,
comme plusieurs autres essais tentés depuis un demi-siècle, resta sans résultat. Dix-sept ans devaient encore s'écouler avant qu'il ne fût réalisé par
M. Olier, saint Vincent de Paul et le P. Eudes. Ce traité de Charles Godefroy,
déjà fort rare en 1722, avait pour titre : *Le Collège des Saincts Exercices où
est donné le moyen unique, très-aisé et très-efficace de porter, maintenir et
élever les Pasteurs et le corps universel de l'Eglise en leur perfection, proposé
et dédié à Nos Seigneurs les Illustrissimes et Révérendissimes Prélats de
l'Assemblée du Clergé.*

luy-même. En effet, le serviteur de Dieu alla trouver ce Prélat au château de Torigny, où il étoit pour lors chez M. son père. Il en fut parfaitement bien receu; et comme le Prélat connoissoit la vérité de tout ce que M. Le Pileur attestoit, il accorda au P. Eudes avec plaisir ce qu'il luy demandoit; non pas sous la forme d'une simple attestation, mais bien en forme de supplique qu'il adressoit à Urbain VIII, pour luy demander en son nom l'érection de ladite Congrégation et l'établissement des séminaires; il reproduisoit les raisons alléguées cy-dessus, se contentant de changer les termes qui ne convenoient pas au style d'une supplique, ny à la personne de celuy qui parloit.

Pour M. d'Angennes, évêque de Bayeux, comme il étoit le plus intéressé à la chose, puisque c'étoit en son diocèze que l'établissement se devoit faire, il luy donna aussi une supplique adressée au même Souverain Pontife, en date du 22 d'octobre de la même année. Je la rapporterois tout entière icy si je ne craignois de grossir trop cette histoire. En voicy la substance : « Le « Prélat se plaint d'abord de la difficulté qu'il éprouve à trouver « de dignes ouvriers pour luy aider à conduire le grand diocèze « dont il est chargé depuis trente-six ans. Il s'étend ensuite « sur les vertus, les talens et les qualitez du P. Eudes, sur les « grands biens qu'il a faits par ses missions dans son diocèze, « particulièrement à l'égard des ecclésiastiques. De là, il prend « occasion de représenter au Saint-Père combien il seroit avan- « tageux à l'Eglise que ce saint homme et les compagnons qu'il « s'est associez s'appliquassent à réformer le clergé et à former « de dignes ministres des autels, à les instruire de leurs devoirs « et à leur communiquer l'esprit de leur état; que c'étoit ce qui « l'avoit fait penser à ériger un séminaire dans la ville de Caën « de son diocèze et d'en confier la direction audit Eudes et à ses « associez, qui s'offroient d'en aller fonder de semblables dans « d'autres diocèzes, si Sa Sainteté vouloit bien les favoriser de « ses grâces et les honorer de sa bénédiction apostolique. » Le Prélat joignit à cette supplique une lettre particulière pour le cardinal Antonio du titre de Saint-Onuphre, pour le prier d'appuyer de son crédit la grâce qu'il demandoit au Saint-Père (1).

(1) Voir les lettres des deux prélats aux pièces justificatives.

Le P. Eudes ayant obtenu de M. l'Evêque de Coutances et de celuy de Bayeux ces attestations en forme de suppliques si avantageuses, en fit aussy dresser une en son nom, dans laquelle après avoir exposé son dessein et les raisons pieuses qui l'avoient engagé à vouloir établir sa Congrégation, il supplioit Sa Sainteté de vouloir bien favoriser son projet, l'honorer de sa bénédiction apostolique et luy accorder les mêmes grâces qu'Elle a coutume d'accorder en pareille occasion. Il confia ces différentes suppliques à un banquier, ne se trouvant pas encore en état d'envoyer un exprès à Rome. Mais parce que tout se fait à Rome avec beaucoup de maturité et de lenteur, en attendant le succez de cette tentative auprès du Souverain Pontife, il jugea à propos d'en faire une autre à la cour de France. Le Roy Louis XIII étoit mort dans le mois de may précédent, 1643; la Reine mère, Anne d'Autriche, étoit Régente du royaume, durant la minorité de Louis XIV, qui n'étoit alors âgé que de cinq ans.

Le P. Eudes avoit, à la vérité, à Paris, beaucoup d'amis très-puissans; mais comme ces mêmes hommes étoient aussy en relations étroites avec les PP. de l'Oratoire, il avoit bien lieu de craindre qu'ils ne voulussent pas luy rendre les services dont il avoit besoin, pour ne pas déplaire à ceux qu'il avoit quittez. Il s'adressa cependant à deux PP. Pénitens, qui étoient de ses amis intimes et qui, malgré leur grand désir de ménager les PP. de l'Oratoire, ne laissèrent pas de luy rendre de bons offices. Le premier étoit le fameux P. Jean-Chrysostome, de Saint-Lo, vénérable religieux avec qui il entretenoit de saintes liaisons de spiritualité; l'autre, le frère Jean-Baptiste, religieux du même ordre; tous deux demeuroient alors dans leur couvent de Nazareth, à Paris. Le P. Eudes leur écrivit dans le mois de novembre de cette année 1643, et ils luy envoyèrent leurs réponses tous deux séparément, quoyque dans la même lettre.

Le P. Jean-Baptiste luy marquoit qu'il étoit bien fâché de ne pouvoir pas luy rendre d'aussy bons services qu'il souhaitoit; qu'il luy conseilloit cependant de faire un voyage à Paris, et qu'ils aviseroient ensemble, sur les lieux, aux moyens d'avoir accez auprès de la Reine; mais

qu'il eût à tenir son voyage secret, et qu'il tachât que les PP. de l'Oratoire ne connussent point son arrivée à Paris. Après luy avoir donné encore d'autres bons avis, il finissoit sa lettre par ces paroles pleines de tendresse et de piété. « Adieu; en Dieu soyez-vous, mon très-cher et bien
« aimé frère, pour jamais; et croyez que vous n'aurez
« point en ce monde de meilleur amy en Jésus-Christ
« que moy. Laquelle amitié je vous garderay toute ma vie,
« Dieu aidant. Frère Jean-Baptiste, religieux pénitent (1). »
La lettre est du 25 novembre 1643. Le P. Jean-Chrysostome luy marquoit pareillement beaucoup de cordialité, de désir de luy rendre service en tout ce qu'il pourroit; il luy disoit qu'il avoit vu le bon M. Vincent, qui étoit bien disposé à luy rendre service auprès de la Reine. *Ce M. Vincent est le fondateur de la Congrégation de la Mission, qui vient d'être canonisé.*

En conséquence de ces deux lettres, le P. Eudes fit le voyage de Paris avec M. Manchon; nous ne sçavons pas bien ce qu'il négocia dans ce voyage, ny ce que ces amis firent pour luy. Nous ne pouvons pas douter qu'il ne fut bien receu de la Reine mère, puisqu'elle fit écrire plusieurs lettres à Rome en sa faveur, peu de temps après, comme nous le verrons dans la suite, et qu'elle l'honora toujours depuis de sa royale protection. Nous ne voyons cependant pas que toutes ces démarches aient réussi à obtenir pour lors l'approbation de la Cour. Durant son séjour à Paris le P. Eudes écrivit à ses confrères de Caën une lettre toute cordiale, qui mérite bien de trouver sa place icy. Elle est ainsy conceuë :

---

(1) La lettre du frère Jean-Baptiste contient le passage suivant qui donne bien l'idée des difficultés et des oppositions que le P. Eudes a rencontrées pour fonder sa Congrégation : « Le P. Chrysostome a parlé de vous à M. Vincent, lequel luy a promis de vous assister en tout ce qu'il pourra, c'est luy qui a le plus de pouvoir sur l'esprit de la Reyne pour ces sortes d'affaires,..... Néantmoins, ne luy découvrez pas vostre secret que je ne vous aye parlé auparavant; veu qu'à peine pourriez-vous rencontrer une seule personne qui regardast vostre dessein de mesme œil que vous l'envisagez et qui l'affectionnast comme je fais. » (Costil, *Annales*, liv. XI.)

JÉSUS MARIA.

« Mes très-aimez Frères,

« Je laisse à M. Manchon le soin de vous escrire les
« nouvelles. Ce mot est seulement pour vous asseurer,
« que je vous porte tous bien avant dans mon cœur,
« avec une affection et une tendresse non pareille. Mais
« cela n'est rien ; ce qui vous doibt réjouir c'est que Nostre
« Seigneur et sa très-saincte Mère vous portent dans le leur ;
« portons-les aussy et travaillons à les faire vivre et régner
« dans le nostre, par le moyen d'une véritable et profonde
« humilité ; d'une parfaite et cordiale charité, d'un entier
« mépris du monde et de nous-mesmes et par le pur
« amour de Dieu. C'est en cela que vous trouverez la paix
« de vos âmes et le Paradis de la terre. Je supplie Nostre
« Seigneur et sa très-saincte Mère, qu'ils nous fassent tous
« selon leur cœur, en l'amour duquel je vous embrasse
« tous en général et en particulier ; et suis de toute ma
« volonté, tout vostre

« Jean EUDES,
« Prestre de la Congrégation de Jésus et Marie. »

La lettre est du 9 de décembre 1643.

Peu de temps après le P. Eudes voyant qu'il ne luy venoit rien de Rome et qu'il n'avoit pas obtenu non plus de la cour de France ce qu'il espéroit, eut la pensée d'unir sa Congrégation avec celle du Saint-Sacrement qui fut approuvée à Rome en 1647. Il en écrivit à M. d'Authier de Sisgau, qui en étoit l'Instituteur et le Supérieur (1).

---

(1) Christophe d'Authier de Sisgau, né à Marseille, en 1609, forma en Provence une compagnie de missionnaires approuvée à Rome sous le titre de *Congrégation du Saint-Sacrement*. En 1639, il fonda à Valence un *séminaire-collège*, dont Mgr Charles de Leberon, évêque de ce diocèse, l'établit supérieur. C'est à tort que Borély (*Vie de M. d'Authier*, 1703, in-12), le P. de Montigny et la plupart des biographes eudistes, le donnent comme le fondateur du premier grand séminaire qui ait été établi en France.

En attendant sa réponse, il sollicita des Lettres d'Institution de M. d'Angennes, évêque de Bayeux. Ce Prélat, comme nous l'avons dit, luy avoit écrit par plusieurs fois des lettres très-honorables qui paroissoient l'autoriser dans son dessein. Il luy avoit même accordé sur une requête le droit de vivre en communauté, d'avoir une chapelle et autres privilèges, mais ce n'étoient pas là des pièces authentiques dont il pût se servir juridiquement en cas de besoin. Ce fut pourquoy il luy présenta une requête en forme pour le supplier de vouloir bien luy accorder des Lettres d'Institution, tant pour le Séminaire que pour la Congrégation qu'il avoit eu la bonté d'approuver de vive voix.

Ce Prélat avoit trop d'estime pour le serviteur de Dieu, et avoit déjà approuvé trop ouvertement son dessein pour luy

---

L'établissement fondé à Valence, en 1639, n'était qu'un *séminaire-collège*, c'est-à-dire un collège où l'on enseignait la théologie conjointement avec les humanités : on se bornait à préparer les ordinands à la réception des ordres sacrés par quelques exercices religieux très-insuffisants. Il y a loin de là, on le voit, à nos grands séminaires proprement dits. M. l'abbé Nadal, dans son *Histoire hagiographique du diocèse de Valence*, a vainement tenté de soutenir l'assertion de Borély. M. Faillon (*Vie de M. Olier*, t. I, p. 422-426) a démontré d'une manière péremptoire que l'établissement de M. d'Authier, à Valence, n'était qu'un *séminaire-collège*. Il en est de même des séminaires d'Annecy (1640-1641), d'Aleth (1641-1642) et de Saint-Magloire, à Paris (1624-1642). Le séminaire oratorien de Saint-Magloire, fondé en 1624, ne devint grand séminaire proprement dit qu'à la fin de l'année 1642. Dans la *Vie de M. Olier*, ouvrage d'une érudition remarquable, M. Faillon a élucidé cette question d'une manière complète, t. I, p. 393, 419 et suiv. Voir aussi Maynard, *saint Vincent de Paul*, etc., t. II, p. 26-29.

Voici, dans l'ordre chronologique, la date des cinq premiers grands séminaires fondés en France :

1° Le séminaire établi par M. Olier, à *Vaugirard*, en janvier 1642, et transféré à *Saint-Sulpice* le 15 août de la même année;

2° Le séminaire des *Bons-Enfants*, fondé par saint Vincent de Paul, au mois de février 1642;

3° Le séminaire-collège de *Saint-Magloire*, devenu grand séminaire à la fin de l'année 1642;

4° Le séminaire de *Caen*, fondé par le P. Eudes, le 25 mars 1643;

5° Le séminaire de *Saint-Nicolas-du-Chardonnet*, fondé en 1644, par M. de Bourdoise.

refuser une chose si juste. D'ailleurs, l'expérience qu'il avoit des grands biens qu'un tel établissement produisoit déjà dans son diocèze l'engageoit à luy donner les lettres les plus avantageuses. Nous nous contenterons d'en rapporter icy la substance de peur de fatiguer le lecteur par un trop grand nombre de semblables pièces. D'abord, M. d'Angennes s'étend longuement sur l'importance d'avoir beaucoup de bons prêtres ; il fait voir combien un bon clergé, pieux et instruit, procure de gloire à Dieu, d'honneur à l'Eglise et d'avantages aux fidèles. C'est le but important qu'on s'est proposé en érigeant des séminaires : on a voulu former de dignes prêtres, aider aux ordinans à étudier leur vocation et leur apprendre, quand ils seront revêtus du caractère sacerdotal, à en bien remplir les saintes fonctions.

Il expose ensuite les grands biens que les peuples retirent des séminaires : ils y trouvent, en effet, d'excellens ouvriers qui travaillent au salut des âmes par la prédication, les catéchismes, les confessions et par une infinité de bonnes œuvres de toute sorte. Arrivant enfin au P. Eudes, qui s'offre généreusement avec ses associez pour exécuter une si sainte entreprise, à la condition qu'on veuille luy accorder les pouvoirs et les grâces nécessaires pour atteindre la fin qu'il se propose, « *à ces causes,* conclut M. d'Angennes, *bien informé de la foy,* « *piété, zèle, prudence, doctrine et capacité dudit P. Eudes et de* « *ses associez, et, ayant égard à leur requeste, nous leur en* « *accordons l'effet.* »

L'évêque, entrant alors dans les détails, permet d'ériger dans son diocèze ledit établissement sous le nom de *Congrégation de Jésus et Marie*, et l'autorise à recevoir tous biens et revenus ; nomme pour supérieur de ladite Congrégation ledit Eudes pour sa vie, luy permet d'admettre d'autres sujets et de les renvoyer, d'établir des officiers, de dresser des règlemens et autres choses nécessaires, et, après la mort dudit Eudes, autorise ses associez à choisir un autre supérieur, également à vie. Enfin, il accorde à ladite Congrégation de Jésus et Marie tous les autres droits, privilèges et prérogatives qui appartiennent aux séminaires ecclésiastiques, se réservant la juridiction, autorité, droit de correction et de visite, à luy et à ses successeurs, évêques de Bayeux; comme aussi d'approuver le supérieur nouvellement élu et tous les autres membres de sa Congrégation. Ces lettres d'Institution furent données à Bayeux, le 14 janvier 1644 (1).

Quelques jours après, arriva la réponse de M. d'Authier de Sisgau, aussy datée du 14 janvier 1644. Ce saint prêtre, après avoir béni Dieu des talens qu'il avoit donnés au P. Eudes et des grands biens qu'il faisoit par son ministère, remercioit notre vénéré Père de l'honneur qu'il luy faisoit de vouloir bien s'unir à sa petite compagnie. Il protestoit que, luy aussy, le désiroit de tout son cœur; qu'à la première entrevue qu'ils auroient à Paris, ils pourroient régler les conditions de cette union, et qu'il espéroit que la chose se pourroit faire conformément à leur désir (2). Cette union ne s'est pourtant point

(1) Voir aux pièces justificatives le texte latin de ces lettres d'Institution et la traduction qu'en a donnée le P. Costil.

(2) *Lettre de M. d'Authier de Sisgau au P. Eudes.*

« 14 janvier 1644.

« Je bénis de tout mon cœur la bonté de nostre Père céleste, qui vous a
« communiqué si abondamment son esprit pour le bien de plusieurs et
« l'édification de son Église. J'espère que nous y aurons part, puisque vous
« daignez avoir des pensées d'union et d'alliance avec nostre petite Com-
« pagnie, qui ne mérite pas une telle faveur. Mais puisque vous le souhaitez
« ainsy, nous recevons avec beaucoup de respect cette saincte alliance, et
« vous supplions très-humblement de vouloir nous la conserver inviolable,
« en sorte que comme elle est toute fondée en la charité qui demeure en
« l'éternité, elle soit aussy de durée pour tout le tems de nostre vie et
« s'étende jusque dans celle de l'éternité. J'eusse volontiers signé les articles
« qu'il vous a plu m'envoyer; mais puisque j'ay beaucoup de choses à vous
« dire de vive voix que je ne puis exprimer sur le papier, je me réserve
« ce bonheur à nostre première entrevue, s'il plaist à Dieu, sous l'espérance
« que j'ay que la chose se fera d'autant plus solidement et en toute sa
« perfection. J'espère de ne pas tarder longtems sans faire le voyage de
« Paris, et si vous n'y estes pas, je pourrois, sous vostre bon plaisir, aller
« en Normandie pour vous y embrasser de toute l'étendue du cœur qui
« vous est tout acquis en Nostre-Seigneur, en qui et pour qui je suis très-
« sincèrement

« Vostre très-humble et obéissant serviteur.

« D'AUTHIER DE SISGAU. »

On se demande comment l'idée a pu venir au P. de Montigny de faire des retouches dans cette belle lettre et d'en supprimer la fin.

faite, sans que nous en sçachions la raison. Il en fut encore question plusieurs fois plus tard, mais sans résultat. On reconnut qu'il n'y avoit pas d'apparence de réaliser ce projet, soit à cause du trop grand éloignement de ces deux établissemens, soit à cause de la trop grande différence des usages des deux pays.

Mais toute cette activité que déployoit le P. Eudes pour l'établissement et l'affermissement de sa Congrégation, toutes les difficultez contre lesquelles il venoit se heurter, tous les soins incessans dont il se voyoit accablé, ne le détournoient pas de ses travaux apostoliques. Il avoit été prié, dez l'année précédente, de prêcher le carême de cette année 1644 à la cathédrale de Coutances, et il avoit engagé sa parole. Le temps du carême approchant, après avoir mis ordre aux affaires de la communauté, il partit pour s'acquitter de sa promesse. Il fut receu à Coutances comme il le méritoit ; on luy rendit les plus grands honneurs, on luy donna les marques les plus éclatantes de l'estime qu'on avoit pour sa personne. Comme il avoit fait dans cette ville, trois ans auparavant, une grande mission qui avoit produit un bien immense, tous les habitans étoient avantageusement prévenus en sa faveur.

Il y eut un si grand concours de peuple de la ville et des campagnes voisines, que l'église cathédrale ne pouvoit contenir la foule accourue de toutes parts pour l'entendre. Il y prêcha presque tous les jours, en observant avec beaucoup d'exactitude la loi du jeûne, malgré sa grande fatigue : et comme si ce n'eût point été encore assez pour contenter son zèle, il donnoit audience à tous ceux qui venoient le consulter sur toutes sortes d'affaires. Il alloit encore, les après-midy, donner des conférences dans les communautez des religieuses et à la prison. Il s'employa aussy à accommoder des procez, à opérer des réconciliations ; et au milieu de ces occupations si variées, on le voyoit toujours égal à luy-même, toujours tranquille comme s'il n'avoit eu rien à faire, ou qu'il n'eût eu qu'une seule chose à traiter. Il n'y a que Dieu qui connoisse les biens innombrables qu'il fit durant cette station.

Pendant l'été de cette même année, il donna une belle

mission à Honfleur, au dioceze de Lisieux. C'est une jolie ville et un port de mer à l'embouchure de la Seine, à l'opposite du Havre de Grâce. Sa population est d'environ huit mille âmes; elle a plusieurs paroisses et communautez. M. Cospean, qui faisoit tout le bien qu'il pouvoit dans son dioceze, avoit demandé cette mission au Serviteur de Dieu longtemps auparavant. Il espéroit y assister en personne, en profiter luy-même, et y prendre une part active; mais il n'eut pas cette consolation, par différens accidens et contre-temps qui luy arrivèrent. C'est ce que nous apprenons par quelques-unes de ses lettres au P. Eudes. Elles sont trop honorables au Serviteur de Dieu et trop édifiantes pour ne les pas rapporter icy : voicy celle qu'il luy écrivit quelque temps avant la mission pour le presser de venir la commencer :

« MON RÉVÉREND PÈRE,

« Je suis plus que jamais en résolution de me joindre tout
« à fait à vous et de faire sous vous la mission de Honfleur.
« Il n'y a point de lieu en Normandie où elle soit plus néces-
« saire; toute la coste en sera. C'est un lieu où Nostre-Dame
« est particulièrement honorée. *Id ipsum tibi urbeculam com-*
« *mendabit.* Et cela seul doibt vous rendre cette petite ville
« très-chère. Je me rendray donc à Lisieux pour mon synode,
« qui sera le jeudy d'après la Pentecoste. Deux jours après, je
« seray tout prest de partir, *multa in sinum tuum effusurus,*
« pour vous communiquer beaucoup de choses. Après cette
« mission, nous ferons celle de Nonant, quand il vous plaira;
« et nous passerons chez vous ensemble quelque tems à Caën.
« Je suis icy logé à l'Oratoire. Je prie Nostre-Seigneur qu'il vous
« conserve longtems à son Eglise », etc.

Cette lettre étoit écrite de Rouën, où M. Cospean étoit pour un procès. Il étoit logé chez les PP. de l'Oratoire de cette ville. Nonant, où il parloit de faire une mission, est une paroisse de Lisieux, enclavée dans le dioceze de Bayeux et tout proche de la ville épiscopale.

On ne pouvoit guère être plus avantageusement prévenu en faveur du P. Eudes, qu'on ne l'étoit à Honfleur, lorsqu'il alla commencer sa mission : on sçavoit de quoy il étoit capable, et ce qu'on en pouvoit attendre, par ce qu'il avoit fait depuis peu au Pont-l'Evêque, au Pont-Audemer et à Lisieux, villes du même dioceze, et qui ne sont pas éloignées de Honfleur. Aussi, on le receut, et ceux de sa compagnie, avec de grands honneurs, et une satisfaction extraordinaire. Tous les gens de bien ne pouvoient se lasser de bénir Dieu de leur avoir envoyé un si puissant secours pour travailler à leur salut.

Le P. Eudes commença cette mission par un beau sermon dans lequel il exposa les exercices qui s'y feroient, les grands biens que les habitans pouvoient en retirer, et ce qu'ils devoient accorder, de leur côté, pour y correspondre et en profiter. Ces bons peuples ne furent point trompez dans leur attente ; on peut même dire que la mission surpassa les espérances qu'ils en avoient conceues. L'homme de Dieu fit des merveilles, à son ordinaire : il receut les mêmes bénédictions et obtint les mêmes succez qu'il avoit eus dans les missions dont nous venons de parler. On y vit la même affluence des peuples, qui y accouroient de tous côtez pour entendre les prédications, le même empressement des pénitens pour se confesser, les mêmes marques de componction et de conversion, le même changement dans les mœurs et dans tout l'ensemble de la vie.

M. Cospean, qui étoit encore à Rouën, et qui n'avoit pu venir comme il l'avoit promis, à cause d'un procez, ayant appris ce qui se passoit à Honfleur, et les grands biens que produisoit cette mission, écrivit au P. Eudes cette lettre tout à fait tendre et honorable :

« Mon Révérend et très-cher Père,

« Je bénis Nostre Seigneur de tout mon cœur des grâces
« qu'il nous fait par vous, et je le supplie de vouloir vous
« conserver, comme le plus grand bien qui me puisse ar-
« river, me donnant tout à fait à vous. Je sçavois que
« vous feriez à Honfleur tout le bien que vous y faites,

« et que Nostre Seigneur Jésus-Christ y seroit glorifié jus-
« qu'à l'étonnement de ceux qui en auroient cognoissance.
« Dieu vous a choisy comme organe et comme ministre
« de ses grandes miséricordes, par lesquelles il prévient
« et sauve ses enfans. Mon malheur est que je ne puis
« me joindre à vous pour des paroisses que j'ay icy, qui
« ont besoin de confirmation et de ma présence. J'auray
« pourtant l'honneur de vous voir avant la fin de la mis-
« sion; pour laquelle, je vous en supplie, prenez tant de
« gens que vous voudrez, et n'épargnez rien. C'est le plus
« grand de mes contentemens de voir le peu de bien que
« je possède employé si sainctement. Pour la confirmation, je
« crois que je la feray plus commodément et plus utilement
« après la mission, qui a assez d'autres employs non
« moins nécessaires. La mission de Nonant ne seroit pas
« si utile à mon diocèze que celle de Bernay, qui vous
« attend depuis si longtems. *Tui tamen arbitrii res tota esto.* »
C'est-à-dire, je laisse cependant le tout à votre prudence.
La lettre est du 12 juin 1644.

Il luy en écrivit une autre en date du 21 du même mois, qui est trop tendre et trop affectueuse pour ne la pas rapporter également icy ; elle est en beau latin, en voicy la traduction (1) : « Je hais, au-delà de tout ce que vous pouvez penser,
« les liens qui me retiennent et m'empêchent de courir à vous.
« Je le feray pourtant le plus tôt que je pourray. En attendant,
« continuez, mon cher Père, comme vous avez commencé, et
« attendez de moy tout ce que vous pourriez espérer d'un frère,
« d'un père, d'un fils, et de ce qu'il y a de plus tendre dans

---

(1) Odi supra quam possis credere compedes, quibus ad te vetor evolare; flet id tamen, si qua possum, quam citissime. Perge interim, mi Pater, quæ cœpisti, et a me omnia expectato, quæ a fratre, patre, filio, et si qua sunt alia amoris, aut sanguinis vocabula, possunt expectari. Nihil mihi (laus Deo) est charius eorum salute, quos mihi Dominus commisit. Te apostolo, atque evangelista de ea non possum dubitare. Ea igitur parte me tangis, qua neque habeo ardentius, meque adeo supra fidem omnem devincis. Benedicat tibi Dominus ex Sion, et videas bona Jerusalem omnibus diebus vitæ tuæ, et habeas vitam æternam. Hæc sunt vota benedicentis in Domino animæ tuæ Patris ac servi. *Phil.*, episc. Lexov.

« l'amour ou dans la parenté. Grâce à Dieu, je n'ay rien de
« plus à cœur que le salut de ceux que le Seigneur m'a confiez.
« Je le tiendray pour assuré, pourvû que je vous aye pour
« apôtre et pour évangéliste. Vous me touchez donc par l'en-
« droit qui m'est le plus sensible et vous m'obligez au-delà de
« tout ce qu'on peut croire. Que le Seigneur vous bénisse de
« Sion, et que vous puissiez voir la gloire de Jérusalem tous
« les jours de votre vie et posséder ensuite la vie éternelle. Ce
« sont les vœux de celuy qui vous souhaite toutes sortes de
« bénédictions dans le Seigneur, et qui est votre Père et
« votre Serviteur. *Phil.*, év. de Lisieux. »

Mais ce fut en vain que M. de Cospean forma ces desseins de se tirer de Rouën pour aller prendre part aux grandes bénédictions de la mission de Honfleur. La divine Providence ne permit pas qu'il eût cette consolation. Son malheureux procez le retint à Rouën, pour se défendre des chicanes que sa partie employoit continuellement contre luy. Ce fut ce qui donna occasion à la lettre qui suit, par laquelle il faisoit entendre au P. Eudes la peine qu'il en ressentoit. Elle est datée du 23 de juin de la même année, et écrite aussi en latin. En voicy la traduction :

« Mon cher Père, mon Fils et mon Frère (1),

« J'approuve tout ce que vous trouvez bon ; il n'y a rien en
« quoy mon Iscariote me cause plus de peine que de me priver
« du plaisir de vous embrasser. Je reconnois que je vous suis re-
« devable de ce que vous doivent tous mes diocezains, que vous
« gagnez à Dieu ; et je me fais un plaisir d'être en cecy votre

---

(1) Pater, fili ac frater mi;

Probo quæ probas omnia, nec ulla re mihi magis nocet Iscariotes meus, quam quod me a tuis avellat amplexibus. Unus tibi debeo, quod tibi debent innumeri mei, quos Christo adjungis, et lubens debeo. Cui enim possum felicius? Sed persolvam libentius; mox ut licuerit, ad te evolabo, tecum nectendus vinculo, quod sola mors solvet. Vive felix, Pater mi, et habeto exploratum neminem esse sub cœlo, qui te ardentiori colat, ametque affectu, quam quem diligis ut tuum in Christo vere Patrem. *Phil.*, episc. Lexov.

« débiteur. Car, à qui pourrois-je l'être avec plus de justice ?
« Mais je tâcheray de m'acquitter ; je voleray vers vous
« aussitôt que je le pourray, et je me lieray à vous d'un lien
« si étroit, qu'il n'y aura que la mort qui puisse nous séparer.
« Je vous souhaite toutes sortes de prospéritez, mon cher Père,
« et soyez persuadé qu'il n'y a personne au monde qui vous
« honore et qui vous aime avec plus de tendresse que celuy
« que vous aimez comme votre véritable Père en Jésus-Christ.
« *Philippe*, évêque de Lisieux. »

On voit par les expressions de ces lettres quelle estime M. Cospean faisoit du P. Eudes, et de quelle manière il parloit de ses missions. On ne peut pas dire que c'étoit par compliment ou par flatterie qu'il parloit de la sorte. Un évêque du mérite de M. Cospean étoit incapable de l'un et de l'autre : et il n'y avoit que la seule vérité qui pût tirer de semblables discours de la bouche d'un si grand Prélat. Mais il n'étoit pas le seul à en juger de la sorte : toutes les personnes qui assistoient aux exercices de la mission étoient autant de témoins fidèles des grandes choses que le Seigneur opéroit par le ministère de ce digne ouvrier.

Cependant, la réponse du Cardinal de Saint-Onuphre arriva à M. d'Angennes, évêque de Bayeux, au commencement de juillet 1644 ; c'est-à-dire près de neuf mois après que ce Prélat luy avoit écrit ; ce qui fait assez connoître à quoy se doivent attendre ceux qui ont quelques affaires à négocier en cour de Rome, et combien ils ont besoin de patience. Ce Cardinal luy marquoit que la Congrégation de la Propagande, à laquelle sa requête ou supplique avoit été renvoyée, louant son zèle, se portoit avec une inclination particulière à le seconder, et qu'elle avoit envoyé le sommaire de sa requête au Nonce de France, pour faire, sur les lieux, les informations nécessaires, et agir en conformité.

Mais on n'en fut pas à la peine ; car, sur ces entrefaites, arriva la mort du souverain Pontife, Urbain VIII, qui décéda le 29 de ce mois de juillet 1644. Toutes les affaires de la cour de Rome furent sursises durant la vacance du Saint-Siége, et celles du P. Eudes en furent du nombre ; il fallut donc remettre la chose à une autre fois. C'est ainsi que Dieu commença à exercer la patience de son Serviteur, et à paroître se joindre quelquefois à ses ennemis pour le faire souffrir. Mais s'il l'abaissoit d'un côté, il sçavoit bien le relever de l'autre : sa vie ne fut depuis ce temps-là qu'une alternative continuelle de bons et de mauvais succez, comme on le remarquera dans la suite.

En effet, si ce petit contretemps fut capable de causer quelque peine au P. Eudes, il en fut bientôt dédommagé par une autre faveur de la divine bonté. Car Dieu inspira à M. Blouet de Than de se déclarer fondateur du séminaire de Caën. Il y donna pour cet effet quinze cents livres de rente, et trois mille livres d'arrérages qui étoient dus. Le contrat de ladite donation est du 2 d'aoust 1644. Ce n'étoient, à la vérité, que des biens temporels, dont le P. Eudes n'étoit pas fort inquiet, parce qu'il étoit solidement fondé sur les soins de l'aimable Providence. Ce petit secours ne laissa cependant pas de produire de bons effets, tant au dedans de sa communauté, qu'au dehors : car il est rare de trouver des âmes assez détachées pour se reposer uniquement en tout sur le solide fondement de cette Providence et ne vouloir que ce qu'elle veut.

M. de Than n'en demeura pas là ; peu de jours après (1) il se donna luy-même à la Congrégation de Jésus et Marie, et pour récompense de sa libéralité envers elle, il mérita d'être admis au nombre de ses véritables enfans ; dans la suite il en devint un des meilleurs sujets. Il y entra le 15 du mois d'aoust 1644, jour de l'Assomption de la très-sainte Vierge ; comme il luy avoit toujours été très-dévot, cette mère de la belle dilection luy procura d'être admis au nombre des vrais enfans de son cœur. Cette faveur produisit en luy un merveilleux accroissement de vertu et de perfection.

Après la mission de Honfleur, nous ne trouvons point que le P. Eudes en ait fait d'autre pendant le reste de cette année 1644. Mais il ne fut pas oisif pour cela. Comme son dessein étoit toujours de faire approuver sa Congrégation tant à Rome, qu'en

---

(1) « Treize jours après le contrat de donation, c'est-à-dire le jour de l'Assomption de la sainte Vierge, pour laquelle il avoit toujours eu une dévotion singulière. » (Costil, *Fleurs*; *Annales*.) M. Nicolas Blouet de Than était le neveu de M. Blouet de Camilly, le protecteur dévoué du P. Eudes.

France, il falloit qu'il eût des règles en main et des constitutions à proposer, du moins afin de faire connoître son Institut, et ce qu'il prétendoit demander à ses sujets. Ce fut à quoy il employa le peu de loisir dont il put disposer alors. Nous verrons cy-après ce qu'il fit à ce sujet, quelles furent ses premières règles, et les constitutions qu'il donna à sa Congrégation.

Voicy un fait particulier qui arriva en ce temps-là, et qui mérite trouver sa place icy. Il y avoit un huguenot malade, demeurant au Bourg-l'Abbé, qui est un des faubourgs de la ville de Caën; quelques-uns de ses voisins, catholiques pleins de charité, vinrent trouver le P. Eudes et le prièrent de le venir voir, pour essayer s'il ne pourroit point le retirer de sa mauvaise religion et le faire rentrer dans le sein de l'Eglise. Le serviteur de Dieu s'y étant transporté, y trouva deux autres protestans, qui étoient venus visiter ce malade. Après les premiers complimens de civilité, le P. Eudes leur demanda s'ils avoient quelques charges dans leur Eglise? Ceux-cy luy ayant répondu qu'ils étoient des diacres : « *Vous sçavez alors, sans aucun doute, Messieurs, vostre religion*, reprit le saint prêtre; *eh bien! vous me feriez grand plaisir de me dire combien il y a de personnes en Jésus-Christ.* » — « *Voilà une belle question à nous faire*, répondirent les deux diacres protestans, en poussant un éclat de rire moqueur; *apparemment vous nous prenez pour des enfans.* — « *Il n'importe*, répliqua le P. Eudes; *faites-moy seulement le plaisir de me dire ce que vous pensez.* » — « *Eh bien!* luy dirent-ils, *il y en a deux.* » — « *En vérité, Messieurs*, reprit le P. Eudes, *il y a deux personnes en Jésus-Christ! Vous estes bien propres à instruire les autres, vous qui ne sçavez pas les premiers élémens de vostre catéchisme.* » Les deux diacres se retirèrent chargez de confusion, craignant qu'il ne les embarrassât peut-être sur d'autres questions et luy laissèrent par leur retraite le champ libre pour dire au malade tout ce qu'il jugeroit à propos. Il ne manqua pas de profiter d'une si belle occasion pour faire connoître à ce pauvre moribond et la fausseté de sa secte, et l'ignorance de ceux qui en devoient exposer la doctrine; il ne l'abandonna pas qu'il ne l'eût suffisamment instruit et amené à abjurer ses hérésies.

Depuis que le P. Eudes étoit sorti de l'Oratoire pour établir sa Congrégation, il avoit joui durant quelque temps d'une grande paix et d'une profonde tranquillité; il recevoit des gens de bien beaucoup de louanges et de grands applaudissemens pour les beaux faits qu'il obtenoit dans ses missions. Dieu même luy faisoit ressentir de grandes douceurs et beaucoup de consolations intérieures. Enfin, tout lui paroissoit réussir si bien dans ces premiers commencemens qu'il en avoit parfois de la douleur. Il s'en plaignoit alors amoureusement à Dieu dans ses oraisons, et il disoit à ses confrères, que le trop de douceurs et de prospérité étoit à craindre dans quelque état qu'on se trouvât; que la persécution et la contradiction étoient beaucoup plus avantageuses; que c'étoit la vraye marque des œuvres de Dieu, qui ne manque guère d'accompagner les plus saintes entreprises.

Mais Dieu avoit ses desseins dans cette conduite qu'il tenoit sur le P. Eudes et sur ceux qui composoient sa Congrégation naissante. S'il n'y avoit eu que le vénéré supérieur d'intéressé en cette affaire, peut-être que Dieu ne l'eût pas tant ménagé et qu'il l'auroit soumis plus vite à la tribulation pour l'éprouver et le purifier comme l'or dans le creuset. Mais que fussent devenus ses confrères, s'ils l'avoient vu attaquer d'abord des violentes tempêtes dont il fut battu dans la suite? Peut-être n'en fût-il resté aucun avec luy? Ainsi, Dieu ménagea leur faiblesse pour les attacher à la Congrégation naissante par ces douceurs et ces consolations.

Dieu ne borna pas même là ses ménagemens pour s'accommoder à la fragilité humaine des sujets et confrères du P. Eudes: il sçavoit combien le démon étoit animé contre cet homme apostolique à cause des excellentes vertus qu'il luy voyoit pratiquer, par tout le bien opéré par ses éclatantes missions, par tant de conquêtes qu'il faisoit tous les jours sur son royaume, par toutes les âmes qu'il arrachoit si souvent et en si grand nombre à l'enfer. Quel trouble n'eût-il point excité, si la liberté luy en eût été laissée! Quelles tempêtes n'eût-il point soulevées! Mais Dieu tenoit sa puissance enchaînée et ne luy donnoit le pouvoir d'agir qu'autant qu'il le jugeoit convenable à ses desseins. Il est vray que Dieu vouloit purifier la vertu du P. Eudes, l'affermir, et en faire connoître la solidité; mais il vouloit en même temps maintenir le bien de ses missions et luy conserver assez de réputation pour qu'il ne perdit pas la confiance des peuples qu'il étoit appelé à évangéliser.

Voilà pourquoy ses ennemis ne l'attaquèrent pas si violemment d'abord et essayèrent seulement d'obscurcir, peu à peu, sa grande réputation. Ils insinuoient partout que le P. Eudes n'étoit pas ce que l'on pensoit, qu'il n'y avoit dans ses sermons que de grands mots, des expressions véhémentes, propres à en imposer au petit peuple ; mais qu'ils ne contenoient rien de solide, de capable de satisfaire les personnes éclairées. Enchérissant ensuite sur ces premières tentatives, ils publièrent hautement que sa prétendue sainteté n'étoit que grimaces, vertus apparentes et une véritable hypocrisie. Ces bruits sourds, qui revenoient de temps en temps jusqu'aux oreilles du serviteur de Dieu, ne faisoient pas de grandes impressions sur son esprit, ny non plus sur ses confrères, qui s'accoutumoient à entendre ces discours et à les mépriser. Mais bientôt le P. Eudes s'aperceut bien qu'il ne devoit pas s'attendre désormais à jouir d'une longue paix. Il voyoit, de tous côtez, s'assembler des nuages qui le menaçoient d'une prochaine tempête. Souvent, il apprenoit par des voyes non suspectes, que bien des gens murmuroient contre luy et ne cherchoient que des prétextes pour luy déclarer la guerre, et renverser s'ils pouvoient sa petite Congrégation.

Les choses en étoient là, lorsque sur la fin de l'année 1644, il s'éleva contre le serviteur de Dieu une si furieuse tempête, que ses prêtres se crurent sur le point de faire un triste naufrage. Ses ennemis se déchaînèrent, pour lors, contre luy avec tant de violence qu'ils pensèrent renverser entièrement tous ses projets : d'abord des murmures de plus en plus accentués, puis de noires médisances, et enfin des calomnies les plus atroces, tout fut employé contre le P. Eudes et contre les siens. L'attaque alloit grandissant sans cesse ; le nombre des ennemis grossissoit à chaque instant. Bientôt notre saint instituteur n'eut plus de nom, on le traita d'homme sans foy, sans religion, sans honneur, sans conscience, capable de fourberies, de parjures, de sacrilèges, de rébellion contre les ordres de ses légitimes supérieurs, rempli d'un dangereux esprit d'indépendance, livré aux plus grands excez de l'orgueil. D'autres, un peu plus modérez, disoient que c'étoit un vrai charlatan, qui ne cherchoit qu'à tromper les hommes, qui sacrifioit tout à ses intérêts, et à son ambition, un séducteur, qui usoit de toutes sortes d'artifices pour attirer le monde à luy (1).

(1) Ces attaques iniques ont continué pendant la longue vie du P. Eudes, et même après sa mort. C'est un honneur qu'il a partagé avec le divin Maître et les saints de tous les siècles. Pendant dix ans, le digne et vénérable P. de Bérulle a été, lui aussi, littéralement bafoué, conspué, montré au doigt dans les rues, lâchement calomnié. On l'a appelé : « hérétique, antipape, excommunié du pape.... Il n'est aucun outrage dont on ne l'ait accablé en France, aucune calomnie dont on n'ait essayé de le noircir à Rome.... Mais, ajoute avec une touchante émotion M. l'abbé Houssaye, cet homme qu'on a accusé de déloyauté et de despotisme, cette âme angélique dont on avait eu l'infamie d'attaquer la vertu, ce penseur dont les petits esprits rabaissaient le génie, ce serviteur de Dieu qu'on avait traduit comme un criminel à la barre du Saint-Siége, il est absous. » (*Le Père de Bérulle et l'Oratoire de Jésus*, p. 403, 412, 567). C'est le portrait historique du P. Eudes : le disciple ne devait pas être mieux traité que le maître. Comme au P. de Bérulle, on lui a aussi reproché « de vouloir faire le pape et d'en prendre l'autorité » ; mais comme lui, « il est absous » sur tous les points ; déjà même il est glorifié. Les autres saints réformateurs du clergé français, au XVIIe siècle, ne devaient pas être épargnés davantage. Presque au même moment, un autre disciple du P. de Bérulle, M. Olier, était également vilipendé par les adeptes de Jansénius et surtout par le fameux Père Desmares, de l'Oratoire, né à Vire le 17 février 1605, celui-là même dont Boileau a dit :

Desmares dans Saint-Roch n'auroit pas mieux prêché.

Dans un pamphlet anonyme, dont il inonda tout Paris, le fougueux oratorien traitait courtoisement M. Olier « d'hérétique, d'homme scandaleux, de tyran. Il l'accusait d'avoir usurpé l'autorité de l'Eglise universelle, de s'être établi juge des controverses ; de s'être même rendu coupable de calvinisme et de *luthérianisme*, et il allait jusqu'à le taxer de profanation et de sacrilége toutes les fois qu'il montait au saint autel » (Faillon, t. II, p. 450). Dans le même temps, d'autres disciples de Jansénius s'attaquaient de la manière la plus obscène à la vénérable personne de saint François de Sales qu'ils déclaraient « damné. » Enfin, un homme dont le nom est synonyme de douceur, de charité et de vertu, saint Vincent de Paul, encore un disciple du P. de Bérulle, était traité de « dévot ignorant et de demi-pélagien » (*Hist. gén. du Jansénisme*). On le voit, la race des insulteurs est toujours la même et leur vocabulaire d'outrages ne varie pas. Mais en fin de compte, la victoire reste à la vertu, et le juste est couronné.

Ce ne furent pas seulement les novateurs (1), et les hommes dont la vie étoit déréglée et corrompue, qui se déchaînèrent ainsi contre luy; des prêtres et des religieux, des curez et des vicaires en chaire, des confesseurs en s'occupant de la direction, d'honnêtes laïques, servirent d'instrument au démon pour décrier de la sorte le supérieur de la nouvelle Congrégation. La séduction fut si grande, en cette occasion, que plusieurs de ses amis s'y laissèrent entraîner; à la réserve d'un très-petit nombre qui luy demeurèrent fidèles, il se vit abandonné presque de tout le monde ; ceux-mêmes qui avoient été des plus ardens à le presser d'entreprendre l'établissement de sa Congrégation se crurent obligez de rompre avec luy, comme les autres. On disoit hautement que c'étoit se faire tort, et nuire à sa propre réputation que d'entretenir avec luy quelque liaison d'amitié ou même quelque commerce par lettres, tant on l'avoit décrié et rendu odieux à tout le monde !

Il n'y eut pas jusqu'à M. de Renty, cet homme si vertueux et si éclairé dans les voyes de Dieu, qui n'y fut surpris et qui ne se laissa entraîner à la violence de ce torrent. Ce ne fut, à la vérité, que pour peu de temps; mais ce peu de temps fut plus sensible au P. Eudes que les plus sanglans outrages de la part de ses ennemis. L'éloignement de ce grand serviteur de Dieu, quoyque passager, ne laissa pas de faire beaucoup de tort au P. Eudes, parce qu'il confirmoit les autres dans leurs mauvais sentimens et autorisoit tout ce qu'ils se permettoient d'en dire.

Une si violente tempête effraya les membres de la communauté de Jésus et Marie et les prêtres qui travailloient avec eux aux missions en qualité d'auxiliaires; il leur sembloit quelquefois que tout alloit être renversé. Mais pour le digne et patient supérieur, rien n'étoit capable d'ébranler sa constance, ny de diminuer sa confiance en Dieu. On eût dit un rocher immobile au milieu des vagues de la mer, battu de tous côtez par les flots, les vents et les tempêtes, sans en ressentir la moindre agitation. Il sçavoit même conserver une paix et une consolation inaltérables au milieu de ces sortes de bourrasques, et ne relâchoit rien de sa fidélité à s'acquitter de ses exercices et de sa ferveur à

---

(1) Les Jansénistes.

remplir tous ses devoirs. Il se souvenoit de ces désirs ardens qu'il avoit formez autrefois, et de ce vœu qu'il avoit fait d'endurer le martyre, si l'occasion s'en présentoit; et il ne regardoit ces événemens que comme de légers essais de ce qu'il auroit voulu endurer pour Dieu. La pensée de la passion du Fils de Dieu, son aimable Sauveur, étoit de toutes ses pieuses pratiques par lesquelles il se soutenoit, celle qui apportoit le plus de consolation à son cœur. Quand, jetant les yeux sur son crucifix, il consideroit de quelle manière son divin Maître avoit été traité par les Juifs, et par ceux-mêmes qu'il avoit instruits des grandes véritez du salut, en faveur desquels il avoit opéré tant de miracles, rien ne luy procuroit plus de satisfaction que la ressemblance que ces traitemens luy donnoient avec le Fils de Dieu. « Les Juifs l'ont appelé imposteur, disoit-il, magicien, possédé « du démon, séducteur du peuple; n'est-ce pas bien de l'honneur pour moy d'estre ainsy appelé? Les Juifs n'en sont pas « demeurez à de simples paroles: ils l'ont accusé, jugé, tourmenté et faict cruellement mourir. Je n'en suis pas encore là, « et si cela arrivoit, ce seroit pour moy le plus grand bonheur qui « me pust arriver; mais je ne mérite pas un tel honneur. Durant « que les Juifs proféroient tant d'injures et de blasphèmes contre le Fils de Dieu, durant qu'ils se mocquoient de luy, qu'ils « luy faisoient les traitemens les plus ignominieux et les plus « cruels, il gardoit un profond silence : *Jesus autem tacebat.* « Isaïe avoit prédict qu'il seroit conduit à la mort, comme une « brebis à la boucherie, qu'il n'ouvriroit seulement pas la bouche, comme un agneau devant celuy qui le tond : voilà ce qui « s'est accomply à la lettre en ce divin Sauveur; il faut donc « que je sois de mesme dans ces traitemens qu'on me fait souffrir; c'est trop d'honneur pour moy d'estre traité comme « mon Jésus, mon Sauveur (1). »

(1) « Lorsque le P. Eudes sortit de l'Oratoire, il eut des démêlés avec ses anciens confrères *qui apportèrent bien de l'animosité dans ce débat.....* Il suffit de lire la *Vie du P. Eudes* et ses écrits pour y sentir l'esprit de Dieu. « Le P. Eudes, ce grand prédicateur, la merveille de notre siècle », disait M. Olier..... Il est à remarquer que, malgré les démêlés de l'Oratoire de Jésus avec la Congrégation de Jésus et Marie, les écrivains de cette dernière Compagnie sont unanimes à regarder le P. de Bérulle

Telle fut toujours sa constante disposition, et en cette circonstance et dans toutes les autres qui se rencontrèrent dans la suite. Content du bon témoignage de sa conscience, il n'opposoit à tout ce qu'on disoit contre luy, que sa douceur, sa patience, sa modestie, la pratique fidèle de toutes les vertus, et de tout le bien qu'il pouvoit faire ; il est vray que ces moyens valoient mieux que toutes les apologies qu'on auroit pu publier pour le défendre et le justifier (1).

Cependant, M. de Renty reconnut bientôt son erreur et revenant de la fâcheuse prévention où il s'étoit laissé aller un peu trop facilement, il se réconcilia de bonne foy avec le P. Eudes, et travailla à réparer le mal que cette rupture d'un moment avoit causé chez ceux qui en avoient eu connoissance. Il reprit envers le serviteur de Dieu les mêmes sentimens d'estime et de bienveillance qu'il avoit auparavant ; et depuis ce temps-là quelques efforts que l'on fît, quelques stratagêmes qu'on employât, rien ne fut capable de l'éloigner de luy. Il luy demeura toujours parfaitement uni de cœur et d'affection le reste de sa vie. Il se servit du P. Eudes, luy fit faire quantité d'importantes missions et prit sa défense en toutes sortes d'occasions. Voicy comme en parle le P. Saint-Jure dans la vie de M. de Renty, qu'il a donnée au public :

comme le vrai maître, le vrai père spirituel de leur fondateur. » (Houssaye, *Le Cardinal de Bérulle et le Cardinal de Richelieu*, p. 224, *note*.) On sait que le bel et savant ouvrage de M. l'abbé Houssaye (3 vol. in-8°) a été honoré d'un bref du Souverain Pontife et couronné par l'Académie française (*second prix Gobert*).

(1) M. de Répichon, informé des calomnies répandues contre le P. Eudes, relativement à la somme de 1,000 livres qu'il lui avoit donnée pour aider à l'établissement de la Congrégation de Jésus et Marie, écrivit la lettre suivante à M. Bernard, curé de Carantilly (diocèse de Coutances) :

« MONSIEUR,

« ... J'ay esté estonné que l'on charge le P. Eudes de plusieurs calomnies, touchant le dessein qu'il a entrepris, disant qu'il m'a détourné de donner à l'Oratoire ce que j'ay donné à sa Compagnie. Je veux bien que l'on sçache que je n'y avois jamais pensé, ny de donner ailleurs ce que j'ay donné pour ayder à l'establissement de son Institut. »

DE RÉPICHON.

25 mai 1645.

« Monsieur de Renty, dit-il, faisoit par luy-mesme tout le
« bien qu'il pouvoit : mais ce qu'il ne pouvoit pas faire luy-
« mesme, il le faisoit faire par d'autres. De là sont venues tant
« de missions qu'il a faict faire à ses frais, premièrement en ses
« terres de Normandie, et de Brie, et qu'il a procurées, contri-
« buant encore à la dépense, en beaucoup d'autres provinces,
« où il n'avoit rien, en Bourgogne, en Picardie, au Chartrain,
« et en plusieurs autres (1). Il se servoit ordinairement pour
« ses missions de prestres séculiers de sa cognoissance, qui vi-
« voient à Caën en communauté, et estoient establis à Caën pour
« ces employs, dont ils se sont toujours acquittez avec grande
« bénédiction, et un fruit fort notable ; au supérieur desquels il a
« escrit plusieurs lettres sur ce subject, luy donnant avis de celles
« qui estoient asseurées, et de celles que l'on pouvoit espérer. »
C'étoit le P. Eudes et ses compagnons qui étoient ces missionnaires établis à Caën, dont se servoit M. de Renty, et dont parle
icy le P. Saint-Jure (2). Nous verrons dans la suite ces missions
que M. de Renty fit faire au P. Eudes, les grands biens qu'elles
produisirent, et combien M. de Renty en étoit satisfait.

Pendant le fort de ses violentes persécutions, le P. Eudes receut quelques lettres de consolation de quelques-uns de ses
amis qui luy étoient demeurez fidèles. Voicy ce que luy en écrivit l'un d'eux, très-distingué dans l'Eglise, par sa piété, et par
le rang qu'il y tenoit : « Quelle merveille, dit-il, si Nostre-
« Seigneur rend participant de ses souffrances, ceux quil veut
« honorer de la participation de son grand et unique ouvrage, qui
« est de glorifier Dieu, et de sauver les âmes ! Comme le zèle

---

(1) « M. de Renty, dont on trouve le nom, la bourse et le cœur mêlés à toutes les bonnes œuvres de cette époque. » (Bougaud, *Histoire de sainte Chantal*, t. II, p. 74).

(2) On pourrait croire que le P. Saint-Jure a eu peur de désigner le P. Eudes par son nom, surtout quand on voit ce système arrêté de péri-phrases continuer jusqu'à la fin de l'ouvrage C'est que l'année 1651, où parut la première édition de la *Vie de M. de Renty*, est précisément celle où la persécution contre le P. Eudes était arrivée à son comble, à tel point qu'on pouvait concevoir les inquiétudes les plus graves sur l'avenir de la Congrégation de Jésus et Marie. On va voir prochainement que Mgr Edouard Molé, successeur de Mgr d'Angennes, semblait avoir juré de la détruire dans le diocèse de Bayeux.

« que Dieu vous a donné n'est pas commun, aussy ne pensez
« pas que vostre persécution doibve estre commune. Il faut quelle
« vous vienne de la part des saincts pour estre plus sensible, et
« plus extraordinaire. Si Nostre-Seigneur a esté abandonné de
« Dieu dans son grand ouvrage, je ne m'estonne point que vous
« soyez abandonné des saincts et persécuté de leur part.

« Quand la volonté de Dieu leur sera bien cogneue, ils ac-
« quiesceront et seront faschez de leur contradiction. Mais en
« attendant, *viriliter agite et confortetur cor vestrum, et sus-*
« *tinete Dominum.* Je ne cesse de luy offrir mes chétives prières
« pour l'heureux succez de ce qu'il a commencé en vous et par
« vous (1). »

M. Cospean, évêque de Lisieux, avoit trop d'estime et d'affection pour le P. Eudes, pour l'abandonner dans une telle occasion. Voicy ce qu'il luy écrivit à ce sujet (2) :

« Je vous conjure dans le Seigneur, dit-il, de me mander

---

(1) On peut voir aux Archives nationales, à Paris, l'original de la requête présentée alors, par les PP. de l'Oratoire, contre le P. Eudes, à la Reine régente. Ce *factum* contient, en effet, toutes les gentillesses rapportées par le P. Martine, et d'autres encore qui méritent pourtant bien d'être mentionnées. Le *factum* débute de cette façon charmante : « *Le P. Eudes est un pauvre garçon, de petite extraction, dépourvu des commoditez corporelles, de peu de science. Il fut admis à 21 ans dans l'Oratoire, où il a acquis tous les talens et bonnes qualitez qui l'ont rendu considérable depuis quelques années, où il a travaillé avec bénédiction, pendant son séjour à l'Oratoire.* » Le pauvre garçon sans science, ce vilain roturier qui était pourtant un homme de talent, un homme considérable, doué de bonnes qualités, qui avait travaillé avec bénédiction, pendant son séjour à l'Oratoire, est ensuite représenté « à genoux devant les PP. de l'Oratoire de Caen, les suppliant de le demander pour leur supérieur au R. P. de Condren. » Puis, après ce trait un peu burlesque, l'auteur de la requête, arrivant aux injures, reproche au P. Eudes d'avoir gardé pour lui les donations qu'on lui avait faites pour l'Oratoire, d'être « un petit esprit, un ambitieux, un visionnaire, qui veut faire passer ses imaginations pour des révélations, et dont les prétentions sont préjudiciables aux droits des évesques, etc. » La conclusion est que « le P. Eudes ne faisant rien dans sa Congrégation qui ne se fasse dans l'Oratoire, il n'est pas à propos de diviser les œuvres de Dieu et d'élever autel contre autel. » Le mot de la fin explique tout. On pense involontairement au mot de l'auteur comique : « Vous êtes orfèvre, M. Josse. »

(2) « Rogo te in Domino, ut ad me diserte et clare scribas quinam sint sycophantæ isti, qui in nos delatrant, imo in ipsum Dei spiritum ejus gratiæ

« ouvertement, qui sont ces calomniateurs, qui clabaudent
« ainsi contre vous, ou plutôt contre le Saint-Esprit même,
« auteur de la grâce. Je soupçonne, mon cher fils et mon Père,
« que ce sont ceux auxquels vous vous êtes opposé, comme un
« généreux défenseur. Je vous supplie donc de me les faire
« connoître, afin que mon soupçon cède enfin à la vérité. Bon
« Dieu quelle sorte de gens ! » Il luy marque ensuite qu'il ne
désire rien plus ardemment que de pouvoir s'unir à luy pour
travailler ensemble à procurer la gloire de Dieu et le salut des
âmes ; puis il ajoute : « Au reste, mon cher Père, je vous con-
« gratule de ce que la persécution, qui vous attaque, est uni-
« quement appuyée sur des mensonges et des calomnies, pires
« que la peste et le poison ; car c'est la marque la plus évidente,
« que vous appartenez à Celuy qui a été traité de beuveur et
« de démoniaque. Comme c'est Luy qu'on attaque en vous, ce
« sera Luy aussi qui vaincra par vous. » Et encore : « Il faut que le
« diable soit bien impudent, pour oser attaquer ouvertement
« des choses si saintes, par le moyen de personnes consacrées
« à Dieu ! Mais il sera vaincu, mon cher Père, n'en doutez pas.
« Et comme Jésus-Christ règne en vous, ce sera aussi par vous
« qu'il régnera. C'est en luy que je suis et seray tant que je vi-
« vray, mon très-cher en Jésus-Christ, le plus dévoué de vos
« serviteurs. *Phil.*, év. de Lisieux. » Cette lettre, écrite en latin,
est du 22 novembre 1644 (1).

Tels étoient les termes dont ce saint évêque se servoit en
écrivant au P. Eudes, pour le consoler dans ses persécutions.
Mais quoyque la séduction fût si grande contre le P. Eudes,

autorem ; quibus, tu fili, ac Pater mi, eximius minister obstitisti suspicor.
At te tunc rogo, expone, qui tandem sint ; indubitatæ scientiæ cedat tandem
suspicio. Deus bone ! qui homines !...... Cæterum, Pater optime, gratulor
tibi armatam in te peste ac veneno, hoc est mendaciis, calumniisque perse-
cutionem ; nullum enim indicium est clarius te ejus esse qui vini potator
dictus est, et dæmonium habens. Vincet qui in te impetitur Christus.....
Impudentem Satanam ! qui per homines sacros et publice ea audeat op-
pugnare, quibus nihil est sanctius ! Sed vincetur, mi Pater, ne dubita ;
atque ut in te, sic per te regnabit Christus. Sum in eo, eroque dum vivam,
amantissime in Christo mi, tibi addictissimus servus. *Philippus*, Episcopus
Lexoviensis.

(1) La traduction de cette lettre et des autres est du P. Costil.

qu'il semblât que ses ennemis et ses envieux eussent presque entièrement prévalu contre luy, et que, par les affreuses calomnies qu'ils avoient débitées contre sa personne, ils eussent presque ruiné sa réputation, cependant, grand nombre de gens de bien revinrent bientôt des fâcheuses préventions qu'on leur avoit données contre ce saint missionnaire ; comparant sa conduite, qui étoit toujours la même, avec ce que la calomnie en publioit, ils en aperceurent aisément l'injustice et la fausseté. Ils ne pouvoient comprendre qu'une vie aussi pure que la sienne, où ils remarquoient tant et de si beaux exemples des plus héroïques vertus, et surtout une si parfaite imitation de la patience du Sauveur, pût se rencontrer avec une conduite aussi mauvaise que la calomnie la supposoit. Il faut cependant convenir que quelques-uns n'en revinrent jamais, et que d'autres en conservèrent certains restes qu'ils firent paroître dans les occasions, et dont le Serviteur de Dieu ressentit plus tard de grandes peines.

Mais plus le P. Eudes s'étoit vu violemment attaqué par ses ennemis, qui n'épargnoient rien pour le perdre et pour renverser sa Congrégation naissante, et plus il comprenoit la nécessité de la faire autoriser et approuver en France et à Rome. Nous avons déjà dit qu'une des choses qui luy parut des plus nécessaires pour l'exécution de ce dessein étoit d'avoir des règles qu'il pût présenter ; et que c'étoit à quoy il s'étoit occupé après la mission de Honfleur ; voicy quel fut le fruit de son travail.

Dans ce temps-là, il rédigea des règles écrites en latin et divisées en deux parties ; la première contient les points qui sont comme les fondemens de la Congrégation de Jésus et Marie et les devoirs des sujets qui en font partie en leur qualité d'ecclésiastiques. Dans la seconde, sont exposées les pratiques nécessaires pour former aux vertus chrétiennes et cléricales ceux qui demeurent dans cette Congrégation. Ces règles ou ordonnances ne sont qu'une réunion de passages choisis de la sainte Ecriture, se rapportant parfaitement au but poursuivi dans l'établissement de ladite Congrégation ; ce qui fait voir combien le P. Eudes possédoit à fond l'Ecriture et en développoit les différentes interprétations (1). Outre ces règles, il composa un abrégé de Constitutions dans lequel il renferma ce qu'il jugea de plus essentiel à son dessein. Il est divisé en vingt chapitres, et est intitulé : *Constitutions de la Congrégation de Jésus et Marie;* ce sont là les premières règles qu'il donna à sa Communauté.

Il les présenta, en 1645, à M. Cospean. Ce prélat les ayant lues, en fut très-satisfait, et s'empressa de les approuver. Ecrivant ensuite à M. d'Angennes en faveur de ces Constitutions rédigées par le P. Eudes, l'évêque de Lisieux en fait l'éloge et exhorte le Prélat à leur donner luy-même son approbation. Le premier tribunal, où le Serviteur de Dieu prit ensuite la résolution de se présenter pour trouver quelque appuy contre les efforts de ses ennemis, fut le conseil de conscience de la Reine mère : il en parla à M. Cospean, qui luy promit de l'aider de tout son pouvoir. A cet effet, il luy donna pour quelques-uns de ses amis des lettres dans lesquelles il les prioit d'être favorables à la nouvelle Congrégation. Il l'adressa spécialement à M. de Vertamont, de qui il espéroit le plus de protection. Le P. Eudes ayant receu ces lettres prit ses mesures pour se présenter au conseil de conscience. Ceux à qui M. Cospean avoit écrit s'employèrent pour ce digne ouvrier, et luy rendirent tous les bons offices qui dépendirent d'eux. Mais ses ennemis, qui en furent avertis, ne manquèrent pas de se remuer fortement pour entraver ses démarches ; ils firent si bien par leurs intrigues et par tout ce qu'ils publièrent contre luy, que cette fois encore, il ne put rien obtenir, et qu'il luy fallut en demeurer là pour le moment.

Ce projet étant manqué, le P. Eudes ne s'en découragea pas ; il étoit déjà si accoutumé à éprouver des contradictions, qu'il s'attendoit à en rencontrer beaucoup d'autres. Il prit une réso-

(1) Le vénérable P. Eudes avait une connaissance approfondie de l'Ecriture sainte, et savait en faire les plus heureuses applications. Dans l'approbation donnée, en 1848, par Mgr de Nevers, aux Méditations du P. Eudes sur l'humilité, méditations réunies et publiées sous le titre de *Livre d'or,* le vénérable Prélat dit que les ouvrages du saint prêtre sont « *pieux, substantiels, remplis de l'esprit de Dieu et de la sève des divines Ecritures.* »

lution qui luy paroissoit de grande importance : c'étoit de faire vérifier au Parlement de Normandie les Lettres patentes qu'il avoit obtenues de Louis XIII, en 1642. Outre le bien qui pouvoit résulter de cette formalité pour le soutien et l'affermissement de sa Congrégation, il y avoit encore une raison particulière de presser cette vérification. M. de Répichon avoit promis de donner quatorze mille livres pour fonder et établir la Congrégation de Jésus et Marie, pourvu que dans trois ans elle fût autorisée et approuvée par des Lettres patentes en bonne forme (1). Le Serviteur de Dieu avoit, à la vérité, des Lettres patentes, mais elles n'étoient pas censées en bonne forme tant qu'elles n'étoient point vérifiées par le Parlement ; et les trois ans alloient bientôt expirer.

Il en conféra avec M. Cospean, son protecteur ordinaire, qui entra fort dans son sentiment ; il en fit son affaire, et s'y employa comme un véritable ami. Il en écrivit à M. d'Amfréville, Président au Parlement de Rouen, qui étoit son ami particulier, à M. l'avocat-général du même Parlement, et ensuite à M. d'Angennes, évêque de Bayeux, pour l'engager à y employer aussi son crédit. On ne peut rien voir de plus honorable pour le P. Eudes, et de plus pressant que la lettre de M. Cospean à M. d'Amfréville. Il luy recommande cette affaire comme intéressant au plus haut degré la gloire de Dieu et de l'Eglise, puisqu'il s'y agit de l'affermissement d'un séminaire établi conformément aux réglemens du Concile de Trente et aux Edits de nos Roys, muni de Lettres patentes qui ont besoin d'être vérifiées ; et il le prie d'employer pour une si bonne œuvre son crédit, que son mérite rend tout-puissant dans le Parlement. Il ajoute que le P. Eudes, pour lequel il demande ce service, est un vray saint qu'on peut à

---

(1) M. de Répichon, et M. de Lion, son fils qui avait embrassé depuis peu l'état ecclésiastique sous la direction du P. Eudes, avaient donné à la Congrégation une somme de 14,000 livres pour contribuer à sa fondation, à la charge d'une messe à perpétuité, chaque jour de la semaine, pour le repos de leurs âmes. L'acte de cette donation est de l'année 1644, au mois de septembre. Mais M. de Répichon ne persévéra pas dans sa résolution et ne l'exécuta qu'en partie. Le séminaire de Caen ne reçut que 8,000 livres au lieu de 14,000. (Costil, *Annales*, t. II.)

bon droit le nommer l'apôtre de la Normandie ; qu'il a produit en toute cette province des fruits si grands et si extraordinaires que personne ne les sçauroit croire, s'il ne les a vus, et il l'assure qu'il n'y a rien en ce siècle de plus apostolique (1). »

Dans la lettre à M. d'Angennes, il prie ce Prélat de vouloir bien prendre à cœur la vérification des Lettres patentes qui ont été accordées sous son nom, de tenir à honneur de mener cette démarche à bonne fin, de la faire appuyer par tous ses amis ; un plus long retard à remplir cette formalité devant être très-préjudiciable à la Congrégation de Jésus et Marie. M. Cospean finit sa lettre par ces belles paroles : « Cette affaire, Monseigneur, est de telle conséquence pour « la gloire de Dieu, et pour l'avantage de son Eglise, que nous

---

(1)   *Lettre de Mgr Cospean à M. d'Amfréville.*

« Monsieur le Président,

« Vous m'avez tesmoigné tant de passion pour des choses qui vont à l'honneur de Dieu et à l'avantage de l'Eglise que je ne sçaurois craindre de vous parler ou de demander vostre assistance pour une affaire que j'ose bien vous asseurer estre très-utile à l'Eglise et de très-grande importance pour l'honneur de Nostre-Seigneur.

« Le R. P. Eudes, *qui est un vray sainct*, et que l'on peut bien nommer, à mon avis, l'apostre de la Normandie, a establi un séminaire à Caën par l'ordre et l'authorité de Mgr de Bayeux, et obtenu du Roy des lettres pour cet establissement, qu'il est question, maintenant, de faire enregistrer au Parlement.

« Je vous supplie donc, Monsieur, de nous vouloir ayder en cela de vostre authorité que vostre mérite a rendue toute-puissante, et que Dieu augmentera encore, estant gagné par ce sainct œuvre et tant d'autres, que vous faites tous les jours pour son honneur. L'affaire presse et ne se peut différer au-delà du 8 octobre prochain, sans un péril évident de perdre toutes les fondations. J'ose donc vous supplier encore, Monsieur, de vouloir haster vostre assistance, et de me faire l'honneur de croire que le séminaire dont je vous parle n'est pas d'un ordre nouveau, ny de l'invention d'aucune personne particulière, mais ordonné par les Conciles de Trente et de Rouën, et par la volonté mesme et le commandement de nos Roys, et que d'ailleurs le P. Eudes a faict dans toute la Normandie des fruicts si grands et si extraordinaires, que personne ne les sçauroit croire, s'il ne les a veus comme nous, qui asseurons, en conscience, qu'il n'y a rien en ce procédé de plus apostolique. »

Phil., év. de Lisieux.

« ne devons rien épargner pour en procurer l'heureux succez.
« C'est pourquoy, je vous supplie encore, Monseigneur, de
« trouver bon que la requeste soit présentée au Parlement
« en vostre nom, comme les lettres y ont esté obtenues. »
On voit par ces deux lettres et par toute l'activité dont fait
preuve ce digne Prélat, combien il avoit cette affaire à cœur,
et combien il désiroit aider à la faire réussir. Les Lettres
patentes ne furent cependant point vérifiées pour lors, sans
que nous en sçachions la cause. Mais M. le Président d'Amfréville demeura toujours depuis ce temps très-dévoué au
P. Eudes, et obtint, quelque temps après, la vérification désirée, comme nous le dirons en son lieu.

Le P. Eudes comprit assez d'où luy venoient ces traverses
qu'il rencontroit dans l'exécution de ses pieux desseins; mais
bien loin de s'en plaindre, il en bénit Dieu et le remercia de
l'occasion qu'il luy donnoit de souffrir quelque chose pour son
amour. Loin de se décourager, à la suite de cet insuccez, il
tourna ses regards d'un autre côté et résolut de s'adresser à
l'Assemblée générale du clergé, qui se tenoit à Paris, cette
même année 1645, et de luy faire approuver, s'il pouvoit, son
établissement, pensant bien que l'approbation d'une Assemblée
si notable luy assureroit la protection du clergé de France. Il en
avoit conféré, avant de partir, avec les deux prélats, qui y prenoient le plus d'intérêt, et qui étoient ses meilleurs amis,
sçavoir M. d'Angennes et M. Cospean; et ils luy avoient donné
des lettres de recommandation pour quelques prélats de l'Assemblée.

La requête que le P. Eudes présenta à l'Assemblée générale
du clergé, le 6 de septembre 1645, disoit en substance que « les
« prêtres du Séminaire de Caën, érigé par l'autorité de M. l'é-
« vêque de Bayeux, supplioient les prélats de vouloir bien pro-
« téger leur maison dont le but étoit en tout conforme aux vues
« et recommandations du concile de Trente, des Assemblées
« générales et provinciales, et des ordonnances de nos Roys;
« que, pour cet effet, ils vouloient rester entièrement sous la
« dépendance de leur évêque, travailler dans les paroisses,
« ouvrir leurs séminaires à tous les ecclésiastiques et même aux
« laïques qui voudroient s'y retirer, et travailler aux missions;

« mais que pour avancer l'érection de tels séminaires, il étoit à
« désirer que l'Assemblée déclarât qu'elle approuvoit le sémi-
« naire érigé à Caën et qu'elle exhortât les évêques à en établir
« de semblables, et les directeurs de ces séminaires à venir
« rendre compte de leur gouvernement à l'Assemblée générale
« qui auroit la surveillance de tous les séminaires du Royaume ;
« ce qui n'empêcheroit pas, toutefois, qu'elle n'établît un chef
« qui veilleroit, sous son autorité, à l'observation des règlemens
« dressés par son ordre. »

Cette requête ayant été présentée par M. du Hallier, qui en étoit le promoteur, l'Assemblée consacra une séance entière à étudier cet important sujet ; mais voulant que cette requête fût plus mûrement examinée ainsi que les mémoires présentez à l'appui, on nomma des commissaires du premier et du second ordre, qui après un sérieux examen en feroient leur rapport à l'Assemblée. Les commissaires étudièrent la question pendant deux mois ; enfin, le sept de novembre, M. l'Evêque de Grasse, parlant au nom de tous les membres, lut un rapport dans lequel il déclaroit qu'après avoir pesé, d'une part, les moyens proposez par le P. Eudes et ses associez, tant pour fonder des séminaires que pour les faire subsister, et d'autre part, les obstacles et difficultez que rencontreroit infailliblement l'exécution de ce projet, tous les commissaires jugeoient qu'il ne se pouvoit accomplir. En conséquence, l'Assemblée s'inspirant des considérations développées dans le rapport, rejeta la requête présentée par les prêtres du séminaire de Caën. Il est bon de remarquer que c'étoient les moyens proposez pour fonder les séminaires et les entretenir que l'Assemblée du clergé repoussa en 1645, et non pas les prêtres eux-mêmes de la Congrégation de Jésus et Marie, *ainsi que l'ont prétendu, à différentes fois, les ennemis du P. Eudes*.

Pour démontrer que ce sont bien les moyens proposez, qui n'avoient pas été jugez recevables par ladite Assemblée, et non les prêtres du séminaire de Caën, il ne faut que rapporter ce qui est dit ensuite, que les ennemis ont eu grand soin de supprimer : « L'Assemblée du clergé est pourtant demeurée
« satisfaite du zèle desdits prêtres, qu'elle a louez, *les exhor-*
« *tant de continuer de travailler dans les diocezes où ils seront*

« *appelez,* comme ils ont fait jusques icy dans celuy de Bayeux ;
« et mon dit Seigneur de Grasse a été prié de faire réponse
« aux évêques de Bayeux et Lisieux. » Ce qui fait voir assez
clairement que ce furent les moyens proposez qui furent rejetez
et non pas les prêtres, ny les séminaires.

En effet, ces moyens rencontroient trop de difficultez pour
que l'Assemblée voulût se jeter dans de si nombreux et si grands
embarras. Mais pour le P. Eudes et ses associez, bien loin d'être
rejetez par l'Assemblée, ils furent louez de leur zèle et exhortez
à se tenir prêts à aller travailler dans les diocezes où ils seroient
appelez. Ce fut en effet ce qui arriva peu de temps après, lorsque
les évêques de Coutances et de Lisieux, et le Métropolitain, archevêque de Rouën, voulurent bien appeler les prêtres de la
Congrégation dans leurs diocezes, pour les mettre à la tête de
leurs séminaires, comme nous le dirons en son lieu.

Cependant, ce projet n'ayant pas encore réussi au gré du
P. Eudes, il reprit le dessein de poursuivre ses sollicitations
auprès du Saint-Siége. Nous avons vu qu'il s'y étoit déjà
adressé par la voye d'un banquier, dez le temps d'Urbain VIII ;
mais que la mort de ce souverain pontife étant arrivée bientôt
après, il avoit été obligé de remettre cette affaire à un temps
plus favorable. Innocent X, ayant été élu, le 15 de septembre de
la même année 1644, pour succéder à Urbain VIII, le P. Eudes
fit reprendre sa demande par la voye du même banquier.
M. Cospean en avoit même écrit au Cardinal Barberini, comme
on le voit dans une lettre qu'il luy adressa en date du 22 de novembre suivant. Mais voyant qu'il s'étoit passé beaucoup de
temps sans que cette affaire parût avancer, le supérieur du
séminaire de Caën se détermina à envoyer à Rome un exprès
pour solliciter en son nom l'approbation de sa Congrégation
auprès du Souverain Pontife.

Il jeta les yeux, pour cet effet, sur M. Mannoury, celuy de
ses sujets qui s'étoit uni à luy le premier pour former sa
Congrégation, et qu'il jugea le plus propre à conduire cette
affaire. Il étoit robuste, âgé d'environ 33 ans, zélé, laborieux,
infatigable, en un mot l'homme qu'il falloit pour poursuivre
une telle entreprise. Il ne nous a point laissé de relation de
son voyage ; mais nous avons quelques-unes de ses lettres,

qui pourront y suppléer ; elles nous en apprennent beaucoup de particularitez intéressantes. Il me paroît assez probable que ce fut dans l'automne de 1646 qu'il partit pour son premier voyage (car il en fit deux) (1). La première lettre que nous avons de luy est du 22 mars 1647 ; elle nous fait connoître qu'il étoit déjà à Rome depuis longtemps et s'occupoit activement de l'affaire pour laquelle on l'avoit envoyé, mais qu'il n'y avançoit pas beaucoup.

Nous apprenons par la même lettre quelques-unes des difficultez qu'il y rencontroit. Il marque que la Congrégation *de Propagande fide,* ou de la Propagande, étoit saisie de son affaire, qu'il avoit rencontré, à Rome, les mêmes adversaires que le P. Eudes avoit en France ; que comme toujours ils n'épargnoient rien pour le traverser et l'empêcher d'obtenir ce qu'il demandoit ; que M. Ingoly, secrétaire de ladite Congrégation de la Propagande, luy avoit dit que, s'il vouloit se contenter de l'approbation du seul séminaire de Caën, la Congrégation étoit assez disposée à la luy accorder, ainsi que les priviléges que l'on a coutume d'accorder aux séminaires, et que ses adversaires ne s'y opposeroient pas ; M. Mannoury ajoutoit que, pour luy, il ne trouvoit pas ces propositions suffisantes.

Les choses en étoient là, lorsque quelques jours après M. Ingoly dit à M. Mannoury qu'on venoit d'apprendre la mort de M. l'Evêque de Bayeux, et qu'ainsi il n'y avoit rien à espérer, relativement à l'affaire qu'il étoit venu traiter, jusqu'après le sacre du nouvel évêque de Bayeux, parce qu'à Rome on étoit attaché à cette maxime : *Sede vacante, nihil innovetur.* A cette nouvelle, M. Mannoury écrivit au P. Eudes qu'il ne voyoit pas d'apparence de pouvoir faire davantage pour cette fois, qu'il étoit d'avis d'attendre deux ou trois

(1) Ce premier voyage de M. Mannoury à Rome a eu lieu, non en 1646, comme le dit le P. Martine, mais en 1645. Les lettres de recommandation de Mgr Cospean au pape Innocent X et au cardinal Grimaldi sont datées du 20 février 1645. Il n'est pas admissible que ces deux lettres, données par le Prélat à M. Mannoury, lors de son premier voyage, aient été écrites dix-huit mois à l'avance. L'Annaliste de la Congrégation place le départ de M. Mannoury pour Rome à la fin de l'année 1645.

(V. aux pièces justificatives les deux lettres de Mgr Cospean.)

ans pour poursuivre l'affaire, et laisser pendant ce temps s'effacer dans l'esprit de Messieurs les Cardinaux les mauvaises impressions qu'on leur avoit données ; qu'il y avoit tout à gagner à cet ajournement ; qu'il eût en conséquence la bonté de luy mander ce qu'il avoit à faire ; que pour luy, il étoit disposé à revenir au premier ordre qu'il en recevroit, et, qu'en attendant sa réponse, il alloit faire le pèlerinage de Lorette.

Cependant, il se trouva que cette nouvelle de la mort de M. d'Angennes, évêque de Bayeux, étoit fausse ; mais elle avoit rencontré d'autant plus facilement créance en France et à Rome, qu'on sçavoit que le Prélat étoit atteint d'une maladie qui ne laissoit pas d'espérance. Malheureusement, elle ne tarda pas à devenir véritable : le Prélat mourut le 16 de mai de cette année 1647 (1). Le P. Eudes vit bien que cette mort alloit apporter un grand changement dans ses affaires, peut-être même le mettre dans une position bien difficile ; il résolut de faire revenir M. Mannoury en France et d'attendre les événemens, pour voir la conduite qu'il y avoit à tenir dans cette fâcheuse conjoncture.

Voilà les différentes démarches que fit le P. Eudes dans ces premières années pour l'affermissement de sa Congrégation ; toutes furent faites sans succez, Dieu le permettant ainsi, pour exercer la patience de son Serviteur et son parfait abandon à l'ordre de la Providence. On peut facilement juger combien tous ces différens projets luy prirent de temps et luy donnèrent d'occupation, combien de voyages il dut entreprendre pour faire toutes les dispositions que demande une affaire de cette importance. Il ne laissa pourtant pas de travailler aux

(1) Hermant s'est donc trompé en donnant le 16 mars 1647 comme date de la mort de ce pieux évêque. Mgr d'Angennes mourut à l'âge de 73 ans, dans la 41e année de son épiscopat. Après avoir énuméré le grand nombre d'ordres religieux qui s'établirent sous les auspices de ce Prélat, dans le diocèse de Bayeux, le P. Costil ajoute dans les *Annales* : « La Congrégation de Jésus et Marie et l'Ordre de Notre-Dame de Charité conserveront éternellement le souvenir d'un Prélat, sous les yeux et par la protection duquel ils ont pris naissance et produit les prémisses de leurs fruits. »

missions durant ce même temps, lorsqu'il en trouva l'occasion ; il sceut tellement bien ajuster toutes ses occupations, si variées et si nombreuses, que ses missions ne nuisirent point à ses projets et que ses différentes négociations ne portèrent aucun préjudice à ses missions.

Il fit quatre belles missions, en l'année 1645, toutes très-célèbres, dit-il, et pleines de grands fruits. La première fut en la paroisse d'Estrées (1), au dioceze de Lisieux. Cette paroisse est située au pied de la butte de Saint-Laurent, proche Corbon, sur le chemin de Caën à Lisieux. Il fut receu dans ce lieu comme un ange de paix qui venoit réconcilier les pécheurs avec Dieu, et devoit terminer tous les différends des familles. Il travailla à cette mission avec un zèle et un succez qui furent regardez comme un prodige ; il s'y fit des choses bien dignes d'être transmises à la postérité pour la gloire de Dieu, et pour l'honneur de celuy qui en fut l'instrument. On doit surtout citer la réconciliation de deux familles nobles tellement acharnées l'une contre l'autre, depuis plus de dix ans, qu'elles ne cherchoient qu'à s'exterminer. Voicy en substance comme la chose est rapportée par un des ouvriers de cette mission, qui fut témoin de cette réconciliation et y prit même une large part.

Il y avoit dans cette paroisse deux familles de qualité en guerre l'une contre l'autre, pour certaines préséances. Elles se firent honneur de soutenir, chacune de son côté, leurs prétendus droits, d'abord avec beaucoup de vivacité et bientôt avec une telle fureur, qu'elles ne cherchoient qu'à s'entre détruire ; jusque là qu'il y eut plusieurs gentilshommes qui perdirent la vie dans ces luttes, quelques-uns avec des cruautez inouïes. La haine et les désirs de vengeance étoient arrivez à un tel degré de violence que les Demoiselles elles-mêmes ne sortoient point qu'elles ne fussent armées de pistolets, pour attaquer ou pour se défendre. Depuis plus de dix ans que cette fureur duroit, beaucoup de personnes de considération avoient essayé de réconcilier ces familles, sans pouvoir y réussir. Le P. Eudes étant obligé, à cause de la grande

(1) Estrées-Notre-Dame, canton de Cambremer, 276 habitants.

affluence de peuple qui accouroit de tous côtez à la mission, de prêcher dans un herbage voisin de l'église, quelques-uns de ces Messieurs et Demoiselles, à la faveur des hayes, vinrent l'entendre en cachette. L'homme de Dieu en ayant été averty leur parla par diverses reprises d'une manière si pressante et remplie de tant d'onction, qu'une de ces Demoiselles, dont le mary avoit été cruellement massacré, se sentit touchée des exhortations du saint prêtre, et voulut profiter des grâces de la mission.

Pour cet effet, elle se présenta au confessionnal du missionnaire, de qui nous tenons ce récit. Le confesseur ayant reconnu qu'elle appartenoit à l'une des familles qui se faisoient une si rude guerre, la conjura de vouloir bien entendre à quelques moyens d'accommodement. Mais comme elle avoit de grands sujets de se plaindre de ses ennemis, et qu'elle avoit d'ailleurs beaucoup d'esprit, elle ne manqua pas de raisons pour se défendre. Il fallut longtemps contester et luy apporter de puissans motifs pour la réduire. Enfin, se souvenant de ce que l'homme de Dieu avoit exposé dans plusieurs de ses sermons sur cette matière, et comprenant, par tout ce que luy disoit son confesseur, qu'il luy étoit impossible de faire son salut en cet état, elle donna les mains à l'accommodement proposé et acquiesça à la prière de son confesseur de travailler de tout son pouvoir auprès des autres membres de sa famille au rétablissement de la paix.

Le P. Eudes, ayant appris ces heureuses dispositions, s'employa si efficacement qu'il fit entrer dans les mêmes sentimens tous les parens de la Demoiselle, qui la première avoit accepté l'accommodement. Ce premier point obtenu, il vit chaque famille séparément, entendit leurs griefs réciproques et leurs raisons, et sceut si bien manier leurs esprits, qu'il amena les uns et les autres à accepter Monseigneur de Lisieux pour arbitre absolu de tous leurs différends. Ce digne Prélat s'y employa avec plaisir : mais le procez étoit déjà gagné ; il trouva les deux familles si bien disposées, qu'il réussit facilement à terminer ce grand différend au contentement des parties, et avec la joye et l'édification de tout le pays. Le P. Eudes pria alors les deux familles réconciliées de vouloir bien se trouver le dimanche suivant au sermon qu'il feroit et dans lequel il se proposoit de leur donner de puissans moyens contre la rechute.

La chose avoit eu trop d'éclat pour ne pas exciter la curiosité de tout le monde. Le dimanche, il s'assembla un peuple infini pour entendre le sermon. Le P. Eudes prit pour son texte ces belles paroles du psaume XLV° : *Venite et videte opera Domini, quæ posuit prodigia super terram ; auferens bella usque ad finem terræ. Arcum conteret et confringet arma, et scuta comburet igni.* Il fit une application si pathétique de ces paroles aux malheurs effroyables qu'avoit causés cette funeste guerre, qu'il tira des larmes des yeux de ses auditeurs. Il leur exposa ensuite ces prodiges des bontez et des miséricordes du Seigneur, qui avoit mis fin à ces hostilitez d'une manière si consolante par une sincère réconciliation, et il exhorta tout le monde à l'en bénir et louer, à luy en rendre de dignes actions de grâces, enfin à demander que désormais il n'y eût plus jamais ny rupture, ny altération dans les rapports.

Après cet exorde, tout son sermon ensuite fut sur la nécessité du pardon des ennemis, sur les puissans motifs qui en font une obligation, sur l'étendue de ce commandement de Dieu. Puis approchant de la fin de son discours, il adressa de nouveau la parole aux deux nobles familles : après les avoir félicitées de la générosité qu'elles avoient fait paroître en cette importante occasion, il leva les yeux et les mains vers le ciel, demanda à Dieu de mettre sa bénédiction sur cet ouvrage, le conjurant de conserver cette paix, que tout le monde regardoit comme un miracle de sa grâce et une production de son infinie miséricorde. Après quoy, revenant encore à ces personnes réconciliées, il leur souhaita mille bénédictions, et la persévérance qu'il attendoit de leur fidélité ; leur promettant de la part de Dieu, si elles tenoient à leur promesse, des biens qui ne finiront jamais. Mais, en même temps, il conjura le ciel de lancer ses foudres sur les premiers qui seroient assez malheureux pour contrevenir à leurs engagemens, et d'en faire un exemple qui parût à tout l'univers. Ces menaces, faites avec tant de force et de ferveur, affermirent de telle sorte la paix entre ces deux grandes familles, qu'on n'y vit jamais depuis la moindre altération.

La deuxième mission que le P. Eudes fit en cette année fut à Vimoutiers, dans le dioceze de Lisieux (1). Il étoit bien juste que tandis que M. Cospean rendoit tant de services à ce saint homme pour l'exécution de ses projets, celuy-cy employât ses travaux apostoliques dans le dioceze de ce digne Prélat. Vimoutiers est un gros bourg, entre Lisieux et Argentan, peuplé d'environ trois mille âmes. Le Serviteur de Dieu fut receu en ce lieu avec cette heureuse prévention qui l'accompagnoit ordinairement dans ses missions; il y a apparence que toutes les noires calomnies que ses ennemis avoient publiées contre luy n'avoient point pénétré de ce côté, ou que si l'on en avoit entendu quelque chose, on n'y avoit point ajouté foy. Quoy qu'il en soit, il travailla à cette mission avec ses bénédictions ordinaires. On y vit même affluence de peuples à ses sermons, même empressement aux confessionnaux, et les mêmes marques de conversion et de changement de vie.

La troisième mission donnée par le P. Eudes, toujours en cette même année 1645, fut à Arnay-le-Duc (2), en Bourgogne. C'est une petite ville de l'Auxois au dioceze d'Autun, à 5 ou 6 lieues de cette ville épiscopale. Ce fut M. de Renty qui l'engagea à faire cette mission et qui contribua à la défrayer. Pour comprendre les grands biens que le P. Eudes opéra en cette mission, et en quelques autres qu'il fit ensuite en cette province, il faut sçavoir en quel état étoient les choses lorsqu'il y alla travailler. La corruption des mœurs étoit si grande, qu'elle avoit, pour ainsi dire, inondé tous les états : partout le vice et le libertinage; partout les superstitions les plus grossières, à tel point que les peuples n'y conservoient plus que de faibles restes de Religion. La dissolution avoit pénétré jusque

---

(1) Vimoutiers, chef-lieu de canton, à 30 kilomètres nord-est d'Argentan, 3,774 habitants. « Cette mission se fit aux frais de plusieurs habitans de ce bourg et par les soins de M. Du Buisson, bourgeois du même lieu, qui eut la dévotion de loger chez luy les ouvriers évangéliques et de les servir luy-même, ce qui fut pour tout le monde un grand sujet d'édification. » (Costil, *Annales*, liv. II.)

(2) Arnay-le-Duc, chef-lieu de canton, 2,559 habitants (Côte-dOr).

dans le lieu saint ; la vie scandaleuse de ceux qui par la sainteté de leur état devoient servir d'exemple aux autres, sembloit rendre inutiles tous les remèdes qu'on y voudroit apporter.

M. de Renty connaissoit parfaitement le triste état de toute cette contrée, et ce fut ce qui l'engagea à presser fortement le P. Eudes d'y aller travailler, le regardant comme le plus propre à remédier à de si grands maux. Le saint missionnaire étant arrivé dans ce triste pays, et voyant le mal de plus près, en fut effrayé ; il en gémit devant Dieu et se mit en état d'apaiser sa colère par ses mortifications et pénitences, priant avec ardeur, versant des larmes et mettant tout en usage pour obtenir la conversion de ce peuple ; il ne falloit pas moins pour faire du fruit dans un pays si plein de corruption.

Mais un zèle si pur, si désintéressé et si apostolique, ne fut pas longtemps sans fruit. Dieu bénit les travaux de l'intrépide apôtre : ses excellentes vertus, sa tendre dévotion, son humilité, sa douceur, sa modestie et ses autres beaux exemples, joints à ses touchants discours, prévenoient si fort en sa faveur, qu'on ne pouvoit guère se défendre des impressions qu'il excelloit à faire naître dans les cœurs. Rien qu'à le voir en chaire, on se sentoit touché, tant sa tenue étoit humble et pieuse ; mais on étoit attendry, convaincu et presque converty, dez qu'on l'avoit entendu parler. Le nombre des conversions éclatantes qui eurent lieu en cette première mission, le fit regarder comme un homme apostolique ; il gagna les cœurs de tous ceux qui suivirent les exercices de la mission, et tout le pays changea entièrement de face.

Tandis que le Père Eudes se trouvoit en Bourgogne, M. de Renty luy fit encore faire une mission qu'il défraya. Ce fut à Couches (1), qui est un bourg du même diocèze d'Autun ; elle fut la quatrième de cette année. L'homme de Dieu y eut les mêmes monstres à combattre, et là encore il remporta bientôt de glorieuses victoires. Sa charité infatigable, sa rare modestie, son éclatante sainteté, jointes à ses discours forts et pathétiques

---

(1) Couches-les-Mines, chef-lieu de canton, arrondissement d'Autun, 2,778 habitants. Au lieu de *Couches*, le P. de Montigny a donné *Conches* : l'erreur est évidente.

dissipèrent les ténèbres où ces pauvres gens étoient enfoncez, et il s'y fit des changemens dignes d'admiration.

Le P. Eudes avoit une dévotion toute particulière pour les reliques des Saints, et il n'épargnoit rien pour en obtenir quand il en trouvoit l'occasion. Il y avoit à Couches un Prieuré de l'Ordre de Saint-Benoist qui en possédoit un grand nombre dans son trésor. Profitant de cette heureuse circonstance, le saint missionnaire pria avec grande instance les Religieux de vouloir bien luy en accorder. On sçait assez combien ceux qui possèdent des reliques bien avérées en sont jaloux, et avec quel soin pieux ils tâchent de les conserver. Ces Religieux cependant ne purent refuser le P. Eudes, à qui tout le pays avoit de si grandes obligations ; ils luy en accordèrent de très-considérables, et ce, par reconnoissance des grands biens que la mission avoit produits à Couches, et dans tout le canton. C'est ainsi qu'ils s'en expriment dans la déclaration qu'ils en donnèrent par écrit au P. Eudes. Nous verrons ailleurs le grand respect que notre vénéré maître portoit aux saintes reliques ; ce qu'il faisoit et ce qu'il vouloit que l'on fît dans ses maisons pour les honorer.

L'année suivante (1646), le P. Eudes donna trois missions dans le diocèze de Bayeux ; la première fut à Torigny, qui est un gros bourg, ou petite ville, à trois lieues de Saint-Lo, et à cinq lieues de Vire, appartenant à la maison de Matignon, à présent M. le duc de Valentinois (1). Ce lieu est fort peuplé, ainsi que tout le pays d'alentour. Ce fut Mme la comtesse de Torigny qui engagea le P. Eudes à faire cette mission dans le Carême. Elle en avoit écrit à M. d'Angennes, qui étoit pour lors à son Prieuré de Moutiers, pour le prier d'accorder la station du Carême de Torigny au P. Eudes, parce qu'elle comptoit se servir de la rétribution de cette station pour faire la mission ; et le Prélat la luy avoit accordée.

Mais ce qui embarrassoit encore la comtesse, c'est que M. d'Angennes avoit fait des règlemens pour les missionnaires qui travailloient dans son diocèze, sur quoy elle souhaitoit avoir

---

(1) Torigni-sur-Vire, chef-lieu de canton, à 14 kilomètres de Saint-Lo (Manche), 2,116 habitants.

quelques éclaircissemens. Elle luy écrivit à ce sujet, et voicy la réponse qu'elle en receut : « Les meilleures choses du « monde, disoit le Prélat, sont celles où il se glisse quelquefois « plus d'abus. Ces loix ne sont pas faites pour le P. Eudes, ny « pour les gens de bien, mais contre les méchans : le P. Eudes « sçait bien comme je luy en ay parlé. Maintenant qu'il a la « protection de M. de Matignon, et la vostre, si je pouvois ad- « jouster quelque gratitude en son endroit, je m'y croirois « obligé. » C'est ce que contient cette lettre datée du trois de mars 1646. Il y a apparence que ces règlemens, que M. d'Angennes avoit faits, étoient touchant certains abus, qui s'étoient glissez dans la conduite de quelques autres missionnaires, abus dont il reconnoissoit que le P. Eudes étoit bien éloigné. La mission se fit donc, et la rétribution de la station de Carême, jointe aux libéralitez que quelques habitans du lieu accordèrent de leur propre mouvement, fournirent à la subsistance des Missionnaires.

Mais ce ne fut pas la seule raison qui avoit porté à choisir le Carême, préférablement à tout autre temps de l'année. Le curé de la paroisse, où se devoit faire la mission, ainsi que quelques autres curez des paroisses voisines, s'étoient unis pour prier Madame de Matignon de la demander pour ce temps-là, dans la pensée qu'elle feroit alors beaucoup plus de bien. Ils sçavoient par expérience que, dans le Carême, les peuples se portent avec beaucoup plus d'ardeur à travailler à leur salut et à approcher des Sacremens : dans ce saint temps de pénitence, les plus gros pécheurs eux-mêmes reviennent à résipiscence, tous vont plus volontiers à l'église, assistent aux sermons et autres instructions, et ne font pas difficulté de se présenter au tribunal de la pénitence, pour se disposer, du moins, à accomplir leur devoir paschal.

Mais ces prêtres connoissoient peu le rare talent du P. Eudes, et les grands effets que produisoient ordinairement ses missions. Il est vray que la raison que nous venons de donner put contribuer d'abord à attirer beaucoup de monde à la mission ; mais quand tous ces gens eurent entendu quelques sermons, ils ne s'en tinrent pas là : ils se sentirent attirez par des motifs plus puissans encore. Ce ne fut plus seulement pour être admis à la communion de Pâques qu'ils vinrent à l'église, comme la plupart avoient coutume de le faire, les autres années; mais pour travailler efficacement à leur salut. Ils comprirent les grands besoins de leurs âmes, ils reconnurent que la plupart de leurs confessions et de leurs communions n'avoient pas été bien faites, que c'étoient presque autant de sacriléges qu'ils avoient consommez : les gros pécheurs convinrent de bonne foy qu'ils n'avoient receu les Sacremens que pour sauver les apparences ; les autres, qui en avoient approché plus souvent, n'avoient obéi qu'à une malheureuse routine ; très-peu avoient apporté les dispositions nécessaires. Les Missionnaires n'eurent pas de peine à les convaincre du besoin absolu qu'ils avoient de faire des confessions générales; tous s'y prêtèrent volontiers; de telle sorte que ce fut un travail prodigieux pour tous les ouvriers de la mission qui observoient d'une manière très-rigoureuse les mortifications du Carême.

Ce ne fut pas la seule fois qu'on éprouva ces beaux effets du talent admirable du P. Eudes ; on peut dire que le même phénomène s'est produit dans presque toutes ses missions. En voicy un exemple des plus sensibles. Un curé, qui étoit dans le même sentiment que ceux dont nous venons de parler, ayant demandé au Serviteur de Dieu une mission, auroit bien voulu aussi qu'il l'eût donnée dans le Carême ; ne l'ayant pu obtenir qu'entre Pâques et la Pentecôte, il s'imagina que cette mission ne produiroit pas grand fruit. Il se disoit que ses paroissiens ayant rempli leur devoir paschal n'étoient pas assez dévots pour revenir sitôt se confesser, puisque la plupart ne le faisoient qu'une fois l'an, ou, au plus, deux ou trois fois dans l'année. Quelques curez voisins, qui en entendirent parler, étoient du même sentiment et déclaroient que la mission seroit manquée.

Mais ils furent bien trompez, lorsqu'après huit ou dix jours d'exercices, ils virent les confessionnaux assiégez de pénitens, et tous ces gens beaucoup plus empressez que si c'eût été dans la Semaine-Sainte. Dans ces foules, on remarquoit non-seulement des filles et des femmes, mais grand nombre de jeunes gens et d'hommes faits, tous empressez de pourvoir à leurs besoins spirituels; tous voulurent faire des confessions générales, dont ils sentoient la nécessité absolue. Témoins de ce zèle, le curé et ses amis furent forcez de convenir que cette mission n'avoit pas été moins fructueuse que si elle avoit eu lieu avant Pâques, comme ils l'avoient tous désiré.

Après cette mission, le P. Eudes et ses ouvriers passèrent au Bény, paroisse située à trois lieues de Torigny et à deux lieues de Vire. C'est un bourg qui appartenoit à M. de Renty; il étoit bien juste que ce pieux seigneur, qui procuroit à ses frais des missions partout où il le pouvoit, même dans les lieux où il n'avoit aucun intérêt particulier, accordât aussi cette grande faveur dans une paroisse qui dépendoit entièrement de luy, et où il avoit un revenu très-considérable. Aussi, ce fut luy qui en fit toute la dépense : il logea les missionnaires, et les receut à sa table. Cette mission fut encore plus fameuse que la précédente, et M. de Renty, qui assista fidèlement à tous les exercices, fut témoin des grandes merveilles que Dieu y opéra. Cet homme si saint fut peut-être celuy qui en ressentit le plus de satisfaction (1).

(1) Le docteur Burnet met M. de Renty parmi les plus grands modèles que la France ait fournis en ce siècle. Ce grand chrétien, dit l'historien de M. Olier, « qui embrassait tant d'œuvres diverses pour le bien spirituel et corporel du prochain, pouvait être proposé comme modèle à tous les autres seigneurs de ce temps, par le zèle qu'il déployait en faveur de la sanctification des peuples de ses terres; et Dieu montrait manifestement combien cette sollicitude lui était agréable par les bénédictions dont il la couronnait... Le baron de Renty, l'un des plus saints personnages de son siècle, était naturellement bouillant, prompt, altier, moqueur. Le livre de l'*Imitation de Jésus-Christ*, que son libraire le pressa de lire, le détrompa de toutes les illusions du monde. Dès lors, il fut un modèle d'édification à la guerre et à la cour, aussi bien que dans l'intérieur de sa famille. Personne ne montrait plus de sagesse que lui dans les conseils de guerre, ni plus de résolution et de courage au milieu des périls. Ayant un jour été provoqué en duel, il répondit que Dieu et le Roi lui défendaient de repousser une injure par les armes, mais que si son adversaire l'attaquait à force ouverte, il le mettrait en état de s'en repentir. La chose arriva, en effet, de la sorte : le perfide agresseur fut blessé par M. de Renty, qui le fit porter dans sa tente, lui prodigua toutes sortes de soins et lui rendit son épée. C'était un homme sans respect humain, incapable du moindre déguisement; et quoiqu'il fût toujours uni à Dieu, il était néanmoins très-civil et plein de prévenance. Il fut un de ces fervents laïques que Dieu suscitait alors pour rallumer le zèle attiédi du clergé. Voyant la vie lâche et inutile des ecclésiastiques, il en avait le cœur navré de douleur et demandait ardemment à Dieu des hommes apostoliques.

Comme le pays est très-peuplé, ainsi que nous l'avons dit en parlant de la mission de Torigny, M. de Renty ne pouvoit voir la foule prodigieuse qui accouroit de toutes parts, sans en verser des larmes de joye. Quand il voyoit l'église devenue trop petite pour contenir tous ceux qui venoient pour entendre la parole de Dieu, à tel point qu'il falloit prêcher dehors et chercher les plus grandes places pour contenir la multitude des auditeurs, il en ressentoit une consolation qui ne se peut exprimer. Ce qui contribua beaucoup à amener cette grande affluence de monde, c'est que beaucoup de ceux qui avoient assisté à la mission de Torigny suivirent celle du Bény pour entendre les sermons, retrouver leurs confesseurs et faire leurs dévotions. D'un autre côté, les peuples de Vire, qui n'étoient éloignez du Bény que de deux lieues, vinrent aussi en grand nombre, pour prendre part aux bénédictions abondantes que Dieu y répandoit. Pour tous ces motifs, la mission se fit avec une merveilleuse ferveur ; elle produisit d'admirables effets et combla de joye et de consolation M. de Renty, qui en étoit le promoteur.

La troisième mission fut à Lion, proche de La Délivrande,

Il était même comme le directeur d'un grand nombre d'ecclésiastiques et de séculiers. Il sut associer M. de Fénelon à tous les genres de bonnes œuvres auxquelles il se livrait lui-même : les séminaires, les associations pieuses, tous les projets utiles à la religion et à l'humanité obtenaient son appui et son concours. Les catholiques anglais réfugiés en France, les captifs de Barbarie, les missions du Levant, l'Eglise du Canada, trouvèrent en lui un protecteur actif et généreux. Ce fut surtout à Paris qu'il déploya tout l'héroïsme de sa charité envers les indigents, les malades, les étrangers pauvres et les ouvriers, dont il s'était fait le nourricier, l'ami et le frère. » (Faillon, *Vie de M. Olier*, p. 275 et 308.)

Encore un mot sur ce pieux gentilhomme, qui avait véritablement une âme d'apôtre. « Nostre grand Dieu, écrivait-il un jour à une religieuse, m'a accordé, et à tout son pauvre peuple de deçà, une mission par le P. Eudes, un homme tout apostolique et ses compagnons aussy ; aydez-moy à bénir le Seigneur de cette grande grâce..... On laisse venir la gangrène presque de tous costez. C'est pourquoy, prions le Seigneur de la moisson, selon son ordre, qu'il daigne répandre et envoyer beaucoup de bons ouvriers, saincts, éclairez et désintéressez de ce siècle, corriger les peuples et faire cognoistre Dieu et Jésus-Christ. *Je voudrois, pour cela, me démembrer par tout le monde.* » (Hérambourg, liv. I, ch. x.) Voilà un véritable bienfaiteur du peuple.

qui n'est qu'une simple paroisse de campagne, à trois lieues de Caën. Ce fut M. de Répichon, seigneur du lieu, qui en fit la dépense et voulut avoir le mérite de recevoir les missionnaires dans son propre logis. Dieu y opéra les mêmes merveilles, par proportion, et y donna les mêmes bénédictions que dans les missions précédentes. Nous disons par proportion, car le pays n'est pas à beaucoup près si peuplé que du côté de Vire et du Bocage.

Ce fut après cette mission que M. Finel, prêtre de la paroisse de Marchesieux, au diocèze de Coutances, et M. Le Mesle, prêtre de la paroisse de Saint-Sever, au même diocèze, se donnèrent au P. Eudes, qui vit ainsi augmenter le nombre de ses sujets (1). Ils avoient déjà eu le bonheur de travailler sous sa conduite à quelques missions; ils avoient été non-seulement les témoins des grands biens que la grâce y avoit opérez, mais eux-mêmes avoient été les instrumens dont Dieu avoit bien voulu se servir pour exercer ses miséricordes sur grand nombre de personnes. Ce fut pour contribuer à ces grands biens d'une manière plus stable, qu'ils demandèrent au P. Eudes de leur faire la grâce de les admettre dans sa Congrégation. Cet homme de Dieu, qui connoissoit déjà leurs talens et leur mérite, les receut avec beaucoup d'affection; il prit soin luy-même de les former, et de leur communiquer l'esprit de sa Congrégation. Ils furent mis au nombre des premiers sujets, et ont toujours été regardez depuis ce temps-là comme des colonnes de ce saint édifice (2).

(1) Le nombre des sujets de la Congrégation, y compris M. de Than, se trouva alors porté à neuf.

(2) L'admission de ces deux saints prêtres « au nombre des enfans du très-saint cœur de la Mère admirable », suivant l'expression du P. Eudes, eut lieu le samedi 20 octobre 1646, jour de la fête du très-saint cœur de Marie, à Lion-sur-Mer, après la récitation des Litanies qui précédaient le dîner, dans une chambre du château de M. de Répichon. L'annaliste de la Congrégation a reproduit tous les détails de cette admission, d'après le mémoire de M. Finel, ouvrage perdu depuis la Révolution. La fête du Cœur de Marie dut être transférée, l'année suivante, 1647, au 8 février, jour où elle est encore célébrée aujourd'hui dans tous les établissements d'origine eudiste, puisque le 20 janvier 1648, Monseigneur de la Madeleine, évêque d'Autun, en l'approuvant dans son diocèse, avec l'office composé par le P. Eudes, attestait qu'elle se célébrait, alors, le 8 février. « Veu, dit l'appro-

Ces deux dernières missions que le P. Eudes donna, en cette année 1646, portèrent beaucoup d'ombrage aux PP. de l'Oratoire, et augmentèrent leurs rancunes contre le serviteur de Dieu. Ils voyoient avec un grand chagrin que M. de Renty, qui avoit toujours fait paroître tant de vénération et d'attachement pour leur Congrégation, entretînt des liaisons si étroites avec un homme qui les avoit quittez, qu'il le protégeât si hautement et parût toujours disposé à luy rendre service. Ils ne pouvoient souffrir qu'il se servît si souvent de luy pour faire des missions ; ils étoient persuadez que cette conduite de M. de Renty donnoit beaucoup de crédit à ce missionnaire, et

bation, par nous Claude de la Madeleine de Ragny, par permission divine, évesque d'Authun, les présents Offices de la solennité du très-saint Cœur de la bienheureuse Vierge, *qui se célèbre le huictième jour de février.....*, etc. En témoignage de quoy nous avons signé le présent et y avons fait apposer nostre sceau. A Authun, ce 20 janvier 1648. Claude de la Madeleine, évesque d'Authun. »

Le livre de *La Dévotion au très-s. Cœur et au très-sacré nom de la B. V. Marie*, imprimé à Caen, chez Jean Poisson, en 1663, contient les approbations données, de 1648 à 1662, à l'institution de cette fête, par les quinze évêques dont les noms suivent :

† Claude de la Madeleine de Ragny, évêque d'Autun, 20 janvier 1648 ;
† Simon Legras, évêque de Soissons, 26 juillet 1648 ;
† Henri de Baradat, évêque de Noyon, 8 août 1648 ;
† Pierre d'Hardivilliers, archevêque de Bourges, 22 août 1648 ;
† Jacques Le Noël du Perron, évêque d'Évreux, 14 septembre 1648 ;
† Claude Auvry, évêque de Coutances, 12 novembre 1649 ;
† Léonor Goyon de Matignon, évêque de Lisieux, 30 novembre 1649 ;
† François Servien, évêque de Bayeux, 17 janvier 1659 ;
† François de La Palu, évêque d'Heliopolis, 30 décembre 1660 ;
† Ignace Cotolendy, évêque de Metellopolis, 30 décembre 1660 ;
† Henry Cauchon de Maupas du Tour, évêque du Puy, 12 mars 1661 ;
† André de Saussay, évêque de Toul, 21 mars 1661 ;
† François de Harlay de Chanvallon, archevêque de Rouen, 6 mai 1661 ;
† François de Montmorency-Laval, évêque de Pétrée, 23 décembre 1661 ;
† François de Nesmond, évêque de Bayeux, 15 décembre 1662.

« On peut croire, ajoute avec raison le P. Costil, que cette dévotion a dû commencer avec l'institution de la Congrégation, par la permission de M. d'Angennes, quoyque l'acte qu'il en donna, sans doute, ne soit pas venu jusqu'à nous. » Un passage de l'approbation donnée à cette fête par Mgr de Nesmond, en 1662, permet, en effet, de tirer cette conclusion.

justifioit sa sortie de leur Congrégation. Le bon accueil que M. de Répichon, qui étoit tout dévoué à la maison de l'Oratoire, venoit de faire au P. Eudes et à ses sujets dans la mission de Lion, les confirmoit dans leurs chagrins et dans leurs plaintes. C'est aussi sur ce même motif qu'est fondé ce que dit M. Huet, évêque d'Avranches, et que nous avons rapporté cy-devant.

En effet, le P. de Boisne, qui étoit alors supérieur de l'Oratoire de Caën, s'en plaignoit hautement. L'ayant appris, M. de Renty luy en écrivit pour justifier sa conduite sur ce point. La lettre est trop remplie de l'esprit de Dieu et trop honorable au P. Eudes pour en priver le lecteur.

Lettre de M. de Renty au P. de Boisne, supérieur de l'Oratoire de Caën.

Mon Révérend Père,

« J'ay appris du gentilhomme qui a porté une lettre de ma part à M. de Blérencour, que vous estiez estonné que j'escrive en faveur du P. Eudes. Je vous estime trop et j'honore tant votre saincte Congrégation, que je ne peux tarder davantage à vous éclaircir sur ma conduite. Pendant que j'ay entendu parler d'une Congrégation qui pouvoit avoir rapport à la vostre, je n'ay nullement pu gouster ce dessein; mais à présent que je vois des prestres assemblez qui désirent avec le P. Eudes, et mesme sans luy, servir l'Eglise, selon l'intention du Concile de Trente, dans un séminaire, je voudrois contribuer à cette œuvre dans tous les diocezes du monde, s'il m'estoit possible; et quand vos maisons avec cela seroient multipliées au quadruple, il y auroit encore assez de besoigne, sans s'arrester et s'occuper les uns des autres. Plust à Dieu que tous prophetisassent par occasion ou autrement! Pourvu que Jésus-Christ soit annoncé, c'est le principal.

« J'ay cogneu les grands talens du P. Eudes dans les emplois où je l'ay vu, et les grands fruicts que peuvent produire Messieurs ses confrères : il est vray que cela me les fait estimer; mais c'est sans rien diminuer de l'estime que j'ay des dignes serviteurs du mesme Maistre. Saint Paul ne m'apprend point à diviser Jésus-Christ, mais à désirer que tout se passe sans zèle amer et sans contention, selon *la charité qui est bénigne*, etc., ainsy que vous l'enseignez, et que je m'estime heureux de l'avoir appris du Saint-Esprit, qui anime vostre corps. Ce qui m'a le plus estonné, c'est que vous dites que le P. Eudes tient tout ce qu'il sçait de chez vous, et qu'il le va distribuer ailleurs. Pardonnez-moy si j'ose vous dire mon sentiment, lequel je tiens du très-digne P. de Condren : que ce seroit une grande grâce à la Congrégation, si elle pouvoit fournir quantité de bons ouvriers à l'Eglise, et donner des membres de son corps pour utilement remplir celuy qui est hiérarchique. Je sais que beaucoup d'entre vous le font sans se séparer de la Congrégation ; mais comme il y a toute liberté, il n'y a point de péché à le faire, ny partant subject de blasmer celuy qui a eu peut-estre juste subject de le faire. Je dis peut-estre : parce que Dieu a d'autres ressorts sur les cœurs que ceux de nostre portée.

« Tout ce que dessus, avec la cognoissance de M. de Répichon de Lion, lequel m'a tesmoigné ses naïves intentions pour la fondation en question, m'a faict croire ne rien faire contre vous, de dire que c'est une bonne œuvre utile et souhaitable que celle que le saint Concile de Trente inspire si fortement. Nous en connoissons assez le besoin, et beaucoup de nos seigneurs les évesques soupirent après. Je supplie mon Dieu qu'il les multiplie et vos institutions aussy, et que vous me croyiez cordialement serviteur de la Congrégation et de vous à qui je fais reproche d'estre venu à Vire sans vous estre servi de cette maison.

« Je suis, mon R. P., vostre très-humble et très-obéissant serviteur.

« Gaston DE RENTY.

« Au Bény, le 3 septembre 1646. »

Nous ne nous arrêterons point à faire des réflexions sur cette lettre ; nous laisserons ce soin au judicieux lecteur, suivant ses lumières.

Jusque-là, le P. Eudes avoit gardé de grandes mesures avec

les PP. de l'Oratoire ; et quoy qu'il eût été si maltraité à leur occasion, il avoit continué à en parler fort obligeamment, espérant toujours obtenir la paix et regagner leurs bonnes grâces. Mais, n'y pouvant réussir, il publia vers ce temps-là une espèce de manifeste ou mémoire par lequel il leur faisoit les propositions les plus chrétiennes et les plus avantageuses, voulant ainsi leur prouver qu'il ne tiendroit pas à luy, ny aux siens, que les deux communautez n'agissent de concert pour conserver la paix et pour faire le bien. Il espéroit qu'ils se rendroient enfin à la raison, ou que s'ils repoussoient ses propositions, le public seroit juge de leur conduite aux uns et aux autres. Voicy ce que contenoit ce mémoire :

« Les Prestres du séminaire de Caën demandent aux RR. PP.
« de l'Oratoire la parfaite union de cœur et d'esprit que Jésus-
« Christ a tant recommandée à ses enfans, et afin de leur faire
« voir qu'ils désirent de tout leur cœur les respecter, les ho-
« norer et les servir en toutes les manières qu'ils le pourront ;
« que pour cet effect, s'ils l'ont pour agréable, il les accompa-
« gneront et serviront dans leurs missions, et qu'alors ils y
« agiront au nom de l'Oratoire et non comme prestres du sé-
« minaire ; qu'en cas que les RR. PP. de l'Oratoire veuillent
« establir un séminaire à Caën, lesdicts prestres s'obligeront de
« mener à leurs conférences les ecclésiastiques qui seront chez
« eux, et qu'ils n'en feront point le jour de la semaine que les
« PP. de l'Oratoire auront choisi pour les faire.

« Pour ce qui est de rendre compte au R. P. général de
« l'Oratoire et de faire accepter, au nom de la Congrégation
« de l'Oratoire, les fondations faictes pour ledict séminaire, cela
« ne se peut. Cependant, pour le bien de la paix et de la
« charité, et pour tesmoigner auxdicts RR. PP. que lesdicts
« prestres ne veulent rien épargner de leur costé, afin de vivre
« en union avec eux, des 1,000 livres de rente que M. de Ré-
« pichon et M. de Lion, son fils, ont données au séminaire de
« Caën, ils déclarent qu'ils son prests à en donner la moitié
« auxdicts RR. PP., pourvu que lesdicts fondateurs y veuillent
« consentir, à quoy lesdicts prestres s'obligeront en conscience
« et devant Dieu de les porter autant qu'il leur sera possible ;

« et partant lesdicts prestres supplient très-humblement lesdicts
« RR. PP. et les conjurent par le précieux sang que Jésus-
« Christ a répandu pour nous donner la paix, et par les sacrées
« entrailles de la Mère de paix et de charité, de faire cesser
« leurs oppositions, et de souffrir qu'ils travaillent avec eux
« en la vigne de leur Père et Maistre commun, et de considérer
« qu'ils ne sont pas les seuls qui soient appelez de Dieu pour
« servir son Eglise; qu'ils ne peuvent pas tout faire; que c'est
« un grand seigneur dans la maison duquel on ne peut se
« passer de plusieurs sortes de serviteurs; que l'Eglise a un
« très-grand besoin de bons prestres et que le principal moyen
« de luy en donner sont les séminaires; que cette moisson est
« grande et cet ouvrage important et de si grande estendue
« qu'il n'y aura jamais assez d'ouvriers pour y travailler; qu'il
« n'y a aucun séminaire dans la Normandie; que, quand il y
« en auroit quatre dans le seul diocèze de Bayeux, ils seroient
« bientost remplis; que dans la ville de Caën, qui est fort
« peuplée, et où l'Université attire un grand concours d'ecclé-
« siastiques de la province, deux séminaires non-seulement
« ne se nuiroient pas, mais qu'ils serviroient à se maintenir
« l'un l'autre dans la vigueur de leurs exercices et de leurs
« fonctions par la sainte émulation qu'ils prendroient de
« travailler à qui mieux mieux.

« Que si nonobstant toutes ces considérations et offres, ils
« veulent croire que le séminaire desdicts prestres seroit préju-
« diciable à celuy qu'ils désiroient establir à Caën; qu'ils
« employent leur zèle et leurs forces pour en establir dans
« les autres villes du royaume, où ils ont des maisons et où
« il y a un si grand besoin de séminaires. Car on leur deman-
« deroit volontiers quelle raison ils ont d'en vouloir establir
« un à Caën, où il y en a desjà un, plutost qu'à Lyon, à Tours,
« à Angers, à Marseille et en tant d'autres lieux où leur Con-
« grégation a des establissemens; et on leur adjousteroit qu'ils
« n'ont pas plus de raison de s'opposer au séminaire de Caën
« qu'aux autres qu'on érigeroit aujourd'huy par toute la France.
« Mais enfin, on les prie de vouloir bien faire attention à ces
« paroles que le Saint-Esprit proféra par la bouche de Gama-
« liel : *Discedite ab hominibus, etc......* » (Act. V, 38.)

On n'a pas sceu ce que les PP. de l'Oratoire pensèrent de ce Mémoire que le P. Eudes répandit dans le public, et des raisons qui y sont exposées; mais rien ne montre mieux le peu de fondement qu'ils avoient de se tant chagriner de ce que le Serviteur de Dieu les avoit quittez et de ce qu'il faisoit du bien ailleurs que dans leur Congrégation. Toutes les personnes équitables et désintéressées, désapprouvant leur procédé, disoient que la passion et l'intérêt seuls pouvoient les engager à tenir une semblabe conduite.

Enfin, en cette même année 1646, il arriva au P. Eudes un malheur qui lui fut très-sensible : nous voulons parler de la mort de M. Cospean, évêque de Lisieux. Ce digne prélat, après avoir donné tant de marques d'estime et d'affection à cet homme de Dieu, après luy avoir rendu tant et de si importans services, et étant encore si plein de bonne volonté pour luy en rendre partout où il en auroit eu occasion, mourut le 8 de may de cette année (1). On peut bien juger, par tout ce que nous en

(1) Monseigneur Philippe de Cospean mourut le 8 mai 1646, dans son château des Loges, près Lisieux. Par son testament, il laissait ses entrailles à son église cathédrale de Saint-Pierre, son cœur aux religieuses Capucines, dites Filles de la Passion, à Paris, et son corps aux religieuses Bénédictines de la Congrégation du Calvaire. Le service funèbre fut célébré, à Paris, par le nonce du Pape, et l'oraison funèbre prononcée par Mgr Grillet, évêque d'Uzès. Mgr de Cospean, qui était le confesseur de la reine Marie-Anne d'Autriche, avait reçu les derniers soupirs de Louis XIII, le 14 mai 1643. L'épitaphe suivante qu'on lisait sur le tombeau de M. Cospean, dans l'église des religieuses du Calvaire, résume bien les mérites et vertus du grand et vénéré Prélat, l'ami constant et dévoué du P. Eudes :

Ci-gist le corps de Messire Philippe de Cospean, évêque et comte de Lisieux, la lumière et le patron des illustres personnages de son siècle, qui, après avoir excellé en doctrine, en éloquence et en piété, après avoir porté la mitre quarante-deux ans avec l'approbation des Souverains Pontifes, qui luy ont donné le titre de défenseur de l'héritage de Saint-Pierre, après avoir été l'honneur des Prélats de notre France, le modèle des plus fameux prédicateurs et sçavans Théologiens, le pasteur sans intérêt, le père des pauvres, le consolateur des affligez, le parfait amateur de la Croix, mourut dans son évêché de Lisieux le 8 mai 1646, âgé de soixante-seize ans, prononçant ces paroles : Viximus in Christo, moriamur in Christo. Il étoit supérieur et protecteur des religieuses du Calvaire, auxquelles après avoir donné ses soins pendant sa vie, il leur a donné son corps, par testament, pour être inhumé en ce monastère.

Le P. Le Mée, cordelier, publia, à Saumur, la vie de Mgr de Cospean.

avons rapporté, combien cette perte fut grande pour le P. Eudes, et la profonde douleur qu'il en ressentit. Il ne falloit pas moins que sa grande vertu et sa parfaite soumission à la très-adorable volonté de Dieu pour luy faire supporter ce coup terrible sans en murmurer et sans se plaindre.

La mort de M. d'Angennes, évêque de Bayeux, dont nous avons déjà parlé par occasion, qui arriva l'année suivante, ne fut pas une moindre perte pour le P. Eudes et sa Congrégation que celle de M. de Cospean. Nous pouvons dire même qu'elle fut encore plus grande, parce qu'elle eut de plus longues et plus fâcheuses suites. Le Prélat avoit pour ce digne ouvrier une estime et une vénération toutes particulières ; il l'avoit toujours protégé et soutenu contre la violence de ses ennemis. Mais à peine ces infatigables adversaires eurent-ils appris la nouvelle de la mort de M. d'Angennes, qu'ils se réveillèrent et conceurent de nouveaux desseins de détruire la Congrégation et le séminaire de Caën ; et, sans une protection de la divine Providence, ils en seroient venus à bout.

La présence de M. d'Angennes et la protection qu'il accordoit au P. Eudes avoit été jusque-là comme une forte digue qui avoit arrêté les vagues et l'impétuosité de ce torrent d'attaques et d'oppositions de toute sorte. Cette digue étant rompue, ils se dirent que rien ne pourroit plus les retenir. Comme ils étoient puissans et avoient beaucoup d'amis dans le chapitre de Bayeux, ils crurent que les officiers de ce chapitre, pendant la vacance du siége, partageroient aisément leurs passions ; et, en effet, il s'en trouvoit quelques-uns qui s'y montroient assez disposez ; cependant les uns et les autres, ignorant celuy qu'ils auroient pour évêque, n'osèrent pas accomplir leurs desseins. Ils se contentèrent de retirer au P. Eudes les pouvoirs qu'il avoit receus, et de l'empêcher de travailler dans le dioceze. Mais ses ennemis n'en demeurèrent pas là ; ils se déchatnèrent contre luy, renouvelèrent leurs anciennes calomnies et y en ajoutèrent encore de nouvelles ; ils publièrent aussi de nouveaux libelles pour achever de détruire sa réputation, ou, du moins, pour prévenir contre luy le nouvel évêque lorsqu'il seroit nommé.

M. de Renty, craignant que le P. Eudes ne se laissât aller au

découragement, en présence de tant de persécutions, luy écrivit pour aider à le soutenir dans la situation pénible qui luy étoit faite : « Je vous avoué, luy dit-il, que j'ay esté touché lorsque
« j'ay appris combien de tempestes et d'instantes poursuites
« vous avez eues à supporter. Je ne sçais pas pourquoy on
« s'allarme tant, ny ce que vous avez faict contre l'Evangile ! Il
« n'y a toutesfois que cela à condamner. Je crois que l'on aura
« de la peine à vous faire ce reproche au subject de vostre des-
« sein. Mais je ne m'estonne nullement de toutes ces traverses ;
« il suffit de sçavoir que vous estes à Jésus-Christ et que vous
« désirez de le suivre pour s'attendre que la contradiction vous
« est deue pendant les jours de vostre chair. Soyez seulement
« fidelle à vous confier à Nostre-Seigneur, et prenez garde que
« le battement du dehors ne metté du trouble et de l'obscurité
« dans la lumière qui vous a éclairé et pressé de sortir. Je
« supplie nostre grand Dieu de vous délivrer du procez du
« raisonnement humain qui, souvent en ces matières, multi-
« plie à l'infiny ; vous asseurant que si vous ne l'écoutez point,
« il se manifestera à vous : je veux dire qu'il vous consolera et
« vous fortifiera en foy, sur vostre appel, et en expérience des
« dons du Saint-Esprit. »

Voilà ce que M. de Renty se crut obligé de luy écrire pour soutenir son courage. Mais il n'en avoit pas beaucoup besoin ; car le Serviteur de Dieu ne diminua rien de sa grande tranquillité, ny de sa parfaite confiance en Dieu, persuadé que tous les hommes et même tous les démons ne pourroient luy nuire ny empêcher que la volonté de Dieu ne s'accomplît. Il voyoit cette adorable volonté dans tous ces traitemens que lui faisoient ses ennemis, convaincu que Dieu le vouloit ainsi, d'abord pour son propre bien, pour le purifier de plus en plus et luy faire trouver comme un contre-poids aux applaudissemens que luy attiroient le succez de ses missions ; et, en second lieu, pour procurer des grâces extraordinaires par le moyen de ses missions à beaucoup d'autres qui en avoient un très-grand besoin.

En effet, cet homme apostolique, voyant que, pendant la vacance du siége et peut-être pendant un temps plus long encore, il n'y avoit pas d'apparence de pouvoir travailler dans le diocèze de Bayeux, où tant de gens luy étoient opposez, prit la résolution d'aller exercer ailleurs son apostolat. Il y avoit déjà du temps que M. de Renty le sollicitoit de retourner en Bourgogne pour donner quelques missions à des paroisses où les peuples étoient dans le plus triste état ; et il avoit tout sujet d'espérer que ces pauvres gens retireroient de grands avantages de ces pieux exercices. Mais avant de raconter le succez de ces missions si éloignées et des autres que le Serviteur de Dieu fit tout le reste de sa vie, il faut que nous parlions de ses missions en général, et que nous exposions icy les causes de ces prodigieux succez.

On ne peut pas disconvenir que le P. Eudes n'eût une vocation bien certaine et toute particulière pour les missions, et qu'il n'eût receu du ciel d'excellens talens pour ces fonctions apostoliques. Ses supérieurs, tandis qu'il étoit encore de la Congrégation de l'Oratoire, en étoient si convaincus, qu'ils ne crurent pas pouvoir procurer un plus grand bien à l'Eglise, ny agir plus selon les desseins de Dieu, que de le destiner entièrement à ce grand et important ministère. Aussi, luy-même, depuis ce temps-là, regarda toujours cet employ comme sa véritable vocation ; particulièrement après qu'il eut connu, par une longue expérience, les grandes bénédictions que Dieu versoit sur ses travaux et les fruits abondans que les peuples en retiroient. De sorte qu'il auroit cru résister à la volonté de Dieu et mettre son propre salut en danger s'il n'avoit pas fait ce qu'il pouvoit pour y correspondre.

Dieu avoit donné à ce saint prêtre un grand nombre de talens qui conspirèrent tous à le rendre un missionnaire parfait. Le premier de ces talens, qui luy procura le plus d'honneur et par lequel il fit le plus de fruit dans l'Eglise, fut celuy de la parole et une merveilleuse facilité pour la prédication. Il étoit toujours prêt à monter en chaire : souvent on l'a vu prêcher quantité de sermons à l'improviste et sans qu'il parût y avoir apporté aucune préparation ; et cependant, plusieurs de ces missions commencées de cette manière n'en produisirent pas moins de fruits abondans. Il prêchoit souvent dans les lieux par où il passoit, profitant de circonstances favorables qu'il n'avoit pu prévoir et qui l'obligeoient à parler de l'abondance du cœur;

On pouvoit dire de luy comme de Notre-Seigneur : « qu'il alloit annonçant le Royaume de Dieu dans les villes et les bourgades qui se trouvoient sur son chemin. » Dieu luy avoit donné une mémoire excellente, capable d'apprendre vite et sans difficulté, ferme à retenir ce qu'il avoit appris, et fidèle à luy fournir ce qui convenoit au sujet qu'il traitoit.

Le talent du P. Eudes pour la prédication consistoit surtout en trois qualitez : dans une grande fécondité d'idées, dans une remarquable facilité d'élocution, enfin dans la précision et la netteté de son exposition. Nous avons déjà dit qu'il avoit une voix forte et onctueuse, des expressions énergiques et véhémentes, et que toujours il s'attachoit à rester à la portée de tous ses auditeurs. Les plus simples et les plus grossiers l'entendoient aisément ; et cependant les personnes éclairées ne pouvoient pas luy refuser leur estime et leur approbation ; car, quoyqu'il parlât d'une manière simple et populaire, il le faisoit cependant avec tant de dignité et d'une manière si persuasive, qu'il contentoit tous ceux qui avoient le bonheur de l'entendre. Ses sermons n'avoient pas, à la vérité, l'agrément des beaux discours pompeux de nos jours ; ils n'étoient pas remplis de pensées recherchées et de ces beaux tours d'éloquence que l'étude et l'art s'efforcent de produire, mais qui sont, hélas ! souvent si stériles ; en revanche, ils étoient remplis de vives lumières, de ces pieux sentimens qui procèdent de la communication de l'âme avec Dieu, et qui font presque toujours de grandes impressions sur ceux qui les entendent (1).

(1) M. Huet dit que « le P. Eudes avoit une éloquence naturelle, vive et véhémente, plus propre à toucher ses auditeurs par la terreur qu'à les attirer par la douceur. » *(Origines de Caen*, p. 429.) Cela est vrai, mais c'est par là qu'il a gagné à Dieu tant d'âmes qui se seroient perdues par la douceur s'il s'en étoit servi. *(Note du P. Martine.)*

Le P. Hérambourg nous paraît avoir donné la note vraie de l'éloquence qui caractérisait les sermons du P. Eudes : « Il foudroyoit les crimes, nous dit ce biographe, mais il avoit pitié des pécheurs... Il invectivoit publiquement contre les vices, mais avec esprit de charité à l'égard de ceux qui les avoient commis. *Il parloit fortement, sans se servir de paroles aigres*. On voyoit à l'œil que ce qu'il disoit procédoit d'un cœur de père qui brûloit d'amour pour ses enfans, et dont les entrailles étoient pleines de compassion pour leur misérable état, et de zèle pour leur bien et leur salut..... Son

Le P. Eudes joignoit à ces qualitez une manière de prononcer qui alloit toujours au cœur. On peut dire que tout parloit en luy : sa voix, ses gestes, la vivacité de son regard, l'expression de son visage, qu'il sçavoit varier selon l'ordre des idées qu'il exprimoit, son air mortifié, sa modestie, son recueillement, tout enfin contribuoit en luy à toucher et à gagner les pécheurs. Il eût été bien difficile de résister à la vertu et à l'onction de ses discours ; tout étoit obligé de céder à la force de ses paroles et à la vertu de ses exemples : car on peut dire que la force que Dieu donnoit à sa parole ne venoit pas moins de ses exemples et de la sainteté de sa vie que de la véhémence de ses discours ; c'est par là qu'il produisoit ces fruits prodigieux qui luy attiroient tant d'applaudissemens ; de là les succez étonnans de ses sermons, les grands résultats qu'ils obtenoient : nous voulons dire: ces suppressions d'abus, ces réformations de mœurs, ces restitutions abondantes, ces réconciliations, ces cessations de scandales, les changemens qui s'opéroient dans tous les lieux où il travailloit ; il y avoit bien peu de sermons où on ne vît couler des larmes. Bien des fois on a vu des libertins, qui n'étoient venus l'entendre que par curiosité et pour se moquer, se retirer pénétrez de la plus vive douleur de leurs péchez et avec une ferme résolution de changer de conduite.

éloquente simplicité gagnoit tout le monde et convertissoit les cœurs les plus endurcis. Bossuet et plusieurs autres sçavans évêques, qui luy faisoient l'honneur d'assister à ses sermons, en sortoient tellement édifiez, qu'ils se disoient les uns aux autres : « *C'est ainsi que nous devrions prêcher.* » (Hérambourg, liv. I, ch. VIII.) *Le Ménologe des religieuses Bénédictines du Très-Saint-Sacrement*, imprimé en 1682, apprécie en ces termes le P. Eudes comme orateur : « C'estoit un second Elie dans la chaire de vérité ; sa parole estoit toute de feu ; c'estoit un glaive trenchant des deux costez, qui n'espargnoit point le crime en quelque lieu qu'il le pust découvrir. Il est vray qu'il traitoit les pécheurs, au Tribunal de la Pénitence, avec beaucoup de douceur, et qu'il essayoit de les gagner à Jésus-Christ, en imitant sa parole et sa charité ; mais en public, il n'usoit point de cette modération. »

Nous examinerons dans un article spécial, aux pièces justificatives, les divers reproches adressés par Huet au P. Eudes, et l'on pourra se convaincre qu'ils ne reposent sur aucun fondement. Le savant prélat a, du reste, réfuté lui-même, d'une manière vraiment magistrale, dans son *Commentarius de rebus ad eum pertinentibus*, les reproches adressés au P. Eudes dans *Les Origines de Caen*.

De là cette affluence prodigieuse de peuples qui accouroient de toutes parts pour l'entendre et participer aux grâces de ses missions. Les églises même les plus vastes se trouvoient souvent trop petites pour contenir la multitude de ses auditeurs ; il étoit obligé de prêcher dans les cimetières, sur les places publiques, ou en pleine campagne. Il n'étoit pas rare de voir assister à ses prédications des 10, 15 et 20,000 personnes aux dimanches et aux fêtes, tant on étoit avide de l'entendre. On voyoit, au sortir de ses sermons, des foules de pénitens assiéger les confessionnaux, et quelque nombreux que fussent les ouvriers de la mission, ils ne pouvoient suffire à entendre les confessions. Ses ennemis et ses envieux, forcez de reconnoître ce que tout le monde voyoit et admiroit, aimoient mieux attribuer ces grands succez à un artifice malin et criminel, plutôt que d'y voir l'action de la puissance divine : ils le traitoient d'enchanteur et de charlatan, qui attiroit tout le monde à luy ; semblables à ces juifs qui, ne pouvant nier la puissance de Notre-Seigneur de chasser les démons et d'opérer tant d'autres miracles, préféroient dire que c'étoit par Béelzébub, prince des démons, qu'il faisoit ces prodiges, et refusoient d'y reconnoître le doigt de Dieu : *In Beelzebub principe dæmoniorum ejicit dæmonia.*

Mais ce n'étoit pas seulement par ses sermons que le saint missionnaire attiroit la confiance des peuples et gagnoit les âmes à Dieu : c'étoit aussi par son grand talent pour la direction des consciences et par sa manière d'entendre les confessions. On peut dire qu'il n'avoit pas moins de talent pour le confessionnal que pour la chaire, et on doute, avec raison, par laquelle des deux fonctions il a le plus sauvé d'âmes. Il étoit bien éloigné de ces confesseurs durs et sévères qui n'ont aucun égard à la fragilité humaine, ny aucune compassion pour la faiblesse des pécheurs ; de ces directeurs rigoristes qui font le chemin du ciel si difficile et si rude que presque personne ne peut se résoudre d'y entrer. Mais aussi, il étoit bien éloigné de ces lâches directeurs qui, par une molle condescendance, flattent les pécheurs et par là les entretiennent dans leurs déréglemens. Ennemi de toute lâche complaisance, incapable de toute flatterie, également éloigné des deux extrémitez, il n'épargna jamais le péché, quoyque toujours on le trouvât plein de la plus tendre compassion pour les pécheurs (1).

Il tâchoit d'entrer dans l'esprit et les sentimens de Jésus-Christ ; il receyoit tous les pénitens à bras ouverts ; il usoit, à la vérité, de beaucoup de douceur, persuadé qu'un zèle amer gâte tout, ce qui ne l'empêchoit pas d'apporter une généreuse fermeté, accompagnée d'une rare prudence, qu'il sçavoit accommoder aux différens caractères et aux dispositions de ses pénitens ; de cette manière, il ne manquoit guère d'opérer l'entière conversion des âmes qui s'adressoient à luy ; il sçavoit garder cet admirable milieu qui est si rare et cependant si nécessaire, et, à l'exemple de ce charitable samaritain de l'Evangile, mêler si bien l'huile de la douceur avec le vin de la fermeté qu'il n'y avoit point de playes qu'il ne refermât, ny de maladie qu'il ne guérit parfaitement. On ne voyoit personne se plaindre de sa fermeté, et il la faisoit si bien goûter que nul n'y trouvoit à redire, et cela dans un temps où il semble qu'on ne sçavoit plus ce que c'étoit que de différer l'absolution aux pécheurs ; la plupart des pénitens et des confesseurs étant dans la fausse persuasion que, dez qu'un homme a tant fait que de déclarer ses péchez, on ne peut pas le renvoyer sans absolution.

On peut dire que c'est un des prêtres à qui on a le plus d'obligations, du moins en France, de sçavoir bien discerner les pénitens à qui il faut donner l'absolution, ceux à qui il faut la différer pour quelque temps, ceux enfin à qui on doit la refuser entièrement. Ses *Avertissemens aux confesseurs*, dont nous avons déjà parlé, et son excellent livre du *Bon confesseur*, dont nous parlerons cy-après, donnent là-dessus des règlemens de conduite que les confesseurs ne sçauroient trop étudier, ny trop fidèlement mettre en pratique. Dieu seul connoît le

---

(1) « Il portoit un crucifix dans le confessionnal, sur lequel il jettoit les yeux, de fois à autres, pour se rappeler l'amour très-ardent dont le Cœur adorable de Jésus-Christ étoit tout embrasé pour les hommes..... Il étoit tout charité pour les pauvres pécheurs. Quand il montoit en chaire pour y prêcher la divine parole, il y portoit des canons et des foudres afin de terrasser le péché ; mais dans le confessionnal, il étoit tout transformé en bénignité. » (Hérambourg, liv. I, ch. XII.)

grand nombre d'âmes qu'il a sauvées par une conduite si pleine de sagesse et de charité, et qu'une trop grande sévérité ou une condescendance trop molle eût infailliblement perdues. Heureux ceux qui, étant appelez aux mêmes fonctions, sçauront profiter de ces saintes instructions qu'il nous a laissées et allier ensemble cette douceur et cette fermeté, de manière à se garantir des défauts opposez.

Il faut cependant convenir que ce qui donnoit au P. Eudes une si grande action sur les pénitens, c'est qu'il les avoit vivement touchez auparavant par ses sermons. Les ouvriers qui travailloient avec luy trouvoient, en effet, une grande différence au confessionnal entre ceux qui avoient déjà assisté à quelques-uns de ses sermons et aux autres exercices de la mission et ceux qui s'y présentoient pour la première fois et sans l'avoir encore entendu prêcher. Ceux-cy étoient beaucoup plus difficiles à réduire et à se soumettre à ce que l'on demandoit d'eux que les autres, dont on obtenoit facilement tout ce qu'on vouloit.

Ce saint prêtre avoit un talent merveilleux pour confesser les plus grands pécheurs ; il étoit ravi quand il en trouvoit qui, après avoir vieilli dans le crime, désiroient avec sincérité se convertir et s'adressoient à luy pour se remettre en grâce avec Dieu. Les confessions les plus longues, les plus embrouillées, et dans lesquelles les pénitens ne sçavoient par où commencer, étoient celles qu'il recherchoit et qu'il préféroit volontiers aux plus faciles. L'examen, qui d'ordinaire embarrasse le plus les pénitens et crée le plus de difficultez aux confesseurs, étoit ce qui luy coûtoit le moins. Il avoit une si belle méthode d'interroger les pénitens qui s'adressoient à luy, et de les faire repasser toutes les différentes circonstances de leur vie ; il entroit dans un si grand détail des obligations générales et particulières, sçavoit si bien tenir compte de la différence des caractères et des positions et adapter ses questions à ces circonstances diverses, que les confessions générales étoient souvent achevées avant que les pénitens qui appréhendoient le plus d'en faire s'en doutassent. Il n'excelloit pas moins à exciter les pénitens à la contrition de leurs péchez et à leur inspirer les sentimens de la plus vive componction.

Il en étoit si pénétré luy-même dans ce temps-là, que souvent il ne pouvoit retenir ses larmes. Ce qui le touchoit à ce point, c'étoit d'un côté sa grande sensibilité pour les intérêts de Dieu ; embrasé comme il étoit du plus ardent amour pour son adorable majesté, il éprouvoit une si profonde douleur de tous les crimes qu'on luy déclaroit, qu'il eût volontiers fait le sacrifice de sa vie pour les effacer et les empêcher de se reproduire jamais. De plus, ayant l'habitude de tenir toujours dans ses mains un crucifix en entendant les confessions, il regardoit ces mêmes péchez comme la cause de ces tourmens inhumains qu'on avoit fait endurer à cet adorable Sauveur : c'étoit là ce qui le faisoit gémir, soupirer et répandre des larmes. D'un autre côté, considérant l'état déplorable où ces pauvres pécheurs étoient enfoncez par tant de forfaits, il étoit pénétré d'une si vive compassion, que toutes les paroles qu'il proféroit perçoient les cœurs des pécheurs les plus durs et les faisoient fondre en larmes.

Ce n'étoient pas seulement les grands pécheurs qui avoient recours à luy pour qu'il leur tendît la main et leur aidât à se relever et à sortir du bourbier de leurs crimes ; l'estime que les peuples avoient conceue de sa sainteté et de ses talens étoit telle que presque tous auroient voulu pouvoir s'adresser à luy pour la confession, le consulter et régler d'après ses avis les affaires de leur conscience et même leurs intérêts temporels. Tout ce qu'il y avoit d'affaires difficiles et embrouillées luy passoit par les mains : on lui soumettoit tous les différends, on le faisoit arbitre de tous les procez. Il avoit un talent merveilleux pour opérer les réconciliations ; talent qui lui étoit nécessaire en tout temps, mais dont il faisoit surtout grand usage dans ses missions. Il a reconcilié plusieurs personnes dont les haines étoient des plus invétérées, des plus scandaleuses et tellement opiniâtres que rien n'avoit pu les vaincre.

Le talent singulier qu'il avoit pour conduire les âmes dans la voye du salut, la netteté avec laquelle il éclaircissoit tous les doutes et dissipoit toutes les obscuritez, luy attiroient, on le comprend, une occupation incessante. Dieu avoit donné tant de vertu et une telle onction à ses paroles pour consoler les peines intérieures, que, souvent, d'un seul mot, il calmoit le trouble des consciences les plus agitées. L'église où il préchoit et où se faisoient les exercices de la mission n'étoit pas le seul théâtre de la charité immense de cet homme apostolique : les hôpitaux, les prisons, les maisons religieuses, dans les lieux où il y en avoit, étoient également l'objet de son zèle. On le voyoit continuellement en activité, sans cesse occupé à procurer à ses frères tous les secours qu'il pouvoit leur apporter ; et, parmy de si grandes occupations, jamais il ne paraissoit empressé, toujours il se montroit doux, affable et prévenant comme s'il avoit été libre de son temps ; chacun trouvoit en luy un secours proportionné à ses besoins ; car toujours il se faisoit un plaisir de correspondre aux désirs de ceux qui s'adressoient à luy.

Bien loin que cette multiplicité d'affaires capables d'accabler tout autre que luy le fît souffrir, il y trouvoit des douceurs qui ne se peuvent exprimer. « Je n'ay jamais gousté de consolations « plus sensibles qu'icy, écrivoit-il d'une de ses missions, où je « vois une multitude prodigieuse de peuples qui viennent au « sermon et qui assiégent nos confessionnaux. Ah ! si Messieurs « les abbez et tant de prestres, qui perdent leur tems et « enfouissent leurs talens, avoient gousté quelque petit trait « de ces douceurs et de ces consolations, je suis asseuré qu'il y « auroit presse à travailler aux missions et à s'offrir pour venir « nous ayder. Quoyque je sois desjà avancé en âge, écrivoit-il « une autre fois, je presche presque tous les jours, je confesse « et je satisfais à une infinité d'affaires. Toutes ces fatigues ne « coustent rien, quand Dieu soutient par l'onction de sa grâce et « quand on a la consolation de voir que les peuples taschent de « correspondre à ce que l'on fait pour leur salut. »

La seule peine que luy causoient ses nombreuses occupations, c'étoit de l'empêcher de confesser autant qu'il auroit souhaité. Il y eût volontiers passé les journées entières sans boire et sans manger, si la prudence l'avoit pu souffrir. Les peines, les difficultez, les souffrances qu'il trouvoit quelquefois à aller en mission ne luy ont jamais arraché un mot de plainte ; la pluye, la neige, les glaces, les vents les plus furieux, les mauvais chemins, ne furent jamais capables de l'empêcher de partir pour se rendre à son poste, ny de ralentir son zèle. Sa grande peine étoit de voir le plus souvent la moisson si abondante et si peu de bons ouvriers pour y travailler. Quoy qu'il assemblât des 10, 15 et 20 ouvriers qui s'y appliquoient des journées entières durant cinq ou six semaines, prenant à peine le temps nécessaire pour dire la sainte messe, réciter le bréviaire et dîner frugalement, les confesseurs ne pouvoient suffire à recevoir les confessions.

Le P. Eudes a écrit de plusieurs de ses missions : « Nous « sommes icy 15, 20 ou 25 ouvriers ; mais 50 ou 60 n'y suffiroient « pas. C'est, ajoutoit-il, ce qui me fait saigner le cœur, de voir « tant de peuples chercher à se réconcilier avec Dieu, et ne « pouvoir y parvenir, et que nous ne pourrons pas en expédier « la moitié, faute d'avoir assez d'ouvriers. Ceux qui ont la « capacité et les talens nécessaires pour y travailler, peuvent- « ils demeurer insensibles à la perte de tant d'âmes qu'ils en « pourroient garantir ? » Il ne pouvoit voir sans douleur grand nombre de personnes passer des quatre ou cinq jours près des confessionnaux, et y rester quelquefois plus longtemps encore pour conserver leur place, et pouvoir se confesser à leur rang, s'y trouvant de grand matin, restant là sans manger jusqu'au soir, ou ne mangeant qu'un morceau de pain sec dans l'église, tandis que le confesseur étoit à dîner ; mais il sentoit son cœur comme déchiré quand après tant de sacrifices ces malheureux étoient obligez de s'en retourner, sans avoir réussi à se confesser (1).

(1) Le passage suivant du P. Hérambourg donne bien l'idée de l'empressement des populations à accourir aux missions du P. Eudes. « Pendant onze ou douze semaines que duroient quelquefois les missions, dit ce biographe, on avoit toujours peine à approcher des confesseurs, tant ils étoient employez. On voyoit une infinité de pauvres gens de campagne venir de six, sept et quinze lieues, et quelquefois de plus loin, nonobstant la rigueur de l'hyver, et quitter toutes choses pour profiter de ces grâces. Une femme en fit, à pied, plus de cent (en plusieurs voyages) pour gagner une mission. Des servantes, ne pouvant obtenir congé de leurs maîtres, se faisoient remplacer et achetoient par ce moyen la liberté de se venir confesser. Les personnes de qualité qui venoient de loin offroient de l'argent aux pauvres afin qu'ils leur cédassent la place qu'ils avoient au confessionnal. » « Nous avons douze confesseurs, écrivoit le P. Eudes, de la mission de Villedieu (1651), mais il est bien certain que cinquante n'y suffiroient pas. C'est une chose digne de compassion de voir une grande multitude de gens couchez sous

Il rencontroit parfois des actes capables de luy causer beaucoup de déplaisir, et de le faire désespérer d'accomplir le bien ; si sa solide vertu ne l'avoit soutenu contre le découragement. Il se trouvoit dans certaines paroisses des personnes puissantes, ecclésiastiques ou laïques, qui se déchaînant contre la mission et contre les missionnaires, mettoient de grands obstacles aux fruits qu'on en pouvoit espérer. On a vu des curez qui faisoient tous leurs efforts pour décrier la mission et rendre les missionnaires odieux à leurs paroissiens, les chargeant de calomnies atroces, et mettant tout en usage pour les empêcher d'avoir aucune communication avec eux; jusqu'à menacer ceux qui iroient à la mission de les refuser à Pâques; et ils réussissoient quelquefois à en arrêter un certain nombre.

On a vu des missions où tout le monde étoit tellement mal prévenu contre le P. Eudes et ceux de sa suite, que personne ne vouloit les loger. On les avoit tellement décriez que personne ne vouloit avoir affaire à eux; ils se voyoient en arrivant la fable et le sujet des railleries de tout le canton. Le P. Eudes a été obligé quelquefois d'aller, la clochette à la main, dans la

---

les halles au tems qu'il fait » (octobre)..... Ils demeuroient avec assiduité des huit et quinze jours au pied des tribunaux. » (Liv. I, ch. x.)

Le P. Beurier rapporte qu'à la procession solennelle pour la clôture de la mission, on a compté parfois jusqu'à vingt-deux bannières de paroisses réunies. Ce fragment que nous détachons d'une lettre écrite par M. de Renty à l'un de ses amis achève de compléter le tableau : « ... Enfin les missionnaires eussent souhaité d'estre cent aussy bien qu'ils n'estoient que dix-huict pour satisfaire au peuple qui attendoit quelquefois deux, trois et quatre jours à pouvoir se confesser ; et, au bout de quatre semaines, quantité ne l'ont pu. On communioit à 4, 5 et 7 heures du soir. Il est impossible que l'on ne soit touché de voir la ferveur des pauvres gens quittant tout pour se rendre à la parole de Dieu; *et il faut rendre cet honneur au P. Eudes, de le tenir comme un admirable et extraordinaire organe de Dieu pour le ministère où il l'a appelé.* On ne peut résister à des véritez dictes si naïvement, si sainctement, si fortement. Je ne vous en diray pas davantage sur ce subject, car les particularitez seroient trop longues. Il y avoit plus de douze mille personnes le dernier jour; *toute une montagne en estoit couverte : c'estoit une naïve idée du jugement.* » (Lettre citée par le P. Hérambourg, liv. I, ch. x.)

Sans compter « quantité d'Avents et de Caresmes, et une infinité d'autres sermons qu'il a faits, selon l'exigence des temps, des lieux et des festes, le P. Eudes a donné luy-même, en chef, 110 ou 112 grandes missions. » (Id.)

place du marché, ou autre place publique, et là, de faire un discours à ceux qu'il pouvoit ramasser, parce que personne n'alloit à l'église pour l'entendre (1). Mais les missionnaires ne se rebutoient point en présence de ces difficultez et oppositions ; ils prenoient patience, continuoient leur chemin, et ils n'étoient pas longtemps sans voir les peuples revenir de leurs préventions. Combien de fois ont-ils eu la consolation de constater que ceux qui avoient été d'abord les plus animez et les plus déchaînez contre eux, devenoient ensuite leurs plus zélez panégyristes, et les défendoient avec le plus de chaleur (2).

Une des choses qui attachoit le plus le P. Eudes au confessionnal, et qui contribuoit le plus à luy faire garder une conduite si édifiante en ce sacré tribunal, c'étoit la haute estime qu'il avoit conceue de cette sainte fonction ; on ne peut guère, en effet, en concevoir une idée plus élevée que celle que s'en faisoit ce digne ouvrier. Il avoit coutume de dire que « les prédicateurs battoient les buissons, mais que les confesseurs prenoient les oiseaux ; » et, développant sa pensée, il ajoutoit : « les prédicateurs ébauchent l'ouvrage, et les confesseurs l'achèvent et le perfectionnent ; les prédicateurs font sentir aux pécheurs la grandeur et l'énormité de leurs

---

(1) « Quand le P. Eudes alloit en mission, il portoit avec luy une petite clochette, à l'exemple du grand prédicateur des Indes, saint François-Xavier, pour rassembler les bonnes gens de la campagne. Allant dans les marchez, il les attiroit par ce moyen ; puis, montant au pied d'une croix ou sur quelque éminence, il leur annonçoit les véritez du salut. » (Hérambourg, liv. I, ch. IX.) M. Olier faisait aussi appeler les enfants au catéchisme au son d'une clochette qu'un clerc en surplis allait sonnant dans les rues du faubourg Saint-Sulpice. Cet usage subsista longtemps à Saint-Sulpice ; au moins, il y était encore en vigueur lorsque M. de Montiers de Mérinville, depuis évêque de Chartres, y catéchisait les enfants. L'historien qui a écrit sa vie rapporte que quand Mme la duchesse d'Aumont le voyait passer devant ses fenêtres, elle les refermait de dépit pour ne pas le voir. (Faillon, t. II, p. 49 et 71.)

(2) « Si vous n'avez pas beaucoup de monde au commencement, écrivoit un jour le P. Eudes à un de ses missionnaires, ne vous découragez pas pour cela. Souvenez-vous qu'une seule âme est un monde devant Dieu, et que Nostre-Seigneur s'est bien arresté pour prescher une seule femme. » (Hérambourg, liv. I, ch. IX.)

crimes, mais les confesseurs leur tendent la main pour les en retirer; ils sont comme d'habiles chirurgiens qui appliquent l'appareil sur leurs playes pour leur procurer une parfaite guérison. » Voilà pourquoy il préféroit ordinairement les confesseurs aux prédicateurs ; et, à ce sujet, il disoit encore que si les anges étoient capables de jalousie, ils en auroient sur les confesseurs, en leur voyant exercer une fonction si sainte et si sublime, si agréable à Dieu, et si utile aux âmes qui ont coûté si cher au fils de Dieu. C'étoit là ce qui lui donnoit une si grande affection pour le confessional, et luy inspiroit tant de moyens pour faire profiter ceux qui s'adressoient à luy.

Son parfait désintéressement, tant au confessionnal qu'en tout le reste de sa conduite, étoit encore une des choses qui contribuoient beaucoup à luy concilier la bienveillance et la confiance des peuples. Le détachement des faux biens du monde a toujours été regardé comme une des marques des plus solides vertus. C'étoit par là que les apôtres étoient si bien receus et si bien écoutez de ceux à qui ils annonçoient le saint Evangile ; et, c'est par là encore que tant d'hommes apostoliques font du fruit parmy les infidèles dans les missions étrangères. Le moindre soupçon d'avarice ou d'intérêt personnel que les peuples conçoivent sur ceux qui veulent travailler à leur salut, suffit souvent pour empêcher tout le fruit qu'on en pourroit espérer. Quand ils s'aperçoivent qu'on cherche à s'enrichir à leurs dépens, ils perdent bientôt toute confiance en ceux qui les prêchent. Or, il est indispensable aux prêtres de posséder la confiance des peuples pour travailler avec fruit au salut de leurs âmes.

Aussi, un des plus dangereux stratagèmes dont le démon se sert pour empêcher le bien des missions, c'est de persuader aux fidèles que les missionnaires ne travaillent que pour gagner de l'argent, et qu'ils ne viendroient pas dans les paroisses s'ils n'étoient pas payez. Ces bruits, qui se répandent ordinairement dans les lieux où se font les missions, passent pour si certains que l'on va parfois jusqu'à marquer en détail ce que chaque ouvrier doit gagner : tant pour chaque prédicateur, tant pour chaque confesseur, tant pour les catéchistes, et tant pour le chef de la mission. Il se trouve même des prêtres qui le croient et ne sont pas les derniers à le publier.

D'autres, plus malicieux, publient encore que les missionnaires retiennent les restitutions et les partagent entre eux. Souvent on a vu sur ce sujet dans des missions des histoires que l'on avoit grand soin de bien circonstancier, nommant les lieux où le fait s'étoit produit, la somme qui avoit été ainsi partagée, les personnes qui y étoient intéressées, et la manière par laquelle la chose avoit été découverte : tout cela afin de rendre la calomnie plus vraisemblable.

Souvent, le P. Eudes et ses ouvriers laissoient tomber d'elle-même la calomnie, se contentant de garder le silence et de prouver le contraire par une conduite entièrement désintéressée ; quelquefois ils relevoient ces faux bruits, ne dédaignoient pas de s'en justifier en public et d'en faire voir la fausseté. Mais par rapport aux restitutions, voicy les instructions que le P. Eudes donnoit à ses ouvriers, et qu'il ne manquoit jamais luy-même de mettre en pratique : « Ne vous chargez, leur disoit-il, que le
« moins que vous pourrez de restitutions, pour obvier à bien
« des difficultez qui en sont presque inséparables et donnent
« souvent occasion de calomnier les plus gens de bien. Il faut
« adresser les pénitens aux curé, vicaire ou à tout autre prestre
« à qui ils ont confiance et qu'ils prieront de se charger de ces
« restitutions. Mais enfin, s'ils ne peuvent pas s'y adresser pour
« de bonnes raisons, et qu'il faille vous en charger vous-mesmes,
« prenez si bien vos précautions que vous évitiez tout subject
« de reproche et mesme tout soupçon. Faites-vous si bien dis-
« tinguer la personne à qui la restitution doit estre faicte, qu'il
« n'y ait point subject de méprise ; car il se trouve quelquefois
« des personnes de mesme nom. Enfin il faut avoir grand soin
« de se faire donner un receu de la somme rendue pour servir
« de preuves à celuy de qui est la restitution, et que l'on
« gardera pour sa propre justification, en cas de besoin. »

Le Serviteur de Dieu ne vouloit pas non plus qu'on acceptât d'invitations particulières à dîner chez personne durant la mission, ny qu'on reçût de présens, disant sur cela comme saint Paul, qu'il n'étoit venu chercher ny leur or, ny leur argent, ny leurs autres biens, mais leurs âmes pour les donner à Dieu. Et il répétoit souvent à ses ouvriers qu'il falloit accorder gratuitement ce qu'on avoit receu gratuitement ; que lorsqu'on recevoit des présens et des gratifications, on n'étoit plus si libre à dire les véritez aux gens et à refuser l'absolution à ceux qui n'en étoient pas dignes ; qu'on ne pouvoit jamais prendre trop de précautions pour éviter les soupçons d'intérêt personnel ; que du moment où l'on n'espéroit, ny n'attendoit rien de personne, on n'étoit pas exposé à la tentation de violer les règles de l'Eglise ; qu'on ne pouvoit trop persuader les fidèles qu'on vouloit uniquement leurs âmes, leur salut éternel, et rien de plus. C'est ce qu'il ne cessoit d'inculquer à ses ouvriers, et il ne vouloit pas même qu'ils prissent des rétributions de messes dans les lieux où ils faisoient la mission, comme nous l'avons dit cy-devant, tant il étoit circonspect à éviter tout soupçon d'intérêt.

Ce fut par ce même esprit et partant de ces mêmes principes qu'il travailla de toutes ses forces à abolir la mauvaise coutume qui étoit encore en usage presque partout, de son temps, de recevoir de l'argent pour entendre les confessions ; ce qui donnoit lieu à quantité d'abus qui se glissoient par là au tribunal de la pénitence (1). Car en suivant cette pratique, comment un confesseur un peu intéressé, ou qui a peut-être

(1) En arrivant dans la paroisse de Saint-Sulpice (1642), M. Olier défendit à tous les prêtres de la paroisse de rien exiger pour l'administration du Saint-Viatique, et ordonna à tous, sans distinction, de refuser absolument tout ce qu'on offrait pour la réception du Sacrement de pénitence ; abus que la cupidité avait introduit dans d'autres paroisses, à Paris et ailleurs. Ce saint prêtre, à peine en possession de sa cure, fit détruire un cabaret établi dans les charniers de l'église paroissiale, où se réunissaient les confesseurs et les pénitents, « apparemment, dit M. Faillon, lorsque ces derniers offraient de les y traiter pour s'acquitter par là des honoraires qu'ils avaient coutume de leur donner pour la confession. » (Faillon, t. II, p. 9 et 15.) Triste temps que celui auquel de pareils désordres étaient possibles ! Il les faut dire, si honteux qu'ils soient, afin de bien faire comprendre la reconnaissance que l'on doit à ces grands et saints réformateurs de l'Eglise de France : les Bérulle, les Condren, les Vincent de Paul, les Eudes, les Olier, « ces hommes apostoliques, disait admirablement Adrien Bourdoise, destinés, comme d'autres Noé, à repeupler notre Eglise après le déluge de maux des siècles précédents, et qui, en effet, ont été comme les prémices de tant de saintes familles qui se sont élevées depuis dans ce royaume. »

besoin de ces rétributions pour sa subsistance, fera-t-il exactement son devoir au confessionnal? Tiendra-t-il la main où il la faut tenir? Comment pourra-t-il différer ou refuser l'absolution, lorsqu'il sera nécessaire? La crainte de perdre la petite rétribution, et peut-être la pratique de celuy qu'il traiteroit ainsi, ne seroit-elle pas capable de luy laisser passer tout sans rien dire? « Si je confessois pour de l'argent, disoit agréable-« ment le P. Eudes, je tascherois de confesser le plus de « pénitens que je pourrois, afin de gagner davantage. »

Le saint missionnaire ne cessa de s'élever contre un usage si dangereux, qu'il regardoit comme un très-grand obstacle à la conversion des pécheurs, et qui fermoit ordinairement la bouche à bien des confesseurs qui auroient dû parler. Il le défendit très-expressément et aux sujets de sa Congrégation et à tous les autres qu'il adoptoit pour travailler avec luy aux Missions. Ainsi, malgré tous les préjugez populaires, ceux qui vouloient un peu étudier la conduite de cet ouvrier évangélique, n'avoient pas de peine à reconnoître son parfait désintéressement; et ils étoient extrêmement touchez de voir cet homme de Dieu, qui auroit pu par des stations lucratives amasser des richesses, passer au contraire la meilleure partie de sa vie dans le pénible travail des missions, trouvant à peine pour luy et ses ouvriers le nécessaire et de quoy payer les frais des voyages. On prenoit confiance en luy et dans les siens quand on les voyoit mépriser ainsi les faux biens du monde, et demander pour unique récompense de leurs travaux, le salut des âmes de ceux qui avoient participé aux missions et un pieux souvenir dans leurs prières.

Le P. Eudes, en s'en allant en mission, emmenoit avec luy plus ou moins d'ouvriers, selon l'importance de la paroisse qu'il alloit évangéliser. Il en prenoit ordinairement le plus qu'il pouvoit de sa Congrégation ; mais parce qu'il ne pouvoit pas toujours fournir assez de ses propres sujets, à cause des divers besoins de ses maisons, il étoit obligé d'appeler à son secours des prêtres du dehors qu'on pouvoit nommer des troupes auxiliaires. Il choisissoit ordinairement, pour cet effet, tout ce qu'il pouvoit connoître de prêtres pieux et instruits, en nombre proportionné à l'importance de la mission qu'il s'agissoit de donner. Après les avoir bien choisis, il avoit grand soin de les former et de les instruire. On a vu par une longue expérience que tous ceux qui ont travaillé sous sa direction se sont distinguez par leur vertu et ont excellé dans l'œuvre des missions.

L'homme de Dieu se préparoit à l'œuvre de ses missions, autant qu'il en pouvoit trouver la commodité, par une retraite de quelques jours, imitant en cela saint Jean-Baptiste, Jésus-Christ luy-même, et ses Apôtres qui sont sortis de la retraite pour annoncer aux peuples les grandes véritez du salut. C'est là dans le silence et le recueillement que, mort au monde, il s'embrasoit d'amour et puisoit ce zèle ardent qui le soutenoit dans toutes les difficultez dont il étoit si souvent entouré de tous côtez ; c'est là qu'il trouvoit cette force et cette onction à laquelle rien ne pouvoit résister. Il recommandoit aussi beaucoup cette sainte pratique à ceux qu'il menoit avec luy, spécialement aux sujets de sa Congrégation. Il en fit dans la suite un article de ses règles : il leur prescrivit trois jours de retraite, afin d'attirer en eux les lumières et les grâces nécessaires pour une si importante occupation. Il exhortoit les sujets et les prêtres auxiliaires à bien renoncer à eux-mêmes et à se donner entièrement à l'esprit de Dieu pour devenir de dignes instrumens des grandes miséricordes qu'il luy plairoit exercer en cette mission sur les pauvres pécheurs. Il les conjuroit de bien purifier leurs intentions, avant que de partir, de renoncer à tout sentiment d'intérêt, de curiosité, de vanité et de plaisir ; de se défaire de tout ce qui pourroit mettre obstacle aux desseins de Dieu pour la sanctification des âmes, de s'humilier profondément à la vue de leur indignité pour de si grands emplois ; de n'avoir enfin point d'autre intention que celle du fils de Dieu qui est venu dans le monde pour détruire le règne du péché et sauver les âmes.

Lorsqu'il étoit sur le point de partir pour une mission, si la saison étoit incommode ou le temps fâcheux, il avoit soin de s'adresser à ceux de sa compagnie et de les prémunir contre ces sortes d'incommoditez pour leur aider à en faire un saint usage. « Souvenons-nous, mes frères, leur disoit-il, de la « mission du Fils de Dieu, nostre aimable Sauveur, et de la « saison qu'il choisit pour commencer cette grande mission qui

« nous a esté si avantageuse. Hélas ! que serions-nous sans
« elle, et s'il s'estoit rebuté par les incommoditez qui s'y ren-
« contrèrent ? Ne devrions-nous pas rougir de faire difficulté
« de l'imiter en si peu de chose (1) ? »

Dans ce même temps et à l'approche du départ, il les exhortoit à consacrer le voyage qu'ils alloient entreprendre à quelqu'un des voyages que Notre-Seigneur et sa très-sainte mère ont faits en ce monde : c'étoit, selon le temps de l'année, ou les voyages de Nazareth à Bethléem, de Bethléem au Temple, en Egypte, au Désert, à Capharnaüm, dans les villes et les bourgades où le Sauveur alloit, durant sa vie conversante, annoncer le royaume de Dieu ; ou encore au Jardin des Olives et aux autres stations de sa passion. Et il avoit grand soin de leur faire remarquer la conduite du divin Maître par le chemin, les vertus qu'il y avoit pratiquées, et de les exhorter fortement à les imiter.

Dez qu'ils étoient en chemin et hors du tumulte du monde, il récitoit avec eux, tous les jours, les prières que l'on appelle l'*Itinéraire des Clercs*. Passoit-il devant quelque église, il leur faisoit adorer la très-sainte Trinité et le Saint-Sacrement, saluer la sainte Vierge, les saints Anges et les Patrons de cette église. Quand il rencontroit quelque pauvre en leur chemin, ou à la porte des auberges, où luy et ses ouvriers devoient s'arrêter pour prendre leur repas ou pour coucher, il leur faisoit luy-même le catéchisme, ou il donnoit ordre à quelqu'un de la troupe de le faire à sa place. Etant entré à l'auberge, il les

---

(1) Un excellent prêtre, chéri de son troupeau, qui travaillait souvent dans les missions en qualité de prêtre auxiliaire, M. Jean Guillot, curé de Vaucelles de Caen, voyageait un jour avec le P. Eudes par un temps excessivement mauvais ; il était accablé de fatigue, et, dans son épuisement, il laissa échapper ce cri : « Mon Dieu ! mon Dieu ! Quel temps affreux ! » L'infatigable apôtre, qui restait toujours impassible au milieu des plus horribles tempêtes physiques et morales, se montra presque surpris : « Hé ! s'écria-t-il, avec un mouvement d'aimable gaieté, que dites-vous là, mon très-cher frère ? Dites donc bien plutost : c'est un vray temps de Dieu. » Sans doute, le vertueux coupable n'eut pas l'héroïsme de penser qu'il faisait un temps magnifique ; mais sous l'inspiration de son maître, il dut redire la formule en usage dans la Congrégation : « *La volonté divine soit notre conduite en toutes choses et notre unique consolation dans nos afflictions.* »

faisoit mettre à genoux pour adorer Dieu présent en ce lieu, invoquer le secours des Anges et des Saints; et tous ensemble ils faisoient amende honorable pour tous les péchez commis dans ces lieux.

Il avoit établi le pieux usage, lorsqu'ils alloient en voiture, de réciter le chapelet tout haut, afin de couper pied à tous les discours souvent dangereux, ou du moins inutiles, qui ont coutume d'y être tenus par ceux qui s'y trouvent. Il vouloit qu'ils fussent la bonne odeur de Jésus-Christ, et qu'ils la répandissent en tous lieux par une vie édifiante. Enfin, étant arrivez au lieu de la mission, ils alloient tous le plus tôt qu'ils pouvoient à l'église pour saluer le Très-Saint-Sacrement, pour se recommander eux et leurs travaux aux Anges tutélaires du lieu, et aux saints Patrons et protecteurs du canton : et il leur faisoit encore réitérer les mêmes pratiques quand ils étoient entrez dans la maison où ils devoient loger.

Pendant le cours de la mission, il animoit ses ouvriers, non-seulement par ses exemples si pleins de zèle et de ferveur, mais encore par de fréquentes conférences très-instructives et bien propres à les soutenir et à les encourager dans leurs pénibles fonctions. C'étoit principalement l'exemple des apôtres qu'il leur mettoit souvent devant les yeux et dont il leur faisoit l'application. « Si l'on s'arrestoit, leur disoit-il, à considérer les
« choses selon les règles de la prudence humaine, il paroistroit
« quelque chose d'extravagant dans le dessein qu'avoient formé
« les apostres de travailler à la conversion de tout le monde;
« c'est cependant ce que nous voyons qu'ils ont si heureusement
« exécuté. Ils n'estoient que de simples pescheurs, ignorans,
« grossiers, sans biens, sans talens, ayant mesme contre eux
« toutes les puissances de la terre et de l'enfer. Quelle appa-
« rence que de semblables personnes pussent réussir en une
« telle entreprise? S'ils avoient consulté les sages du monde, en
« eussent-ils trouvé un seul qui leur eust conseillé d'entre-
« prendre un tel ouvrage? S'ils s'estoient ensuite rebutez pour
« les difficultez qu'ils rencontroient, auroient-ils jamais faict
« aucune des grandes choses, qu'ils ont cependant si heureuse-
« ment exécutées, ou plutost que Dieu a exécutées par eux
« d'une manière si admirable?

« Pourquoy n'espèrerions-nous pas aussy que Dieu voudra
« bien se servir de nous pour luy procurer de la gloire et luy ga-
« gner des âmes, si nous nous donnons à luy de la manière que
« firent les apostres ? Il est vray qu'il n'y a pas de comparaison
« à faire entre les apostres et nous ; entre leurs dispositions et
« les nostres : mais n'y en a-t-il point aussy peu entre les tra-
« vaux dont ils ont esté chargez et les nostres dont il est main-
« tenant question ? Ils avoient tous les peuples de l'Univers à
« convertir, dont ils ne connoissoient ny le génie, ny les lan-
« gues ; et ils avoient des ennemis sans nombre à vaincre et
« des obstacles terribles à surmonter. Et nous n'avons pour
« ainsy dire qu'une poignée d'hommes à cultiver qui connois-
« sent desjà le Dieu que nous adorons, et qui font profession
« de croire les grandes véritez que nous venons leur annoncer.
« Quelles grandes difficultez pouvons-nous y rencontrer? Et
« pourvu que nous voulions bien nous vuider de nous-mesmes
« et nous donner à l'esprit de Dieu comme eux, ne pouvons-
« nous pas espérer qu'il nous animera et fera par nous ce que
« nous ne sommes pas capables de faire sans luy? Ne devrions-
« nous pas rougir de nostre lâcheté et peu de courage ? S'il y a
« quelque petite peine ou fatigue à essuyer, convient-il de
« nous rebuter ou de nous plaindre pour si peu de chose?
« Deussions-nous y rencontrer la mort, ne devrions-nous pas
« nous croire trop heureux? Peut-il nous arriver un plus
« grand bonheur? Pourquoy sommes-nous prestres, sinon
« pour marcher sur les traces de Jésus-Christ et suivre ses
« exemples, pour vivre et mourir avec luy et comme luy, si
« c'est son bon plaisir ? »

A ces motifs si solides et si capables de les animer, il sub-
stituoit quelquefois ces autres pour diversifier : « On s'imagine
« que nous nous fatiguons beaucoup et que nous avons bien
« de la peine à faire ce que nous faisons ; mais souffrons-nous
« autant que ces pauvres gens qui sont occupez depuis le matin
« jusqu'au soir aux pénibles travaux de la campagne, et qui
« sont si mal nourris, si mal habillez et si mal logez? Ah !
« quelle comparaison d'eux avec nous, de leurs travaux, peines
« et fatigues avec les nostres ! Mais quand il seroit vray qu'il y en
« auroit autant qu'on se le persuade, jettons les yeux sur les

« grandes récompenses qui nous sont préparées, et sur les
« grâces et secours qui nous sont présentez pour nous ayder
« à les supporter. Ne devroit-il pas nous suffire de sçavoir que
« c'est Dieu luy-mesme qui est nostre secours et nostre force,
« et qui doibt estre nostre récompense pour toute l'éternité,
« comme il le promit autrefois à Abraham : *Ego protector tuus*
« *sum, et merces tua magna nimis* (Genesis 15).

« Qui sommes-nous, mes frères, leur disoit-il encore, qui
« sommes-nous, pour que Dieu nous emploie à de si sublimes
« ministères, nous misérables pécheurs; qu'il veuille bien
« nous choisir et préférer à tant d'autres pour nous rendre les
« instrumens de ses divines miséricordes, pour retirer les âmes
« du péché? Pensez, mes frères, quel bonheur c'est pour nous
« d'ayder à délivrer de la tyrannie du démon tant d'âmes
« rachetées par le sang du fils de Dieu, qui attendent nostre
« secours. Ah! voilà ce qui est incompréhensible! » Puis de là,
il prenoit occasion de les exhorter à entrer dans des sentimens
d'une profonde humilité pour suppléer à tout ce qui leur
manquoit de dispositions.

C'étoit par ces excellens motifs que cet homme apostolique
animoit et fortifioit ceux qu'il s'étoit associez ; c'étoit par là
qu'il se soutenoit luy-même et qu'il prenoit courage dans ses
pénibles fonctions. On avoit beau luy représenter qu'il étoit
homme faible comme les autres, sujet à bien des infirmitez ;
qu'il devoit mesurer ses forces et se ménager ; que Dieu approuvoit
le zèle, mais qu'il vouloit qu'on y joignît la prudence
et la discrétion ; il écoutoit tranquillement tout ce qu'on
vouloit luy dire, mais il n'en faisoit ny plus ny moins ; il ne
sçavoit ce que c'étoit que de se ménager lorsqu'il s'agissoit de
procurer la gloire de Dieu et le salut des âmes.

C'étoit particulièrement dans le temps des persécutions et
des contradictions, qui s'élevoient quelquefois contre la mission
et les missionnaires, que le P. Eudes travailloit à encourager
et soutenir ceux qui paroissoient étonnez et un peu déconcertez.
« Un peu de patience, leur disoit-il, et tout cet orage se
« dissipera. C'est une bonne marque, ajoutoit-il ; c'est que le
« diable craint les bons effets de cette mission et qu'il appré-
« hende la destruction de son empire : voilà pourquoy il excite

« cette petite tempeste ; ne craignons rien, Dieu n'abandonnera
« pas son ouvrage, ny ses serviteurs, qui ont l'honneur de
« travailler pour sa gloire. Pourvu que Dieu soit pour nous,
« qu'avons-nous à craindre ? »

Après les avoir ainsi fortifiez par de solides raisons, il entroit dans un grand détail de la manière avec laquelle ils devoient se comporter, soit au confessionnal, soit en toute autre occasion. « Faites tout ce que vous pourrez, leur disoit-il, pour
« vous rendre aimables à tout le monde, et persuadez-vous que
« vous ferez incomparablement plus de bien par cette voye
« que par la crainte. Rendez aux prestres du lieu et du canton
« tous les services que vous pourrez; n'en parlez point
« mal, conservez leur réputation et ne souffrez jamais qu'on
« en médise. S'ils veulent s'adresser à vous pour se confesser
« ou pour confesser quelque autre, ou pour demander quelque
« avis, recevez-les avec beaucoup de respect et avec une grande
« cordialité. Vivez bien avec le seigneur de la paroisse et
« prenez garde de rien dire ou faire qui luy puisse causer de
« la peine. Entretenez pareillement une bonne intelligence avec
« toutes les personnes de distinction de la paroisse et de tout
« le canton ; taschez de n'avoir rien à démesler avec aucun
« d'eux. »

« Si vous apprenez que quelques-uns soient en dissension,
« taschez d'en découvrir le subject, et, si vous y trouvez quelque
« ouverture offrez-vous pour les réconcilier. S'il y a quelques
« procez, travaillez de mesme à les accommoder ; et si vous y
« trouvez des difficultez que vous ne puissiez pas résoudre,
« proposez des arbitres aux parties, et faites leur promettre de
« s'en rapporter à ce qu'en décideront des personnes éclairées
« et intelligentes en affaires. Marquez beaucoup de bonté et
« d'affection aux enfans qui viendront au catéchisme, dissi-
« mulez beaucoup de leurs fautes, et si vous les reprenez,
« taschez de ne les pas rebuter. Inspirez leur beaucoup de piété,
« de modestie et de respect pour nos églises. Enfin, ce que je
« vous recommande surtout, et ce que je ne sçaurois trop
« vous recommander, c'est que vous taschiez d'estre par-
« tout la bonne odeur de Jésus-Christ, pour luy gagner des
« âmes. »

Il ne manquoit guère de donner de salutaires instructions aux jeunes confesseurs et à ceux qui n'avoient point encore travaillé en mission. Il leur apprenoit la conduite à tenir au confessionnal, les défauts qu'ils devoient s'attacher à éviter, la manière d'interroger les pénitens, de les exciter à la contrition, le soin qu'ils devoient prendre d'imposer des pénitences proportionnées à la grandeur des péchez, à la qualité et au pouvoir des personnes, de distinguer les satisfactions préservatives des médicinales, les règles à suivre pour différer, ou refuser l'absolution ; enfin, comment ils devoient se conduire avec les pénitens qui étoient dans les occasions prochaines du péché, qui avoient des haines, des inimitiez, des torts d'une nature quelconque envers le prochain, ou qui vivoient dans l'habitude du péché mortel. Dans toutes ces matières, il parloit de l'abondance du cœur, comme un homme d'une sagesse consommée, et d'une longue expérience.

Arrivé au lieu où se devoit faire la mission, le P. Eudes, après avoir salué le Très-Saint-Sacrement, alloit faire visite à M. le Curé, si ce n'étoit pas luy qui eût pris à sa charge cette mission ; (car quand c'étoit le curé de la paroisse qui la défrayoit, les missionnaires descendoient directement au presbytère). Il luy présentoit le mandement du seigneur évêque, s'informoit du plus grand besoin du pays, des vices et abus qui y régnoient, s'il ne les connoissoit pas déjà, convenoit des heures les plus commodes pour les différens exercices de la mission, et du jour de repos qu'on pourroit prendre après la première semaine. Dans le sermon d'ouverture, il lisoit le mandement, faisoit connoître aux fidèles les différens exercices de la mission, et l'heure où l'on feroit chacun de ces exercices.

A la campagne, aux jours qui n'étoient point fêtez, on ne donnoit d'ordinaire qu'un sermon. Après avoir fait la prière du matin à genoux, un missionnaire moralisoit dessus d'une manière fort instructive, pour enseigner au simple peuple à prier et à bien accomplir toutes ses actions pendant la journée. Les actes se récitoient tout haut, tels qu'ils sont dans le petit livre des *Exercices de piété :* on les faisoit répéter mot à mot pour les apprendre aux plus simples, et aux plus grossiers, et les amener ainsi à en contracter une sainte habitude (1). Le catéchisme avoit lieu depuis midy et demi jusqu'à deux heures; on le terminoit par le chant de quelques cantiques spirituels; enfin, on récitoit la prière du soir en la même manière que celle du matin. Le reste du jour étoit employé à entendre les confessions. Dans les villes, et aux jours de fêtes et de dimanche dans les campagnes, il y avoit ordinairement deux sermons: un le matin, et l'autre l'après-midy, à une heure commode; le catéchisme qu'on y faisoit à l'heure ordinaire étoit beaucoup plus ample, plus instructif et plus convenable pour les grandes personnes.

C'étoit un usage constant du P. Eudes et de ses ouvriers de conseiller des confessions générales presque à tous ceux qui se présentoient quand ils n'en avoient encore jamais fait, ou même à tous ceux qui avoient juste sujet de craindre de n'y avoir pas apporté les dispositions nécessaires. Pour ceux qui avoient déjà fait une confession générale, dont ils avoient lieu d'être satisfaits, les missionnaires leur en imposoient d'extraordinaires, du moins depuis la dernière, dont ils avoient été contens; persuadez qu'ils étoient que la plupart ont besoin de ces confessions pour remédier aux défauts qui ne se glissent que trop dans les confessions ordinaires.

C'étoit aussi une règle qu'on regardoit comme nécessaire, de ne point donner l'absolution aux pécheurs scandaleux, avant qu'ils n'eussent mis fin à leur scandale; à ceux qui étoient en dissension, avant qu'ils ne se fussent réconciliez; et les confesseurs s'offroient à les y aider, quand ils en avoient les moyens. Ils en usoient de même à l'égard des pénitens qui avoient fait quelque tort au prochain, jusqu'à ce qu'ils l'eussent réparé, ou qui étoient dans l'occasion prochaine du péché, jusqu'à ce qu'ils l'eussent quittée, ou bien encore qui étoient dans quelque habitude de notable péché jusqu'à ce qu'ils s'en fussent considérablement corrigez. Comme il n'est malheureusement pas rare de ren-

---

(1) L'Annaliste de la Congrégation de Jésus et Marie rapporte qu'à quarante ans de distance, des missionnaires eudistes appelés dans des paroisses évangélisées par le P. Eudes, y trouvaient encore en usage les mêmes formules de prières du matin et du soir, données aux fidèles par le saint missionnaire.

contrer bon nombre de personnes vivant dans quelqu'une de ces mauvaises dispositions, c'étoit un usage de ne point donner l'absolution la première fois qu'on venoit à confesse, mais d'entendre de nouveau les pénitens au bout d'un temps qu'on leur prescrivoit, tant afin de remédier à leurs mauvaises dispositions que pour les obliger par là de venir plusieurs fois aux sermons et de se trouver présens un des jours où l'on faisoit la communion générale.

Il y avoit ordinairement deux jours en chaque semaine, dans lesquels avoit lieu cette communion générale, pour ceux qui vouloient gagner l'indulgence de la mission : c'étoit le dimanche et le jeudy, à moins qu'il ne se rencontrât quelque jour de fête dans la semaine, où l'on plaçoit la communion ; et les confesseurs avoient soin d'engager les pénitens, autant qu'ils le pouvoient, à approcher de la sainte table dans un de ces jours. C'étoit pour l'ordinaire un des principaux ouvriers de la mission qu'on chargeoit de cet exercice, toujours fort édifiant. Celuy qui en étoit chargé adressoit aux fidèles, avant la communion, une exhortation touchante sur les dispositions requises pour communier dignement ; puis, il faisoit dire à haute voix les actes de la préparation ; après la communion, on récitoit les actes d'action de grâces.

Souvent on a vu se produire de merveilleux effets dans ce saint exercice : les uns, touchez jusqu'aux larmes, ratifioient en ce temps-là toutes les bonnes résolutions qu'ils avoient prises et les promesses qu'ils avoient faites à leur confesseur ; les autres, tout près de communier, se retiroient dans la crainte de faire une mauvaise communion et retournoient à leur confesseur pour se mieux expliquer sur certains cas qui les embarrassoient encore ; quelques-uns, avant de communier, vouloient s'être réconciliez avec leurs ennemis ; avoir restitué le bien d'autruy, quitté les occasions prochaines ou enfin avoir triomphé de leurs mauvaises habitudes.

Après la première quinzaine, il y avoit un jour de repos en chaque semaine ; ce jour-là, il n'y avoit ny prédication, ny catéchisme ; mais on confessoit toute la matinée. On consacroit l'après-midy à la promenade ou à d'honnêtes récréations pour se délasser un peu. On avoit soin d'annoncer ce jour de congé au sermon du dimanche précédent, afin que les peuples ne fussent pas trompez. Outre les exercices pour les fidèles, le P. Eudes faisoit encore chaque semaine une conférence à Messieurs les ecclésiastiques du canton sur les matières particulières à leur saint état. Mais comme nous en avons déjà parlé cy-devant, à l'occasion de la mission de Remilly, où elles eurent lieu pour la première fois, nous n'en dirons rien icy davantage.

L'infatigable missionnaire donnoit pareillement, chaque semaine, une conférence aux gentilshommes, officiers et autres personnes de distinction, dans les villes et bourgs considérables. En général, il travailloit partout à gagner à Dieu ces sortes de personnes, non point par des vues mondaines et intéressées, mais par une politique toute sainte; parce que, ordinairement, elles ont un grand ascendant sur le simple peuple, et que leurs exemples ont beaucoup de poids pour entraîner les autres, soit au bien, soit au mal. C'est pourquoy, quand il arrivoit dans un lieu pour y donner une mission, il avoit grand soin de s'informer quelles personnes de cette condition il y avoit dans le canton; et il faisoit tout ce qui dépendoit de luy pour les prévenir, les attirer et les engager à profiter des grâces que Dieu dans sa bonté vouloit leur offrir : il regardoit ce moyen comme des plus avantageux pour assurer le bien de la mission.

Les manières honnêtes dont il étoit rempli envers ces personnes les prévenoient avantageusement en faveur des missionnaires; elles se piquoient d'honneur, et se faisoient un mérite d'assister aux sermons avec tous leurs gens; et leurs exemples en attiroient grand nombre d'autres. Mais c'étoit principalement par ses conférences que le P. Eudes les gagnoit à Dieu. Leur parlant d'une manière proportionnée à leurs préjugez de naissance et d'éducation, il leur exposoit combien le vice les déshonoroit, non-seulement devant Dieu, mais aussi aux yeux du monde luy-même; que s'il étoit si honteux pour des personnes nobles d'être dégradées de leur noblesse, ou de déroger à leur qualité par des professions basses et roturières, combien plus l'étoit-il d'y déroger par le péché, par les vices et les passions déréglées, qui constituent bien assurément la plus vile des servitudes; que plus elles étoient élevées au-dessus des autres par leur naissance et leur qualité, plus elles devoient soutenir leur rang par de véritables et solides vertus; qu'il n'est rien de plus indigne de la vraye noblesse que de ne la soutenir que par le faste, la violence et l'impiété; que si, plus elles ont receu de bienfaits et de marques de distinction de leur prince, plus elles se croient obligées d'y correspondre par leur zèle à soutenir ses intérêts et sa gloire, à combien plus forte raison, ayant tant receu de la libéralité de Dieu, sans l'avoir mérité, doivent-elles craindre de luy déplaire, et aspirer à le servir et honorer, et à le faire respecter et servir par ceux qui sont sous leur dépendance.

C'étoit principalement dans ces conférences qu'il invectivoit avec toute la force de son éloquence contre les duels, qui, comme on le sçait, étoient si fréquens dans ce temps-là. Il représentoit si vivement aux gentilshommes l'énormité de ce crime, défendu également par les lois divines et humaines, dont la conséquence étoit d'ordinaire la mort de l'un des deux champions et souvent sa damnation éternelle, que s'il n'abolit pas entièrement une si pernicieuse coutume dans les lieux où il fit la mission, du moins il contribua beaucoup à la rendre moins fréquente. Pour mieux combattre cette passion brutale et insensée qui étoit poussée jusqu'à la fureur, il fit prendre par écrit à un grand nombre de gentilshommes l'engagement de ne plus jamais se battre en duel (1). Les conférences qu'il

---

(1) Le P. Eudes emprunta cette idée à M. Olier. La passion des gentilshommes pour le duel était alors poussée à un tel degré de frénésie, que, dans une semaine, il y eut, sur la seule paroisse de Saint-Sulpice, jusqu'à dix-sept personnes tuées dans ces malheureux combats. En 1607, Loménie comptait que, depuis dix-huit ans, 4,000 gentilshommes avaient péri dans des combats singuliers. Pour arrêter cette fureur sanguinaire que rien jusque-là n'avait pu vaincre, M. Olier, en 1650, « conçut le projet hardi de former une association de gentilshommes éprouvés par leur valeur, et de les engager, sous la religion du serment, et par un écrit signé de leur main, à ne jamais donner ni accepter aucun appel, et de ne point servir de seconds dans les duels qu'on leur proposerait. Le maréchal de Fabert et le marquis de Fénelon furent ceux sur qui il jeta les yeux, pour les mettre à la tête de cette association d'un genre si extraordinaire....... L'engagement solennel fut prononcé le jour de la Pentecôte....... Il était conçu en ces termes :

« *Les soussignés font, par le présent écrit, déclaration publique et protestation solennelle de refuser toute sorte d'appels, et de ne se battre jamais*

donna aux personnes de qualité amenèrent encore un autre résultat non moins heureux. Il fit perdre aux hommes de cette condition la malheureuse coutume qu'ils avoient de jurer, modéra leur luxe et leur passion pour le jeu, réprima l'abus qu'ils faisoient de leur puissance pour opprimer les faibles ; enfin, il excita parmy les riches la sainte émulation d'assister les pauvres.

Il assembloit aussi à certains jours les dames et les mères de famille pour leur faire connoître leurs devoirs particuliers : le soin qu'elles doivent prendre d'élever chrétiennement leurs enfans, de veiller exactement sur la conduite de leurs filles, de leur donner de l'horreur des spectacles, de ne leur point souffrir de nuditez. On sait combien grande étoit dans ce temps la fureur des personnes du sexe pour ces pernicieuses modes, et les grands désordres qui en arrivoient. Il donnoit également des conférences aux artisans et s'appliquoit à combattre les abus et déréglemens les plus ordinaires aux personnes de leur

en duel, pour quelque cause que ce puisse être, et de rendre toute sorte de témoignages de la détestation qu'ils font du duel, comme d'une chose tout-à-fait contraire à la raison, au bien et aux lois de l'Etat, et incompatible avec le salut et la religion chrétienne, sans pourtant renoncer au droit de repousser, par toutes voies légitimes, les injures qui leur seront faites, autant que leur profession et leur naissance les y obligent; étant aussi toujours prêts, de leur part, d'éclairer de bonne foi ceux qui croiraient avoir lieu de ressentiment contre eux, et de n'en donner sujet à personne. »

Cette déclaration fut signée par les maréchaux de France d'Estrée, Schomberg, Plessis-Praslin, Villeroy, et approuvée, en 1651, par les évêques de l'Assemblée du clergé et par cinquante docteurs en Sorbonne des plus célèbres. Enfin, le Roi fit adopter à sa maison la même protestation, voulut que le marquis de Fénelon reçût lui-même les signatures de la cour, et à la demande de M. Olier, rendit un nouvel édit contre les duels. La noblesse du Languedoc, du Quercy, de la Bretagne et de plusieurs autres provinces suivirent ce bel exemple. Le P. Eudes s'empressa de mettre à profit l'heureuse idée de M. Olier, et réussit à faire signer le même engagement à bon nombre de gentilshommes dans les provinces où il donna des missions. Dans son style original et pittoresque, le saint missionnaire appelait les duellistes « *les martyrs du Diable.*»

(*Hist. de Fénelon par le cardinal de Beausset*, t. I, p. 9 et suiv. ; Faillon, t. II, p. 261-263 ; Maynard, p. 95-103.)

profession. Toutefois, ce n'étoit que dans les villes et les gros bourgs qu'il faisoit ces sortes d'assemblées ; quand elles ne pouvoient avoir lieu, il augmentoit le nombre de ses instructions, afin que tous les artisans y pussent assister sans préjudice de leurs occupations.

Mais un des exercices par lequel incontestablement il fit le plus de bien dans ses missions fut le catéchisme et les instructions familières pour les enfans. Le Serviteur de Dieu en étoit tellement persuadé qu'il n'hésitoit pas à déclarer que si cet exercice étoit bien fait, rien n'étoit plus capable de remédier aux grands maux de l'Eglise et de procurer la vraye et sage réformation dont le besoin étoit alors si grand. Quand ces enfans, disoit-il, étoient sérieusement instruits des grandes véritez de la religion et bien formez à la pratique des vertus chrétiennes, ils regardoient le salut de leurs âmes comme une grande et importante affaire ; en grandissant, ils se fortifioient dans ces bonnes dispositions, et devenoient des gens de bien ; dans quelque état ou condition qu'ils entrassent, ils remplissoient leurs obligations ; et, observateurs réguliers et assidus de tous leurs devoirs, ils veilloient à les faire remplir à tous ceux qui étoient placez sous leur direction.

Pour atteindre ce précieux résultat, il établit comme une règle, dez le commencement, que l'on feroit tous les jours le catéchisme dans les missions, à l'exception des jours de congé, comme nous avons dit cy-dessus. Son but principal étoit, à la vérité, d'instruire les enfans, de les mettre en état de se bien confesser et de faire une bonne première communion ; mais en même temps il vouloit, par ce même exercice, procurer l'instruction des grandes personnes dont la plupart n'avoient pas moins besoin d'instruction religieuse que les enfans. Le Serviteur de Dieu avoit compris que dans les catéchismes le prêtre peut descendre dans une foule de détails exposez simplement et de manière à rendre en quelque sorte sensible l'enseignement qu'il donne ; ce qu'il n'est pas toujours si aisé de faire dans les sermons ordinaires. Sa pensée fut bien comprise par les prêtres de sa Congrégation : les excellens catéchistes formez à son école s'acquittoient toujours de cette importante fonction d'une manière si solide et si édifiante qu'ils n'étoient pas moins suivis que les plus fameux prédicateurs, et produisoient peut-être des fruits plus abondans.

Dans les instructions qu'il donnoit à ses missionnaires, il leur demandoit particulièrement de prendre soin des enfans et d'apporter le plus grand zèle à leur sanctification, de leur témoigner beaucoup d'affection. Il leur rappeloit, d'après l'Evangile, la tendresse que notre aimable Sauveur avoit fait paroître pour les enfans; il les avoit caressez, bénis, il avoit imposé ses mains divines sur leurs têtes, il les laissoit approcher de sa personne, il prenoit leur défense jusqu'à gourmander ses apôtres, qui, par un zèle indiscret, vouloient les éloigner de luy et les empêcher d'approcher : *Sinite parvulos et nolite prohibere eos ad me venire, talium enim est regnum cœlorum.* « Ce qui a esté si cher à nostre divin Sauveur, ajoutoit-il, et ce « qui a esté l'object de son amour et de sa tendresse, ne nous « doibt-il pas estre bien recommandé ? »

Il vouloit qu'on usât de toutes sortes d'industries pour attirer les enfans au catéchisme. Il exhortoit beaucoup les pères et les mères de les y envoyer, et il leur en faisoit si bien comprendre l'importance, que les gens sans religion et sans honneur étoient les seuls qui refusassent de suivre ses avis. Dans les entretiens particuliers qu'il donnoit aux curez et aux vicaires, il leur recommandoit d'employer l'autorité qu'ils avoient auprès des parens pour les bien convaincre de l'importance de ce saint exercice; ajoutant qu'en chaire, au confessionnal, dans les visites, partout, les prêtres devoient travailler à assurer le succez d'une œuvre spirituelle d'où dépendoit souvent le salut des âmes que Dieu leur avoit confiées, et leur propre salut à eux-mêmes; sans compter que c'étoit le meilleur moyen de gagner les sympathies des paroissiens, qui ne pouvoient rester indifférens aux marques d'intérêt dont ils étoient l'objet.

Mais c'étoit principalement à celuy qu'il chargeoit de cette excellente fonction de faire le catéchisme dans les missions qu'il donnoit les plus amples instructions; car outre ce qu'il leur a prescrit dans son livre du *Prédicateur apostolique*, il vouloit qu'ils missent tout en usage pour attirer les enfans; qu'ils leur témoignassent beaucoup d'affection, qu'ils s'en fissent un peu craindre, mais qu'ils s'attachassent beaucoup plus encore à s'en faire aimer. Il leur demandoit, en conséquence, de les entourer d'une sollicitude toute paternelle, de les accueillir toujours avec bonté, de leur donner de petites récompenses quand ils répondoient bien aux interrogations qu'on leur adressoit; car il falloit à tout prix les attirer, se concilier leur attachement et arriver à leur inspirer l'amour du travail et le désir de s'instruire. Pour se procurer ces récompenses, il avoit grand soin d'obtenir des communautez qu'il dirigeoit toutes sortes de colifichets, d'agnus, de chapelets et de scapulaires; et il faisoit distribuer ces différens objets aux enfans par les catéchistes. Dans ce but, il avoit soin d'engager les personnes pieuses qui défrayoient les missions à destiner une certaine somme à acheter de petits livres, des images, des chapelets et autres semblables instrumens de dévotion, pour être pareillement donnez comme récompense dans les catéchismes aux enfans qui avoient fait preuve d'une plus grande application.

On ne sçauroit croire combien tous ces moyens contribuoient à exciter les enfans à s'instruire, à se bien remplir des grandes véritez de la religion et des maximes du saint Evangile, à éviter le mal et à aimer la vertu. Leurs cœurs en ressentoient de salutaires impressions dont ils se souvenoient pendant toute la vie.

Mais le but final de toutes les autres choses données au catéchisme étoit la première communion des enfans. Cette cérémonie se faisoit à la fin de la mission avec beaucoup d'édification. Le catéchiste, après avoir bien instruit les enfans durant tout le temps de la mission, et les avoir fait confesser par plusieurs fois, les examinoit avec M. le curé ou vicaire du lieu, et quelquefois encore avec quelque autre qu'on appeloit pour donner plus de solennité à cet examen. Quand on les avoit jugez capables pour la doctrine, on faisoit venir le père et la mère pour rendre témoignage de leur conduite, après quoy, on remettoit la dernière décision à la prudence du confesseur. Le jour marqué pour la première communion, on les préparoit par quantité d'instructions qu'on leur donnoit, et d'actes qu'on leur faisoit produire auparavant, mais d'une manière si affective et si touchante, que non-seulement les enfans, mais les grandes personnes mêmes qui y assistoient fondoient en larmes. Les actes récitez par ces enfans après la communion ne produisoient pas de moindres impressions.

Le Serviteur de Dieu avoit encore établi pour ce temps-là une pratique de grande édification, et qui attiroit de grandes et bien consolantes bénédictions : c'étoit de faire demander à ces enfans pardon aux parens, avant la première communion et de prier aussi les pères et mères de donner leur bénédiction à ces mêmes enfans : il regardoit la bénédiction donnée aux enfans par les pères et mères, à ce moment touchant, comme le gage assuré de la bénédiction que Dieu répandoit sur les uns et les autres. L'après-midi du jour de la première communion on conduisoit les enfans processionnellement au chant des cantiques sacrez à quelque église voisine. Ordinairement, ils se trouvoient si pénétrez de dévotion durant cette sainte cérémonie, qu'ils en inspiroient à tous ceux qui les voyoient passer, et qu'ils gardoient toute leur vie le souvenir de cette belle journée, la plus grande de la vie du chrétien.

Le P. Eudes avoit encore établi quelques autres usages qui étoient de grande édification, comme par exemple de donner à manger à un pauvre une ou deux fois la semaine à la table des missionnaires, quand on le pouvoit faire commodément. Dans les lieux où il y avoit des hôpitaux ou des prisons, il détachoit quelques-uns de ses ouvriers pour aller instruire les malades et les prisonniers et leur offrir de les confesser. Si, dans la paroisse ou dans un lieu qui ne fût point trop éloigné, il y avoit des malades qui demandassent quelqu'un des missionnaires, celuy des prêtres de la mission qui avoit été demandé, après avoir obtenu la permission de Messieurs les pasteurs, s'empressoit d'aller les voir, les consoler et les confesser. Le saint apôtre ne donnoit point de mission sans faire un sermon sur la dévotion à la très-sainte Vierge et sans établir où renouveler quelqu'une de ses confréries. En un des jours les plus proches de la conclusion de chaque mission, il ordonnoit encore de célébrer un service solennel pour les âmes des fidèles trépassez. Il recommandoit ce service longtemps à l'avance et exhortoit les gens de bien qui avoient déjà fait leur mission de venir y assister. Le P. Eudes ou un des missionnaires prononçoit un sermon sur cette touchante matière, et toujours il avoit la consolation de voir faire dans cette circonstance un grand nombre de communions pour les âmes des parens et amis décédez.

L'homme de Dieu avoit aussi pour habitude de faire l'ouverture de ses missions avec beaucoup d'éclat et avec le plus d'appareil qu'il pouvoit pour y attirer les peuples. Pour cet effet, il envoyoit les mandemens du seigneur évêque diocezain au plus grand nombre possible de paroisses, exhortant Messieurs les curez à venir à la mission avec leur procession et à assister au sermon d'ouverture et à la procession générale du Saint-Sacrement. Mais s'il vouloit que l'ouverture de la mission eût lieu avec beaucoup de pompe, c'étoit encore bien autre chose pour la conclusion. Après avoir annoncé le jour qu'elle devoit finir, il avoit coutume d'y convoquer toutes les paroisses voisines qui en avoient profité; et le clergé et le peuple se faisoient un plaisir et même un devoir de s'y rendre.

Il faisoit construire un reposoir des plus somptueux et des plus magnifiques, selon le lieu et la commodité qu'il en avoit, dans la plus belle place qu'on pouvoit trouver. Il prononçoit le sermon de conclusion, dans lequel on peut dire qu'il se surpassoit, en quelque manière, luy-même. C'étoit là d'ordinaire qu'il avoit recours aux motifs les plus pressans, qu'il indiquoit les moyens les plus puissans et les plus pratiques pour confirmer les fidèles dans leurs bonnes résolutions, en assurer la persévérance et les préserver de la rechute. Sur la fin de son sermon, il faisoit ce qu'on appeloit son adieu. Il adressoit d'abord la parole à ceux qui avoient été fidèles à assister aux exercices de la mission, et qui y avoient accompli leur devoir religieux, et leur donnoit ses félicitations et ses encouragemens. Mais ensuite tournant son discours vers ceux qui n'avoient pas voulu en profiter, il leur parloit des rigoureux châtimens de la justice de Dieu, qui étoient suspendus sur leurs têtes criminelles. Sa voix prenoit à ce moment un accent si véhément et si pathétique tout à la fois, qu'il faisoit trembler les plus hardis, et que tous fondoient en larmes. Souvent ce dernier sermon produisoit de merveilleux effets : on a vu des personnes endurcies, qui s'étoient moquées de tout ce qu'on avoit dit de plus fort pendant la mission, venir après ce dernier sermon se jeter aux pieds des confesseurs, demandant miséricorde, et conjurant qu'on leur prescrivît les moyens de réparer le malheur d'avoir si longtemps résisté à la grâce.

Le sermon étant achevé, le clergé retournoit à l'église pour apporter processionnellement le Saint-Sacrement au reposoir ; on n'épargnoit rien pour rendre cette procession et toute la cérémonie des plus édifiantes. Le P. Eudes avoit encore coutume de faire au reposoir une seconde exhortation des plus touchantes, en présence du Saint-Sacrement, quelquefois même en le tenant à la main ; il la terminoit en appelant, avec cette animation et cet élan du cœur qui le caractérisoient, les bénédictions de Dieu sur les assistans et sur toutes les paroisses qui avoient pris part à la mission. Alors, luy-même ou quelqu'autre qu'il en avoit prié, donnoit la bénédiction du Très-Saint-Sacrement, qu'on reportoit ensuite à l'église en chantant le *Te Deum*. Le Saint-Sacrement étant renfermé dans le tabernacle, tout le monde se levoit et il faisoit chanter d'un ton fort dévot par deux des plus belles voix cinq *Alleluia*, que le clergé et le peuple répétoient tous ensemble ; après quoy, les deux chantres chantoient le psaume *Laudate Dominum, omnes gentes,* sur le ton des *Alleluia;* le premier verset étoit répété alternativement par le chœur : ainsi se terminoit la cérémonie de la clôture de la mission. Depuis la Septuagésime jusqu'à Pâques, on omettoit les *Alleluia* et l'on ne chantoit que le psaume *Laudate.*

Cependant, il restoit encore à accomplir une dernière cérémonie, que le P. Eudes marquoit pour le jour suivant, ou pour deux jours après, et à laquelle il invitoit tous ses auditeurs : c'étoit pour jeter au feu, à l'exemple des apôtres, les mauvais livres, les vilains tableaux, et autres instrumens de péché ; que l'on avoit retirez des mains de ceux qui avoient voulu faire leur devoir à la mission. Cet homme apostolique, convaincu des grands maux que produisent ces meubles pernicieux partout où ils se trouvent, invectivoit avec toute sa force contre eux dans ses sermons ; pendant la mission, il exhortoit ceux qui en étoient saisis de les remettre entre les mains de leur confesseur, leur faisant entendre l'usage qu'il en espéroit faire, et leur déclarant positivement qu'ils ne devoient pas s'attendre de recevoir l'absolution tandis qu'ils les conserveroient. En effet, les confesseurs y tenoient la main si fidèlement, que lorsqu'ils rencontroient ce cas, ils ne donnoient pas l'absolution avant qu'on ne leur eût apporté ces sortes de meubles.

Le jour marqué pour cette cérémonie étant arrivé, le clergé se rendoit processionnellement en surplis et avec la croix au lieu où elle se devoit faire; puis le P. Eudes ou quelqu'un des meilleurs prédicateurs de la mission, pour expliquer l'objet de cette cérémonie, prononçoit devant le peuple un sermon dans lequel il récapituloit les principales idées développées sur cette matière durant la mission. Sur la fin du sermon, ayant fait allumer un grand feu, il y jetoit, morceau à morceau, ces mauvaises marchandises, en les nommant tout haut et en criant anathème aux auteurs et à ceux qui, en ayant de semblables, ne voudroient pas s'en dessaisir. Après quoy, il crioit encore : « Ainsy seront jettez au feu et bruslez éternellement
« tous les impudiques, tous les ivrognes, tous les vindicatifs
« et les autres qui n'ont pas voulu profiter de la mission
« et se convertir. »

Ensuite il ajoutoit en les apostrophant : « Eh bien! choisissez,
« ou de faire ce que vos confesseurs vous ont demandé, c'est-
« à-dire de restituer ce bien d'autruy que vous retenez injus-
« tement, de vous réconcilier avec ce voisin que vous haïssez,
« de quitter cette occasion prochaine qui est la cause de vos
« péchez, ou d'estre ainsy précipitez dans les abismes de l'enfer. »
Le sermon étant fini, on entonnoit le *Te Deum*, que l'on continuoit durant que le feu achevoit de consumer ce qu'on y avoit jeté. Puis on s'en retournoit à l'église en chantant les *Alleluia* et le *Laudate Dominum, omnes gentes*, comme il a été dit cy-dessus. Ceux qui ont travaillé aux missions avec le P. Eudes et ont assisté à ce spectacle ont assuré en avoir vu arriver souvent des effets extraordinaires (1).

(1) « On eut l'insolence, dit le P. Costil, de répandre le bruit que le P. Eudes avoit bruslé dans une mission les livres de M. l'évesque

La mission étant achevée, avec toutes ces cérémonies dont nous venons de parler, le P. Eudes restoit peu de temps dans ce lieu, à moins toutefois que des affaires de grande importance ne l'y arrêtassent. Il ne vouloit pas non plus qu'aucun de ses ouvriers s'y arrêtât davantage, mais que tous se retirassent au plus tôt et à petit bruit pour éviter les louanges et les applaudissemens des peuples, qui, ordinairement, ne cessoient de les combler de bénédictions et auroient bien voulu les retenir toujours dans leur canton (1). Les missionnaires, étant de retour en la maison d'où ils étoient partis pour venir donner la mission, pouvoient, d'après les règles, se reposer trois ou quatre jours, selon leur besoin. Après ce court intervalle de repos, ils devoient faire trois jours de retraite pour se remettre un peu de la dissipation que pouvoient leur avoir causée les exercices de la mission et les agitations du voyage. Il étoit très-expressément défendu à tous les ouvriers de rien dire au désavantage du pays, de la mission, ny de personne du lieu, ny de s'entretenir des contradictions ou difficultez qu'on avoit pu rencontrer, de peur de blesser la charité : le Serviteur de Dieu se faisant luy-même un devoir d'oublier entièrement toutes les peines qu'on luy auroit causées.

Je ne doute point que cette digression sur les missions du P. Eudes ne paroisse à quelques-uns trop longue ; mais comme elle renferme tant et de si belles choses que je n'aurois pas trouvé aisément occasion de dire, les lecteurs charitables voudront bien, je l'espère, me la pardonner. Reprenons maintenant la suite de notre histoire.

de Belley, Mgr Camus. On estoit prest d'en écrire au Prélat, lorsque M. de Renty, qui connoissoit mieux qu'aucun l'esprit et la disposition de l'homme de Dieu, fit voir que « c'estoit une pure calomnie, qu'on ne luy apprendroit jamais le respect qu'il devoit aux évesques et que c'estoit une marque d'un grand bien, quand le diable écumoit de toute part. » (*Annales*, liv. II, *Les Fleurs*.)

(1) « Les habitans des lieux où le P. Eudes avoit fait la mission pleuroient quand il les quittoit. » (Hérambourg, liv. I, ch. XI.)

LIVRE QUATRIÈME.

SOMMAIRE :

Missions de Nogent-le-Rotrou et de Fouqueville. — Le P. Eudes est autorisé par le Métropolitain à s'occuper de l'œuvre des séminaires dans la province de Normandie. — Il va à Paris saluer M. Molé et en est mal receu. — Mission de La Ferté-Vidame. — Maladie du serviteur de Dieu. — Il guérit miraculeusement. — Lettre de M. de Renty au P. Eudes. — Le saint missionnaire part pour la Bourgogne. — Il envoie M. Mannoury à Rome. — Belles espérances. — Longs délais. — Confiance et résignation du P. Eudes. — Retour de M. Mannoury en France. — Mission d'Autun. — Le P. Eudes retourne à Arnay-le-Duc. — Mission de Beaune. — Liaisons du P. Eudes avec la sœur Marguerite du Saint-Sacrement. — Suppression d'un grand abus. — Conclusion de cette mission. — Brûlement de mauvais livres. — Un des missionnaires reçoit un soufflet. — Lettre honorable de Mgr l'Evêque d'Autun. — Mission de Citry. — Services que M. de Renty rendoit aux missions. — Mort de M. de Renty. — Mission de La Fère. — Brouilleries d'Etat à Paris. — Exhortation du P. Eudes à ses prêtres. — Il écrit à la Reine mère. — Ses ennemis le calomnient auprès de M. Molé. — Les PP. de l'Oratoire s'opposent à son établissement de Caën. — Missions à Saint-Sauveur-Lendelin, à Briquebec, à Alleaume, à Saint-Sever. — Achat de l'ancien séminaire de Caën. — M. Molé prend possession de l'évêché de Bayeux. — Le P. Eudes fait vérifier ses premières lettres patentes. — Irritation de M. Molé. — MM. Godefroy et Fossey abandonnent la Congrégation. — Mission de Vesly. — Chapelle réédifiée. — Missions de Denneville et de Ravenoville. — Instructions données aux ouvriers des missions. — Comment le Serviteur de Dieu est receu par M. Molé, et ce qu'il fait pour l'apaiser. — M. Auvry luy donne le séminaire de Coutances. — Mission de Gatteville. — Interdiction de la chapelle du séminaire de Caën. — Belle résignation des Pères de la Congrégation de Jésus et Marie. — M. Auvry donne au P. Eudes des lettres d'institution. — Commencement du séminaire de Coutances. — Construction de l'église du séminaire. — Missions de Saint-Sulpice et de Corbeil. — Le P. Eudes tâche de fléchir M. Molé. — Missions de Bernay et de Marolles. — Les duellistes. — Mission de Coutances. — M. Mannoury chargé d'apaiser M. Molé. — Probation établie à Coutances. — Esprit de la Congrégation. — Le P. Eudes luy donne des règles. — Mort de M. Molé. — La chapelle de Caën est rétablie par M. de Sainte-Croix. — Le P. Eudes écrit à la Reine. — Missions de Pontoise et de Lisieux. — M. de Lisieux donne son séminaire et son collége au P. Eudes. — Liaisons du Serviteur de Dieu avec les Ursulines de Lisieux. — Il donne deux livres au public. — M. Servien est nommé à l'évêché de Bayeux. — Ses préventions contre le P. Eudes. — Lettre édifiante sur les persécutions. — M. Servien reçoit mal le P. Eudes. — Mission de Cisai. — M. Servien prend possession de l'évêché de Bayeux. — Lettre du P. Eudes au séminaire de Lisieux. — Changement miraculeux de M. Servien. — Mission de Lingèvres. — Réconciliation de M. Servien avec le P. Eudes. — Il luy donne tous ses pouvoirs.

Nous en étions resté aux sollicitations que M. de Renty adressa au P. Eudes pour l'engager à retourner travailler en Bourgogne, durant la vacance du siége épiscopal de Bayeux. Le Serviteur de Dieu avoit peine à se déterminer à un si lointain voyage, dans l'incertitude où il étoit des événemens qui pourroient se produire après la mort de M. d'Angennes, et des dispositions qu'il rencontreroit chez celuy que la Providence appelleroit à en remplir la place. C'est pourquoy, en attendant, il prit le party de donner quelques autres missions qu'on luy avoit demandées dans un pays moins éloigné, et où il n'y avoit pas moins de bien à faire.

La première mission que le P. Eudes fit en cette année 1647 fut à Nogent-le-Rotrou, qui est une petite ville du Perche, fort peuplée (1), et du dioceze de Chartres. M. de Renty, qui procura cette mission, voulut bien se charger d'aller luy-même solliciter les pouvoirs nécessaires, de M. Lescot, évêque de Chartres, docteur et professeur de Sorbonne, nommé à cet évêché par le cardinal de Richelieu, en 1643, comme un

(1) Nogent-le-Rotrou, chef-lieu d'arrondissement (Eure-et-Loir), 7,106 habitants.

homme propre à l'exécution des grands desseins dont nous avons parlé cy-devant. Ce Prélat n'avoit garde de refuser M. de Renty, dont il connoissoit parfaitement le mérite ; mais je ne sçais s'il auroit si facilement accordé ces pouvoirs au P. Eudes luy-même, car il étoit fort prévenu contre luy.

M. de Renty aida bien à faire revenir le Prélat des préventions qu'il avoit conceues contre le P. Eudes ; il luy en dit tant de bien que M. Lescot crut qu'il ne hasarderoit rien d'en faire l'expérience. Il y a plus, connoissant par luy-même le grand talent dont faisoit preuve le Serviteur de Dieu dans les conférences ecclésiastiques (probablement à cause de celles qu'il avoit données, cinq ou six ans auparavant, à Saint-Magloire.), il chargea son archidiacre d'en obtenir quelques-unes pour les Ecclésiastiques du canton, pendant la mission ; et luy-même disposa ses visites de ce côté-là, de manière à pouvoir y assister parfois, chemin faisant. Le P. Eudes, qui avoit déjà établi cet usage dans ses missions, depuis quelques années, y consentit avec plaisir. Il les fit à son ordinaire, mais avec tant de force et d'onction, que tous ceux qui eurent le bonheur d'y assister, en furent tout pénétrez de dévotion et tout remplis de zèle pour s'acquitter désormais avec plus de fidélité de leurs saintes fonctions. Le Prélat, qui entendit quelques-unes de ces conférences, en fut luy-même si satisfait, aussi bien que de la mission et des grands biens qu'elle produisit parmy ses diocezains, qu'il en témoignoit partout sa satisfaction. A partir de ce moment, il changea entièrement de sentiment à l'égard de cet homme apostolique : nous en aurons bientôt la preuve, dans une autre mission que l'homme de Dieu fut obligé de revenir faire plus tard dans le diocèze de Chartres.

La deuxième mission que fit le P. Eudes, en cette année 1647, fut à Fouqueville (1), qui est une paroisse de l'élection du Pont-de-l'Arche, au diocèze d'Evreux, proche le Bec-Thomas (2). Elle fut procurée et défrayée par Madame de Bec-Thomas,

---

(1) Fouqueville, canton d'Amfréville-la-Campagne, à 20 kil. de Louviers (Eure), 500 habitants.
(2) Bec-Thomas, id., 800 habitants.

qui épousa plus tard M. de La Porte, conseiller au Parlement de Roüen. Cette mission ne fut ny moins fervente, ny moins abondante en fruits de grâces et de bénédictions que la précédente. Elles furent faites toutes les deux durant l'été de cette année. Voicy ce que le P. Eudes nous en apprend dans une lettre qu'il écrivit à M. Mannoury qui étoit pour lors à Paris:

« Nous voicy au Bec-Thomas, dit-il, où il y a grande « affluence de peuple, et où la mission est extraordinairement « nécessaire. La désolation fut grande en partant de Nogent « pour venir icy. Je n'avois encore rien veu de semblable; » — c'est-à-dire qu'il n'avoit encore point vu de pareille affliction à celle que firent paroître les peuples au départ des missionnaires; — « mais prenons courage, très-cher frère, continue-t-il, « tant plus y a de croix dans les affaires, tant plus les bé- « nédictions y sont abondantes. » La lettre est du 24 juillet 1647.

Pendant cette mission, le P. Eudes se voyant assez proche de Gaillon (1), prit la résolution de profiter d'une occasion si favorable, pour procurer quelque affermissement à sa Congrégation. Il résolut de s'adresser au Métropolitain de Normandie, pour luy demander qu'il daignât autoriser l'établissement des séminaires dans la province dont il étoit le chef. Le siége archiépiscopal de Roüen étoit encore occupé par le même M. de Harlay, qui avoit fait faire au P. Eudes cette fameuse mission de Saint-Ouën en 1642, et qui luy avoit accordé pour cet effet de si grands pouvoirs. Ce digne prélat conservoit encore pour le Serviteur de Dieu la même estime, quoyqu'il n'ignorât pas qu'il fût sorti de l'Oratoire.

Le P. Eudes luy présenta cette requête, en date du 23 juillet 1647:

A Monseigneur l'Illustrissime et Révérendissime Archevesque de Roüen, Primat de Normandie.

« Rémonstrent humblement ceux du séminaire de la ville de « Caën, institué par l'ordonnance et soubz la direction et pleine

(1) Gaillon, chef-lieu de canton (Eure), arr. et à 15 kil. de Louviers. Le château de Gaillon avait été construit par le cardinal Georges d'Amboise, de 1502 à 1509.

« puissance de Monseigneur l'Evesque de Bayeux, l'un de vos
« suffragans, par patentes de 1644 du 14 janvier, que depuis
« quelque tems, il auroit plu à Dieu de susciter un de la
« Congrégation des prestres de l'Oratoire, comme leur institut
« est de suivre librement tous les desseins de l'Eglise et de
« s'adonner, où bon leur semble, à telle œuvre de piété et
« service de l'Eglise qu'ils veulent choisir, soit dedans, soit au
« dehors de la Congrégation, lequel ayant considéré la nécessité
« de l'Eglise, et l'extresme besoin qu'elle a de séminaires de
« jeunes ecclésiastiques pour élever comme de nouveaux
« plants pour repeupler l'ordre qui doibt conduire les peuples,
« et l'instance qu'en fait le dernier concile de vostre province,
« se seroit dévoué, de supérieur de l'Oratoire qu'il estoit en
« la ville de Caën; et détaché de toute autre occupation pour
« se donner entièrement, avec quelques autres ecclésiastiques
« qu'il s'est associez, à une si saincte œuvre, qui est l'œuvre
« de l'Eglise et l'institut épiscopal; lequel multiplié peut non-
« seulement commencer de mettre en exécution ce sainct décret
« que Nos Seigneurs les prélats ont tant de peine de mettre en
« pratique par les difficultez qui s'y rencontrent, et les misères
« des tems, mais mesme de rendre avec usure à la Congré-
« gation de l'Oratoire ce qu'elle a faict de bien, par une
« personne des leurs, en leur fournissant divers ecclésiastiques
« qui se formeront avec eux; et, comme il y a deux parties
« dans l'establissement des séminaires ecclésiastiques, l'une
« d'un collége pour enseigner la jeunesse, l'autre des exercices
« et instructions des fonctions cléricales et pratique des dictes
« fonctions, dans l'employ des missions, Nos Seigneurs les
« prélats ayant maintenant assez de commodité des colléges,
« et vous, Monseigneur, ayant establi l'école épiscopale dans
« vostre métropole, les susdicts séminaires croient satisfaire
« suffisamment au surplus, en vous priant de confirmer cet
« institut provincial et d'agréer que l'hyver ils vacquent aux
« exercices et l'esté aux missions, afin qu'en une mesme année
« ils monstrent la théorie et la pratique; outre les services
« continuels qu'ils rendent aux paroisses soubz Messieurs les
« curez; et s'offrent, de plus, à desservir aux déports en
« l'année que Nos Seigneurs les Evesques se sont réservée en

« cette province à toute mutation de curez, pour marque de
« leur dispensation et disposition primitives ; et afin qu'on ne
« puisse calommier la bonne intention des supplians, ils pro-
« testent devant vostre authorité primatiale et croix archiépis-
« copale, non-seulement de ne vouloir jamais faire Institut à
« part de celuy de vos dicts séminaires, ny recognoistre jamais
« autres supérieurs que Nos Seigneurs les Evesques, mais aussy
« de faire tout ce qu'ils leur ordonneront et de ne faire que ce
« qu'il leur plaira d'ordonner.

« Jean EUDES, supérieur dud. séminaire. »

Monseigneur l'Archevêque ayant vû une requête si canonique, en accorda le contenu en ces termes :

« Soit faict ainsy qu'il est requis ; et enregistré en nostre
« Cour et en toutes celles de nos religiosissimes confrères et
« comprovinciaux pour approbation et confirmation canoni-
« ques, et incorporation dans l'ordre de nos séminaires et pro-
« tection dûe à une submission singulière.

« Donné en nostre audience archiépiscopale, en nostre chas-
« teau archiépiscopal de Gaillon, ce 23 juillet 1647.

« FRANÇOIS, archevesque de Rouën. »

De plus, le Prélat assura au P. Eudes, en le quittant, qu'il
pourroit s'adresser à luy avec confiance pour toutes les affaires
de sa Congrégation, soit pour les missions, soit pour les
séminaires.

A peine la mission de Fouqueville fut-elle achevée, que le
P. Eudes partit et fit diligence pour se rendre au plus tôt à
Paris. Il y avoit déjà quelque temps que M. Mannoury luy avoit
mandé que M. Molé avoit été nommé pour succéder à M. d'Angennes sur le siége épiscopal de Bayeux. Il n'étoit pas nécessaire d'en dire davantage à l'homme de Dieu : il comprenoit
assez de quelle conséquence il luy étoit de ne rien épargner
pour gagner la bienveillance de ce nouveau Prélat et s'assurer
de sa protection. Il en avoit un besoin extrême pour soutenir
sa Congrégation naissante attaquée, de tous côtez, par tant et de
si puissans ennemis sans cesse occupez à chercher les moyens

et les occasions de la détruire. Dez qu'il fut arrivé à Paris, il prit avec lui M. Mannoury, et alla offrir au Prélat ses très-humbles salutations. Le P. Eudes ne manqua pas de faire à M. Molé toutes les protestations possibles de respect, de soumission et d'obéissance. Mais il étoit déjà trop tard ; ses adversaires avoient pris les devans et trouvé le moyen de s'insinuer dans l'esprit du nouvel évêque. Ils luy avoient fait concevoir de fâcheuses préventions contre ce digne ouvrier et contre les prêtres qui luy étoient associez. Aussi, ils furent receus assez froidement et de manière à leur faire comprendre qu'ils n'avoient rien de bon à attendre.

Le P. Eudes ne perdit cependant pas courage pour cette mauvaise réception. Il resta longtemps à Paris pour voir s'il ne pourroit point trouver quelque moyen de détruire ces mauvaises préventions qu'on avoit données à M. Molé contre luy. Il essaya diverses fois luy-même s'il ne pourroit point rencontrer quelque moment favorable de s'expliquer avec le Prélat et de luy offrir ses services. Il luy fit bien des visites, mais la plupart du temps sans pouvoir le rencontrer ; et s'il trouva quelquefois le moyen d'être admis à son audience, il n'en receut que des rebuts et de mauvais traitemens. Par plusieurs fois il employa des amis puissans pour tâcher de le fléchir et de gagner ses bonnes grâces, mais il ne put pas y réussir. Les ennemis du saint homme eurent grand soin d'entretenir M. Molé dans les mauvaises préventions qu'ils luy avoient inspirées ; ils firent tant de démarches, ils employèrent tant de personnes pour circonvenir le Prélat, pour confirmer tout ce qu'ils luy avoient dit et aigrir son esprit contre le P. Eudes, qu'il n'y eut pas moyen, dans la suite, de le faire changer de sentiment.

Le Serviteur de Dieu, voyant donc qu'il y perdoit son temps et qu'il ne pouvoit rien obtenir, ny par luy-même, ny par le moyen de ses amis, résolut d'attendre patiemment et d'abandonner tous ses intérêts à la divine Providence. Il quitta Paris et s'en alla pour faire, durant l'automne, une mission à La Ferté-au-Vidame (1), qui est un bourg situé dans le Perche, au

---

(1) La Ferté-Vidame, chef-lieu de canton (Eure-et-Loir) ; 939 habitants.

dioceze de Chartres. Elle fut demandée et défrayée par M. le duc de Saint-Simon. Mgr l'Evêque de Chartres avoit été si content de la mission de Nogent, qu'il voulut être présent à l'ouverture de celle-cy; il avoit fixé les visites de cette partie de son dioceze dans ce même temps, afin de pouvoir assister plus commodément et plus souvent aux exercices de cette mission.

Les peuples de ce canton n'étoient pas moins favorablement prévenus pour l'homme de Dieu que le seigneur évêque. La réputation qu'il s'étoit acquise à Nogent étoit si générale et si solide, qu'on accouroit de toutes parts pour l'entendre. Dez les commencemens, on vit les beaux effets de cette heureuse prévention, c'est-à-dire les mêmes biens, le même empressement des peuples pour se confesser, les mêmes marques de conversion que rencontroient les missionnaires dans tous les pays qu'ils alloient évangéliser. Comme le P. Eudes ne sçavoit ce que c'étoit que de s'épargner, voyant la mission dans une si grande ferveur, il faisoit tout ce qu'il pouvoit, luy et ses ouvriers, pour entretenir ce bon mouvement. Il y avoit déjà environ trois semaines qu'il travailloit sans repos ny trêve, lorsqu'il succomba de fatigue et d'épuisement.

Il fut attaqué d'une fièvre continue qui, dez les premiers jours, prit un tel caractère de gravité qu'elle le mit bientôt en grand péril. Le bruit de sa maladie et du danger où il étoit causa dans le pays une émotion qu'il n'est pas aisé d'exprimer. On y fit venir les médecins les plus habiles du canton, qui n'épargnèrent rien de ce que leur science leur put suggérer; mais toutes leurs prescriptions démeurèrent inutiles et n'empêchèrent pas le mal d'augmenter. La grande réputation de l'homme de Dieu, les importans services qu'il avoit rendus dans le pays attirèrent en peu de temps bon nombre de personnes des plus considérables qui venoient avec empressement, et la douleur dans l'âme, s'informer de l'état du malade. Cependant, le mal augmenta considérablement et redoubla les appréhensions qu'on avoit d'un dénouement fatal. Le pieux malade luy-même, craignant d'être surpris et que la violence de la fièvre ne l'empêchât de recevoir les sacremens avec une entière connoissance, demanda qu'on luy administrât le Saint-

Viatique. Il le receut d'une manière si édifiante, qu'il tira les larmes de ceux qui se trouvèrent présens.

Après la réception de la Sainte Eucharistie, fermant les yeux aux choses de la terre pour ne s'occuper plus que de celles de l'éternité, il attendoit le moment qui devoit le délivrer de cette vie si pleine de misères pour le mettre en possession de ce bonheur après lequel il avoit si longtemps soupiré. Mais son heure n'étoit pas encore arrivée : la Providence le réservoit à de plus grands travaux et à de plus longues épreuves. Durant toute sa maladie, Dieu luy fit la grâce de conserver toujours la liberté de son esprit et l'usage entier de sa raison, chose assez rare dans ces sortes de maladies, surtout quand elles arrivent à ce degré d'intensité. Dans cet état, il repassoit dans son esprit, avec toute la reconnoissance dont il étoit capable, les grâces et les faveurs dont la bonté de Dieu l'avoit tant de fois prévenu, le soin paternel qu'il avoit pris de le conduire, de le défendre de tant et de si puissans ennemis. Cet agréable souvenir luy procuroit une paix et un bonheur indicibles qui ne contribuèrent pas peu au rétablissement de sa santé.

Dans ce même temps, il se rappela les sollicitations que M. de Renty luy avoit faites de retourner travailler en Bourgogne ; l'état déplorable de ce pays se présenta tellement à sa pensée, qu'il en fut vivement touché. Enfin, cédant à une sorte d'inspiration intérieure, il fit vœu d'aller au plus tôt dans ce pays, si Dieu lui redonnoit la santé. Il pria la très-sainte Vierge de recevoir elle-même ce vœu et de le présenter à son cher fils pour en obtenir l'effet, si c'étoit son bon plaisir. Immédiatement après cette consécration, il s'endormit et reposa d'un sommeil tranquille : à son réveil la fièvre avoit disparu, et il put prendre de la nourriture. Il regarda sa guérison comme miraculeuse et comme la conséquence du vœu qu'il avoit fait ; il l'attribua à la très-sainte Vierge et aux prières ferventes que quantité de personnes avoient adressées à Dieu pour demander sa guérison. Ce qui le confirma dans cette créance du miracle, fut le peu de temps qu'il luy fallut pour se rétablir. Il recouvra, en effet, presque aussitôt ses forces, et se trouva en état de reprendre ses pénibles fonctions.

On ne peut mieux connoître les grands biens opérez par cette

mission et les bénédictions extraordinaires dont Dieu la combla que par le récit abrégé qu'en fit le P. Eudes à M. Mannoury, à Paris, après qu'elle fut achevée. Il luy dit que Dieu luy avoit donné tant de bénédictions qu'il seroit trop long de les énumérer toutes ; qu'elle avoit été un effet tout visible de la Providence et de la protection de la sainte Vierge. « Nous avons esté neuf
« semaines à cette mission, dit-il, j'y ay esté cinq semaines
« sans rien faire : j'ay esté guéri par nostre mère admirable. Je
« fis le dernier sermon de la mission, et je me porte bien, Dieu
« mercy. Dieu a donné de grandes bénédictions à cette mission
« trop longues à escrire....... M. de Chartres en a esté
« très-satisfait. Il a assisté plusieurs fois aux exercices : il a
« luy-mesme presché et a eu la bonté de nous louer et de nous
« honorer de son approbation en chaire ; il a esté tellement
« content qu'il m'a offert tous les Advens, Caresmes et missions
« de son diocèze. M. le duc de Saint-Simon est aussy très-
« content. » Il faut se souvenir que c'étoit M. Lescot qui étoit pour lors évêque de Chartres, et que ce prélat avoit été d'abord extrêmement mal prévenu contre le Serviteur de Dieu.

Cependant M. de Renty, qui étoit absent pendant que cette mission se faisoit, ayant appris le danger que le P. Eudes avoit couru, sa prompte guérison et le peu de soin qu'il prenoit de ménager une santé si précieuse, luy écrivit en ces termes : « Permettez-moy que je vous dise tout simplement qu'une de
« mes plus grandes appréhensions à vostre égard est que vous
« ne preniez trop sur vous-mesme, et que, n'estant point assez
« retenu, vous vous rendiez inutile. L'ennemy trouve quelque-
« fois, et pour l'ordinaire, ses avantages de cette sorte dans les
« subjects les mieux disposez. Vous n'estes plus à vous, mais
« un homme à tout le monde, et qui est redevable, avec
« sainct Paul, à tous les hommes. Conservez-vous donc, non
« en vous conservant, mais en ne vous accablant pas de travaux
« et de fatigues. L'on me mande combien Dieu vous bénit,
« souffrez que pour l'interest que j'y prends je vous aye dict
« cecy en tout respect et humilité. »

Ces sages avis de M. de Renty ne firent pas sur le P. Eudes tout l'effet qu'il s'en étoit promis. La maladie ne servit qu'à fortifier le zèle de cet homme apostolique, et il crut que Dieu ne luy avoit rendu la santé que pour l'employer avec encore moins de réserve pour sa gloire et pour aider à sauver les âmes; que c'étoit par là principalement qu'il devoit témoigner à Dieu sa parfaite reconnoissance pour le recouvrement de sa santé. Ainsi, dez que la mission fut finie, il se mit en chemin pour aller en Bourgogne, quoyque la saison fût déjà fort avancée, que les jours fussent diminuez et les chemins mauvais; car c'étoit vers la Saint-Martin. Il fit une bonne partie de la route à pied, sans en ressentir aucune incommodité, Dieu pour qui seul il entreprenoit ce voyage, le soutenant et luy donnant des forces.

Il y avoit déjà quelque temps que M. Mannoury étoit à Paris par ordre de son supérieur, pour se préparer à un second voyage à Rome et tâcher cette fois de faire approuver par le Saint-Siége la Congrégation de Jésus et Marie. Quoyqu'il eût receu de M. de Harlay l'approbation si honorable et si avantageuse que nous avons rapportée cy-devant, le P. Eudes désiroit toujours avoir celle du Souverain Pontife, et obtenir en même temps les pouvoirs apostoliques et les indulgences pour les missions. Il ne pouvoit trouver personne qui fût plus en état que M. Mannoury de se bien acquitter d'une si importante commission. Ce prêtre avoit de nombreuses connoissances à Rome, où il avoit déjà fait un voyage, et parloit très-bien la langue italienne; de plus, il étoit très-vigoureux et rempli du plus grand zèle pour le bien de la Congrégation.

Nous avons une lettre écrite par luy au P. Eudes, dans le temps que le saint apôtre travailloit à la mission de La Ferté; il luy mandoit les préparatifs qu'il avoit faits pour son voyage de Rome, les lettres de recommandation qu'il avoit déjà obtenues, et celles qu'il désiroit encore qu'on lui envoyât. Il luy disoit, entre autres choses, que M. le Nonce, en le quittant, luy avoit donné bonne espérance, et l'avoit même assuré qu'il obtiendroit satisfaction sur tout ce qu'il demandoit. M. Mannoury, ayant été autorisé à partir, se mit aussitôt en route. Le courageux et infatigable voyageur fit la meilleure partie du trajet à pied; rien ne luy coûtoit, comme il le dit dans une de ses lettres, lorsqu'il s'agissoit de travailler pour la Congrégation de

Jésus et Marie. Il arriva à Rome sur la fin de novembre, mais presque aussitôt il fut attaqué d'une dangereuse maladie, dont il pensa mourir. C'est ce qu'il manda au P. Eudes, dans la première lettre qu'il écrivit de Rome, en date du 30 décembre 1647. Il y dit en substance qu'il avoit été à deux doigts de la mort; que de deux prêtres françois pris avec luy de la même maladie, un étoit mort, et que l'autre étoit encore fort mal; mais que pour luy, grâce à Dieu, il étoit guéri. Il luy marquoit encore qu'il avoit receu un paquet de lettres très-avantageuses (1), puis il ajoutoit: « Dieu soit bény à jamais de la « providence qu'il tient sur nos affaires. Voilà un peu de « faveur des grands; mais comme vous le dites, ce ne sera pas « cela qui fera nos affaires, mais Dieu seul et sa saincte Mère. »

M. Mannoury ayant donc receu ces lettres, commença aussitôt

---

(1) Le paquet dont parle M. Mannoury contenait trois lettres du Roi: la première pour le Souverain Pontife; la seconde pour le cardinal d'Est, promoteur et directeur des affaires de France, en cour de Rome; la troisième pour le marquis de Fontenay, ambassadeur extraordinaire du Roi. Voici la lettre adressée au Pape:

Lettre de Louis XIV au Pape Innocent X, en faveur du P. Eudes.

TRÈS-SAINT PÈRE,

« Le zèle que nous avons pour la gloire de Dieu et de son Eglise nous
« convie d'escrire celle-cy à vostre Sainteté pour la supplier par l'avis de la
« Reine régente, nostre très-honorée Dame et Mère, de vouloir bénir et
« confirmer un séminaire ecclésiastique, estably depuis cinq ans dans
« nostre ville de Caën, dioceze de Bayeux, et d'accorder aux prestres dudict
« séminaire les pouvoirs et indulgences qu'ils demandent à vostre Sainteté
« pour les missions qu'ils font avec tant de fruits, par la bénédiction qu'il
« plaist à Dieu d'y donner, qu'ils sont désirez et appelez dans presque
« toutes les provinces de nostre royaume par les évesques, pour travailler
« dans leurs diocezes, tant aux séminaires qu'aux missions. Pourquoy,
« nous supplions vostre Sainteté de les favoriser de ses grâces et béné-
« dictions apostoliques, et de bien vouloir accorder les expéditions néces-
« saires, afin qu'ils puissent doresnavant travailler avec plus d'effect et pour
« la plus grande gloire de Dieu, que nous supplions, Très-Saint Père, de
« vouloir conserver vostre Sainteté longues années, pour le bien et utilité
« de son Eglise.

« Escrit à Paris le 19 novembre 1647.

« Vostre très-dévot fils, le Roy de France et de Navarre,

« LOUIS. »

à solliciter fortement auprès des cardinaux de la Propagande, qui étoient saisis de son affaire, les faveurs qu'il désiroit obtenir du Saint-Siége. Il en fut très-bien receu ; surtout du cardinal Capponi, qui en étoit le président. Ce grand prélat luy donna plus d'une heure d'audience, temps bien considérable pour une personne de ce rang. M. Mannoury luy ayant soumis les statuts et règlemens rédigez par le P. Eudes, ce cardinal en lut plus de la moitié séance tenante ; en les lisant, dit M. Mannoury, son cœur tressailloit de joye, il s'arrêtoit quelquefois pour luy en dire sa pensée, puis reprenoit la lecture avec un intérêt bien marqué. Mais comme ces règlemens étoient un peu longs, il demanda à M. Mannoury de les luy laisser, afin de les lire plus à loisir.

Le lendemain, M. Mannoury étant retourné pour les reprendre, le cardinal, après avoir loué ce pieux établissement, luy dit : *O utinam essent in omnibus civitatibus ejus modi seminaria!*... C'est-à-dire : « plût à Dieu qu'il y eût de semblables séminaires dans toutes les villes épiscopales ! » Enfin, il l'assura qu'on luy donneroit satisfaction, et le renvoya à M. le cardinal Sfortzia, qui avoit été nommé par la Congrégation pour faire le rapport de cette affaire. M. Ingoly, secrétaire de la Congrégation romaine, qu'il alla pareillement visiter, luy dit que la chose pouvoit être regardée comme faite, à cause des bons témoignages que M. le Nonce de France rendoit du P. Eudes. Il ajouta qu'on luy accorderoit même plus qu'il ne demandoit ; et que le cardinal Sfortzia en devoit faire son rapport à la prochaine assemblée de la Propagande.

Qui n'auroit cru en voyant les choses si bien disposées, qu'il ne devoit presque plus se trouver de difficultez à lever, et que la chose alloit réussir ? Mais à Rome, on a pour principe de ne se pas presser. A l'assemblée suivante, on commença par examiner une autre question avant l'affaire de M. Mannoury, et la lecture du rapport prit toute la séance. Comme la Congrégation ne s'assembloit que tous les quinze jours, force fut à M. Mannoury de prendre patience et de laisser écouler ce long délay. Sur ces entrefaites, une opposition de la part des PP. de l'Oratoire étant survenue, il fut ordonné que leurs objections seroient communiquées à M. Mannoury, afin qu'il pût y répondre. En même temps, M. le cardinal Sfortzia fut chargé d'entendre les deux parties séparément, pour faire ensuite son rapport à la Congrégation de la Propagande.

Après avoir mandé tous ces détails au P. Eudes, M. Mannoury ajoutoit qu'ayant vu les objections des PP. de l'Oratoire, il luy seroit très-aisé d'y répondre, qu'il en feroit voir facilement la fausseté, que leur opposition provenoit uniquement de la jalousie, ainsi que M. Ingoly l'avoit déclaré luy-même, en les luy communiquant; il rapportoit ensuite ces objections et les réponses qu'il y devoit faire; nous ne croyons pas devoir les reproduire icy, de peur d'être trop long. M. Mannoury demanda au cardinal rapporteur une audience particulière, afin de luy exposer son affaire plus tranquillement; elle luy fut accordée fort gracieusement, et trouvant une occasion si favorable, il ne manqua pas d'en profiter. Il exposa au Cardinal tout ce qu'il crut nécessaire pour luy faire connoître la justice de sa cause et des faveurs qu'il étoit venu solliciter. Il luy raconta les prodiges étonnans que Dieu opéroit par les merveilleuses missions que le P. Eudes donnoit en si grand nombre en France. Il mit sous ses yeux les attestations authentiques que quelques évêques en avoient données et que nous avons rapportées cy-devant. Il répondit ensuite aux objections des PP. de l'Oratoire d'une manière si solide que le cardinal Sfortzia fut obligé de convenir que le dépit et la jalousie pouvoient seuls porter les PP. à se conduire comme ils le faisoient envers le P. Eudes (1).

(1) Les objections des PP. de l'Oratoire étaient au nombre de trois. Nous les reproduisons telles que nous les trouvons formulées par le P. Costil dans les *Annales* de la Congrégation de Jésus et Marie :

1° « Le P. Eudes n'a étably le séminaire de Caën et formé le dessein de sa Congrégation que pour contenter le ressentiment qu'il avoit *d'avoir été chassé de l'Oratoire*, où il seroit encore, si sa présomption et son orgueil ne l'avoient empêché de se rendre aux ordres de son supérieur général qui luy commandoit de *s'appliquer aux exercices des séminaires* et des missions ; »

2° « Il est si visible que le P. Eudes a formé son dessein par un pur mouvement d'ambition, que c'est pour cela même que le Roy n'a eu aucun égard à la requête qu'il luy a voulu présenter. Aussi, est-il certain que le Roy de France s'y opposera toujours ; »

3° « La Congrégation de l'Oratoire a été instituée pour vaquer aux exer-

M. Mannoury étoit charmé de la bonté avec laquelle cet éminent Cardinal daignoit l'écouter, de l'attention qu'il apportoit à examiner tous ses mémoriaux, et des promesses qu'il luy faisoit de s'intéresser à sa cause. Donc, appuyé sur ces belles apparences, il crut que son affaire alloit parfaitement bien et qu'il obtiendroit prochainement ce qu'il étoit venu demander. Mais il ne fut pas longtemps à s'apercevoir que ces espérances étoient prématurées, et que ses adversaires, à défaut de bonnes raisons, réussiroient dans leurs projets par leurs brigues et par la recommandation puissante de leurs amis. En effet, étant allé peu après visiter quelques cardinaux de la Propagande, il les trouva si prévenus contre luy qu'il comprit vite que désormais il avoit peu d'espérance à concevoir. Etant allé faire visite à M. l'ambassadeur de France pour luy recommander son affaire, le secrétaire de cet ambassadeur luy répondit que son maître avoit receu des lettres du Roy, qui luy mandoit de surseoir à cette affaire, jusqu'à ce qu'il eût receu ordre de sa part de s'en occuper de nouveau. On sceut, quelque temps après, que cette déclaration n'étoit pas vraye, mais que ce secrétaire, gagné par quelques-uns des adversaires du P. Eudes, étoit, luy seul, auteur de cette réponse que son maître ne l'avoit nullement chargé de faire. Il n'y eut pas jusqu'à M. Lambin, expéditionnaire, qui, ayant travaillé jusque-là avec zèle pour M. Mannoury, refusa de le faire désormais, disant pour toute raison qu'il étoit l'ami des PP. de l'Oratoire et qu'il ne vouloit pas solliciter contre eux.

M. Mannoury, se trouvant dans cet embarras, récrivit au P. Eudes la tournure que prenoit l'affaire, luy marquant qu'il ne croyoit désormais pouvoir rien obtenir, vu les préventions qu'on avoit conceues contre luy, et les sollicitations continuelles auxquelles ses adversaires avoient recours, tant par eux-mêmes que par leurs amis. De moindres difficultez auroient été capables de rebuter tout autre que le P. Eudes ; mais il

---

cices des séminaires et former des clercs; ainsi, celle du P. Eudes est inutile. » Les explications données, au livre précédent, par l'auteur et par nous-même, nous dispensent de répondre à ces objections, dont l'inanité et l'*inexactitude* sautent aux yeux.

étoit trop attaché à Dieu et à ses divins intérêts, et trop persuadé qu'il agissoit en ces circonstances pour Notre-Seigneur et sa très-sainte Mère pour se troubler de ce contretemps. Plein de confiance en Dieu, il étoit parfaitement soumis à sa très-adorable volonté en tout ce qui luy arrivoit. Voicy ce qu'il écrivit à ce sujet à M. Mannoury.

« Courage, mon cher frère, nous ne voulons rien que la
« volonté de Dieu ; faisons de nostre costé tout ce que nous
« pourrons pour les affaires de nostre bon Maistre et de nostre
« chère Maistresse et, après cela, abandonnons-nous, et toutes
« choses, à leur très-saincte volonté. Si nostre tems est venu,
« tout le monde ensemble n'est pas capable de résister à ce
« qu'ils voudront ; s'il n'est pas encore venu, *expectemus*
« *Dominum, viriliter agamus et confortetur cor nostrum*. Une
« chose nous doibt beaucoup resjouir et encourager : c'est qu'il
« est impossible de douter que ce ne soit pas une œuvre de
« Dieu, eu égard aux grandes et extraordinaires bénédictions
« qu'il luy plaist de donner à nos petits travaux ; ce qui nous
« fait cognoistre évidemment qu'ils ne peuvent estre que de
« luy ; et par conséquent, il n'abandonnera pas son ouvrage ;
« il le fera au tems et à la manière qui sera la plus convenable,
« et beaucoup mieux que nous ne sçaurions désirer. C'est à
« nous seulement d'estre fidèles et de marcher nostre chemin,
« tousjours avec humilité, force et confiance. » La lettre est datée du 7 avril 1648 ; elle arriva fort à propos à M. Mannoury pour aider à le soutenir. Les adversaires du P. Eudes, redoublant d'efforts dans leur opposition, n'épargnoient rien pour pousser sa patience à bout et le décourager, s'ils avoient pu, par toutes les chicanes qu'ils luy cherchoient ; mais, loin de se rebuter, il n'en devint que plus actif, afin d'en finir le plus vite possible.

Dez le 23 du mois de mars de cette même année 1648, la Congrégation de la Propagande avoit rendu un décret en ces termes, relativement à l'institution du P. Eudes :

« Sur le rapport que le Seigneur Eminentissime cardinal
« Sfortzia a fait, touchant le séminaire de Caën, situé dans le
« diocèze de Bayeux, qui s'y trouve érigé sous la direction du
« sieur Jean Eudes, et suffisamment fondé, et les instances

« du même sieur Jean Eudes, pour obtenir du Saint-Siége
« la confirmation de ce séminaire, avec plusieurs grâces et
« indulgences, après examen des raisons opposées par la Con-
« grégation de l'Oratoire de Jésus, la sacrée Congrégation a
« déclaré que le séminaire, ayant été érigé selon l'intention
« du saint Concile de Trente, n'a point besoin de l'approba-
« tion du Saint-Siége, mais qu'il doit subsister en la forme
« qu'il a été érigé. Donné à Rome le vingt-troisième jour de
« mars de l'année mil six cent quarante-huit (1).

« CAPPONI, *cardinal;* FRANÇOIS INGOLI, *secrétaire.* »

Ce décret fut signé par le cardinal Capponi, président de ladite Congrégation. Quoyqu'il ne fût pas tel que le P. Eudes l'auroit désiré, il ne laissoit pas d'être avantageux, en ce qu'il déclaroit que les séminaires érigez selon l'intention du Concile de Trente, n'ont pas besoin de l'approbation du Saint-Siége. Cependant, il est aisé de remarquer que ce n'étoit là qu'une défaite suggérée apparemment par les adversaires du P. Eudes, pour éluder la principale demande, qui étoit l'approbation de sa Congrégation.

M. Mannoury, se voyant arrêté de ce côté, consacra tous ses soins à obtenir les pouvoirs apostoliques et les indulgences pour les missions. Rien ne paroissoit plus juste ; il en fit voir la nécessité par de solides raisons ; il produisit les attestations et les suppliques des évêques, qui les demandoient au Saint Père pour le bien de leurs diocezains. Mais les cardinaux, toujours déterminez à ne luy accorder que le moins qu'ils pourroient, ne manquèrent pas de prétextes pour éluder

---

(1) Referente Eminentissimo Domino Cardinali Sfortzia de seminario Cadomensi, in diœcesi Bajocensi, sub directione D. Joannis Eudes erecto, et sufficienter dotato, et simul instantiam ejusdem D. Joannis pro illius confirmatione apostolica, cum diversis gratiis, et indulgentiis, et demum quæ fuerunt ex adverso proposita pro parte Congregationis Oratorii J. C. D. N. S., Congregatio dixit seminarium præfatum non indigere confirmatione apostolica, cum sit erectum ad sacri concilii Tridentini propositum, sed sicut erectum est stare debere decrevit.

CAPPONIUS, *cardinalis,*
FRANCISCUS INGOLUS, *secretarius.*

Die 23 martii anni 1648.

la plupart de ses demandes. Cependant, pressez par M. Mannoury, qui ne lâchoit pas prise et redoubloit même d'ardeur dans ses poursuites à proportion des difficultez qu'il rencontroit, les cardinaux, cédant à ses instances, se déterminèrent enfin à faire un décret. M. Mannoury, sans sçavoir encore ce qu'il contenoit, en informa le P. Eudes, luy mandant que la chose étoit arrêtée par les cardinaux de la Propagande, qu'il ignoroit ce que contenoit le décret, qu'il croyoit que la Congrégation de Jésus et Marie venoit d'être confirmée, mais que les pouvoirs ne seroient accordez que pour la seule Normandie.

Cependant, ayant receu communication du décret, M. Mannoury put voir qu'on ne luy avoit pas même accordé ce peu dont il s'étoit flatté; il n'y étoit, en effet, nullement question de la confirmation de la Congrégation de Jésus et Marie. Il trouva seulement dans le décret que le P. Eudes étoit établi supérieur de toutes les missions de Normandie ; qu'on luy accordoit les pouvoirs pour luy et ses associez, qu'il seroit toutefois obligé de présenter et de faire approuver par le nonce résidant en France (1). M. Mannoury donna connoissance de tous ces faits à son supérieur, luy marquant qu'à son avis il n'y avoit plus rien à espérer pour le présent ; il ajouta que sa présence à Rome étant désormais inutile, il étoit disposé à faire diligence pour partir au plus tôt et revenir en France. Le P. Eudes, ayant appris ces événemens, adora les desseins de Dieu et s'y soumit en paix, sans murmurer, ny faire aucune plainte de ceux qui avoient contribué à cet insuccez,

---

(1) Referente Eminentissimo Cardinali Sfortzia, Eminentissimi Patres missionem in Normanniam D. Joanni Eudes, præsbytero sæculari, cum sociis similiter sæcularibus, a Nuntio Galliarum approbandis, et S. Congregationi proponendis decreverunt, ac eumdem D. Joannem præfatæ missionis Præfectum constituerunt et deputarunt, et pro facultatibus jusserunt adiri S. Officium.

« Sur le rapport de l'Eminentissime Cardinal Sfortzia, les Eminentissimes Cardinaux ont décerné la mission de Normandie au sieur Jean Eudes, prêtre séculier, et à ses associez aussi séculiers qui seront approuvez par le Nonce de France et proposez à la sacrée Congrégation, ont établi ledit sieur Jean Eudes chef de la mission, et ont ordonné qu'on s'adresseroit à la Congrégation du Saint-Office pour les pouvoirs. »

La Congrégation de Jésus et Marie comptait alors douze prêtres.

regardant ses adversaires comme les instrumens dont Dieu s'étoit servi pour exécuter sa très-sainte volonté (1).

(1) Lettres apostoliques accordées au P. Eudes par la Congrégation de la Propagande.

« Sanctissimus in Christo Pater et Dominus Innocentius, divina Providentia Papa decimus omnium hominum saluti, pro suo apostolico munere, providere cupiens, Te Joannem Eudes in Normanniam mittere decrevit, et misit, et missionis in eadem provincia Præfectum constituit et deputavit, una cum sociis a Nuntio Galliarum approbandis et Congregationi de Propaganda Fide, proponendis, ut cum facultatibus tibi per alias litteras concedendis, consensu tamen Episcoporum catholicorum cum S. Sede apostolica communionem habentium prius requisito, Evangelium D. N. J. C. annunties; et gentes illas doceas servare quæcumque Sancta mater Ecclesia catholica, apostolica, romana, præcepit, et præsertim ut judicium generale futurum eisdem contestaris.

« Tu itaque rei magnitudinem et apostolici muneris tibi commissi gravitatem serio perpendens, imprimis cave ne ad hæreticorum conciones aut ritus quoslibet quovis prætextu vel causa accedas. Deinde omnem curam adhibe ut ministerium tuum digne et fideliter, etiam cum sanguinis effusione et morte ipsa, si opus fuerit, adimpleas, ut inamissibilem coronam a Patre hominum recipere merearis.

« Datum Romæ a S. Congregatione de Propaganda Fide, die 20 aprilis 1648, pontificatus nostri anno quarto.

« CAPPONIUS, *cardinalis*,
« INGOLUS, *secretarius*. »

Notre Très-Saint Père en Jésus-Christ et notre seigneur le Pape Innocent X désirant pourvoir au salut de tous les hommes, selon le devoir de la charge apostolique qui luy a été imposée par la divine Providence, a décrété de vous envoyer et vous envoie, vous, Jean Eudes, avec vos associez, qui seront approuvez par le Nonce de France et proposez à la Congrégation de la Propagande, pour faire la mission dans la province de Normandie, dont il vous donne la supériorité, afin qu'avec les pouvoirs qu'on doit vous accorder par d'autres lettres vous puissiez prêcher l'Evangile de Jésus-Christ, Notre-Seigneur, après avoir requis toutefois le consentement des évêques catholiques qui sont en communion avec le Saint-Siége, et enseigner à ces peuples tout ce que notre Mère la sainte Eglise catholique, apostolique et romaine nous ordonne, et surtout la vérité du jugement dernier et universel.

C'est pourquoy, faites une sérieuse attention à la grandeur et à l'importance de l'employ tout apostolique que l'on vous confie, et, gardez-vous bien d'avoir aucune communication avec les hérétiques, d'assister à leurs sermons ou de prendre part à leurs cérémonies, sous quelque prétexte que ce soit; mais mettez toute votre application à remplir avec honneur et avec fidélité votre ministère, au prix même de l'effusion de votre

Pendant que ces choses se passoient à Rome, le P. Eudes et ses ouvriers étoient en Bourgogne, où ils travailloient avec beaucoup d'éclat et de bénédiction. Nous avons vu cy-devant qu'après la mission de La Ferté, le Serviteur de Dieu étoit parti pour aller travailler en cette province, à la demande de M. de Renty. Ce fut à Autun que ce pieux gentilhomme luy fit faire la première mission, se chargeant de fournir à toute la dépense. Autun est une ville épiscopale et une des plus considérables de la Bourgogne. La mission étoit extrêmement nécessaire dans tout ce pays et surtout dans cette grande ville, qui étoit comme une vraye Sodome. Elle commença le premier dimanche de l'Avent et dura jusqu'à la Sexagésime de l'année 1648, c'est-à-dire neuf ou dix semaines (1), avec une admirable ferveur. Nous en pouvons juger par ce que le P. Eudes en manda

sang et de la mort, s'il est nécessaire, afin que vous puissiez mériter de recevoir du Père des lumières une couronne qui ne se flétrira jamais.

Donné à Rome, dans la Sacrée Congrégation de la Propagande, le 20 d'avril 1648, la quatrième année de notre Pontificat.

CAPPONI, *cardinal*,
INGOLI, *secrétaire*.

Ces lettres, ajoutent les Annales de la Congrégation de Jésus et Marie rédigées par les PP. Eudistes, sont dans nos archives et scellées d'un grand sceau, où est empreinte la figure du Sauveur qui donne la mission à ses Apôtres.

Le 23 avril, un nouveau décret émané de la Congrégation de l'Inquisition du Saint-Office, et signé par le cardinal Barberini, donnait au P. Eudes et à ses prêtres les pouvoirs les plus étendus et les plus divers, puisqu'il ne contient pas moins de vingt et un articles. Le P. Martine est donc pessimiste à l'excès, quand, tout déconcerté en voyant la Cour romaine ne pas approuver en forme sa chère Congrégation de Jésus et Marie, il regarde comme complètement stérile le voyage de M. Mannoury à Rome. Sa critique, sur ce point, est évidemment peu judicieuse, puisque la Congrégation de la Propagande a reconnu le séminaire de Caen et en a ordonné le maintien; qu'elle a établi le P. Jean Eudes Supérieur général des missions de Normandie et fait approuver ces décrets par le Pape Innocent X; qu'enfin, la Congrégation du Saint-Office a accordé au Vénérable serviteur de Dieu et à ses prêtres les pouvoirs les plus amples et les plus variés. La vérité, c'est que le voyage de M. Mannoury, à Rome, avoit obtenu un très-grand résultat. C'est le jugement qu'en a porté le P. de Montigny : son appréciation est exacte et appuyée sur les faits.

(1) Onze semaines, d'après le P. Costil.

à M. Mannoury à Rome, dez le 12 de décembre 1647. « Nous
« sommes arrivez en bonne santé, dit-il, le jour de saint André,
« grâce à Dieu, après avoir ressenty très-palpablement et chaque
« jour de nostre voyage l'assistance très-particulière de Nostre-
« Seigneur et de sa très-saincte Mère. Nous avons esté receus
« icy avec de grands tesmoignages d'affection du seigneur
« évesque, des prestres, des magistrats et de tout le peuple.
« Nous sommes treize missionnaires, et nous serons bientost
« vingt. Mais si nous estions cent, ce ne seroit pas encore
« assez, car nostre bon Dieu verse sur cette mission des béné-
« dictions extraordinaires. Je crois que nous serons icy environ
« deux mois, c'est-à-dire jusqu'à la Purification ; puis nous
« irons donner huict ou quinze jours à Arnay-le-Duc, et de là
« à Beaune pour le Caresme. »

Il faut remarquer qu'il n'y avoit pas plus de douze jours que la mission étoit commencée lorsque le P. Eudes écrivoit cecy ; d'où on peut conjecturer combien la mission fut fervente dans la suite, puisqu'elle étoit déjà si bien suivie, dez ce temps-là. En effet, les mémoires portent qu'une infinité de monde de l'un et l'autre sexe assistoit aux exercices ; qu'on voyoit des personnes accourir de cinq et six lieues, malgré la rigueur de la saison et la difficulté des chemins, pour prendre part aux exercices, et persévérer des sept et huit jours de suite, pour pouvoir se confesser aux missionnaires. Les sermons du P. Eudes furent écoutez avec un applaudissement universel, et les fruits répondirent à cette grande ferveur de la population. Il seroit difficile de raconter les merveilles que l'homme de Dieu opéra en cette mission, les abus scandaleux qu'il fit cesser, les conversions éclatantes qui eurent lieu, les hérétiques qu'il confondit et ramena au sein de l'Eglise. Il réforma les mœurs, rétablit la discipline dans le clergé, fit refleurir la piété dans cette terre qui paroissoit abandonnée ; et cette Sodome devint une Jérusalem toute sainte. C'est ce que porte une re-lation de cette mission qui fut faite sur les lieux, pour être envoyée à Rome, signée de plus de cinquante personnes des plus notables de la ville.

Durant cette mission, le P. Eudes fit, une fois la semaine, à Messieurs les officiers et personnes de distinction des conférences qui produisirent de très-beaux effets. M. de Renty, qui avoit demandé cette mission et la défrayoit, y assistoit avec beaucoup d'assiduité, et servoit ainsi merveilleusement à exciter et soutenir le zèle de ces Messieurs et à les faire profiter de ces pieux exercices. Il s'associa plusieurs d'entre eux pour aller visiter les pauvres, les malades, les prisonniers, pour leur distribuer des aumônes et leur donner les consolations dont ils avoient besoin dans leurs souffrances et infirmitez. Ils travailloient aussi à accommoder les procez, à réconcilier ceux qui étoient en discorde, à rétablir partout la paix. Ces vertueux chrétiens étoient disposez à faire tout le bien dont on leur procuroit l'occasion. Le P. Eudes travailla aussi avec beaucoup de zèle à la conversion des filles et femmes débauchées ; de tous côtez, elles venoient se faire instruire et chercher les moyens de mettre fin à leur mauvaise vie. Ces Messieurs associez luy rendirent encore sur ce point de grands services, luy aidant à placer ces pauvres pénitentes chez d'honnêtes personnes où elles étoient en état de gagner leur vie et de travailler à leur salut.

Ce fut encore par le moyen de ces Messieurs qu'il procura la fondation d'une messe pour tous les jours de dimanches et de fêtes en faveur des prisonniers, qui n'en avoient point de réglée avant ce temps-là et qui souvent étoient exposez à s'en voir privez. Par la même voye, il procura aussi le moyen de rétablir un ancien hôpital destiné à loger les passans. De plus, il conceut le projet de bâtir un second hôpital pour loger les pauvres mendians et les retirer d'une vie vagabonde, sujette à toutes sortes de dérèglemens. Il se trouvoit déjà jusqu'à la somme de dix mille livres pour l'exécution de ce projet lorsque la mission finit.

Il se passa en cette mission plusieurs choses extraordinaires, qui méritent bien d'être rapportées icy. Un bon bourgeois vint, un soir, avec sa petite famille, femme et enfans, trouver les missionnaires en leur logis, au sortir de leur souper. Arrivez en leur présence, ils se jetèrent tous à genoux, devant une image de la très-sainte Vierge. Le chef de la famille, prenant alors la parole au nom de tous, confessa hautement, en pleurant et gémissant, qu'ils s'étoient rendus coupables de grands et nombreux crimes, qu'ils avoient vécu longtemps en état de damnation, dont ils avoient été délivrez par le moyen de la mission; qu'ils protestoient tous que désormais ils vouloient plutôt mourir que de retourner à leurs désordres et qu'ils conjuroient les missionnaires de leur obtenir miséricorde et la grâce d'être préservez du péché. Le chef de la famille se jeta ensuite aux pieds du P. Eudes pour les baiser, sans qu'il fût possible de l'en empêcher. La femme et les enfans, qui fondoient en larmes, en alloient faire autant; mais on ne voulut pas le leur permettre. Le P. Eudes leur donna cette image devant laquelle ils venoient de faire cette déclaration, les avertissant de se souvenir, toutes les fois qu'ils la verroient, de la généreuse résolution qu'ils avoient prise de ne plus offenser Dieu. Ce ne fut point par faiblesse d'esprit, ny par l'impulsion de personne que ces braves gens firent cette démarche; mais bien certainement par l'inspiration du Saint-Esprit. Aussi, tous ceux qui se trouvèrent présens, furent touchez d'une si profonde humilité, et d'une componction si édifiante.

Une autre chose bien digne de remarque qui arriva encore en cette mission, fut un miracle éclatant qui s'opéra en la personne d'une religieuse bénédictine de l'abbaye de Saint-Jean-le-Grand d'Autun, nommée Françoise Le Roy. Cette religieuse, atteinte de la rougeole, avoit perdu la vue; une fluxion violente, qu'elle avoit sur les yeux, luy faisoit souffrir de grandes douleurs. Durant ce temps-là, le P. Eudes avoit beaucoup recommandé la dévotion au Sacré-Cœur de la très-sainte Vierge, et en avoit fait célébrer la fête dans l'église cathédrale d'Autun. La religieuse malade en ayant entendu parler très-avantageusement, appela son infirmière, la pria de se mettre à genoux auprès de son lit, et de luy faire dire par cœur la salutation au très-saint Cœur de la Mère de Dieu, *Ave cor sanctissimum*, qui étoit imprimée dans un petit livre; puis, ayant appliqué le livre sur les yeux l'espace d'un *Miserere*, suppliant la très-sainte Vierge par les mérites de son très-saint Cœur de luy rendre la vue et la santé, elle le retira de dessus ses yeux, et se trouva entièrement guérie, à tel point qu'elle ne sentoit plus aucune douleur aux yeux, et voyoit aussi clairement qu'avant sa maladie. C'est le P. Eudes qui rapporte ce fait dans une lettre qu'il écrivit quelque temps après à la Mère Mechtilde, fondatrice des bénédictines du Saint-Sacrement ; il ajoute qu'il en avoit une attestation authentique.

Voicy encore un autre fait miraculeux, arrivé durant la même mission et qui n'est pas moins authentique, ny moins digne de la créance des fidèles. Il y avoit dans le trésor de l'église cathédrale, une belle relique, que l'on disoit être le chef de saint Lazare, dont le P. Eudes souhaitoit ardemment avoir quelque petite portion. Il s'adressa, pour cet effet, à MM. du Chapitre, qui ne purent refuser un homme à qui toute la ville, et même tout le pays, avoient de si grandes obligations. Ils députèrent deux de leur compagnie, sçavoir : M. Hymbelot et M. de Montagu pour luy donner une des dents de ce chef; mais la difficulté fut de l'arracher. Ces Messieurs s'assemblèrent pour cet effet par deux fois ; ils firent tous leurs efforts, même avec des instrumens de fer, et ils n'y purent réussir. Ils étoient sur le point d'abandonner leur entreprise, lorsque le père Eudes, plein de foi et de confiance, s'engagea par un vœu à composer un office en l'honneur de ce saint, et de le faire réciter dans sa Congrégation ; et au même instant, dit cet homme de Dieu, on vit cette dent se détacher avec la même facilité qu'un fruit mûr se détache de l'arbre, aussitôt qu'on y touche. C'est ainsi que le Ciel manifesta la part qu'il prenoit aux travaux apostoliques du Serviteur de Dieu et de ceux qui travailloient avec luy. La preuve la plus incontestable de ce fait étonnant, c'est que ces Messieurs, touchez de l'évidence de ce miracle, se donnèrent tous les deux au P. Eudes ; ils firent paroître beaucoup de zèle et d'affection pour la Congrégation, et par les services qu'ils luy rendirent, et par les biens qu'ils luy donnèrent (1).

(1) *Attestation des Reliques de saint Lazare, 14 Février 1648.*

Nous soubsignés vénérables personnes, maistre Philibert Hymbelot, chanoine en l'église cathédralle d'Authun et maistre Jean Baptiste de Montagu aussy chanoine en la ditte église, certifions que le Révérend Père Jean Eudes, prestre et supérieur des prestres de la Congrégation de Jésus et de

Mais ce qui contribua encore beaucoup à les affermir dans leur vocation fut un fait très-digne de remarque qui arriva le 14 février, fête de saint Valentin, pendant cette même mission. Il y avoit dans cette ville, de temps immémorial, une mauvaise coutume qui étoit de se laisser aller en ce jour à toutes sortes de folies et d'extravagances (1). Un grand nombre de jeunes

Marie, ayant esté appellé de Monseigneur l'Illustrissime et Révérendissime évesque d'Authun pour faire la mission en la ville d'Authun, et durant icelle mission ayant désiré de voir et révérer le chef de sainct Lazare qui est gardé en grande vénération dans l'église cathédralle de Saint-Lazare d'Authun, et nous ayant suppliés pour la dévotion qu'il a au dict sainct Lazare de luy donner quelque portion de ces sainctes reliques, nous avons très-volontiers condescendu à sa pieuse demande en considération des grâces très-particulières que la divine miséricorde a versées très-abondamment sur la ditte ville d'Authun par les prédications et autres exercices de la mission que le dict Révérend Père Jean Eudes y a faicte avec ses compagnons durant onze semaines consécutives. C'est pourquoy ayant ouvert la châsse en laquelle repose le dict chef de sainct Lazare, a dessein d'en donner une dent au dict Révérend Père Jean Eudes, nous avons tasché d'en tirer une; et pour cet effect y avons faict et faict faire plusieurs efforts par plusieurs personnes et par diverses fois, y ayant mesme employé quelque ferrement. Mais nous les avons trouvées toutes si fort attachées que nous avions perdu l'espérance d'en avoir, lorsque, après un vœu que le dict R. Père Jean Eudes a faict a Dieu de célébrer et de faire célébrer tous les ans dans la ditte Congrégation de Jésus et de Marie la feste du dict sainct Lazare et d'en faire l'office double, comme nous estions prests de refermer la ditte châsse, une des susdittes dents du dict sainct Lazare s'est détachée d'elle-mesme et comme présentée, lorsqu'on y pensoit le moins, et qu'il n'y avoit aucune apparence de la pouvoir tirer, et ce sans aucun effort, et sans mesme qu'on y touchast, quoy que nous eussions recogneu que celle-là particullièrement estoit fort attachée. Ce qui nous a paru comme chose manifestement miraculeuse et nous a faict croire que Dieu vouloit donner cette saincte relique au dict R. Père Jean Eudes qui estoit présent lors qu'elle s'est ainsy offerte. A raison de quoy nous l'avons prise avec la révérence requise et l'avons donnée et mise entre les mains du dict R. Père Jean Eudes. En foy de quoy nous avons signé le présent escrit et avons prié le dict R. Père Jean Eudes de le signer avec nous, comme ayant esté tesmoin oculaire de ce que dessus que nous attestons et jurons estre très-véritable. Faict à Authun ce quatorzième jour de febvrier de l'année mil six cent quarante huit.

P. HYMBELOT.   J. B. DE MONTAGU.   † JEAN EUDES.

(*Collationné sur l'original*).

(1) On nommait ces saturnales *les Valentins*, à cause de la fête du saint

gens s'habilloient en masques et alloient courir par les rues, où ils commettoient toutes sortes d'insolences et de dissolutions ; puis, le soir, il se faisoit un bal où tous ces libertins se rassembloient et passoient la nuit à danser, à folâtrer et à se livrer à la débauche. Il ne paroissoit pas aisé de remédier à un mal si invétéré : on avoit tenté déjà bien des fois de le faire cesser, et on n'avoit pu en venir à bout.

Le P. Eudes, en ayant été averty de bonne heure, avoit parlé dans plusieurs de ses sermons avec tant de force contre de si grands déréglemens qu'il en avoit inspiré de l'horreur, même à beaucoup de ceux qui étoient les plus passionnez. La plupart de ceux qui l'avoient entendu firent des confessions générales et promirent à leurs confesseurs de renoncer absolument à ces excez.

Les choses étant si bien disposées, le P. Eudes leur donna agréablement le change : d'un jour de débauche et de dérèglement, il fit un jour de grande dévotion. Déjà, ils avoient accompli quelque temps auparavant, avec une grande édification un petit pèlerinage à une abbaye de bénédictins, distante d'un quart de lieue de la ville ; le 14 février, jour de la fête de saint Valentin, il leur en fit faire un second, qui ne fut pas moins édifiant que le premier. On choisit pour faire la station, le lieu même où les masques avoient coutume de se rendre, afin d'inspirer encore plus d'horreur de ces abominations, et de mieux réparer, par tous les actes de piété et de religion qui y seroient exercez, les offenses qui avoient été commises contre Dieu, et les injures faites au saint martyr.

La procession se fit avec tout l'ordre et toute l'édification que l'on pouvoit souhaiter. Quelques-uns des missionnaires, aidez d'un certain nombre d'ecclésiastiques du lieu, se partagèrent dans la procession pour la diriger, et veiller à ce que rien ne vînt troubler cette cérémonie sainte. Chacun se fit un devoir de se tenir au rang qui luy avoit été marqué : les hommes marchoient séparément des femmes, et tous,

---

martyr Valentin que l'Eglise célébrait ce jour-là. Le chef de cette mascarade était appelé la *Mère-Folle* ou la *Mère-Folle*.

avec une modestie des plus édifiantes. On auroit peine à comprendre la multitude prodigieuse de peuple qui étoit accourue de tous côtez, et à exprimer la dévotion dont tout le monde étoit pénétré à la vue d'un spectacle, à la fois si majestueux et si touchant. Cette belle cérémonie, qui parloit si vivement au cœur, augmenta merveilleusement l'opinion que l'on avoit conceue de la sainteté des missionnaires; tout le monde admiroit leur grand recueillement, et leur vue seule inspiroit la piété.

Lorsqu'ils furent arrivez au lieu de la station, comme c'étoit un jour de samedy, on y chanta une messe solennelle, en l'honneur de la sainte Vierge. Le P. Eudes y fit plusieurs discours : il avoit prêché avant le départ pour expliquer les dispositions et les sentimens avec lesquels il falloit entreprendre ce petit pèlerinage; il adressa de nouveau la parole aux pèlerins quand ils furent arrivez, tandis qu'on se disposoit à chanter la haute messe; enfin, il prononça un troisième sermon immédiatement avant le départ. Il donna à la messe la sainte communion à grand nombre de fidèles, entre lesquels étoient beaucoup de ceux qui avoient été des plus emportez pour ces divertissemens profanes, dont nous avons parlé; tous la receurent avec une telle componction, qu'ils étoient prêts, si on avoit voulu le leur permettre, à faire publiquement amende honorable des scandales qu'ils avoient donnez. On revint processionnellement dans le même ordre dans lequel on étoit party; au retour, on chanta le *Te Deum* en action de grâces. Telle fut cette belle et auguste cérémonie, peut-être la plus émouvante que l'on eût jamais vue en ce pays. Heureux d'un spectacle si édifiant, ces peuples bénissoient à haute voix le P. Eudes et ses dignes ouvriers.

Cette cérémonie fut suivie immédiatement de celle de la conclusion de la mission d'Autun, qui eut lieu le dimanche 15 de février, comme on en avoit averty (1). Le P. Eudes en

---

(1) Avant de partir pour Arnay-le-Duc, le P. Eudes présida la cérémonie du brûlement des mauvais livres et vilains tableaux, « qui eut lieu sur la place publique, au chant des litanies; la cérémonie terminée, on regagna l'église en chantant le *Te Deum*, avec une grande édification.

« Messieurs du corps de ville approuvèrent si hautement la cérémonie

laissa le soin à M. Manchon et à ses autres ouvriers. Pour luy, il partit, dez le matin, pour aller à Arnay-le-Duc, suivant la parole qu'il en avoit donnée. Comme il y avoit fait une mission en 1645, il fut bien aise de trouver cette occasion de revoir cette vigne qu'il avoit défrichée au prix de tant de fatigues, et de juger des fruits qu'elle avoit produits. Cette petite ville n'étant éloignée d'Autun que de cinq à six lieues et à peu près à même distance de la ville de Beaune, où il devoit aller ensuite faire une mission, il donna ordre à ses ouvriers de l'y venir joindre, dez le lendemain de la conclusion de la mission d'Autun.

Tous les missionnaires croyoient qu'il y auroit peu de choses à faire en ce lieu, et qu'ils y trouveroient un repos de quelques jours qui leur permettroit de se remettre un peu de leurs travaux avant de reprendre l'exercice de leur apostolat. Mais ils reconnurent bientôt qu'ils s'étoient trompez ; là aussi ils trouvèrent une ample moisson pour le peu de temps qu'ils devoient y rester ; car les exercices ne devoient, en effet, durer que huit jours. Ils eurent à diriger d'abord ceux qui avoient fait leur mission trois ans auparavant (1645), et aussi beaucoup qui, à cette époque, ne s'étoient pas montrez dociles aux inspirations de la grâce, sans compter bon nombre d'habitans

---

du feu de joye que s'étant assemblez sur ce sujet, il envoyèrent le syndic aux missionnaires pour les assurer que la ville avoit résolu de fournir le bois nécessaire pour faire le feu, et qu'ils n'avoient qu'à le préparer, ce qui fut exécuté en effet avec cinquante fagots qui leur furent envoyez. » (Costil, *Annales*, l. III.)

Les missionnaires quittèrent Autun le 15 février 1648, emportant avec eux les regrets de toute cette bonne ville, désolée du départ de ces saints prêtres. Tous ces détails sur la mission d'Autun sont tirés d'une relation officielle signée en ces termes par les magistrats et principaux habitants de la ville :

« Nous, Ecclésiastiques, Officiers du Roy au Bailliage et Chancellerie
« d'Authun, Magistrats et principaux Citoyens de la dicte ville, certifions le
« contenu au présent abrégé, estre véritable, y ayant plutost matière
« d'augmenter que de diminuer.

« En foy de quoy nous avons signé, le 1ᵉʳ mars 1648. »

L'original de cette relation, dont le P. Eudes envoya une copie à Rome à M. Mannoury, était conservé dans les archives du séminaire de Caen, avant la Révolution.

d'Autun qui les suivirent, les uns pour terminer les confessions qu'ils avoient commencées, les autres pour profiter, pendant qu'il étoit encore temps, des grâces auxquelles ils reconnoissoient avoir eu tort de résister. Comme partout, le travail fut donc grand et la moisson abondante.

Les missionnaires, remplis de joye et de consolation, à la vue de ces heureux résultats, fortifièrent ceux qui avoient eu le bonheur de persévérer dans leurs bonnes résolutions, ranimèrent ceux qui s'étoient relâchez et relevèrent charitablement et avec bonté ceux qui étoient retombez. Mais si rapide que fut ce passage du P. Eudes et de ses ouvriers, il ne laissa pas d'être merveilleusement utile aux uns et aux autres, en renouvelant le courage de tous et en les affermissant dans la voye du salut.

Le P. Eudes ne resta à Arnay-le-Duc que jusqu'au dimanche de la Quinquagésime, qui étoit le huitième jour ; mais il y laissa la plupart de ses ouvriers, qui y travaillèrent encore la semaine suivante. Pour luy, il se rendit à Beaune le dimanche au soir, afin d'y disposer toutes choses pour la mission qu'il désiroit commencer le mercredy des Cendres. Il alla visiter les principaux de la Collégiale, qui le receurent avec toute la cordialité et tout le respect qu'il pouvoit souhaiter : ils le connoissoient de réputation et ils sçavoient tout le bien qu'il venoit de faire à Autun. Il montra à ces Messieurs le mandement de Mgr d'Autun, et leur demanda leur église collégiale pour y faire les exercices de la mission. Ils y consentirent bien volontiers ; cependant, afin de faire les choses dans les formes, ils luy conseillèrent d'adresser pour cet effet une requête au Chapitre et d'y présenter son mandement. La chose fut exécutée, dez le lendemain ; le mandement et la requête furent lus au Chapitre, et ces Messieurs luy accordèrent avec plaisir tout ce qu'il demandoit et même plus ; car ils luy permirent de prêcher et de faire tous les autres exercices de la mission, non-seulement dans leur église, mais encore dans toutes les paroisses de la ville et de leur dépendance : l'ouverture de la mission fut fixée au mercredy des Cendres.

Mais le P. Eudes n'attendit pas ce jour pour manifester son zèle. En parcourant la ville de Beaune, ayant vu avec douleur les rues et les places publiques pleines de jeunes gens qui couroient en masques et se laissoient aller à toutes les dissolutions de la saison, il se mit à prêcher dans les lieux où il se rencontroit le plus de monde. Il éleva sa voix au milieu de cette ville, comme autrefois Jonas au milieu de Ninive ; il fit retentir les menaces des effroyables jugemens de Dieu, répétant et paraphrasant les paroles de ce prophète : *Adhuc quadraginta dies, et Ninive subvertetur,* avec tant de force qu'il émut fortement tous ceux qui l'entendirent.

Puis, tournant son discours contre les mascarades, il invectiva d'une manière si énergique contre cette malheureuse licence et toutes les folies si opposées à la sainteté de notre religion, qu'il fit trembler tous ceux qui s'étoient abandonnez à une conduite si criminelle ; s'il n'abolit pas tous ces désordres, dez ce temps-là, il les modéra du moins et en inspira déjà de l'horreur à ceux qui se trouvèrent présens à ce discours. Mais il revint tant de fois sur cette matière dans la morale de ses sermons, durant le cours de la mission, qu'il les fit entièrement cesser dans la suite.

Ce fut là comme le prélude de ses travaux et des succez de la mission. Elle commença le mercredy des Cendres et finit plus de huit jours après Pâques de cette année 1648 ; c'est-à-dire qu'elle dura près de deux mois. Ce fut encore M. de Renty qui la procura et la défraya, et elle ne fut ny moins fervente, ny moins abondante en fruits de grâces que la précédente. Voicy de quelle manière le P. Eudes en parle, avec sa simplicité ordinaire, dans une lettre qu'il écrivit après cette mission à M. Mannoury alors à Rome. « Nostre-Seigneur et sa très-saincte « Mère nous ont donné des bénédictions en cette mission qui « ne se peuvent exprimer. »

Mais nous avons deux lettres où les fruits de ces saints exercices nous sont rapportez dans un bien plus grand détail : elles sont écrites, l'une par M. Rousseau, ancien chanoine de l'église collégiale de Notre-Dame de Beaune, où se fit la mission, et l'autre par M. Magnien, chanoine de Saint-Etienne de Dijon. Ils avoient assisté l'un et l'autre à cette mission, étant encore fort jeunes ; et longtemps après ils s'écrivoient mutuellement ce qu'ils en avoient retenu. Ces lettres nous apprennent que les missionnaires étoient au nombre de douze, en comptant le P. Eudes, qu'un de ses ouvriers appelé le P. Manchon remplissoit les fonctions de catéchiste avec un talent merveilleux; qu'il excelloit à instruire la jeunesse et le petit peuple, à leur apprendre à fréquenter avec foy et amour les sacremens de Pénitence et d'Eucharistie, à s'entretenir avec Dieu par le moyen de la prière et de l'oraison, et à sanctifier toutes leurs actions. Il parloit si bien, avec tant d'onction et de piété, que tout le monde couroit en foule pour l'entendre.

Ces lettres nous disent encore qu'il y avoit tous les jours prédication et catéchisme, excepté le samedy, qui étoit le jour du repos, en la manière que nous l'avons rapporté cy-devant; que tous ces ouvriers confessoient depuis le matin jusqu'au soir avec un zèle extraordinaire, et que les résultats obtenus furent admirables. Venant ensuite à l'explication et au détail de ces fruits, elles marquent que les missionnaires renouvelèrent toute la ville de Beaune, y firent refleurir la piété et y rétablirent la pratique de toutes les bonnes œuvres, par leurs ferventes prédications, leurs catéchismes et leurs exemples de vertu; qu'ils réconcilièrent des personnes qui conservoient des haines invétérées, enfin qu'ils opérèrent des restitutions sans nombre, et des conversions éclatantes qu'on n'aurait jamais osé espérer.

Le P. Eudes, toujours d'après ces lettres, parla si fortement contre la profanation des fêtes et des dimanches, qu'il fit cesser tous les travaux auxquels on avait coutume de se livrer dans ces saints jours. A sa demande, les artisans s'engagèrent à ne jamais violer désormais le repos du dimanche, et les notaires, eux-mêmes, promirent de ne plus faire de contrats, et autres actes de leur profession en ces mêmes jours. L'intrépide missionnaire n'eut garde d'oublier à invectiver avec force contre les romans, comédies et livres profanes, contre les peintures lascives et autres instrumens de péché; l'accent de cette parole brûlante et pleine de foy produisit une telle impression, que ceux qui possédoient quelques-uns de ces coupables objets, venoient de toutes parts les remettre entre les mains du saint prêtre, qui les jetoit au feu en leur présence. Les prédications du P. Eudes firent pareillement cesser toutes les chansons impures et empoisonnées, d'où procédoit naturellement la corruption de l'esprit et du cœur ; ces chants licencieux furent remplacez par des cantiques spirituels fort dévots que l'on entendit désormais retentir de tous côtez.

Nous savons encore par les deux mêmes lettres, dans lesquelles ces deux bons chanoines nous ont donné comme le résumé des exercices de la mission, que les discours du P. Eudes étoient si remplis de véritez, et débitez d'une manière si touchante, qu'ils faisoient trembler les plus gros pécheurs ; qu'outre les sermons ordinaires, l'infatigable apôtre donnoit deux ou trois conférences, chaque semaine, à différentes sortes de personnes, notamment aux ecclésiastiques qui s'y trouvoient quelquefois réunis jusqu'au nombre de 150 à 180, tant de la ville que de la campagne. Il consacra aussi des instructions spéciales aux personnes nobles, aux officiers de justice, aux bourgeois, aux marchands et artisans, enfin aux femmes et aux jeunes personnes ; tout le monde sortoit très-satisfait et très-édifié de ces prédications admirablement adaptées aux besoins et à la condition de chaque classe d'auditeurs. En un mot, après cette mission on vit un complet changement dans cette ville, qui parut comme renouvelée : les petits et les grands, mieux instruits, se montrèrent plus affectionnez au service divin, les fêtes et dimanches y furent mieux observez, les pauvres mieux secourus, tout le clergé plus zélé pour la gloire de Dieu et l'édification du prochain. Tel est le récit que nous ont laissé de cette immortelle mission ces vénérables chanoines de Beaune, dans les deux lettres écrites par eux en 1698, c'est-à-dire 50 ans après que ces faits s'étoient passez. L'un de ces prêtres étoit pour lors à Paris en la communauté de Saint-Josse ; l'autre résidoit dans le lieu de son bénéfice.

Pendant que le P. Eudes séjourna à Beaune pour la mission, il contracta de grandes liaisons de piété avec la vénérable sœur Marguerite du Saint-Sacrement, religieuse carmélite, qui en avoit de si particulières avec M. de Renty. On sçait que cette religieuse avoit une dévotion toute particulière au Saint Enfant Jésus. Quelque grandes que fussent les occupations du P. Eudes pendant la mission, il trouvoit moyen de se dérober de temps en temps, pour aller respirer et s'enflammer de plus en plus au contact de cette âme tout angélique. Il avoit déjà avant ce temps-là beaucoup de dévotion envers le Saint Enfant Jésus; mais on peut dire que cet amour augmenta encore considérablement en luy, par les communications qu'il eut avec cette excellente religieuse, dont l'âme ne respiroit que pour Jésus-Christ. Elle mourut environ un mois après la mission, en odeur de sainteté. Ce dernier fait n'est point tiré des deux lettres dont nous venons de rapporter la substance; mais elles nous fournissent encore quelques autres détails intéressans, qui ne sont pas moins honorables pour le P. Eudes, que ceux que nous venons de rapporter cy-dessus.

Quelques jours avant la solennité de Pâques, le P. Eudes fut averty que, sur les sept heures du soir de ce grand jour, on avoit coutume de donner un salut dans l'église collégiale, où avoient lieu les exercices de la mission, et que là il se commettoit un désordre intolérable. Au moment où l'on chantoit le cantique qui commence par *O filii et filiæ*, la plupart des enfans et jeunes gens de la ville, accourus en masse, faisoient retentir par toute l'église, d'une manière tout à fait scandaleuse, le chant *Alleluia, Alleluia, Alleluia*, avec des clameurs telles que le chœur interrompu étoit obligé de se taire. Le P. Eudes vint ce jour-là à l'église avec ses confrères, et Messieurs les chanoines les firent placer dans leurs stalles. Quand on eut commencé ce cantique, les jeunes gens, suivant leur pernicieuse coutume, commencèrent leur épouvantable tintamarre. Aussitôt, le P. Eudes se levant de sa place et se mettant en un lieu d'où il pouvoit aisément être aperceu de cette populace effrénée, fit signe de la main pour demander attention. Il eut bien de la peine à modérer les cris; mais les personnes raisonnables qui étoient mêlées parmy la presse, pleines de respect et de vénération pour le saint missionnaire, ayant aidé à faire cesser le bruit, il prononça un discours à la fois si véhément et si pathétique, que tout l'auditoire en fut très-ému. Cependant, à peine eut-il achevé de parler que les enfans et les jeunes gens, en masse, recommencèrent avec la même force à crier:

Alleluia, Alleluia, Alleluia.

L'homme de Dieu, voyant qu'il n'avoit rien gagné, ordonna de fermer les portes de l'église, sur la fin du salut, et étant monté en chaire, il prêcha encore une heure entière, avec la même force et le même zèle que la première fois, sur le respect qui est dû au lieu saint, sur les châtimens que Dieu tirera un jour de ceux qui le profanent, sur le ridicule de cette cérémonie, sur l'impiété de cet abominable usage, enfin contre les pères et les mères qui souffrent de telles insolences à leurs enfans. Comme les personnes réfléchies qui étoient présentes étoient merveilleusement disposées à profiter de tout ce qu'il leur disoit, toutes prirent la résolution d'aider, de tous leurs efforts, à abolir un si grand abus. Messieurs les chanoines, de leur côté, s'associant à une réforme dont les personnes chrétiennes comprenoient la nécessité, arrêtèrent d'apporter quelque changement à cette fondation et de remplacer le plain-chant par la musique dans les prières du salut. Ainsi cessa pour toujours cette scandaleuse coutume.

Deux jours après cet événement, sçavoir le mardy de Pâques, eut lieu la conclusion de cette importante mission sur laquelle Dieu avoit versé tant de grâces et de bénédictions. Elle se fit par une procession générale en laquelle le Très-Saint-Sacrement fut porté avec toute la solennité et la dévotion possibles. On suivit le même itinéraire et on fit les mêmes cérémonies que le jour de la Fête-Dieu. Tout le clergé étoit revêtu de surplis et de chapes ; les prêtres-missionnaires formoient un petit corps à part. Non-seulement toute la population de la ville y assista, mais on vit s'y joindre une infinité de peuples des lieux circonvoisins qui désiroient tous avoir part à ces dernières bénédictions.

On avoit prié le P. Eudes de donner les ordres nécessaires pour qu'il n'y arrivât aucun trouble et que tout se passât avec le recueillement et la piété convenables à une si auguste cérémonie ; car on craignoit beaucoup de ne pouvoir mettre le bon ordre dans une si prodigieuse multitude. Mais ces sortes de cérémonies n'étoient pas nouvelles pour les ouvriers du P. Eudes ; ils avoient coutume, nous l'avons vu, d'en faire de semblables à l'ouverture et à la clôture de leurs missions. Ceux de ces

Messieurs que le P. Eudes chargea de régler l'ordre et les dispositions de cette procession, s'en acquittèrent avec un plein succez. Jamais peut-être la ville de Beaune n'avoit été témoin d'un spectacle si édifiant et si majestueux ; jamais le peuple n'avoit fait preuve d'un plus profond respect : au moindre signe d'un missionnaire, tout le monde s'empressoit de se conformer au cérémonial, de cesser le chant et de le reprendre, de s'arrêter ou de se mettre en marche, de se prosterner à genoux ou de reformer les rangs ; en un mot tout s'exécuta dans un ordre parfait.

La procession s'arrêta à un reposoir magnifique, qu'on avoit richement paré vis-à-vis de la principale entrée de l'Hôtel-de-Ville. La station étant finie, le Très-Saint-Sacrement fut reporté dans le même ordre à l'église de la collégiale, et posé sur un gradin fort élevé en face de la chaire du prédicateur. L'homme de Dieu, tout brûlant de zèle, prit alors la parole et fit une prédication sur la présence réelle de Jésus-Christ dans ce sacrement adorable. Il parla sur le respect que les prêtres doivent avoir pour un si auguste mystère, en célébrant le saint sacrifice de la messe, et les fidèles en y assistant ; il montra avec quels sentimens de foy vive, d'amour ardent, d'humilité profonde, on doit approcher de la sainte communion et se tenir en présence du Saint-Sacrement exposé sur l'autel. Il traita ce grand et admirable sujet d'une manière si pathétique, avec un accent de piété si délicieux, qu'il fit fondre en larmes cette prodigieuse multitude : l'amour de Dieu débordoit de tous les cœurs. Après le sermon, on donna la bénédiction avec le Très-Saint-Sacrement : telle fut la clôture de cette fameuse mission de Beaune.

Cependant, il restoit encore à accomplir une dernière cérémonie, qui n'étoit pas des moins édifiantes ; elle eut lieu deux jours après : nous voulons parler du brûlement des mauvais livres, tableaux déshonnêtes, peintures lascives, et autres instrumens de péché, que les pénitens avoient apportez à leurs confesseurs durant le cours de la mission. Le P. Eudes, après avoir marqué le jour où auroit lieu cette cérémonie, choisit pour lieu de l'exécution la place qui est devant la collégiale. Comme cette église est peu distante de l'Auditoire-Royal, et n'en est séparée que par cette place publique, il crut devoir choisir le perron de cet Auditoire pour s'y placer avec ses confrères et jeter plus facilement et à la vue de tout le monde, dans un feu qui devoit être allumé au pied de ce perron, ces hideuses dépouilles du démon, qu'il s'étoit acquises par son zèle. Mais comme il disposoit tout pour cette cérémonie, et que les missionnaires étoient près de partir processionnellement avec quelques musiciens qui devoient les accompagner, il se produisit un fait qui eut un grand retentissement, et mérite bien trouver sa place icy.

Un ecclésiastique fort violent, poussé par sa mauvaise passion, après quelques paroles proférées contre un des missionnaires, luy donna un soufflet à la vue de tous les assistans, sans avoir égard ny au caractère sacerdotal de celuy qu'il outrageoit d'une manière si indigne, ny à la sainteté du lieu où l'on étoit réuni. Ce saint missionnaire ne laissa paroître aucune émotion ; mais, obéissant aussitôt au conseil de Jésus-Christ dans l'Evangile, il luy présenta tranquillement l'autre joue. Il n'est point de passion si violente qui ne cède et ne se trouve désarmée en présence d'une si admirable douceur. Cet ecclésiastique fut si surpris, et en même temps si touché de la manière dont ce digne ouvrier évangélique avoit receu l'outrage, qu'il en devint tout confus et tout déconcerté. Venant ensuite à réfléchir sur ce bel exemple de modération, de douceur et d'humilité, il se regarda comme le persécuteur d'un saint et, appréhendant le ressentiment des supérieurs qui étoient sur les lieux, il partit aussitôt de la ville et se rendit en poste à Autun, se jeta aux pieds du grand-vicaire, luy déclara la faute qu'il venoit de commettre et se soumit à telle pénitence qu'il luy plairoit de luy imposer. Le grand-vicaire, après l'avoir réprimandé comme il le méritoit, luy imposa une première satisfaction qu'il devoit accomplir en public, sur le lieu même de l'insulte, et une seconde, aussi publique, envers la personne qu'il avoit ainsi outragée. Le coupable se soumit à cette double pénitence et se mit aussitôt en chemin pour venir l'exécuter.

Cependant le bruit de l'injure qui venoit d'être faite au bon missionnaire s'étant bientôt répandu, excita par toute la ville bien des murmures contre le coupable : on disoit hautement que cet acte étoit très-malhonnête, que c'étoit bien mal reconnoître les grands biens que ces saints prêtres avoient faits à la ville de Beaune et dans tout le pays ; qu'une telle insolence ne devoit pas rester impunie, qu'il falloit porter plainte aux supérieurs et faire rendre justice au P. Eudes et à ses prêtres, qui avoient tous été outragez en la personne de leur confrère. On admiroit en même temps la patience et la solide vertu de ce pieux missionnaire, qui avoit supporté un tel affront avec une résignation si édifiante, avec un calme si inaltérable.

Mais on fut encore bien plus édifié lorsqu'on sceut que le coupable étoit de retour, et qu'ayant déjà accompli dans le chœur de l'église la satisfaction publique qui luy avoit été imposée, il n'y avoit pas eu moyen d'amener le missionnaire à recevoir celle qui le regardoit personnellement, s'estimant trop heureux, disoit-il, de ce que Dieu l'avoit jugé digne de souffrir cette petite humiliation pour son amour. Les deux lettres dont nous avons tiré tous ces détails ne font pas connoître l'ecclésiastique qui se rendit coupable de cet outrage. Mais une lettre de M. de Renty, rapportée dans sa vie, dit que c'étoit un chanoine, et qu'il étoit prêtre (1).

Durant toutes ces agitations, la cérémonie du brûlement des mauvais livres ne laissa pas d'être accomplie, avec beaucoup d'édification, au milieu d'un grand concours de peuples accourus de tous côtez pour y prendre part. Le P. Eudes

---

(1) Le P. Costil rapporte que le P. Eudes fut, lui aussi, dans cette mission de Beaune, l'objet d'un traitement semblable. Un homme insolent, irrité de la liberté tout évangélique avec laquelle le saint missionnaire invectivait contre les désordres et les vices de toutes sortes, l'attendit à la porte de la maison de l'Oratoire et lui appliqua un violent soufflet. L'homme de Dieu, renouvelant le bel exemple de patience dont il avait fait preuve, alors qu'il était encore tout jeune enfant, présenta tranquillement l'autre joue au lâche agresseur. Ce brutal, sans être touché à la vue d'une douceur si inaltérable, lui déchargea, à l'instant, un second soufflet et disparut. Le calme parfait que montra le P. Eudes dans cette circonstance « luy attira, dit l'auteur des Annales, la vénération de toute la ville, qui jugea de la solide vertu du disciple par l'empressement qu'il avait mis à obéir au conseil du divin Maître. »

y fit encore un sermon des plus pathétiques sur cette matière. A la fin du sermon, le feu étant allumé, il brûla en présence de la foule tout ce vilain mobilier; à chaque livre ou autre objet qu'il y jetoit, il disoit, contre ces instrumens de péché, tout ce qui se peut dire de plus fort pour en inspirer l'horreur à ses auditeurs.

« Enfin, dit la lettre d'un des deux prêtres que nous avons
« citée cy-dessus, il se fit dans cette sainte mission mille
« autres biens spirituels qui ne sont pas venus à ma connois-
« sance, à cause du bas âge où j'étois : mais Dieu les connoît
« parfaitement, et cela suffit pour que chacun soit persuadé,
« que cet homme, vrayment apostolique, en a receu la
« récompense dans le ciel, et que, pour cet effet, il jouit
« présentement, après tant de travaux, de la gloire éternelle.....
« Chacun sçait, dit encore la même lettre, que lorsque ces
« bons et vertueux prestres-missionnaires sortirent de Beaune,
« tout le peuple pleuroit et se récrioit de les voir partir;
« plusieurs personnes les suivirent fort loin, ne pouvant se
« résoudre à s'en séparer. Un curé du voisinage, qui s'étoit
« joint au P. Eudes dez le commencement de la mission,
« quitta son bénéfice et s'attacha à luy pour toujours. »
Voilà ce que nous avons trouvé sur cette mission (1).

L'évêque d'Autun, édifié et heureux de tant de bons résultats opérez par la mission, écrivit au Serviteur de Dieu une lettre des plus honorables, pour le remercier des grands biens qu'il avoit faits dans son diocèze. Il le félicitoit de ses travaux, de son zèle pour le salut des âmes, et après luy avoir marqué les grandes obligations qu'il lui avoit, à luy et à tous ses collaborateurs, d'être venus de si loin pour travailler

---

(1) L'annaliste de la Congrégation de Jésus et Marie rapporte qu'à la fin de cette importante mission, un avocat de cette ville, nommé Brunet, voulut bien se dessaisir, en faveur du P. Eudes, d'une relique du martyr saint Floxel, qu'il avait obtenue des chanoines de la collégiale de Beaune. « C'est cette relique, ajoute le P. Costil, que l'on conserve avec tant d'autres au séminaire de Caën, et en l'honneur de laquelle le saint homme célébra la fête de saint Floxel, tant qu'il vesqut, le 17 de septembre, qui est le jour de son triomphe. » (Voir le *Mémoire sur le lieu du martyre et les actes de saint Floxel*, par Noget La Coudre, vicaire-général de Bayeux.)

à la sanctification de ses diocezains, il le congratuloit d'avoir une troupe de si bons ouvriers, qui le secondoient si bien dans ses travaux apostoliques. Il s'étendoit beaucoup sur la sainteté de leurs mœurs, sur la pureté de leurs intentions, sur la solidité de leur morale, sur leur assiduité au confessionnal, enfin sur leurs ferventes prédications. Il disoit encore qu'ils étoient tous comme de grands flambeaux allumez, que la Providence avoit eu la bonté de leur envoyer, pour dissiper les ténèbres où étoient ensevelis les peuples de ce pays, et qu'on ne pouvoit assez en bénir Dieu, auteur de tout bien, et luy en rendre de suffisantes actions de grâces. Il finissoit en luy offrant tous les pouvoirs et tout l'appuy qui dépendoit de luy pour toutes les autres missions qu'il voudroit faire dans son diocèze (1).

(1) *Lettre de Monseigneur de la Madeleine, évêque d'Autun, au P. Eudes.*

Claudius de Magdalena de Ragny, etc..... Augustodunensis Episcopus...... pio et circumspecto viro Magistro Joanni Eudes, presbytero, Congregationis seminarii Jesu et Mariæ superiori, necnon sociis ejus presbyteris ejusdem Congregationis atque aliis sacerdotibus approbatis, quos sibi in Missionibus adjunget, Salutem in Domino.

Inter præcipua quæ de divinis nominibus divinus Areopagita, Galliæ Apostolus, edidit oracula, devote vir, ac totis visceribus amplectende presbyter, omnium rerum divinissimum esse cooperatores Dei homines fieri asserit. Quid enim inter homines divinius quam ad salutem cum Domino Christo mediatores esse? Quid majus quam boni dispensatores et multiformis gratiæ Dei adesse? Quid mirabilius quam verbo et opere peccato disperditos viam justitiæ edocere? Unde, cum à biennio ab ultimis Normannorum Galliæ finibus in hanc terram seu diœcesim nostram cum bonis Jesu Christi Domini nostri militibus adveneris, non furoris animo a quo veteres Galliæ nostræ Ecclesiæ publicis litaniis seu precibus liberari se deprecabantur, verum cum fervore charitatis, et pietatis zelo in Deum et proximum, ut peccatis vinctos de domo carceris æterni, vel in tenebris sedentes ac in umbra mortis, in gratiæ lumen et splendorem, piis concionibus, necnon salutaribus in confessis consiliis et absolutionibus, educas, qua mente, quo studio laudando operi tuo tam bene adornatæ spartæ quam in Christo nactus es, gratulari poterimus? Hoc unum dicere habemus, benedictum a Domino te cum cæteris asseclis credimus, qui huc in ejus nomine advenistis; quo sancti ejus nominis timorem ac amorem habere perpetuum subditos nostros in Christo faciatis. Quapropter facultatem omnimodam tibi ac sociis per totam diœcesim nostram impertimur, scilicet sacrosanctum Dei Evangelium annuntiandi, etc. . . . .

Macte animo ac forti, pie vir, cum probis sociis, in Domino tibi gratu-

Après ces fameuses missions de Bourgogne, le P. Eudes, revenant sur ses pas, en alla faire une à Citry-en-Brie (1), dans le dioceze de Soissons. Quoyque Citry ne soit qu'une simple paroisse de campagne, le Serviteur de Dieu ne dédaigna cependant pas d'y aller travailler. Il se faisoit un plaisir d'annoncer la parole de Dieu aux âmes simples et grossières, aussi bien qu'aux sçavans et aux gens d'esprit. Il auroit même donné la préférence au peuple de la campagne, si ce n'est qu'il s'étoit fait une loy de travailler partout où il plairoit à la divine Providence de l'envoyer. Aussi, quand il se présentoit quelque occasion d'évangéliser de simples bourgades, il s'y portoit encore avec plus de penchant, parce que c'est dans ces sortes de lieux où le fils de Dieu a le plus travaillé, et que ces pauvres gens communément en ont encore plus de besoin que les habitans des grandes villes.

Mais une raison particulière déterminoit le P. Eudes à venir à Citry avec ses ouvriers : M. de Renty en étoit le seigneur, et ce pieux gentilhomme désiroit vivement procurer à ses vassaux les bienfaits d'une mission qu'il avoit déjà assurez à tant d'autres terres de sa dépendance. C'étoit luy qui l'avoit demandée et qui en faisoit toute la dépense ; aussi le P. Eudes n'avoit garde de la luy refuser. Il amena avec luy les ouvriers qui avoient travaillé en Bourgogne ; et quoyque ce ne fût qu'une paroisse de campagne, ils n'y manquèrent pas de travail. Le P. Eudes en fit l'ouverture le propre jour de la Pentecôte. Ils s'appliquèrent tous avec un nouveau zèle à cultiver cette

---

lantes, hortamur ut clames nec cesses, vocemque tuam exaltes, domuique Jacob scelera cum miseratione et benignitate annunties. Ut ista peragas, Numen æternum tota mente deprecamur, ut tibi cor teneat, mentem regat, intellectum dirigat, amorem erigat, animam suspendat, et in superna fluenta os spiritus tui sitientis trahat ; hoc efflagitantes rursus tibi in Christo precamur, quem tuis operibus et studiis propitium exoptamus eo animo quo præsentes subscripsimus. In palatio nostro, 19 januarii reparatæ salutis anno 1648, Augustoduni.

† CLAUDIUS, *Episcopus Æduensis.*

Voir aux pièces justificatives la remarquable supplique adressée, en faveur du P. Eudes, au pape Innocent X, par Mgr d'Autun, le 18 avril 1648.

(1) Citry-en-Brie, canton de La Ferté-sous-Jouarre, à 80 kilomètres de Meaux, Seine-et-Marne, 735 habitants.

vigne que le Père de famille confioit à leurs soins, et ils la rendirent des plus fécondes en bons fruits.

Pour connoître les grands résultats de cette mission, et les bénédictions que Dieu y donna, il ne faut que citer le témoignage qu'en rendit M. de Renty, luy-même, dans une lettre qu'il écrivit au P. Saint-Jure, son directeur, dans le temps même qu'elle avoit lieu :

« ..... On a commencé la mission, luy marquoit-il, le jour
« de la Pentecoste, qui a une bénédiction tout extraordinaire :
« les cœurs sont tellement touchez des sentimens de péni-
« tence que les larmes coulent en abondance. Il se fait quantité
« de restitutions et de reconciliations ; les prières communes
« et publiques se font dans les familles ; les juremens et les
« blasphèmes ne s'entendent plus, et tout le monde y accourt
« de trois et quatre lieues ; d'où est venue, entre autres,
« une fille de mauvaise vie, qui s'en est retournée avec un
« changement véritable, déclarant hautement sa conversion,
« et rompant tout son commerce. Je cognois bien maintenant
« que c'est là le subject pour lequel Nostre-Seigneur m'a faict
« venir icy, et m'a obligé d'y séjourner (1). »

(1) On lira avec intérêt cette autre lettre dans laquelle M. de Renty rendait également compte à M. Olier des résultats consolants de la mission :

Citry, 16 juin 1648.

« Le Révérend Père Eudes travaille icy avec une bénédiction incroyable.
« La puissance de sa grâce à exposer les véritez du salut, à découvrir
« l'amour de Dieu pour nous en Jésus-Christ, et l'horreur du péché, a telle-
« ment pénétré les cœurs, que les confesseurs sont accablez ; les pécheurs
« demandent pénitence avec larmes, restituent le bien d'autruy, se ré-
« concilient et protestent hautement de préférer la mort au péché. Ses
« sermons sont des foudres qui ne donnent point de repos aux consciences
« qu'elles ne se soient ouvertes de leurs péchez recélez, en sorte que les
« confesseurs travaillent plus à consoler qu'à esmouvoir.
« Au premier sermon de l'ouverture de la mission, le jour de la Pentecoste,
« un des auditeurs qui, au sortir de l'église, se mocquoit de la prédication et
« tournoit la mission en raillerie pour en détourner les autres, se trouva
« si fortement touché, durant la nuit, et si changé, qu'il vint dez le jour,
« s'adressa à l'un des missionnaires, déclara vouloir se convertir et se
« confessa. Un homme de Chasteau-Thierry, ville à quatre lieues d'icy,
« asseura hier, qu'une personne qui vivoit mal, estant venue à Citry, s'en

M. de Renty ne se contentoit pas de fournir aux frais de la mission et de loger chez luy les missionnaires ; ses largesses et son dévouement ne connoissoient point de bornes. C'étoit peu pour luy de répandre ses trésors pour une si sainte cause; il se donnoit souvent luy-même. Voicy le témoignage qu'en rendit le P. Eudes au P. Saint-Jure, qui a donné sa vie au public :

« Nous l'avons veu dans l'église de Citry, transporté de zèle
« et de ferveur, la balayer, oster les ordures avec les mains
« et sonner les cloches pour faire venir les peuples aux
« exercices. Nous l'avons veu dans ces occasions les larmes
« aux yeux ; et luy en ayant demandé la cause, il m'avoua
« qu'elles procédoient de la joye excessive qu'il ressentoit
« de voir tant de personnes touchées et qui donnoient des
« marques certaines de conversion, restituant le bien d'au-
« truy, se réconciliant avec leurs ennemis, se défaisant des
« mauvais livres, quittant les occasions de péché, commen-
« çant une vie nouvelle. »

Ce témoignage, à la vérité, regarde la vie de M. de Renty et fait voir sa grande ferveur et la joye et la consolation que luy causoient le bien produit par les missions, l'amour ardent dont son âme étoit embrasée pour Dieu; mais il ne regarde pas moins la vie du P. Eudes, puisque c'étoient les missions et les sermons si pathétiques de ce courageux apôtre qui produisoient ces grandes impressions sur le cœur de M. de Renty, qui l'animoient et l'entretenoient dans cet esprit de zèle et de piété, que l'on remarquoit dans sa conduite. C'étoient ces travaux incessans qui opéroient ces

---

« est retournée pour rompre son mauvais commerce, et manifester sa péni-
« tence et sa conversion. Enfin, les cœurs sont amollis et tout touchez de
« cognoistre leur Dieu et Seigneur, et ce qu'il demande d'eux. Ils embras-
« sent les pratiques chrétiennes, les exercices, les prières qu'on leur
« enseigne pour l'avenir. Outre les choses générales qui sont la cessation
« des blasphèmes et des juremens ordinaires, les prières publiques et en
« commun dans les familles, j'aurois quantité de particularitez à noter. Je
« dis seulement cecy pour vous donner subject de bénir Nostre-Seigneur,
« qui depuis si longtems réservoit cette mission, pour y triompher du
« démon, rompre tous ses efforts, et destruire le grand empire qu'il exerçoit
« en ces quartiers. »

beaux effets de la grâce sur tous ceux qui assistoient à ses missions et déterminoient les nombreuses et extraordinaires conversions dont M. de Renty ne pouvoit être le témoin sans éprouver dans son cœur une indicible consolation, jusqu'au point d'en répandre des larmes de joye. C'étoient enfin tous ces résultats merveilleux qui attachoient si fort ce grand serviteur de Dieu au P. Eudes, qui lui donnoient une si haute estime de ses missions, et luy faisoient souhaiter de pouvoir assister à toutes et s'employer à rendre au dévoué missionnaire tous les services dont il étoit capable.

Nous en pouvons juger par quelques-unes de ses lettres au P. Eudes que nous croyons devoir rapporter icy. Dans une de ces lettres il dit : « Je me suis uni à vous, dimanche dernier, « que je crois avoir esté l'ouverture de vostre mission. Je vous « supplie très-humblement de croire que si vous me jugiez « utile sur la fin, pour y former quelque petit corps de « gentilshommes, et des societez de la ville, comme nous le « faisons aux petites villes et gros bourgs, je feroy mon possible « pour m'y trouver. Mais j'y ferois plus de mal que de bien. » C'est ainsi que parloit cet homme de Dieu, dont la belle âme étoit si fondée en humilité, et dont le dévouement pour le salut des âmes ne connoissoit pas de bornes. Nous en avons un exemple en la mission d'Autun. Ce pieux seigneur étoit si convaincu de l'importance des missions du P. Eudes, et des grands biens qu'elles produisoient, que peu de temps avant sa mort, il s'étoit entièrement dévoué à cette œuvre sainte et avoit formé le dessein d'y passer le reste de sa vie. Voicy de quelle manière il en écrivit à ce digne ouvrier au commencement de l'année 1649, qui fut la dernière de sa vie ; par là nous connoîtrons encore mieux la confiance qu'il avoit dans le P. Eudes et les liaisons spirituelles qui existoient entre ces deux grands personnages.

Après luy avoir parlé, dit le P. Saint-Jure en sa vie, d'une mission qu'il projetoit en la ville de Dreux au diocèze de Chartres, il luy manda : « J'ai veu quelques personnes pour se « joindre à procurer tous les ans une mission, et nous-mesme « nous irons autant que nous pourrons pour vous y servir et « obéir, pour les visites des malades, et les charitez des pau-

« vres, et pour assembler dans ce mesme dessein, des compa-
« gnies de personnes que la parole de Dieu aura touchées et
« gagnées. Nous avons desjà touché tous à la main depuis que
« Nostre-Seigneur nous a touchez au cœur. Ma femme et deux
« autres avec elle seront de la partie, pour imiter saincte
« Madeleine, saincte Jeanne et saincte Suzanne, dont il est
« dict en sainct Luc, qu'elles suivoient Nostre-Seigneur et les
« disciples, et qu'elles contribuoient de leurs facultez pour la
« prédication du royaume de Dieu. Nous tascherons de faire
« cela sans éclat, et sans que l'on nous cognoisse, prenant un
« petit logis à part. Voyez, mon très-cher Père, si vous voulez
« estre nostre Père, et si cette année en l'automne vous pouvez
« donner le pain de vie éternelle à ceux qui vous le deman-
« dent avec grand respect. Je vous supplie, les larmes aux yeux,
« de nous écouter et exaucer, touché du besoin de nos pauvres
« frères et de la charité de Jésus-Christ, qui nous veut tous
« unir en un cœur qui est le sien, pour y vivre devant Dieu.
« Mon cher Père, je remets ce dépost entre vos mains ; c'est à
« l'esprit de Dieu à le rendre fécond en vous, et en mes très-
« chers Pères, vos frères. J'ay confiance que nous serons
« exaucez, et que nous verrons une abondance de miséri-
« cordes. J'attends vostre sentiment là-dessus, et pour la chose
« et pour le tems ; et que cependant vous tiendrez, s'il vous
« plaist, la chose secrette parmy vous. »

Cette mission, que M. de Renty demandoit pour l'automne de cette année, étoit destinée à la paroisse de Saint-Sever en Basse-Normandie. C'est un bourg dans le dioceze de Coutances (1), qui est à trois lieues de la ville de Vire, où il y a une abbaye de Bénédictins. Il en écrivit encore au Serviteur de Dieu, d'une manière plus formelle peu de temps après. Voicy ce que contenoit cette lettre : « Je vous supplie de vous réserver pour
« Sainct-Sever durant cet automne. Il nous faut aller chercher
« l'ennemy en son fort (c'étoit apparemment l'abbaye qui étoit
« fort déréglée, dont il vouloit parler), puisque vous avez une
« milice si bien ordonnée, et un glaive si puissant. Je voudrois

---

(1) Saint-Sever, chef-lieu de canton, à 12 kilomètres de Vire (Calvados), fait maintenant partie du diocèse de Bayeux. Sa population est de 1,540 habitants.

« que vous fussiez partout où vos forces peuvent le permettre. »
Quelque temps après, le P. Eudes luy ayant fait une réponse
favorable, voicy encore ce qu'il luy écrivit.

« Je vous rends de très-humbles actions de grâces de la
« mission que vous nous faites espérer d'un si grand cœur.
« J'espère que la divine miséricorde unira le mien avec le
« vostre, et qu'il y versera quelques bénédictions particulières.
« J'ay escrit à M. l'évesque d'Agdes, abbé de Saint-Sever, que
« vous m'aviez prié de luy faire trouver bon ce dessein. Je l'ay
« faict aussy pour l'exciter à contribuer à la réformation des
« désordres, où est cette pauvre abbaye pour le spirituel et
« pour le temporel. » Rien ne montre mieux la solide piété de
M. de Renty, que ces sentimens si pleins de charité chrétienne
pour le salut des âmes; mais rien ne fait mieux connoître aussi
le véritable mérite du P. Eudes, que ces sentimens si avantageux qu'avoit de luy et de ses missions un homme du
caractère et de la vertu de M. de Renty.

Mais tous ces beaux projets, à l'exception de la mission
de Saint-Sever, n'eurent point leurs effets; Dieu se contenta
de la bonne volonté de M. de Renty; car il l'enleva de ce
monde pour luy donner dans le Ciel la récompense de ce
saint désir qu'il avoit conceu et de tant d'autres bonnes
œuvres qu'il avoit accomplies pendant une si belle vie. Il
mourut le 24 avril 1649, n'étant âgé que de 38 ans, puisqu'il
étoit né en 1611. Le P. Eudes ressentit vivement cette perte.
M. de Renty l'honoroit très-particulièrement de son estime et
de sa confiance. Il se servoit de luy pour accomplir quantité
de bonnes œuvres, principalement pour les missions qu'il
faisoit faire quand il en trouvoit l'occasion. Aussi, le P. Eudes
trouvoit en luy un sûr et puissant soutien pour l'exécution
de tous ses pieux desseins. Voicy de quelle manière le Serviteur de Dieu parloit de ce grand chrétien peu de temps
après sa mort, au rapport du P. Saint-Jure, et le témoignage qu'il rendoit des obligations qu'il luy avoit.

« M. de Renty, dit-il, estoit nostre appuy et nostre unique
« refuge pour l'exécution des desseins qui regardoient le ser-
« vice de Dieu, le salut des âmes et le soulagement des
« pauvres et de toutes sortes de misérables. C'est de quoy

« nous luy escrivions continuellement, tant pour l'establisse-
« ment de nos hospitaux, et pour la maison des filles péni-
« tentes, comme aussy pour réprimer l'insolence de quelques
« hérétiques, qui faisoient mépris du Saint-Sacrement trop
« à découvert; enfin nous retirions secours et conseil de luy
« en toutes les occasions semblables, où il tesmoignoit un
« grand zèle pour maintenir la gloire de Dieu et extirper
« le vice. Après sa mort, nous n'avons pu trouver personne
« à qui nous eussions recours de cette sorte, pour les affaires
« de Dieu. »

Le P. Eudes cependant se consola de la grande perte qu'il venoit de faire, par sa soumission parfaite à la volonté de la divine Providence, et par la forte persuasion qu'il avoit du bonheur éternel de ce vertueux seigneur. Il aimoit à penser que s'il avoit perdu M. de Renty en ce monde de la terre, il auroit en sa personne un puissant protecteur auprès de Dieu dans le Ciel. Aussi, il ne le recommanda pas aux prières de sa communauté, en la manière qu'il avoit coutume de recommander les autres défunts; le regardant comme un saint, il prescrivit à ses confrères plusieurs pratiques de piété pour remercier Dieu de toutes les grâces qui lui avoit faites, et de toutes les vertus dont il l'avoit orné, des bonnes œuvres qu'il luy avoit donné la grâce de pratiquer (1).

(1) Les paroles que prononça le P. Eudes, en recommandant M. de Renty aux prières de sa communauté, furent la plus belle oraison funèbre qui pût être consacrée à la mémoire de ce grand et admirable chrétien, notre compatriote.

S'adressant aux prêtres de la Congrégation de Jésus et Marie, le saint apôtre leur dit :

« MES TRÈS-CHERS FRÈRES,

« Nous réciterons trois fois le *Gloria Patri* devant le Saint-Sacrement
« pour adorer et remercier la Très-Sainte Trinité à laquelle M. de Renty
« estoit très-dévot; trois fois *Gloria tibi, Domine, qui surrexisti*, etc., *Ave*
« *Maria* et *De profundis* avec *Sub tuum præsidium* pour sa famille désolée.
« Nous dirons, de plus, autant de messes qu'il a vescu d'années (37), et y
« adjousterons le reste pour remplir le nombre de quarante, si recomman-
« dable dans l'Ecriture. Les intentions de ces dévotions seront : 1° en
« l'honneur de tout ce que Dieu est en son âme et de tout ce qu'il a opéré
« en luy et par luy ; 2° en action de grâces de toutes les faveurs qu'il luy a
« accordées, et à nous et à toute l'Eglise par luy ; 3° pour réparation de ses

Après la mission de Citry, le P. Eudes en alla faire une autre à la Fère en Tardenois. C'est une petite ville qui est en Champagne, et du dioceze de Soissons. Cette mission fut demandée et défrayée par Mme la princesse de Condé, mère des princes de Condé et de Conti. Elle ne fut ny moins fervente, ny moins abondante en bénédictions que les précédentes. On y vit même affluence de peuples aux sermons, même empressement autour des confessionnaux, mêmes marques de conversions, mêmes suppressions d'abus. M. Simon Le Gras, évêque de Soissons (1), l'honora de sa présence, et fut témoin d'une partie des grands biens que Dieu y opéra. Il y eut douze ouvriers qui y travaillèrent, en comptant le P. Eudes, tous de la Congrégation de Jésus et Marie (2). C'est M. Dufour, archidiacre de l'église de Soissons, qui nous instruit de ces particularitez dans une attestation qu'il en donna au P. Eudes, en date du 21 d'aoust 1649.

Cette mission terminée, le P. Eudes repassant par Paris pour s'en retourner en Normandie, y trouva les affaires de l'Etat en mauvais ordre, tout y étoit en combustion. Les princes s'étoient soulevez contre le cardinal Mazarin, ministre d'Etat; s'étant unis au Parlement, ils se plaignoient beaucoup du gouvernement

« défauts; 4° pour l'accomplissement de tous les desseins de Dieu sur son
« âme, au tems qui est passé, et dans l'éternité où il est entré; 5° pour prier
« Dieu qu'il nous donne part à ses vertus, c'est-à-dire à son grand amour
« pour sa divine majesté, sa charité pour le prochain et pour les pauvres,
« à son zèle pour le salut des âmes, à sa douceur, à son humilité, à sa
« modestie, à sa pureté angélique, à la mortification de la volonté propre, à
« son affabilité qui procédoit de la grâce; 6° pour prier Dieu qu'il nous
« unisse à son âme dans la gloire, car c'est le propre des âmes sainctes de
« procurer devant Dieu l'avancement spirituel de leurs amis; 7° enfin, pour
« accomplir ses dévotions, car les âmes des Bienheureux emportent avec
« elles et auront à jamais leurs dévotions en paradis. » (Costil).
Il est glorieux pour M. de Renty d'avoir reçu un tel éloge de la bouche d'un saint.
(1) Le roi Louis XIV a été sacré par Mgr Simon Le Gras, évêque de Soissons.
(2) Ces douze prêtres, dont se composait alors la Congrégation de Jésus et Marie et qui furent présentés au Nonce du Pape, conformément aux décisions de la Propagande, étaient: le P. Eudes, les PP. Mannoury, de Than, Finel, Jourdan, Manchon, Thomas Vigeon, Le Mesle, de Montagu, Le Gentil, Ferrières et Nicolas Vigeon.

de la Reine régente, et s'en prenoient à ce ministre de toutes les misères dont le peuple étoit accablé. Il n'est pas de mon dessein d'entrer plus avant dans l'explication de ces brouilleries d'Etat, on les peut voir dans les histoires de ce temps-là.

Mais ce qui importe beaucoup à mon sujet, c'est que le P. Eudes prit de là occasion de s'humilier devant Dieu et de gémir, voyant les crimes innombrables dont toutes ces guerres et divisions alloient être la cause, et la perte de tant d'âmes qui en seroit inséparable. Il prit aussi occasion de renouveler la ferveur de ses confrères et de les porter à marquer à Dieu leur parfaite reconnoissance de les avoir mis à couvert de toutes ces agitations, et de leur procurer le moyen de vivre en parfaite union, tandis que tout le royaume étoit dans la division et le trouble.

« Ah! que nous serions coupables, leur disoit-il un jour
« à ce sujet, si nous ne servions pas bien un si bon Maistre
« et une si bonne Maistresse, Jésus et Marie : tout le monde est
« dans la peine et la confusion, excepté nous. Le roy, la reyne,
« le Parlement, les princes, les juges, les capitaines, les
« peuples, les provinces, les villes et les campagnes, tout est
« en alarme, et nous sommes à l'abri de ces troubles et agita-
« tions des hommes. Dieu nous fasse la grâce d'estre pareille-
« ment à couvert des attaques des démons et de leurs persé-
« cutions, et de nous maintenir dans cette paix et dans cette
« conformité de sentimens, dans sa maison et dans son
« service ! »

Ce fut dans ce temps-là et à cette occasion qu'il écrivit à la Reyne mère une longue lettre pleine d'excellens avis pour le bien de l'Etat et la décharge de sa conscience. Nous la reproduisons icy textuellement :

« Madame,

« Je ne puis rejetter la pensée qu'il a plu à Dieu me donner,
« en luy offrant le sainct sacrifice de la Messe pour Vostre
« Majesté, durant ces troubles de Paris, de la supplier très-
« humblement, au nom de Jésus-Christ et de sa très-saincte
« Mère, d'employer le pouvoir qu'ils luy ont donné pour

« arrester le torrent impétueux de l'iniquité, qui fait aujour-
« d'huy un estrange ravage dans la France, qui entraisne une
« infinité d'âmes dans les enfers, et qui est l'unique cause de
« toutes les misères de ce royaume.

« C'est une chose déplorable, Madame, et à larmes de sang,
« de voir périr tant d'âmes qui ont cousté le précieux sang
« de Jésus-Christ, et que ce mal va toujours croissant, et que si
« peu de personnes s'en mettent en peine. Lorsqu'il s'agit de
« quelque interest temporel des Princes et des Roys de ce monde,
« que ne fait-on point ? Mais les interests du souverain Monarque
« sont abandonnez ! Nous nous tuons dans nos missions à force
« de crier contre quantité de désordres qui sont dans la France,
« par lesquels Dieu est extresmement offensé et déshonoré et qui
« sont la cause de la damnation de beaucoup d'âmes, et il
« nous fait la grâce de remedier à quelques-uns ; mais je suis
« certain, Madame, que si Vostre Majesté vouloit employer
« le pouvoir que Dieu luy a donné, elle pourroit plus faire,
« elle seule, pour la destruction de la tyrannie du diable et pour
« l'establissement du règne de Jésus-Christ que tous les
« missionnaires et prédicateurs ensemble. Si Vostre Majesté
« désire en sçavoir les moyens, il sera facile de les luy proposer,
« et à elle encore plus facile, moyennant la grâce de Nostre-
« Seigneur, de les exécuter.

« Pour à présent, je parleray seulement du plus puissant
« de tous, qui est de donner de bons évesques à la France ;
« car les bons évesques feroient de bons curez et de bons pres-
« tres ; les bons prestres feroient de bons chrestiens, et, par ce
« moyen, dans peu de tems, l'Eglise de France changeroit
« de face, et reprendroit sa première splendeur. C'est icy la
« plus grande obligation de Vostre Majesté, Madame, c'est le
« plus grand service qu'elle puisse rendre à Dieu et à son
« Eglise ; et il est de telle importance qu'il mérite bien que
« Vostre Majesté en prenne soin par elle-mesme, puisqu'elle
« sera la première à qui le Souverain Juge en demandera
« compte, et un compte d'autant plus terrible, qu'il y va du
« salut d'une infinité d'âmes qu'il a commises à ses soins.
« Car j'entends le Sainct-Esprit, lequel, parlant par la bouche
« de sainct Paul, crie hautement *que quiconque n'a pas soin*

« *du salut de ceux qui dépendent de luy, a renié sa foy et est
« pire qu'un infidelle ;* tellement qu'à l'heure de la mort, il sera
« condamné de Dieu comme un apostat et sera chastié plus
« sévèrement que les payens et les infidelles. Si Vostre Majesté
« rend ce service à Jésus-Christ et à son Eglise, il la comblera
« de bénédictions spirituelles et temporelles. Mais si elle néglige
« ces choses, je luy déclare, au nom et de la part du grand
« Dieu vivant, que tous les péchez qui seront commis en France,
« faute de prendre soin de pourvoir par elle-mesme l'Eglise de
« bons Pasteurs, luy seront attribuez comme si elle-mesme
« les avoit commis, qu'elle en portera la condamnation et
« le chastiment ; et que toutes les âmes qui se perdront en suite
« de cela, et que toutes les gouttes de sang que Jésus-Christ a
« répandues pour leur salut crieront vengeance devant Dieu
« contre elle à l'heure de la mort. Au reste, Madame, je puis
« bien protester à Vostre Majesté, en toute vérité, qu'en tout
« cecy je suis sans intérest et sans autre prétention que celle de
« la gloire de mon Maistre et du salut des âmes. Celui qui connoist
« le fond des cœurs sçait que je dis vray. C'est en luy et en sa très-
« saincte Mère que je seray toujours en tout le respect possible,

« Madame, de Vostre Majesté, le très-humble, très-obéissant
« et très-fidelle subject et serviteur. »

« JEAN EUDES. »

A Paris, le 2 septembre 1648.

On doit encore rapporter à ce même temps un Mémoire que notre vénéré Père fit présenter à cette Princesse, et dans lequel il signaloit à son attention six désordres ou abus, avec autant de remèdes propres à les retrancher. Le voicy tel qu'on le trouve dans les archives de la Congrégation :

« La Reyne est très-humblement suppliée, au nom et pour
« l'amour de Jésus-Christ, le Roy des Roys, et de la très-sacrée
« Vierge sa mère, la Reyne de l'univers, de prendre la peine de
« lire ce mémoire attentivement et entièrement.

« I. Les principales festes de l'Eglise sont estrangement pro-
« fanées par les foires qui se tiennent en ces jours, tant parce
« que la plupart de ceux qui y vont perdent la messe qu'à cause

« d'une infinité de juremens, de parjures, de tromperies, de
« larcins, d'ivrogneries et d'autres péchez qui ont coutume de
« se commettre en semblables occasions ; de sorte que Dieu
« est plus déshonoré en ces jours qui doibvent estre employez à
« le louer et glorifier, qu'en tous les autres jours de l'année. Ce
« qui est capable d'attirer de grandes malédictions sur la France.
 « REMÈDE. *Il est très-facile de remédier à ce mal, en faisant*
« *transférer ces foires deux ou trois jours après les festes.*

 « II. Dieu n'est pas moins déshonoré et offensé dans les
« autres festes des saincts Patrons de chaque paroisse, presque
« par toute la France, par les danses, les jeux, les ivro-
« gneries et autres dissolutions ; de sorte que ce ne sont
« plus des festes consacrées à Dieu, mais employées pour le
« Diable. Ce ne sont plus des festes de chrestiens, mais de
« payens ; et il se commet plus de péchez en ces jours-là
« ordinairement qu'en tout le reste de l'année. »
 « REMÈDE. *Faire publier un édict par toute la France, par*
« *lequel tous ces désordres soient défendus sous peine de grosses*
« *amendes, applicables à l'Eglise et aux pauvres ; et enjoindre*
« *aux juges et officiers de chaque lieu de tenir la main à ce*
« *qu'il soit exécuté.*

 « III. Dans les Missions que nous avons faictes en plusieurs
« endroicts, nous avons trouvé que les églises y estoient désertes
« aux dimanches et aux festes et mesme aux principales solen-
« nitez, parce que les habitans n'osoient y venir de peur de
« tomber ès mains des sergens et receveurs des tailles,
« qui les prennent jusqu'au pied des autels pour les traisner
« en prison : chose inouïe et qui ne se fait pas mesme chez les
« Turcs, mais qui est pourtant si véritable que je puis attester
« et prouver que le jour de la feste de Dieu, le curé d'une
« paroisse tenant le Sainct-Sacrement et estant prest de sortir
« de l'église pour faire la procession, ses paroissiens, qui se
« préparoient à le suivre, ayant appris que les collecteurs des
« tailles les attendoient pour prendre quelques-uns d'entre
« eux à la sortie de l'église, se résolurent tous de n'en point
« sortir, à la réserve d'un seul qui protesta qu'il ne quitteroit

« point le Sainct-Sacrement. Mais sitost qu'il eut le pied hors
« de l'église, les sergens se jettèrent sur luy et le traisnèrent
« en prison. Cette barbarie et impiété ne suffit-elle pas pour
« faire fondre tous les carreaux de la justice de Dieu sur nos
« testes ?

« REMÈDE. *Puisque Dieu a establi les dimanches et festes
« pour estre des jours de repos et de sanctification et pour
« estre employez à son service, faire en sorte que son peuple
« le puisse servir, au moins en ces jours-là, en repos et en
« asseurance. Et, pour cet effect, défendre aux receveurs,
« collecteurs des tailles, huissiers et sergens de l'inquiéter
« durant ce tems.*

« IV. L'esprit immonde fait une sanglante guerre à la chas-
« teté, vertu si agréable à Nostre-Seigneur et à sa très-
« saincte Mère, et sans laquelle personne ne verra Dieu. Il
« emploie tous ses efforts en ce siècle corrompu pour la
« bannir de la France et y faire triompher son ennemy ;
« il se sert pour cette fin de plusieurs sortes d'armes et
« entre autres de ces six que la France luy met entre les
« mains : La première, c'est les bals et les danses, qui sont
« la source de mille péchez, ce qui a faict dire à sainct Chry-
« sostome que la danse est le gouffre de l'enfer, qui en-
« gloutit un grand nombre d'âmes misérables ; et à sainct
« Ephrem et autres Pères, que c'est l'invention, l'œuvre et
« l'assemblée du diable ; et à un sainct concile qu'il n'y a
« pas tant de péché à labourer la terre aux dimanches qu'à
« danser. La deuxième, c'est les comédies d'amour qui sont
« encore plus dangereuses que les danses et qui sont cause
« de la damnation de plusieurs âmes. La troisième, c'est
« les livres d'amour qui sont les vrays livres du diable,
« dont il se sert pour faire commettre une infinité de péchez ;
« c'est pourquoy le très-savant et très-pieux Gerson, Chancelier
« de la célèbre Université de Paris, a bien eu raison de dire en
« parlant d'un roman d'amour qui parut de son tems, que s'il
« sçavoit que son auteur n'en eust pas fait pénitence avant que
« de mourir, il ne prieroit non plus Dieu pour luy que pour
« Judas. Cependant, toute la France est empoisonnée de tels

« livres qui se trouvent mesme authorisez par les priviléges du
« Roy très-chrestien. La quatrième, c'est les chansons deshon-
« nestes qui s'impriment, se vendent et se chantent publiquement
« au milieu des carrefours, chose qui corrompt estrangement les
« mœurs de la jeunesse. Si l'on imprimoit ou chantoit publi-
« quement quelque chose qui offensât le Roy, qui le pourroit
« souffrir? La cinquième, c'est le luxe; la vanité et la mon-
« danité des femmes dans leurs habits, contre lesquels tous
« les saincts Docteurs de l'Eglise disent des choses si terribles,
« les nommant l'ornement et la pompe du diable, à laquelle
« elles ont promis de renoncer en leur baptesme; promesse
« solennelle qu'elles ont faicte à Dieu, sans l'accomplissement
« de laquelle elles ne peuvent espérer d'avoir part avec luy. La
« sixième, c'est les sculptures et les peintures deshonnestes qui
« font encore commettre plus de péchez, qu'on ne pourroit pen-
« ser. Cependant, on ne voit presque autre chose aujourd'huy
« dans les cabinets, dans les chambres et dans les salles de
« plusieurs chrestiens; au lieu d'y voir les pourtraicts de Nostre
« Seigneur, de la très-saincte Vierge, des apostres et des autres
« saincts.

« *REMÈDE. Si le Roy estoit tant soit peu interessé ou*
« *offensé en toutes ou en quelques-unes de ces choses, on*
« *trouveroit facilement le moyen de les retrancher. Or il est*
« *certain que le grand Roy du Ciel y est beaucoup offensé.*
« *C'est pourquoy, la Reyne, qui a tant d'amour pour sa divine*
« *Majesté, ne manquera pas d'invention ny de courage pour*
« *anéantir toutes ces pompes de Satan, et pour luy arracher*
« *des mains ces armes infernales avec lesquelles il prétend*
« *bannir la chasteté de la France. N'est-il pas bien facile*
« *à sa Majesté de renoncer, la première, aux bals, aux*
« *comédies et à toutes les pompes sataniques, selon la pro-*
« *messe qu'elle en a faicte à Dieu en son baptesme, afin d'en*
« *imprimer l'horreur dans tous les cœurs de ses subjects, par*
« *son exemple? Ne luy est-il pas facile d'ordonner à M. le*
« *Chancelier de ne donner plus de privilége pour l'impression*
« *des romans d'amour et mesme de faire défense aux impri-*
« *meurs et libraires d'imprimer et vendre de pareils livres, et de*
« *défendre de vendre et de chanter des chansons deshonnestes*

« *dans les carrefours.* Nous voyons souvent de pauvres gens
« dans les prisons pour avoir vendu un peu de sel, afin
« de gagner leur vie, lesquels sont condamnez à de grosses
« amendes; et parce que ne pouvant les payer ils y pourris-
« sent, ils sont contraints de demander comme une faveur,
« qu'au lieu de cette amende, ils soient fouettez de la main
« du bourreau, ce que je puis attester, comme m'estant
« employé quelquefois à obtenir cette grâce pour quelques-uns.
« *Tout cela parce qu'il y va de l'intérest du Roy. Mais combien*
« *la gloire du Souverain Monarque est-elle davantage inté-*
« *ressée en tous les désordres susdicts ? Et avec quel zèle,*
« *par conséquent, ceux qui embrassent véritablement ses*
« *intérests doibvent-ils s'efforcer d'y remédier ?*

« V. Je ne parle point icy des blasphèmes, des malédictions,
« et imprécations qui font aujourd'huy l'ornement du langage
« des François ; je ne fais point mention de la rage des
« duels, qui sacrifie tant d'âmes à l'enfer, et qui rend la
« plus grande partie des gentilshommes françois martyrs du
« diable. On a faict assez d'édicts contre ces désordres ; mais
« l'important seroit de les faire observer ; car on ne sera
« pas quitte devant Dieu pour avoir faict de belles ordon-
« nances, si l'on ne tient la main à leur exécution.

« VI. Le plus grand mal qui soit en France, c'est l'hérésie,
« qui est une furie infernale qui précipite un nombre pres-
« que innombrable d'âmes dans la damnation éternelle.
« *REMÈDE. Faire la paix, afin d'employer ensuite l'au-*
« *thorité royale pour bannir cette peste de la France.*
« Si la Reyne embrasse de tout son cœur les intérests de Dieu
« et emploie son pouvoir pour remédier aux désordres susdicts,
« il la couronnera d'une gloire incompréhensible et d'une
« félicité inénarrable ; mais si elle les néglige et n'y apporte
« pas tout ce qu'elle pourra, les péchez qui en procéderont
« luy seront imputez, et elle en portera un épouvantable
« chastiment. Plaise à la bonté divine de ne pas permettre
« que cela soit, mais plutost de se servir d'Elle pour ren-

« verser la tyrannie de Satan dans la France et faire régner
« Jésus-Christ dans le cœur de tous les François !

Jean EUDES.

Nous ignorons quels furent les résultats de cette lettre et de ce Mémoire ; nous sçavons seulement que ce ne fut pas la seule fois que cet homme de Dieu prit la liberté d'écrire à la Reine et de luy dire, même de vive voix, des véritez, dont beaucoup d'autres n'auroient osé l'entretenir ; et que cette Princesse qui avoit un grand fond de religion, non-seulement ne le trouva pas mauvais, mais qu'elle luy en sceut même bon gré, et prit sa défense contre tous ceux qui vouloient luy en faire un crime.

Pendant que le P. Eudes étoit occupé à ces fameuses missions de Bourgogne, dont nous avons parlé, ses adversaires ne demeuroient pas en repos. Quoyqu'il fût éloigné avec presque tous les prêtres de sa Congrégation, ils ne laissoient pas de chercher partout des moyens de luy nuire. Ils s'étoient entendus avec quelques-uns de leurs partisans et affidez, qui avoient grand soin de voir de temps en temps M. l'abbé Molé, nommé à l'évêché de Bayeux, et de l'entretenir dans les mauvaises préventions qu'ils luy avoient données contre le Serviteur de Dieu. Toujours, ils trouvoient moyen de découvrir quelque nouveau motif de luy créer des obstacles. Voicy de quelle manière le Serviteur de Dieu en écrivit à M. Mannoury, tandis qu'il étoit encore à Rome : « Nos bienfaicteurs, dit-il, remuent ciel et
« terre, ils ont dict merveilles contre nous à M. de Bayeux,
« et que nous voulons nous establir par privilége de Rome sans
« les évesques, dont il est fasché, et résolu de ne le souffrir
« pas. Je luy ay escrit pour nous justifier de cette calomnie. »
On voit par ce petit échantillon de quelle manière les ennemis du P. Eudes, ou plutôt comme il les appelle, *ses bons amis*, sçavoient tout empoisonner pour le rendre odieux.

Les PP. de l'Oratoire n'étoient pas les moins animez contre le P. Eudes : non contens de ce qu'ils venoient de faire à Rome contre luy, ils présentèrent, le 3 may 1648, à M. le Lieutenant-Général de Caën, et à Messieurs les Maire et Echevins de la dite ville, une requête par laquelle ils exposoient que dans l'année 1646, le Serviteur de Dieu leur avoit demandé l'autorisation de fonder une maison dans la dite ville ; auquel établissement eux, PP. de l'Oratoire, s'étoient opposez, et que, vu l'opposition par eux faite, le dit P. Eudes n'avoit point continué ses poursuites. Sur quoy ils demandoient qu'il leur fût délivré copie de la dite requête et de l'acte de l'opposition qu'ils avoient faite au dit établissement pour leur valoir en temps et lieu ; ce que le juge ne put pas se dispenser de leur accorder.

Mais les gens de bien n'étoient pas trop édifiez de cette conduite des PP. de l'Oratoire contre la Congrégation de Jésus et Marie, et on faisoit dans la ville des réflexions, qui ne leur étoient certes pas honorables. On se demandoit sur quel légitime fondement ils pouvoient s'appuyer pour s'opposer à l'établissement de ce saint prêtre à Caën. « Que les bourgeois, disoit-on, y fissent opposition, cela paroîtroit naturel : une communauté occupant ordinairement un grand terrain qui ne contribue en rien à acquitter les charges de la ville. Qu'une communauté de Religieux mendians, par exemple, déjà fixée dans un lieu, s'oppose à une autre communauté de religieux également mendians qui cherchent à s'établir dans la même ville, cela se peut comprendre : les premiers religieux établis, qui ont besoin de la charité des fidèles pour vivre, peuvent craindre, en effet, que les ordres mendians venant à se multiplier dans le même lieu, ils n'ayent de la peine à pourvoir à leur subsistance. Mais que les PP. de l'Oratoire, qui ont pour fonction de prêcher et de confesser, s'opposent au P. Eudes, qui veut établir une communauté ayant pareillement pour mission de prêcher et de confesser, on ne comprend pas qu'il y ait un motif raisonnable dans cette opposition, puisque le nouvel établissement ne peut leur porter aucun préjudice. Est-ce que la moisson du Père de famille n'étoit pas assez abondante dans Caën pour pouvoir occuper deux communautez aussi petites que celles du P. Eudes et de l'Oratoire ?... » Voilà ce que disoient les gens de bien qui aimoient le P. Eudes, parce qu'ils l'avoient vu à l'œuvre, et qu'ils connoissoient ses vertus, et surtout cette charité sans bornes qui le portoit à se dévouer pour tous et dans toutes les circonstances les plus pénibles qui se peuvent rencontrer.

Cependant, nonobstant toutes ces persécutions et contradictions que le vénéré supérieur du séminaire de Caën avoit à essuyer, il ne laissa pas de faire quatre missions en l'année 1649, toutes dans le dioceze de Coutances ; car il n'y avoit pas moyen pour lors de travailler dans celuy de Bayeux. La première de ces missions fut à Saint-Sauveur-Lendelin (1), qui est une grande paroisse située à deux lieues de la ville de Coutances. Elle fut défrayée par M. de Liancourt. Cette mission fut très-suivie et toute pleine de grâces et de bénédictions, à tel point qu'il n'y avoit pas assez d'ouvriers pour correspondre à la ferveur des peuples qui y accouroient de tous côtez. C'est ce que marque le P. Eudes luy-même dans une lettre qu'il écrivit alors à un de ses confrères resté à Caën : « J'ay grande joye, « dit-il, de la mission de Bernay ; celle-cy (de Saint-Sauveur-« Lendelin) est très-abondante et pleine de grandes bénédic-« tions ; mais nous y manquons bien d'ouvriers. » La lettre est du 13 de juin 1649. Ce qu'il dit icy de la mission de Bernay se doit entendre, apparemment, de la joye que luy causoit un projet de mission en cette ville, car elle ne fut faite, ny en cette année, ny en la suivante, mais en 1651, comme nous le dirons cy-après.

La deuxième mission eut lieu à Briquebec (2), bourg à deux lieues de Valognes, qui appartenoit pour lors à la maison de Longueville, et maintenant à celle de Matignon. Voicy ce que le P. Eudes en mandoit à M. Mannoury le 17 juillet 1649. « Cette mission est beaucoup plus abondante en monde que « la précédente ; j'espère de la divine bonté qu'elle le sera « aussy en fruits. » On voit par là qu'il a dû la donner immédiatement après celle de Saint-Sauveur-Lendelin, et qu'elle promettoit les plus heureux résultats. Il y a apparence qu'étant alors dans le dioceze de Coutances, il fit la troisième mission à Alleaume ; car il ne nous donne point d'une manière précise la date de cette mission. Mais Alleaume étant une paroisse attenante à Valognes, et seulement éloignée

---

(1) Saint-Sauveur-Lendelin, chef-lieu de canton, 1717 habitants.
(2) Briquebec, chef-lieu de canton, à 18 kilomètres de Valognes, 3779 habitants.

de deux lieues de Briquebec, il y a tout lieu de croire qu'il ne l'a pas renvoyée à une autre saison. Il ne nous dit rien non plus de ce qui s'y passa. Mais la paroisse d'Alleaume étant contiguë à Valognes, dont elle est comme un faubourg, et le pays étant fort peuplé, nous pouvons dire que, selon toute probabilité, cette mission ne céda en rien aux deux précédentes.

A l'égard de la quatrième mission, qu'il fit cette année à Saint-Sever, nous sommes un peu mieux renseignez. Nous avons déjà vu que M. de Renty l'avoit démandée au P. Eudes pour la saison de l'automne. Elle y fut faite en effet, mais M. de Renty n'eut pas la consolation de s'y trouver : ainsi que nous l'avons dit cy-dessus, il étoit mort dez le 24 avril précédent. Ce fut Mme de Renty qui la défraya, suivant les intentions de son époux. Cette mission ne manqua pas de produire les grands fruits que s'en étoit promis le vénéré défunt. Non-seulement les peuples de tout le canton en retirèrent de grands avantages; mais elle ne profita pas moins aux Religieux de l'Abbaye de Saint-Sever, qui vivoient alors comme des séculiers des plus relâchés, pour ne pas dire des plus vicieux. M. de Renty écrivant au P. Eudes, pour luy demander cette mission, luy avoit dit « qu'il falloit aller chercher l'ennemy dans son fort. » On peut dire que c'étoit cette abbaye qui étoit ce fort dont parloit le pieux gentilhomme; le diable, en effet, paraissoit s'être retranché dans ce lieu comme dans un donjon, où il prétendoit bien tenir fort et opposer une vigoureuse résistance. Mais le P. Eudes, animé de l'esprit de Dieu, l'attaqua avec tant de courage, il le combatit, il le pressa, il le poursuivit avec tant de vigueur, jusque dans ses derniers retranchemens, qu'il l'obligea d'abandonner la place.

Les Religieux, tout déréglez qu'ils étoient, assistèrent assez fidèlement aux exercices de la mission, et ils en furent touchez. Le P. Eudes les vit en particulier, et il sceut si bien s'insinuer dans leur esprit qu'ils asquiescèrent presque à tout ce qu'il voulut. Ils acceptèrent ensuite de luy, avec plaisir, un plan de réforme qui consistoit principalement à vivre en gens de bien, à manger et loger en commun, et à célébrer le saint office avec la dévotion et la décence convenables. On se contenta provisoirement de cette concession, tout insuffisante qu'elle étoit, parce qu'on ne jugea pas ces pauvres Religieux capables d'une plus grande régularité. Il y en eut pourtant un qui, non content de ces commencemens de réforme, la voulut prendre tout entière : il se retira, pour cet effet, dans l'abbaye du Mont-Saint-Michel, où il embrassa la réforme de saint Maur qui y étoit établie. Les Religieux de l'abbaye de Saint-Sever furent si contens de la mission et si reconnoissans des grâces qu'ils avoient receues par le ministère du P. Eudes, qu'ils luy accordèrent une portion des saintes reliques dont ils étoient les dépositaires, sçavoir un os vertèbre de saint Sever, évêque d'Avranches, et un ossement d'un doigt de sainte Scolastique, suivant le certificat qu'ils luy en donnèrent en date du 4 de novembre 1649.

Depuis l'année 1643, le P. Eudes et ses confrères étoient logez à Caën, dans une maison de louage où, par conséquent, leur position n'avoit rien de stable. Ils y rencontroient d'ailleurs de grandes difficultez : demeurer toujours dans une condition aussi précaire ne convenoit pas à une communauté; et quant à acquérir la propriété de cette maison, ils pouvoient s'attendre que celuy à qui elle appartenoit ne leur en feroit pas bonne composition. De plus, ils y étoient bien resserrez, et il n'étoit pas facile de trouver un terrain qui permît de pouvoir s'étendre suffisamment pour établir un séminaire : car, par devant, ils avoient une rue, et par derrière ils étoient bornez par la petite rivière de l'Odon et par les anciens remparts de la ville; par un bout, ils avoient encore une rue, et par l'autre, ils n'avoient que des maisons qu'il auroit fallu acheter bien cher pour s'étendre, et encore ce n'eût été que sur la longueur (1).

(1) Des limites tracées d'une manière si précise, par le P. Martine, il résulte que le premier séminaire des Eudistes, à Caen, s'étendait entre la rive droite de l'Odon, la rue Saint-Laurent et la rue actuelle de l'Hôtel-de-Ville, marquée dans les alignements pris par le Maire et les Echevins, en 1685. Il est impossible de soutenir que cet établissement, d'après le texte du P. Martine, pouvait tout aussi bien se trouver enfermé entre la rue de la

Prendre une autre maison à louage, ce n'étoit pas se tirer de difficulté, mais s'y enfoncer encore davantage : à quoy ne se seroient-ils point exposez s'ils s'étoient mis en état de changer d'habitation ? N'auroient-ils pas donné occasion à

Boucherie, aujourd'hui rue de Bras, et la rive gauche de l'Odon. Remarquons, d'abord, que ce serait intervertir l'ordre méthodique, et appuyé sur la topographie, que l'auteur a évidemment voulu établir à dessein, en donnant pour limite au séminaire, « *par derrière* », en première ligne, « *la petite rivière de l'Odon* », et, en seconde ligne, « *les anciens remparts de la ville.* » Il y a plus : si la rue qui passait devant l'établissement eût été la rue de la Boucherie, la maison des PP. Eudistes n'eût pu s'étendre jusqu'à l'Odon : elle en eût été séparée par les anciens remparts qui, d'après tous les plans de la ville aux XVIe, XVIIe et XVIIIe siècles, et aussi d'après tous les historiens de Caen, se trouvaient « derrière la rue de la Boucherie, le long de l'Odon. » Si le P. Martine donne, comme second obstacle à l'élargissement du séminaire, les anciens remparts, c'est uniquement pour bien faire comprendre qu'alors même que les Pères se fussent établis sur la rive gauche de l'Odon, en reliant les deux rives par de petits ponts, ils seraient venus se heurter contre une barrière infranchissable : les anciens remparts de la ville. Ce texte, d'un témoin oculaire suffirait, à lui seul, pour démontrer d'une manière évidente, que le premier séminaire eudiste, fondé à Caen en 1643, par le P. Eudes, et habité par les PP. jusqu'en 1703, s'étendait entre la rive droite de l'Odon et la rue actuelle de l'Hôtel-de-Ville.

Citons encore, bien que d'une manière tout-à-fait surérogatoire, quelques-uns des nombreux textes qui démontrent pareillement la vérité de notre assertion : la conséquence découlera d'elle-même, sans qu'il soit nécessaire d'ajouter aucune argumentation.

« Les Pères vinrent se loger dans la maison qu'ils avoient louée (1643) à Caën, *au bout des Petits-Prez, du côté de la rue Saint-Laurent.* » (Martine, l. III, p. 134.)

« Le P. Eudes et ses confrères s'étant logez dans une maison située à *l'extrémité de la Place-Royale de Caën.* » (Costil, *Annales*, l. II.)

« Le P. Eudes alla loger avec ses nouveaux confrères dans une maison située *à l'extrémité de la Place-Royale de Caën.* » (Le P. de Montigny, l. III, p. 98 ; — le P. Beurier, l. II.)

« Les prêtres de la Congrégation de Jésus et Marie ayant donc acheté une maison *dans la Place des Petits-Prez, qu'on nomme aujourd'huy la Place-Royale*, et s'y étant logez, etc. » (Huet, *les Origines de Caen*, chap. XVI, p. 240, 2e édit.)

Enfin, dans le contrat de vente fait le 28 janvier 1649, « par Hiérosme Totain, escuier, sieur de Savilly, à Me Thomas Quetissens, bourgeois de Caen », on voit que la propriété vendue comprenoit « ung corps de maison consistante en cave, salles, chambres, vys fermantes avecq la court fermée

ceux qui voulaient s'opposer à leur établissement, et même à la ville, de les empêcher de venir occuper cette nouvelle demeure ?... Parmy toutes ces difficultez, ils trouvèrent que ce qu'ils avoient encore de mieux à faire c'étoit de se fixer

de murailles et porte, dans laquelle court y a escuryes en appentif et ung jardin herbier aussy fermé, le tout assis en la ville et bourgeoisie du dict Caen au franc alleu, parroisse de Nostre-Dame de Froide-Rue, *en la Grande Place de la Chaussaie, buttant sur la rue la ditte maison, court et jardin... jouxte le cours de la rivière, d'une part, et la ditte rue, d'autre.* » L'emplacement désigné sous le nom de *la Grande Place de la Chaussaie* est la Place Royale. Elle était alors ainsi appelée parce qu'elle se trouvait le long de la *chaussée de Saint-Jacques* qui allait de la Porte de la Boucherie à la Porte des Jacobins. (V. Huet, *les Origines de Caen*, chap. x, p. 87.)

De tous ces textes, il résulte *d'une manière évidente* que le premier établissement du P. Eudes ne se trouvait pas derrière l'Odon, c'est-à-dire sur la rive gauche de cette rivière, puisque les Petits-Prez ne s'étendaient pas jusque-là ; mais bien sur la rive droite, à l'extrémité de la Place Royale, entre la rue de l'Hôtel-de-Ville, la rive droite de l'Odon et la rue Saint-Laurent. C'est donc avec raison que les rédacteurs des Nouvelles Annales eudistes ont placé ce premier séminaire, appelé plus tard « la Vieille Mission », *à l'extrémité de la Place Royale, rue Saint-Laurent, au coin de l'abreuvoir.* » L'auteur du premier Guide de Caen, notre excellent ami Trebutien, qui connaissait si bien la topographie du vieux Caen, a dit encore avec plus d'exactitude : « *Vis-à-vis l'abreuvoir Saint-Laurent* » : c'est la maison qui porte le n° 11. C'est dans cette maison, sans doute bien modifiée depuis ce temps, qu'en 1656, sur la fin du Carême, Mgr Servien « fit entrer son carosse à six chevaux dans la cour du séminaire » ; entrée solennelle qu'il eût été matériellement impossible au Prélat d'effectuer dans les vieilles maisons qui existent encore sur la rive gauche de l'Odon.

Sur la foi de témoignages qu'il ne pouvait facilement vérifier, et dont il aurait bien vite reconnu l'inexactitude, s'il eût habité notre pays, l'honorable M. de Montzey a écrit dans son livre *Le P. Eudes et ses Instituts* (p. 112) : « Les Pères louèrent une habitation située rue Saint-Laurent, en face de l'abreuvoir, où demeurent à cette heure un tonnelier et un maréchal ferrant. Le tonnelier montre, *au second étage, sous le toit, la chambre de la chapelle, de cette fameuse chapelle interdite, plus tard, par Monseigneur Molé.* On voit encore les cellules qui ont été réunies pour faire des chambres. »

Nous n'avons pas à revenir sur l'emplacement du premier séminaire eudiste : la question est jugée. Nous nous bornons à remarquer que les maisons occupées par le tonnelier et le maréchal ferrant, dont parle M. de Montzey, ne se trouvent pas en face de l'abreuvoir. Que l'établissement, situé incontestablement sur la rive droite, ait eu une dépendance, une sorte d'annexe sur la rive gauche, dans laquelle on aurait fait disposer des cellules pour loger les séminaristes qui ne pouvaient trouver place dans l'habitation principale, on peut l'admettre sans aucune difficulté, surtout

dans le logis qu'ils occupoient, mais de tâcher de l'avoir en propriété, afin qu'on ne les regardât plus comme des locataires, et qu'on ne pût pas les chasser de leur maison.

Pour atteindre ce but sans faire de bruit, ils prièrent un

quand, dès 1658, on voit le P. Eudes présenter à Mgr Servien 350 ordinands, pour l'ordination qui eut lieu dans l'église Saint-Jean de Caen. Rien, absolument rien, ne s'oppose à l'existence de cette annexe, qui pouvait communiquer très-facilement avec l'établissement principal au moyen de passerelles semblables à celles que l'on voit aujourd'hui sur le cours de la petite rivière. Mais, que la chapelle que l'on montre sur la rive gauche de l'Odon, *au second étage, sous le toit*, ait été la chapelle interdite par Mgr Molé, c'est une assertion que repousse le procès-verbal de l'interdiction de la chapelle du P. Eudes, « establie, dit l'acte rédigé par l'Official, dans une chambre ou HAUTE SALLE faisant partie de la dicte maison. » La chapelle était évidemment établie dans un entre-sol semblable à celui que l'on voit aujourd'hui dans la maison portant le n° 11.

Que pouvait donc être cette chambre « *au second étage, sous le toit*, » rive gauche de l'Odon, que les habitants de la localité nomment encore *La Chapelle?* Tout simplement, selon toute probabilité, un petit oratoire qui permettait aux Pères de dire deux messes en même temps. Cette sage précaution est encore en usage dans tous les Collèges catholiques comptant un certain nombre de prêtres. Dans le cas où les Pères eudistes n'auraient pas eu d'annexe sur la rive gauche de l'Odon, la chambre *au second étage, sous le toit*, pourrait encore être l'oratoire des frères des Ecoles Chrétiennes, arrivés à Caen vers 1730, et qui, paraît-il, ont habité dans la cour du bon vieillard, M. Le Hérissy, le tonnelier dont parle M. de Montzey. Remarquons toutefois, qu'en 1790, ces excellents et dévoués éducateurs des enfants du peuple étaient établis à Saint-Gilles, rue Basse. Peut-être avaient-ils déjà plusieurs écoles dans notre ville; ou bien alors ils auraient cessé d'habiter dans la rue Saint-Laurent, à une époque que nous ne pouvons déterminer. Encore un mot: nous savons de source certaine qu'avant la Révolution un locataire tenait des Eudistes une habitation située sur la rive droite de l'Odon, par un bail de 99 ans. Au pignon d'une maison située sur la rive droite de l'Odon, et ayant fait partie de « la Vieille Mission, » à l'intérieur de la cour, on lit encore le millésime 162..;; ce qui reporte la construction de l'édifice entre les années 1620 et 1629. Un titre de propriété dépendant d'une liasse de contrats relatifs à la propriété « de la Vieille Mission ». achetée en 1649 par M. Quetissens, permet de croire que le millésime mutilé indiquait l'année 1626. Si nous entrons dans tous ces détails, qui n'ont guère d'intérêt que pour les établissements eudistes et pour les archéologues, c'est pour empêcher à l'erreur de se glisser dans l'histoire de notre ville, cette vieille cité de Caen, déjà célébrée au XIIe siècle par le trouvère Wace, « le bon chanoine de Bayeux *the good Canon of Bayeux*, » comme dit M. Freeman, un des historiens les plus érudits de l'Angleterre moderne.

bourgeois de Caën, M. Thomas Quetissens, homme d'honneur, ami intime du P. Eudes et de sa Congrégation, d'acheter cette maison en son nom, mais à dessein de la leur remettre ensuite. La chose fut ainsi exécutée : cet honorable homme acheta cette maison par contrat en date du 28 janvier 1649; et, le 22 janvier de l'année suivante, 1650, il leur en fit un contrat de remise, par lequel il reconnoissoit qu'il ne l'avoit acquise qu'à leur prière et de leurs propres deniers (1). En conséquence de cet acte de transmission, ils prirent possession de l'établissement où ils demeuroient, à titre de propriété, et ils regardèrent cet événement comme une faveur spéciale de la divine bonté sur leur Congrégation. Par ce moyen, ils échappèrent aux peines et aux embarras de tout genre que n'auroient pas manqué de leur causer leurs adversaires, s'ils avoient changé de demeure.

En effet, ce fut en cette année que M. Molé, qui avoit été nommé à l'évêché de Bayeux deux ans auparavant (2), en vint prendre possession en personne. Comme ce Prélat avoit été extraordinairement mal prévenu contre le P. Eudes, il ne se promettoit rien moins que de détruire la Congrégation de Jésus et Marie, dez qu'il en trouveroit l'occasion. En attendant, il approuva tout ce que les adversaires du saint homme avoient fait contre luy, pendant la vacance du siége, et depuis qu'il avoit été nommé à cet évêché.

Le Serviteur de Dieu, de son côté, qui n'ignoroit pas les

---

(1) M. Quetissens acheta cette maison pour le prix de 7,300 livres. Dans les contrats de vente que nous donnons aux pièces justificatives, le nom de cet *honorable* bourgeois est écrit de quatre manières différentes : Quetissens, Quetissentz, Quetissent, Quetissant. La véritable orthographe est Quetissens. L'*honorable* bourgeois s'attira un procès pour avoir pris la qualité de *noble homme* dans le contrat de 1650. Ce pieux chrétien, rempli de la plus tendre dévotion envers la très-sainte Vierge, contribua jusqu'à sa mort « au luminaire de la fête du Sacré-Cœur de Marie que l'on célèbre le 8 février. » Il mourut le 12 octobre 1686 et fut inhumé à Saint-Sauveur-du-Marché.

(2) Monseigneur Edouard Molé fut nommé évêque de Bayeux le 22 mai 1647. Sacré à Paris dans la chapelle de la Sorbonne, le 14 février 1649, il prit possession de son évêché par procureur, le 9 juin, et y vint résider lui-même, le 14 décembre suivant. Cette même année, il devint trésorier de la Sainte-Chapelle.

dispositions du Prélat, à son égard, quoyque plein d'une parfaite confiance en Dieu, ne laissa pas d'avoir recours à tous les moyens qu'il put imaginer pour le fléchir, et pour diminuer les idées préconceues qu'il avoit à son endroit. Après avoir essayé d'abord de luy faire luy-même en personne toutes les soumissions possibles, il eut recours à la recommandation de personnes puissantes, qu'il crut avoir quelque pouvoir sur son esprit. Elles s'empressèrent d'intervenir auprès de M. Molé en faveur du P. Eudes, dont elles connaissoient bien le mérite et l'esprit de parfaite soumission; elles luy offrirent ses services, l'assurant qu'il avoit tout avantage à se servir d'un tel homme, pour le bien de son dioceze. Mais tout fut inutile : rien ne put adoucir l'esprit irrité de ce Prélat circonvenu depuis longtemps déjà par les adversaires du Serviteur de Dieu.

Le P. Eudes fit encore dans ce temps-là une autre démarche qu'il regarda avec raison comme indispensable et même absolument nécessaire, et qui, toute juste qu'elle étoit, ne fit qu'augmenter contre luy l'irritation du Prélat. Depuis la mort de M. Cospean, évêque de Lisieux, il ne s'étoit pas occupé de faire vérifier au Parlement de Normandie les lettres patentes qu'il avoit obtenues en 1642. Il crut qu'il étoit temps de reprendre de nouveau cette affaire et de la terminer, s'il étoit possible. Mais la chose n'étoit pas sans difficulté ; car ces lettres étoient surannées, faute d'avoir été entérinées dans le temps voulu par la loy ; et il s'attendoit bien que pour peu que ses adversaires eussent connaissance de son dessein, il n'y auroit rien qu'ils ne fissent pour l'empêcher de réussir. Comme il avoit pour ami et pour protecteur M. le Président d'Amfréville, grâce à la recommandation de M. Cospean, qui avoit écrit à ce magistrat d'une manière si avantageuse dez 1645, en faveur de la Congrégation de Jésus et Marie, le P. Eudes le regardant comme l'instrument dont Dieu voudroit bien se servir pour amener le succez de cette affaire, le pria d'avoir la bonté de se souvenir des promesses qu'il avoit faites à ce sujet antérieurement au vénérable Prélat, et de vouloir bien luy accorder de nouveau sa protection.

Ce magistrat s'y employa, en effet, en véritable ami, et si efficacement que la chose réussit. C'est ce que nous apprenons d'une lettre que M. Mannoury écrivit au P. Eudes, à Caën, le 12 de mars 1650. Il luy marquoit que M. d'Amfréville tenoit la chose comme faite; que M. de Lahaye-Aubert, qui en étoit le rapporteur, étoit un fort honnête homme; que le digne Président avoit promis de la luy recommander encore le lendemain; qu'il verroit aussi le Procureur général, et qu'il avoit tout lieu d'espérer le succez, mais qu'il falloit beaucoup prier. Enfin, la chose fut heureusement terminée, et lesdites patentes, après avoir été vérifiées, furent enregistrées au Parlement (23 mars 1650). Mais cette vérification ne servit en rien à apaiser M. Molé. Au contraire, il en fit un crime au P. Eudes, luy reprochant d'avoir rempli cette formalité sans sa participation et malgré les défenses qu'il luy avoit faites d'entreprendre aucune démarche pour l'établissement de sa Congrégation, dont il ne vouloit point dans son dioceze. De là, il prit occasion de luy témoigner tout son ressentiment, en sorte que non-seulement il ne permettoit point qu'on luy parlât en sa faveur, mais qu'il entroit en mauvaise humeur dez qu'on venoit à prononcer le nom du P. Eudes en sa présence. Il étoit sur le point de luy interdire à luy et aux siens toute espèce de fonctions dans son dioceze comme à des étrangers, et de les renvoyer d'où ils étoient venus; mais l'acquisition de la maison qu'ils venoient de faire l'embarrassa un peu, et l'empêcha d'aller si vite. Cependant, l'année ne se passa pas sans qu'on vît les fâcheuses suites de ses mauvaises dispositions à l'égard de la Congrégation.

Bien des gens qui ne jugeoient des choses que suivant la prudence de la chair ne pouvoient se persuader que la Congrégation du P. Eudes, étant ainsi maltraitée, pût se soutenir. Ils sçavoient que toutes les démarches que cet homme de Dieu avoit entreprises pour l'affermir, tant en France qu'à Rome, n'avoient produit que de médiocres résultats; et maintenant ils voyoient que M. l'Evêque de Bayeux, à peine arrivé dans son dioceze, ne vouloit pas la souffrir et paroissoit bien déterminé à la renverser. Dez lors, quelle apparence que cette pauvre Congrégation pût éviter le naufrage? Deux des premiers sujets du P. Eudes, M. Godefroy, de Saint-Michel de Vaucelles de Caën, et M. Fossey, entrèrent dans ces mêmes sentimens. Ils crurent, comme beaucoup d'autres, qu'après avoir encore essuyé bien des contradictions et des persécutions, elle viendroit enfin à se dissiper. Aussi, ennuyez des nombreuses et violentes oppositions qu'ils avoient déjà éprouvées, et par crainte de celles qu'ils prévoyoient devoir arriver, ils prirent le parti de se retirer.

Le P. Eudes regretta ces Messieurs qu'il aimoit comme ses enfans ; mais toujours résigné, il adora les jugemens de Dieu dans cette séparation si pénible pour son cœur. Il eut grand soin de précautionner ses autres sujets contre les mauvaises impressions que cet exemple pourroit produire ; et il eut la consolation de voir que, bien loin de les avoir ébranlez, ce manque de courage n'avoit servi au contraire qu'à les affermir dans leur vocation, et à les animer dans leurs fonctions apostoliques. Ils montrèrent tous qu'ils n'aspiroient qu'après les occasions de travailler, dez que l'hiver seroit passé. On demandoit au P. Eudes quatre missions dans le diocèze de Coutances, où il étoit autant désiré qu'il étoit méprisé et persécuté dans celuy de Bayeux : elles furent faites tout d'une suite, depuis le 20 mars jusqu'au 2 du mois d'aoust 1650, sans aucun intervalle, ny aucun repos de la part des missionnaires.

La première de ces missions fut à Vesly (1), qui est une grande paroisse attenante au bourg de Lessay ; tout ce canton avoit bien besoin d'être renouvelé par les prédications de ces ouvriers évangéliques, car il étoit enfoncé dans une profonde ignorance, et les plus grands crimes s'y commettoient presque sans scrupule. Les juremens, les blasphèmes les plus grossiers, les faux témoignages, les parjures, les empoisonnemens d'hommes et d'animaux, les impudicitez les plus honteuses, y étoient fort communs ; les confessions et les communions sacriléges l'étoient encore davantage. Dans leur grossière ignorance, ces pauvres gens se croyoient en droit de ne pas déclarer tous leurs péchez, dans la persuasion où ils étoient que leurs prêtres n'en gardoient pas le secret. Les prêtres, de leur côté, étoient dans une ignorance entière de leurs devoirs, jusque là qu'ils ne croyoient pas être

---

(2) Vesly, arrondissement de Coutances, canton de Lessay, 1,800 habitants.

coupables en administrant les sacremens en état de péché mortel. La mission vint donc bien à propos pour dessiller les yeux de tant de pauvres aveugles, et pour réveiller tant de pécheurs, d'une manière toute miséricordieuse, d'un si pernicieux sommeil.

Une relation de cette mission, due à l'un des ouvriers qui y travailloient (1), contient des faits très-remarquables. On supprima un abus très-mauvais qui étoit de tenir le marché le dimanche, dans le bourg de Lessay, durant deux mois de l'année, sçavoir en septembre et en octobre ; il avoit lieu le mardy, dans tout le reste de l'année. Le P. Eudes et ses ouvriers s'élevèrent fortement contre un abus si scandaleux, qu'ils regardoient, avec raison, comme une véritable profanation du jour du Seigneur. Beaucoup, touchez des sages observations de ces hommes de Dieu, étoient disposez à donner les mains à tout ce qu'on voudroit régler. Toutefois, il s'en trouva encore un bon nombre qui ne parurent pas contens de la réformation de cet abus, et se disposoient à continuer, malgré tous les sages avis qui leur étoient donnez. Mais le vicomte du lieu, sénéchal de l'abbaye de Lessay, ayant été prié par les missionnaires d'y employer son autorité, accéda à leur demande avec plaisir, et donna de si bons ordres, que cette mauvaise coutume fut abolie.

Ce bon officier étoit un homme au cœur droit, qui avoit servi dans l'armée ; il assista avec une grande assiduité aux exercices de la mission ; et, touché de la grâce de Dieu, il y fit son devoir et porta beaucoup d'autres à profiter de ces exercices, non-seulement par ses bons exemples, mais aussi par ses discours. Comme il connoissoit les vices et les désordres de grand nombre de ceux avec lesquels il vivoit et conversoit, il leur répétoit ce que les prédicateurs avoient dit dans leurs sermons, et leur faisoit si bien sentir le danger affreux où ils étoient exposez de périr pour une éternité ; que beaucoup se mirent en état de profiter des grâces de la mission. Quelques-uns même qui avoient passé quinze ou vingt ans sans approcher

---

(1) M. Finel.

des sacremens sortirent de ce funeste état, et se réconcilièrent avec Dieu, par les soins et les conseils de ce bon vicomte.

En cette paroisse de Vesly, le P. Eudes trouva occasion de réédifier une chapelle, qui étoit à peu près dans la même disposition où étoit celle de la Victoire, près de Valognes : on la nommoit Notre-Dame de la Sole, et elle étoit dans un entier abandon. Comme l'homme de Dieu avoit coutume dans toutes ses missions d'exhorter beaucoup les peuples à la dévotion envers la sainte Vierge, et à avoir recours à cette aimable protectrice, dans tous leurs besoins, il crut que l'occasion étoit favorable pour les engager à rétablir cette chapelle, alors dans un si triste état. Il leur fit sçavoir le dessein qu'il avoit formé, lorsqu'elle seroit réédifiée, de la consacrer de nouveau à la très-sainte Vierge, sous le nom de Notre-Dame de Consolation, en l'honneur de l'apparition de Notre-Seigneur à sa très-sainte Mère après sa résurrection, et de la grande consolation dont il l'avoit comblée dans cet heureux moment. La conjoncture y étoit des plus propres, parce qu'on étoit proche des fêtes de Pâques, lorsqu'il leur parloit de la sorte.

Son discours fut si bien receu de ses auditeurs, que tout le monde applaudit à son dessein, et que chacun voulut contribuer à son exécution, les uns par leurs aumônes et libéralitez à fournir à la dépense, les autres, par le travail de leurs mains ; chacun, selon son talent et sa profession. En sorte que dans très-peu de temps, on remit la chapelle en état de pouvoir y célébrer la sainte messe. Le lundy de Pâques, le P. Eudes la voyant si promptement rétablie, en congratula les habitans de Vesly, et se servant de l'excellente disposition où il les voyoit, il leur en recommanda la décoration, invitant de plus tout le monde à la procession qu'il fixa pour le lendemain après les vêpres. On ne manqua pas de faire diligence pour mettre au plus tôt la chapelle dans la décence convenable : tous s'y prêtèrent avec le plus louable empressement ; ceux qui en avoient le moyen par leurs libéralitez, et les autres, par les soins qu'ils prirent de la décoration.

Le lendemain, mardy de Pâques, la procession se fit avec beaucoup de solennité, au milieu d'un grand concours de peuple tout joyeux de voir ce nouvel asile de miséricorde ouvert aux pécheurs et aux affligez. On y célébra la sainte messe les jours suivans et pendant le reste de la mission, pour contenter les personnes pieuses et pour correspondre à leurs bons désirs ; tant la dévotion étoit redevenue grande envers ce saint lieu. Il y eut même une demoiselle de distinction, habitant dans le canton, qui s'offrit aux missionnaires pour en être la sacristine, et prendre soin de sa décoration et de l'entretien du mobilier provenant des offrandes des fidèles, en attendant qu'on eût trouvé le moyen d'y pourvoir par la suite ; ce qui fut de grande édification dans tout le pays (1).

Immédiatement après la mission de Vesly eut lieu celle de Denneville (2), qui est une paroisse éloignée de trois ou quatre lieues de Vesly, beaucoup plus petite, mais où il n'y avoit guère moins de bien à faire. L'affluence du peuple y fut si grande qu'on fut obligé plusieurs fois de prêcher hors de l'église, non-seulement aux jours de dimanches et de fêtes, *ce qui étoit ordinaire aux autres missions*, mais aussi aux jours ouvriers. Les missionnaires ne préchoient pas assez souvent au gré des désirs de ces bonnes gens ; souvent on les entendoit se plaindre de ce que les exercices ne se prolongeoient point davantage. Pendant quatre semaines que dura cette mission, le P. Eudes et ses ouvriers, sauf deux jours de repos, travaillèrent sans relâche, pour correspondre aux désirs ardens que les peuples avoient d'entendre les grandes véritez du salut. C'étoit particulièrement M. Manchon qui les entretenoit dans cette admirable ferveur : ce zélé missionnaire

(1) La mission de Vesly commença le troisième dimanche du Carême, 20 mars 1650, année où avait lieu le Jubilé ; elle fut défrayée par M. de Cybrantot. Le P. Eudes était accompagné des PP. de Montagu, Jourdan, Finel, et de quelques autres ecclésiastiques, entre lesquels se trouvait le célèbre catéchiste, M. Nicolas Paillot, de la paroisse de Saint-Michel de Vaucelles de Caen. Dans le V° livre de son histoire, le P. Martine donne sur ce saint prêtre, son compatriote, des détails fort intéressants que nous compléterons en recourant aux précieux écrits de l'annaliste de la Congrégation.

(2) Denneville, arrondissement de Coutances, canton de La Haye-du-Puits, 700 habitants. La mission de Denneville commença le 1ᵉʳ mai 1650 ; elle fut défrayée par M. de Taillefer, qui reçut chez lui les missionnaires et pourvut à tous leurs besoins.

avoit un rare talent pour toucher et pour instruire. Les peuples mettoient le même empressement à s'approcher du tribunal de la pénitence. On remarqua dans cette mission une chose qui fut de grande édification. Une pauvre servante ayant tenu son rang, selon l'ordinaire, pour se confesser, une demoiselle venue de loin voulut luy donner une pièce de vingt sols pour qu'elle luy cédât sa place. Mais la servante refusa généreusement, préférant le soin de son salut à tout intérêt temporel; et il fallut que la demoiselle attendît son rang, comme les autres, selon la louable coutume établie dans les missions du P. Eudes, de n'accorder de préférence à personne, à moins que ce ne fût à des personnes incommodées.

Voicy encore un autre fait qui arriva en cette mission; il ne fut pas moins édifiant que le précédent: c'est un exemple d'une rare simplicité et d'une docilité digne des premiers siècles de l'Eglise. Un vieillard, âgé de près de 80 ans, après avoir fait une confession générale de toute sa vie, le mieux qu'il luy fut possible, retourna plusieurs fois trouver son confesseur pour le prier de luy augmenter sa pénitence, craignant que celle qu'on luy avoit imposée ne fût pas suffisante. Pressé vivement par la douleur de ses péchez, et tout pénétré de componction, il disoit à son confesseur: « Hélas! mon Père, je suis bien mal, « si le bon Dieu n'a pitié de moy, et ne me fait miséricorde, « car mes péchez sont bien grands. J'ay déjà faict quelque « chose de moy-mesme et je me suis imposé, de mon propre « mouvement, de jeuner pendant un an; mais qu'est-ce que « cela pour tant et de si énormes péchez? J'estois bien ignorant « de ma religion, je ne sçavois pas qu'un chrétien fust obligé « de dire à ceux qui l'offensoient par médisances, injures, ou « autrement: « *Dieu vous bénisse, mon frère, et vous fasse un « sainct.* » Il disoit cela parce qu'il avoit entendu dire au catéchisme que c'étoit ainsi que saint Félix de Cantalices avoit coutume de se conduire envers ceux qui luy causoient quelque peine; et que c'étoit un bel exemple que devoient suivre les bons et véritables chrétiens.

Les missionnaires retrouvèrent à Denneville quantité de personnes qui avoient assisté à la mission de Saint-Sauveur-le-Vicomte, en 1643, et ils eurent la consolation de voir que beaucoup avoient persévéré dans la plupart des saintes dispositions où cette mission les avoit fait entrer. Ils remarquèrent que ceux qui avoient été fidèles à conserver la pieuse coutume de réciter les prières du matin et du soir en commun s'étoient tous préservez de la rechute dans le péché mortel; tandis que ceux qui avoient négligé une si sainte et salutaire pratique étoient presque tous retombez dans leurs anciennes habitudes. Ils eurent encore la consolation de voir grand nombre de personnes qui étoient dans de grands désordres rentrer dans le devoir, et donner des marques d'une sincère conversion, Dieu continuant toujours à verser sur les travaux du P. Eudes et de ses chers confrères ses plus abondantes bénédictions.

Le Serviteur de Dieu auroit bien voulu continuer plus longtemps ces saints exercices, où il goûtoit tant de consolation; mais Dieu qui le vouloit sur la croix en avoit disposé autrement: des affaires de grande importance pour sa Congrégation l'obligèrent de quitter cette mission pour faire le voyage de Paris. Avant de partir, il donna quelques avis salutaires à ses confrères pour leur aider à continuer cette mission et les suivantes. Il leur recommanda principalement de prendre garde à la dissipation, et de bien veiller à conserver en toute occasion une sainte gravité et une grande modestie, vertus si nécessaires pour attirer la confiance des peuples.

Puis s'adressant au catéchiste, M. Finel, il luy demanda d'apporter tous ses soins à bien apprendre aux enfans à servir la sainte messe avec la piété convenable à une si grande action. Il luy réitéra par plusieurs fois le même avis, comme aussi de leur bien inspirer le respect qui est dû au lieu saint. Il avoit cette matière tellement à cœur qu'il désiroit qu'on ne cessât de l'inculquer non-seulement aux enfans, mais aussi à tout le monde, et surtout aux pères, aux mères et aux nourrices; qu'on leur fît comprendre combien c'est un grand mal d'accoutumer les enfans à badiner dans l'église, à les y laisser courir, causer, jouer, sans les en reprendre et châtier; la négligence sur ce point attirant les malédictions de Dieu sur les parens et les enfans, dans le temps et dans l'éternité (1).

(1) Extrait du récit de M. Finel, *Verba dierum*.

Enfin il prit congé de ses ouvriers, avec l'espérance de venir les rejoindre aussitôt que les affaires qui l'obligeoient de partir le luy pourroient permettre : il ne croyoit pas, en effet, que ces affaires fussent de nature à l'empêcher de venir les retrouver, du moins dans quelqu'une des missions qui leur restoient encore à donner. Il y en eut cependant deux qu'ils furent obligez de faire sans luy, sçavoir, à Fierville (1) (du 28 mai au 19 juin), qui est une paroisse dans le canton des Rivières, entre Barneville et Saint-Sauveur-le-Vicomte, et à Gatteville (2)

(1) Fierville, arrondissement de Valognes, canton de Barneville, 700 habitants.
(2) Gatteville, arrondissement de Cherbourg, canton de Saint-Pierre-Eglise, 1,169 habitants. Au lieu de Gatteville, près de Barfleur, à 26 kilomètres de Cherbourg, le P. de Montigny a donné, par erreur, Catheville (Catteville) dans l'arrondissement de Valognes, canton de Saint-Sauveur-le-Vicomte.
On lira avec intérêt la lettre touchante que le P. Eudes écrivit de Paris aux prêtres de sa Congrégation alors occupés à la mission de Gatteville. On verra, une fois de plus, les trésors de piété, de foi, de résignation et de confiance en Dieu dont était remplie cette âme d'apôtre.

J. M. J.

Mes très-chers frères, que j'embrasse de tout mon cœur, *in visceribus Christi.*

Nous voicy desjà au 9e de juillet, et je n'espère pas pouvoir partir de Paris que dans quinze jours. C'est pourquoy je perds l'espérance que j'avois de vous voir à la mission de Gatteville. Je vous asseure que cette mortification est une des plus grandes que j'aie portées de longtems ; car il me semble que je suis séparé non-seulement de mon propre cœur et de mes propres entrailles, mais d'une chose qui m'est encore plus chère, puisqu'en vérité je vous aime plus, et en général et en particulier, que mon cœur et mes entrailles ; et il me semble que je ne parle point avec excez, mais en toute sincérité.

C'est la très-adorable volonté de Dieu, qui est nostre bonne Mère, qui a ordonné cette séparation ; qu'elle en soit bénie à jamais ! Je l'appelle nostre bonne Mère, car c'est d'elle que nous avons receu l'estre et la vie, tant de nature que de grâce. C'est elle qui nous doibt gouverner, et nous devons luy obéir et nous abandonner à sa conduite avec grande confiance puisqu'elle a un amour véritablement maternel pour nous. C'est pourquoy je vous supplie, mes frères très-aimez, que nous la gardions, honorions et aimions comme nostre très-aimable Mère, et que nous mettions nostre principale dévotion à nous attacher fortement d'esprit et de cœur à la suivre fidèlement

dans le val de Saire (1) près Barfleur, du 19 juin au 31 juillet. Comme je n'écris point ici l'histoire de la Congrégation, mais la vie du P. Eudes, et qu'il n'eut aucune part à ces deux missions, je n'en diray rien davantage.

Il y avoit deux motifs qui engageoient le P. Eudes à quitter la mission de Denneville où il travailloit, pour faire sans retard le voyage de Paris. C'étoit d'abord pour tâcher de détruire les mauvaises préventions de M. Molé, évêque de Bayeux, contre luy et contre sa Congrégation, et en second lieu pour correspondre aux pieuses intentions de M. Auvry, évêque de Coutances, qui désiroit se servir du saint missionnaire et de ses prêtres pour établir un séminaire dans sa ville épiscopale.

M. Molé étoit pour lors à Paris, et les adversaires du P. Eudes profitant de la mauvaise disposition où ils l'avoient fait entrer contre le Serviteur de Dieu, ne négligeoient rien pour engager ce prélat à détruire la Congrégation de Jésus et Marie. Le

en tout et partout, et à obéir à tous ses ordres, *Corde magno et animo volenti*. Mettons en cela toute nostre gloire et nostre joye, et estimons le reste comme une pure folie. Plaise à Dieu nous faire tant de grâces que nous puissions dire véritablement : *Non possumus aliquid adversus Dei voluntatem, sed pro voluntate Dei*. Nous ne pouvons rien, c'est-à-dire, nous ne pouvons ny penser, ny dire, ou faire aucune autre chose contre la divine volonté; mais nous sommes forts et puissans pour luy obéir en toutes choses. Au reste, quand j'appelle la divine volonté, nostre Mère, cela n'empesche pas que la très-sacrée Vierge ne la soit aussy; car la divine volonté la remplit, la possède et l'anime tellement, qu'elle est comme son âme, son esprit, son cœur et sa vie, en sorte qu'elle n'est qu'une mesme chose, s'il faut ainsy dire, avec la mesme divine volonté. Ainsy, ce ne sont point deux Mères mais une seule, à laquelle je me donne et abandonne de tout mon cœur, avec tous mes très-chers frères, afin qu'elle vive et règne en nous, et qu'elle y accomplisse tous ses desseins en sa manière et non en la nostre, maintenant et à jamais. Dites *Amen*, mes frères très-aimez; mais dites-le de tout vostre cœur, dites-le non-seulement de bouche, mais beaucoup plus par vos œuvres. A cet effet, je vous prie de tascher de pratiquer fidèlement ce que je vous ay escrit dans ma dernière lettre, que je vous prie de relire tous ensemble si vous l'avez encore.

Paris, ce 9 juillet 1650.

JEAN EUDES, *prestre missionnaire*.

(1) Saire, rivière, descend des collines de Mesnil-au-Val, baigne le Vast, Anneville et se jette dans la Manche, entre Quettehou et Réville, après un cours de 35 kilomètres.

P. Eudes ayant été averti par un ami du complot qui se tramoit contre luy, se rendit en toute hâte à Paris. Dez qu'il fut arrivé, il alla trouver M. de Bayeux et, se jetant à ses pieds, luy demanda pardon de ce qu'il auroit pu faire de nature à luy déplaire, bien que très-certainement contre son intention. Il luy renouvela toutes ses protestations de respect, de soumission, d'obéissance, et d'offres de services : mais tout fut inutile. Il reconnut encore par la manière avec laquelle il fut receu du Prélat, et par les réponses qu'il en obtint, que ses affaires alloient très-mal. Cependant il crut qu'il devoit encore s'efforcer de conjurer la tempête dont il se voyoit menacé.

Il commença par employer les moyens spirituels que sa piété et sa tendre dévotion luy purent suggérer, pour obtenir l'appuy et la protection de Notre-Seigneur et de sa très-sainte Mère. Pour cet effet, il s'engagea par un vœu en l'honneur des douze qualitez ou vertus du Sacré-Cœur de la très-sainte Vierge, de faire un certain nombre de prières, de jeûnes, d'aumônes et autres œuvres de piété, pour demander, par l'intercession de cette Mère de belle dilection, la conservation de la maison de Caën et l'établissement de celle de Coutances, promettant d'augmenter ses pratiques à proportion de la grâce qu'il recevroit, se soumettant toutefois d'avance avec une entière résignation à la volonté sainte de son incomparable protectrice.

Après avoir fait ce vœu, le P. Eudes vit ses amis et conféra avec eux des moyens dont il pourroit se servir pour tâcher de détruire du moins quelques-unes des mauvaises préventions de M. de Bayeux contre luy. On luy conseilla de composer un *factum* pour répondre aux principaux reproches qu'on luy adressoit et de le présenter à M. Molé. Ce *factum*, qu'il s'empressa de rédiger, conformément aux conseils de ses amis, fut jugé très-solide par tous ceux qui le virent, et notamment par quelques Prélats, qui l'honoroient de leur estime et de leur protection, à qui il eut soin de le communiquer. Il y démontroit que dans toutes les démarches qu'il avoit faites pour l'établissement et le soutien du séminaire de Caën, il n'y en avoit aucune qui fût contre le respect et la soumission qu'il devoit à M. de Bayeux, ny en général contre les intérêts des évêques. Sur ce que M. Molé luy reprochoit, qu'il avoit surpris la bonne foy de son prédécesseur, dans l'érection de sa Congrégation, ayant obtenu des lettres patentes en son nom sans sa participation, il y répondit en citant les pièces justificatives qui démontroient jusqu'à l'évidence combien M. d'Angennes avoit approuvé toutes ses démarches et avoit eu cet établissement pour agréable. Quant au grief tiré de la vérification des lettres patentes au Parlement de Rouën, sans la participation de M. Molé, le P. Eudes s'attachoit à donner les raisons qu'il avoit eues de le faire. Il prioit M. de Bayeux de considérer qu'il n'avoit pu différer plus longtemps à faire vérifier cette patente royale, à cause d'un procez qui luy étoit intenté à Rouën de la part de M. de Répichon, à l'effet de retirer quelques fondations qu'il avoit faites en faveur du séminaire de Caën, sous prétexte qu'on avoit trop tardé à remplir la formalité de l'enregistrement de ces lettres. Puis le Serviteur de Dieu conjuroit son évêque de luy marquer en quoy il croyoit qu'il avoit manqué au respect qu'il devoit à sa Grandeur, luy protestant que s'il avoit eu le malheur d'être coupable en quelque point à son égard, c'eût été bien certainement contre son intention, et qu'il étoit disposé à luy offrir telle satisfaction qu'il jugeroit à propos. Mais quand le vénéré supérieur présenta cette pièce à M. de Bayeux, le Prélat ne daigna pas seulement la lire, ny y faire aucune réponse.

Le P. Eudes n'avoit pas mis de retard à aller présenter ses très-humbles respects à M. Auvry, évêque de Coutances. Comme c'étoit ce Prélat qui étoit la seconde cause de son voyage à Paris, dez qu'il y fut arrivé, il s'empressa d'aller le saluer; et tandis qu'il travailla à faire sa paix avec M. Molé, il eut encore avec ce pieux évêque plusieurs entrevues où il fut question des projets concernant le dioceze de Coutances; ce qui le dédommagea un peu des peines que luy causoit M. Molé. M. Auvry qui avoit succédé à M. de Matignon, depuis quelques années à l'évêché de Coutances, avoit conceu du P. Eudes les idées les plus avantageuses (1). Depuis qu'il étoit à Coutances, il avoit

(1) Mgr Claude Auvry naquit à Paris en 1607. Nommé évêque de Coutances, le 27 juillet 1646, après la translation de Mgr Léonor de Matignon

entendu parler d'une manière si honorable de ses talens, de ses vertus, de ses mérites, du grand bien qu'il avoit accompli dans son dioceze qu'il l'avoit en haute estime. Mais dans la suite s'étant trouvé plusieurs fois à ses missions, il devint un des plus grands admirateurs du saint missionnaire, qu'il regardoit comme l'apôtre de ce dioceze de Coutances, dont Dieu venoit de luy confier la charge. La vue des grandes choses qu'il y avoit accomplies le fit vite passer de l'estime et de l'admiration à une affection tellement vive, étroite et constante, qu'elle n'éprouva jamais la plus légère atteinte, au milieu des disgrâces qui arrivèrent à notre vénéré maître, et des affreuses calomnies dont on s'efforça de le noircir. On peut dire que le P. Eudes n'eut point d'amy plus sincère, ny de protecteur plus constant que M. Auvry, comme nous aurons lieu de nous en convaincre dans la suite.

Ce digne Prélat connoissant combien le clergé de son dioceze laissoit encore à désirer, et le besoin qu'il avoit d'être formé aux vertus sacerdotales afin de pouvoir travailler efficacement à la sanctification des peuples commis à ses soins, crut ne pouvoir rien faire de plus utile pour atteindre ce grand résultat que d'établir un séminaire dans sa ville épiscopale, afin de donner aux aspirans au sacerdoce les vertus nécessaires dans ce saint état, et de former de cette manière un clergé tout à la fois pieux et instruit. Comme il avoit vu le P. Eudes à l'œuvre dans les missions, qu'il avoit été témoin du grand bien dont on luy étoit redevable, il pensa qu'il ne pouvoit confier son séminaire en de meilleures mains, et que les résultats déjà acquis luy étoient un sûr garant des succez plus grands encore qu'il obtiendroit à l'avenir dans la nouvelle charge qu'il luy conferoit. C'étoit ce qui luy avoit fait souhaiter, tandis qu'il étoit à Paris, que le Serviteur de Dieu s'y rendît,

---

au siége de Lisieux, il fit son entrée dans sa ville épiscopale, le dimanche 15 septembre 1647. Il devint trésorier de la Sainte-Chapelle, en 1653, assista au sacre de Louis XIV, à Reims, en 1654, et résigna son évêché au mois de septembre 1658. Ce Prélat, qui avait su apprécier le mérite et la pureté du zèle du P. Eudes aurait voulu en faire son grand-vicaire. Dans les épanchements d'une sainte amitié, le bon évêque écrivait un jour à l'humble prêtre : *Tu et ego idem sumus :* Vous et moi ne faisons qu'un.

afin d'aviser ensemble aux moyens d'exécuter cet important projet. Après avoir bien recommandé cette œuvre sainte à Dieu, après avoir longuement délibéré sur cette entreprise avec des personnes des plus éclairées et être tombé d'accord sur les principales conditions, M. Auvry chargea le P. Eudes de fonder un séminaire à Coutances, et luy promit de luy donner des lettres d'Institution, dez qu'il seroit de retour en son dioceze, pour lequel il devoit partir bientôt.

Après que le P. Eudes eut présenté au Prélat ses très-humbles actions de grâces, il prit congé de luy pour aller donner à Ravenoville, dans le dioceze de Coutances, une mission qu'il avoit promise (1). Les confrères du séminaire de Caën attendoient avec anxiété leur vénéré supérieur ; il leur fit connoître le résultat de son voyage, les exhortant à la prière, à la confiance en Dieu et à la soumission la plus complète à la divine Providence, après quoy il prit ses mesures pour aller commencer au plus tôt la mission de Ravenoville (1650). Le P. Eudes y obtint un merveilleux succez ; comme il avoit déjà donné de nombreuses missions dans le dioceze de Coutances, les peuples étoient avantageusement prévenus en sa faveur. Les mémoires que nous avons consultez marquent que les habitans des paroisses circonvoisines accoururent en foule à cette mission.

Le jour de l'ouverture, il s'y trouva bien 20,000 personnes ; en règle ordinaire, on y comptoit, chaque jour, au moins 2,000 auditeurs ; mais les dimanches et les fêtes, il ne restoit dans les maisons que les malades, les infirmes et les vieillards incapables de supporter les fatigues de la route : on peut juger de là quels en furent les fruits.

Après que la mission de Ravenoville fut achevée, les missionnaires s'en retournèrent à Caën, bien résolus de tenir ferme, et d'attendre, avec calme et une soumission parfaite à la volonté de Dieu, la tempête dont ils étoient menacez. Quant au P. Eudes, il se rendit à Coutances, pour terminer avec M. Auvry ce qui avoit été projeté à Paris. Presque aussitôt qu'il

---

(1) Ravenoville, arrondissement de Valognes, canton de Sainte-Mère-Église, 700 habitants.

y fut arrivé, il receut des lettres d'un amy, qui luy mandoit que M. Molé avoit assemblé un conseil de personnes choisies, pour délibérer des mesures à prendre à son sujet; qu'on l'avoit jugé coupable et suffisamment convaincu sur la seule exposition des faits; qu'il avoit été condamné d'une voix unanime, et qu'il eût à aviser dans les circonstances difficiles qu'il alloit avoir à traverser.

En conséquence de cette lettre, le P. Eudes écrivit à M. Manchon qui tenoit à Caën la place de supérieur; après luy avoir donné différens avis, il ajoutoit : « Ne vous estonnez « point, mon très-cher frère, c'est un orage qui passera. Si « l'on vous signifie quelque chose, ne répondez rien ; mais dites « que moy estant absent, vous n'avez rien à dire, jusqu'à mon « retour. Cependant, si l'on vous commande de fermer la « chapelle, fermez-la, et allez dire vos messes où vous pourrez ; « encouragez bien nos frères, et les exhortez à s'humilier « devant Dieu, à mettre toute leur espérance en luy et en sa « très-saincte Mère, à employer le plus de tems que l'on « pourra devant le Sainct-Sacrement, et envoyez quelques-uns à « Nostre-Dame de la Délivrande : »

On ne fut pas longtemps sans ressentir les effets de cette tempête. Le 29 de novembre 1650, M. l'Official de Caën, par l'ordre de M. de Bayeux, donna une sentence d'interdiction de la chapelle du séminaire, par laquelle, défense étoit faite en ces termes aux missionnaires d'y exercer aucune fonction :

« Devant Nous Nicolas Lecomte, prestre, etc., sur ce qui nous a esté représenté par le sieur Promoteur de cette Officialité de Caën, que maistre Jean Eudes, prestre, les surnommez Mannoury, Manchon et autres prestres ou clercs, pour l'establissement d'une prétendue Congrégation ou Communauté, demeuroient et vivoient ensemble en forme de commun dans une maison sise en la ville du dict Caën, paroisse de Nostre-Dame de Froide Rue, *proche le cours d'eau vulgairement dict l'Odon* du Moulin de Sainct-Pierre du dict Caën; auquel lieu *dans une chambre ou haute salle* faisant partie de la dicte maison, ils auroient faict ériger ou construire un autel et iceluy fermer de balustres de bois, sur lequel ils célébreroient journellement et publiquement la saincte messe, y joint un service public, quoy que pour ce faire ils n'aient aucun consentement ny permission de Mgr l'Illustrissime et Révérendissime évesque de Bayeux auquel appartient dans l'estendue de son dioceze le droit d'establir, instituer et régler les Congrégations ou Communautez ecclésiastiques, demandant le dict sieur Promoteur que acte luy soit accordé de la dénonciation par luy faicte, et cependant que défenses soient faictes aux dicts Eudes, Mannoury et Manchon, pour eux et les autres prestres ou clercs demeurant en la dicte maison de célébrer par cy-après la saincte messe, ny faire aucun service public ou particulier entre eux en forme de communauté dans la dicte chambre, maison ou autre lieu que ce soit dans le ressort de cette Officialité ; qu'à cette fin il leur soit enjoint de ruiner et desmolir leur dict autel et fermer la porte de leur prétendue chapelle au public : le tout à peine de suspense de la fonction de leurs sainctes ordres, jusqu'à ce qu'ils aient faict apparoir l'institution et establissement de leur dicte prétendue Communauté en forme authentique par mondict Seigneur.

« Sur quoy ouï et considéré la complainte dudict sieur Promoteur et y faisant droit, Nous luy en avons accordé acte, et cependant avons faict et faisons expresses défenses aux dicts Eudes, Mannoury et Manchon et autres prestres et clercs de leur prétendue Communauté de faire aucune fonction en leur dicte maison ou autre lieu du ressort de cette Officialité soubz prétexte de Congrégation ou Communauté ecclésiastique, comme aussy de célébrer ou faire célébrer la saincte messe publiquement ou particulièrement dans leur dicte maison, ny d'y faire aucun service public ou particulier en forme de commun, sans la permission expresse de mondict Seigneur évesque de Bayeux, et à eux enjoint de ruiner et desmolir leur dict autel, fermer la porte de leur prétendue chapelle au public, et la remettre dans son premier usage : le tout à peine de suspension de leurs sainctes ordres. Ce mandement accordé audict sieur Promoteur pour les faire assigner devant Nous, en cas de contravention, et en outre faire ce qui appartiendra, etc. »

Cette sentence ayant été signifiée, le 1er décembre 1650, aux prêtres du séminaire de Caën, ils y obéirent à l'instant même, avec une soumission parfaite, et montrèrent ainsi par leur conduite qu'ils n'avoient jamais eu l'idée de s'affranchir de la dépendance et entière obéissance qu'ils devoient à l'autorité épiscopale. Cette déclaration de complète soumission à l'égard de l'Ordinaire n'étoit d'ailleurs pas nouvelle de la part du P. Eudes et de ses prêtres; elle étoit consignée dans le réglement de la Congrégation qui n'existoit précisément que pour travailler au bien des âmes sous l'autorité de l'évêque du dioceze. Ces bons prêtres prirent donc le parti de tout souffrir avec patience, comme ils s'y étoient préparez; ils receurent cette croix dans les mêmes dispositions que l'apôtre saint André, dont on venoit de célébrer la fête, avoit receu la sienne. Cette conduite, si pleine de résignation, fit beaucoup d'honneur au P. Eudes et à ses confrères, dans l'esprit de tous ceux qui ne nourrissoient aucun sentiment hostile à leur égard.

Le P. Eudes, qui étoit à Coutances, ayant appris cette nouvelle, n'en receut pas la moindre émotion; il en bénit Dieu, et il se contenta pour toute précaution de faire la protestation suivante contre le jugement contraire aux droits et priviléges de l'établissement du séminaire de Caën. Voicy cette pièce, telle qu'elle se trouve signée de la main du P. Eudes :

« L'an 1650, le 10⁰ jour de décembre, à Coutances, devant
« Nous, Jean Le Campion, prestre archidiacre et chanoine de la
« cathédrale du dict lieu, et notaire apostolique au dioceze de
« Coutances, s'est présenté en personne Mᵉ Jean Eudes, prestre,
« supérieur du séminaire de Bayeux, estably à Caën, arresté
« icy de présent de Mgʳ l'Illustrissime et Révérendissime
« évesque de ce lieu, depuis un mois, au retour d'une
« mission faicte par luy au Cotentin, et Nous a dict avoir avis
« que le sieur Promoteur en l'Officialité de Caën auroit faict
« signifier depuis peu aux prestres de la Communauté du dict
« séminaire un mandement par luy obtenu du sieur Official
« en la dicte Officialité contenant un jugement contraire aux
« droits et priviléges de l'établissement du dict séminaire. Et
« d'autant que le dict Eudes, ny les dicts prestres de la dicte
« Communauté ne désirent procez, et ne se veulent point,
« quant à présent, opposer à l'exécution du dict mandement,

« à raison de la puissance et force majeure à laquelle ils ne
« peuvent pas résister, et néantmoins se tiennent obligez de
« croire que l'effect du dict mandement est contraire à
« l'honneur et au service qu'ils doibvent à Dieu, et à son
« Eglise, le dict Eudes, tant pour luy que pour les autres
« prestres de la dicte Communauté, a déclaré et déclare, que le
« dict mandement, ny la signification d'iceluy, ny l'obéissance
« que les dicts prestres luy ont rendue, ne leur préjudicieront à
« leur pourvoy contre iceluy, en tems et lieux convenables. »
« JEAN EUDES. »

Après avoir ainsi protesté contre l'interdit lancé contre luy et ses prêtres, le P. Eudes demeura en paix, attendant avec patience le temps où il plairoit à la divine bonté de prendre sa cause en main et de rétablir les choses dans leur premier état. Ses confrères pareillement restèrent dans cet état d'interdiction, sans se laisser aller ny à l'impatience, ny aux plaintes, ny aux murmures, contre ceux qui les exerçoient de la sorte, sans même perdre la paix de leur cœur, ny la ferme confiance qu'ils avoient conceue que Dieu en tireroit sa gloire, et feroit tourner le tout à l'avantage de ses serviteurs.

Cependant plusieurs gens de bien prirent part à cette affliction du P. Eudes et s'efforcèrent d'apporter quelque consolation à sa douleur. L'évêque de Belley, entre autres, qui avoit toujours conservé pour luy beaucoup d'estime, luy dit à cette occasion, qu'il devoit plutôt se réjouir que de s'attrister de cette épreuve, « puisque ses entreprises se trouvoient ainsy marquées du sceau de la croix, qui est le sceau de la chancellerie du Ciel; puisque Dieu luy en faisoit si bonne et si large part, il devoit y trouver un grand sujet de consolation. »

« J'aurois douté de la vertu du P. Eudes, disoit-il encore, « en parlant à d'autres personnes, si je ne l'avois veue marquée « du sceau de la croix. » Pour le Serviteur de Dieu, il regardoit tous ces traitemens comme la punition de ses péchez, qui méritoient, ainsi qu'il le disoit, toutes sortes de confusions et de châtimens; et, il ajoutoit qu'il y apprenoit la pratique des plus belles vertus. Loin de se plaindre de ses adversaires, il les excusoit tant qu'il pouvoit, et s'efforçoit de justifier leurs intentions ; il prioit et faisoit prier pour eux. Il disoit à Dieu, mais de tout son cœur : « *Non illis imputetur;* non, mon Dieu, « ne leur imputez pas, s'il vous plaist, ce qu'ils font contre « moy. Il les appeloit *ses bons et véritables amis, et ses plus* « *grands bienfaicteurs.* »

Mais celuy de tous qui luy donna de plus solides consolations, fut M. Auvry, évêque de Coutances ; ce bon Prélat luy vint en aide, non-seulement par ses discours pleins de cordialité, mais encore plus par les actes qu'il accomplit en sa faveur. Aussitôt qu'il fut de retour et que le P. Eudes se fut rendu auprès de luy à Coutances, il pensa à s'acquitter de la promesse qu'il luy avoit faite à Paris, de luy donner des lettres d'Institution pour le séminaire dont il luy confioit la direction. Il les concerta avec le saint homme, et il les luy remit le 8 décembre 1650.

En voicy la teneur :

« Claude Auvry, par la grâce de Dieu et du Sainct-Siége « apostolique, évesque de Coutances, etc.

« Le soin pastoral que nous devons avoir du troupeau que « Dieu nous a commis, nous oblige d'employer toutes sortes « de moyens pour procurer son salut. Or tout le monde sçait « qu'il n'y en a point de plus efficace que le bon exemple des « prestres qui mènent une vie conforme à la saincteté de leur « condition et qui s'acquittent dignement des fonctions de « leur sacerdoce. De là vient que plusieurs saincts conciles, et « spécialement le concile de Trente et le dernier concile « provincial de Rouën ont tant recommandé l'establissement « des séminaires ecclésiastiques dans lesquels on s'emploie à « former et à instruire les prestres et ceux qui aspirent à la « prestrise, en ce qui est de la vie, des mœurs et de toutes les « fonctions cléricales. De là vient aussy que nos Roys très-« chrestiens ont faict plusieurs Ordonnances à cette fin, ainsy « qu'il appert, notamment par le 24e article des Estats de Blois, « par lequel, pouvoir est donné à tous les évesques de France « d'establir des séminaires en leurs diocezes en a forme et « manière qu'ils jugent convenable selon les lieux et les tems, « et de les fonder et renter par union de bénéfices ou au-

« trement ; lequel article a esté vérifié en la Cour du Parlement
« de Rouën qui d'abondant en a encore recommandé l'exécution
« à tous les évesques de cette province, par un arrest donné
« le 23 de mars de la présente année. De là vient encore que
« l'Assemblée générale du clergé de France tenue à Paris
« en 1625, reconnoissant que cet ouvrage des séminaires, si
« important et si nécessaire à l'Eglise ne se pouvoit accomplir
« facilement que par une Congrégation d'ecclésiastiques qui se
« donnassent entièrement à ce dessein, fit un décret touchant
« l'érection de ladicte Congrégation ; et depuis, la mesme
« Assemblée tenue encore à Paris en 1645, ayant appris que
« plusieurs prestres s'estoient associez par la permission de feu
« M. Jacques d'Angennes, évesque de Bayeux, pour commencer
« l'establissement d'un séminaire en la ville de Caën, elle loua
« et approuva leur zèle et les exhorta de continuer leur travail
« et d'estre prests à aller dans tous les diocezes où ils seroient
« appelez par les autres Prélats pour y faire ce qu'ils faisoient
« en celuy de Bayeux.

« C'est pourquoy désirant suivre les décrets des saincts
« Conciles, les Ordonnances de nos Roys très-chrestiens et les
« sentimens desdictes Assemblées générales, et estant bien
« informé de la vertu, prudence, science et piété de vénérables
« personnes maistres Jean Eudes, Simon Mannoury, Pierre
« Jourdan, Jacques Finel, Jean-Baptiste de Montagu et
« Thomas Vaguel, prestres ; comme aussy ayant cognoissance
« des grands fruits que Dieu a opérez par eux tant dans les
« Missions ès quelles ils ont esté employez en nostre diocèze
« et en plusieurs autres, que dans les exercices du séminaire,
« où ils se sont appliquez depuis longtems en la dicte ville de
« Caën, Nous, pour la plus grande gloire de Dieu et le salut des
« âmes qu'il Nous a commises, suivant l'authorité et puissance
« que nous avons par le 24° article des Estats de Blois, avons
« donné et donnons par ces présentes pouvoir auxdicts prestres
« d'ériger et establir en cette ville de Coutances, lieu de notre
« siége épiscopal, une Compagnie ou Congrégation d'ecclé-
« siastiques, sous le nom et le tiltre de *prestres de la Congré-*
« *gation du séminaire de Jesus et Marie*, comme estant dédiée
« et consacrée en l'honneur du souverain prestre Nostre-Sei-

« gneur Jésus-Christ, et soubz la protection spéciale de sa très-
« saincte Mère, pour vivre en société et communauté, et pour
« s'employer par leurs exemples et les exercices du séminaire
« à former et instruire les prestres et les autres tendant à
« l'estat du sacerdoce, qui se retireront pour un tems ou pour
« toujours dans leur maison, en ce qui regarde la vie, les mœurs
« et toutes les obligations et fonctions sacerdotales ; comme
« aussy à enseigner le peuple par les catéchismes, prédications,
« conférences spirituelles et autres exercices des missions, en
« ce qui est de son salut ; en laquelle compagnie ou Congré-
« gation lesdicts prestres pourront recevoir et posséder fon-
« dations, legs et autres revenus et acquérir terres, rentes,
« maisons ou en bastir, si besoin est, avec une église ou chapelle
« pour y exercer les fonctions du séminaire, le tout soubz nostre
« pleine et entière juridiction, droit de correction et visite, et
« tous autres droits épiscopaux, tant pour Nous que pour nos
« successeurs.

« Avons permis et permettons auxdicts prestres, pour main-
« tenant et à l'avenir, de faire élection de l'un d'entre eux pour
« estre le supérieur de ladicte Communauté et pour la régir et
« gouverner selon les statuts d'icelle approuvez par Nous,
« lequel supérieur sera tenu de se pésenter à Nous dans le
« moys, ou bien à nostre grand-vicaire pour estre approuvé et
« confirmé dans sa charge.

« De plus, Nous avons donné et donnons pouvoir auxdicts
« prestres de recevoir, admettre et incorporer dans ladicte
« Congrégation ceux qui s'y présenteront et qu'ils jugeront
« avoir les qualitez requises pour y servir Dieu dans les
« exercices du séminaire ou des missions, comme aussy de
« retrancher et renvoyer ceux qu'ils en trouveront incapables.

« Et d'autant que par ledict article 24° des Estats de Blois,
« Nous avons pouvoir d'establir les séminaires en la forme
« et manière que nous estimons estre plus convenable selon
« les lieux et les tems, et que suivant le dessein et le projet
« que les saincts Conciles en ont tracé, il y a deux parties
« ès-dicts séminaires, l'une qui appartient au collége, et qui
« consiste à enseigner les lettres et les sciences aux Séminaristes,
« l'autre, qui concerne la religion et la piété, et qui est

« d'instruire les ecclésiastiques à vivre religieusement et à
« faire sainctement et décemment toutes les fonctions clé-
« ricales, et que la première est suffisamment accomplie par
« plusieurs collèges establis en cette province, et mesme en
« cette ville de Coutances, Nous avons déchargé et déchargeons
« lesdicts prestres de l'obligation qu'ils avoient de vacquer à la
« première partie, afin qu'ils s'emploient entièrement à la
« seconde, qui est celle que les saincts Conciles ont regardée
« et désirée principalement comme la plus importante et la
« plus nécessaire.

« Enfin, Nous avons donné et donnons à ladicte Congrégation
« du séminaire de Jésus et Marie tous les autres droits et
« priviléges que les Conciles et les Ordonnances ont décernez
« en faveur des séminaires ecclésiastiques.

« En tesmoignage de quoy, Nous avons signé les présentes de
« nostre main et y avons faict apposer nostre sceau.

« Donné à Coutances le 8 décembre, jour de la Conception
« immaculée de la bienheureuse Vierge Marie, mère de Dieu,
« l'an de grâce 1650. »

CLAUDE, *évesque de Coutances.*

Ce Prélat ne pouvoit pas faire un plus sensible plaisir au P. Eudes que de luy accorder ces lettres d'Institution en ce jour, qui étoit la fête de l'Immaculée-Conception de la très-sainte Vierge. Il crut que cette coïncidence heureuse, où il voyoit une permission de la divine Providence, attireroit sur cet établissement une protection spéciale de cette *Mère de la belle dilection*, et l'engageroit à luy procurer des bénédictions toutes particulières.

Il ne fut point trompé dans ses espérances, ny du côté du spirituel, ny du côté du temporel, comme nous le verrons cy-après. Les missions que cet homme apostolique avoit données avec tant de bénédictions dans la ville de Coutances, et en beaucoup d'autres lieux du diocèze, firent accueillir son établissement avec joye par les habitans de la ville épiscopale; et quoyque dans les commencemens ce séminaire n'eût ny rentes, ny revenus, la divine Providence pourvut si libéralement à tous ses besoins qu'il ne manqua de rien. Ce fut ainsi que tandis que Dieu permettoit que son serviteur fût si mal traité par M. Molé dans le dioceze de Bayeux, il voulut le consoler par un traitement tout opposé dans celuy de Coutances.

Le P. Eudes et quelques-uns de ses confrères qui étoient pour lors avec luy à Coutances, se voyant assurez de la direction du séminaire dont M. Auvry avoit arrêté la fondation, commencèrent à délibérer du lieu où ils se pourroient provisoirement placer. Ils se logèrent d'abord dans une maison de louage située dans la Basse-Rue, vis-à-vis des religieuses Bénédictines. Il n'y restèrent pas longtemps, car M. de Montagu, qui en fut établi premier supérieur, acheta presque aussitôt le lieu où est à présent le séminaire : c'étoit alors une auberge appelée la *Pomme d'Or*. Il y avoit là d'anciens bâtimens, qui menaçoient ruine ; ils s'y logèrent comme ils purent, et commencèrent à disposer le lieu pour y bâtir au plus tôt. Mais pour y faire quelque chose de régulier, il y avoit beaucoup à travailler, car le terrain en étoit fort inégal ; ce n'étoit qu'un grand coteau très-mal situé, et très-incommode.

Mais que ne peut faire le zèle de la gloire de Dieu, et de quoy ne peut-on venir à bout, quand on est fortement persuadé que ce qu'on entreprend pourra contribuer à la procurer ? Il n'y a ny travaux, ny peines, ny dépenses qui soient capables d'arrêter ny de décourager. On le vit bien clairement dans tout ce qu'il fallut exécuter, pour mettre le séminaire de Coutances dans l'état où on le voit maintenant. Que de terre il fallut remuer pour former les cours et les nombreux jardins qu'on y a pratiquez ! Que de dépenses pour la construction de tant de bâtimens qu'il falloit élever, sans sçavoir où l'on trouveroit les ressources nécessaires pour une si grande entreprise ! Ceux qui voient aujourd'huy le séminaire de Coutances sont obligez de convenir qu'on ne pouvoit guère tirer meilleur parti du terrain si mal situé sur lequel est placé cet établissement avec toutes ses appartenances.

Le P. Eudes et ses prêtres construisirent d'abord le petit bâtiment qui subsiste encore aujourd'huy et qu'on a appelé *l'ancien bâtiment*, depuis qu'on en a construit un autre plus grand à l'opposite. Ils bâtirent aussi l'église du séminaire presque à la même époque. Durant ce temps-là, ils ne laissèrent pas de se trouver un peu embarrassez pour leur subsistance, difficulté assez ordinaire dans les nouveaux établissemens, surtout lorsqu'on bâtit. Mais la divine Providence se manifesta sur eux d'une manière bien sensible : en effet, lorsqu'ils ne sçavoient où prendre pour vivre, un particulier vint fort à propos leur apporter une somme de cinq cents livres.

Mais cette protection toute providentielle parut bien plus clairement dans la construction de l'église par les libéralitez des gens de bien, qui, par principe de religion, offrirent avec empressement et bonheur des sommes considérables pour contribuer à élever ce saint édifice, et par une protection spéciale de la très-sainte Vierge sur tous les ouvriers qui y travailloient. De sorte que c'étoit une opinion commune parmy les uns et les autres, qu'ils ne devoient rien craindre, parce qu'ils servoient une si bonne Maîtresse, qu'elle les préserveroit de tout danger, et ne les laisseroit manquer de rien. En effet, ils avoient vu, différentes fois, plusieurs de ces ouvriers, qui, selon les apparences, devoient trouver une mort certaine, sauvez d'une manière toute miraculeuse.

Durant qu'on construisoit ces batimens, il arriva une chose de grande édification, qui mérite bien de trouver place icy. Un ecclesiastique de qualité, ayant joui d'un bénéfice considérable sans y avoir résidé, fut vivement pressé par les remords de sa conscience de réparer le tort qu'il avoit fait, et de restituer ce bien mal acquis. Il crut que l'occasion étoit favorable pour le faire d'une manière très-méritoire, et qui seroit très-agréable à Dieu : c'étoit d'affecter cette restitution à la construction de ce séminaire, qui devoit être une école de piété et de vertu, où l'on formerait de bons prêtres et de dignes ministres pour servir l'Eglise. Il offrit, pour cet effet, au P. Eudes une somme de six à sept mille livres. Mais ses parens ayant appris son dessein y opposèrent une vive résistance. Le fait étant venu aux oreilles du P. Eudes, il refusa généreusement ce don, quoyqu'il en eût alors grand besoin pour fournir à la subsistance des siens et aux grandes dépenses de ses batimens.

Cette générosité du Serviteur de Dieu, dans de telles circonstances, luy fit grand honneur, et luy attira beaucoup d'autres bénédictions; car il y eut plusieurs sujets de cette Communauté qui offrirent des dons généreux et contribuèrent pour une large part à la construction des bâtimens, à l'ameublement et à l'ornement du séminaire et de l'église; beaucoup d'autres personnes suivirent ce bel exemple. La construction de l'église fut achevée en trois années; c'est la première église qui ait été dédiée en l'honneur du Très-Saint-Cœur de la bienheureuse Vierge, comme l'a remarqué le P. Eudes dans son Journal. On a eu soin de graver en lettres d'or sur un morceau de marbre noir, qui est attaché contre la muraille de cette église, le jour et l'année où elle fut bénite, « par Monseigneur Claude Auvry, vray Père et protecteur signalé de cette maison et Communauté (1). »

(1) Nous allons compléter le récit du P. Martine sur la fondation du séminaire de Coutances, par quelques détails empruntés aux *Annales* et aux *Fleurs* de la Congrégation de Jésus et Marie.

Le 23 janvier 1651, les notables et les bourgeois de Coutances assemblés au Présidial reconnurent que l'établissement du séminaire ne pouvait que contribuer au bien des âmes et à l'accroissement de la piété dans la ville, et autorisèrent avec empressement et bonheur sa fondation.

Les Pères demeurèrent environ un an dans la Basse-Rue, dans une maison de louage. Ce fut dans cette pauvre habitation que M. Basire, grand-vicaire et Official de Mgr Auvry, « mit le P. Eudes, représenté par MM. Mannoury et Finel, en possession du séminaire et de toutes ses appartenances. » M. Basire bénit ensuite le lieu destiné à servir de chapelle provisoire, et y célébra la messe.

Le 6 décembre 1651, M. de Montagu acheta pour la somme de 9,000 livres l'auberge appelée la *Pomme d'Or* où fut construit « l'ancien bâtiment qu'on trouve à main droite en entrant dans la cour » (Costil). Le vendeur fit remise aux PP. de 200 livres, sur le prix de la vente, pour avoir part, lui et son épouse, aux prières et aux bonnes œuvres de la Communauté. L'église, qui sert maintenant de chapelle au Lycée de la ville, fut construite en trois ans et deux mois; la bénédiction de la première pierre eut lieu le 3 juillet 1652, et la messe y fut célébrée pour la première fois en l'honneur du *saint Cœur de la très-sainte Vierge*, le samedi 4 septembre 1655. Le P. Eudes dit à ce sujet, dans son Mémorial. « Nostre-Seigneur Jésus-Christ et sa très-digne Mère nous ont faict la grâce de faire une église à Coutances en trois ans de tems, *qui est la première église qui a esté bastie et dédiée en l'honneur du très-sainct Cœur de la bienheureuse Vierge qui n'a qu'un mesme cœur avec son Fils bien-aimé.* » Le R. P. Le Doré, supérieur général des Eudistes, ajoute : « dans ses écrits, le P. Eudes la désigne même sous le nom de *chapelle du Sacré-Cœur de Jésus et Marie*. C'est du reste celui qu'elle

En effet, ny le séminaire de Coutances, ny le P. Eudes en particulier, n'eurent point de plus zélé protecteur que ce digne Prélat : il fit tout le bien qu'il put à cette communauté naissante. Non content des premières lettres d'Institution qu'il avoit données en 1650, il en accorda de nouvelles en 1658, qui sont beaucoup plus amples et qui entrent dans un bien plus grand détail ; il se donna la peine de solliciter luy-même des Lettres patentes pour autoriser et affermir ce nouvel établissement, et, après les avoir obtenues, il prit encore soin de les faire vérifier et enregistrer au Parlement de Normandie.

Le P. Eudes ne resta pas longtemps à Coutances ; après qu'il eut jeté les fondemens de cette nouvelle maison, il laissa à quelques-uns de ses confrères le soin des batimens, et s'en alla avec les autres continuer le pénible travail de

porte dans le bref où Clément X permet d'y ériger une confrérie du Sacré-Cœur de Jésus et Marie (1674) : *Ecclesia seu capella Cordis Jesu et Mariæ*. On peut donc, à juste titre, la regarder comme la première église consacrée au Sacré-Cœur de Jésus, aussi bien qu'au cœur de sa sainte Mère. » (*Le R. P. Jean Eudes, ses Vertus*, p. 132-133, nouvelle édition.) La personne qui posa la première pierre de l'église déclara agir au nom et en la place de la très-sainte Vierge, seule fondatrice du séminaire et de la chapelle. Pour perpétuer la mémoire de cette consécration faite à la Mère de Dieu, on grava cette inscription sur le portail de l'église : *Fundavit eam Mater Altissimi*. M. Olier donna aussi la très-sainte Vierge pour première patronne au séminaire de Saint-Sulpice (Faillon, t. III, p. 83) : tant était grande la dévotion de ces saints personnages envers la Mère du Sauveur.

Citons les noms de quelques-uns des principaux bienfaiteurs de la maison naissante des PP. Eudistes à Coutances : *In memoria æterna erit justus*.

M. de Montagu consacra son riche patrimoine à la construction de l'ancien bâtiment du séminaire, sur l'emplacement de l'auberge de la *Pomme d'Or*.

Dons offerts pour la construction de l'église : M. Hymbelot, comme M. de Montagu, du diocèse d'Autun, 6,000 l. ; la sœur Marie Desvallées, tout son avoir, 1,800 l. ; M. de La Boissière, 1,900 l. ; M. Le Mesle, 800 l. ; différents donateurs, 14,000 l.

Parmi les personnes qui contribuèrent à fournir le mobilier de l'église, on rencontre les noms de MM. de Camilly et de Bernières, de M. de Bretonvilliers, plus tard, second supérieur général de Saint-Sulpice. Ce vénéré prêtre, dit le P. Costil, « commença ainsi l'union que sa Communauté a toujours eue depuis ce temps avec notre Congrégation. Les abbesses de

ses missions. Il en fit cinq, toutes remarquables, en cette année 1651. La première fut à Saint-Sulpice à Paris. M. Olier, curé de cette paroisse et instituteur du séminaire et de la Congrégation de Saint-Sulpice, sollicitoit depuis longtemps l'homme de Dieu de luy accorder cette mission. Le P. Eudes s'en étoit défendu tant qu'il avoit pu, ne croyant pas avoir assez de talent pour prêcher dans la capitale du Royaume, ny des ouvriers propres à le seconder dans une telle entreprise, surtout dans un temps où il se voyait si cruellement déchiré dans le dioceze de Bayeux, où à peine pouvoit-on souffrir son nom ; il sçavoit d'ailleurs que, dans Paris même, il avoit de nombreux et implacables adversaires, qui n'épargnoient rien pour le rendre odieux. Il ne croyoit pas prudent de se commettre parmy tant de difficultez qui seroient un obstacle au bien qu'on en pourroit espérer dans des conjonctures plus favorables.

Cependant, pressé par les instances tant de fois réitérées de M. Olier, pour le mérite duquel il avoit une profonde vénération, cédant aux conseils de personnes éclairées, qui connoissant les talens du saint missionnaire, avoient la conviction qu'il seroit

---

Caën et de Notre-Dame de Protection de Valognes envoyèrent également leurs offrandes. « Les noms des autres bienfaiteurs, en très-grand nombre, sont écrits dans le ciel et dans le cœur de la Mère de Dieu. » (*Annales*, l. IV.)

L'abbesse de Caen ou *Madame de Caen*, comme on l'appelait, bienfaitrice du séminaire de Coutances, était alors Madame Marie Eléonore *de Rohan*, supérieure du monastère de l'abbaye de Sainte-Trinité, dite *Abbaye-aux-Dames*, qui avait succédé à Madame Laurence *de Budos*, décédée le 28 juin 1650. « L'abbesse de Sainte-Trinité avait le titre de *Madame de Caen*. Elle le prenait, dit le P. de La Ducquerie, dans une lettre à Huet, parce que la première abbesse, qui était fille de Guillaume-le-Conquérant, jouissait de ce titre. Une foire annuelle de trois jours, la veille, le jour et le lendemain de la Trinité avait été instituée à son profit, sur le territoire attenant à l'enceinte du monastère. Durant ces trois jours, l'Abbesse percevait, sur toute l'étendue de la Ville et de ses faubourgs, la totalité des droits royaux, de *coutumes, acquits, péages, transits*, etc., y exerçant en outre, juridiction et connaissance de tous faits y relatifs. Durant tout ce temps, ses armoiries et ses officiers remplaçaient ceux du roi à toutes les portes de la Ville, et le Commandant de la place lui-même, quel qu'il fût, allait lui demander le mot d'ordre pour le donner à la garnison. » (Trebutien, *Guide de Caen* Vaultier, *Hist. de la Ville de Caen.*)

à la hauteur de l'œuvre qu'on luy demandoit d'entreprendre, et surtout plein de confiance en Dieu, le P. Eudes accepta de donner la grande et importante mission qui luy étoit demandée. On convint du temps du Carême, comme étant le plus propre à attirer les peuples aux exercices de piété, et à les faire penser sérieusement à leur salut. Le P. Eudes s'appliqua à réunir sans retard, tout ce qu'il put trouver de bons ouvriers, non-seulement parmy les sujets de la Congrégation, mais encore parmy les prêtres qui, en qualité d'auxiliaires, avoient déjà travaillé avec luy à quelqu'une de ses missions.

M. Olier, de son côté, qui s'étoit chargé de la dépense de la mission, l'exhorta bien à ne rien épargner pour en assurer le succez. Elle se fit avec beaucoup d'éclat, et l'on peut dire, qu'elle fut comme un vaste théâtre où les vertus et les talens du grand missionnaire parurent avec une splendeur nouvelle. Son éloquence tout apostolique luy attira les mêmes applaudissemens qu'elle luy avoit méritez partout ailleurs; et les fruits ne furent pas moindres que dans les autres missions. Nous pouvons même dire qu'ils furent d'autant plus abondans, que beaucoup de ses auditeurs, considérables par la position qu'ils occupoient dans le monde, ne furent ny moins touchez, ny moins édifiez que ne l'avoient été les peuples les plus simples des pays où il avoit fait ses autres missions. Mais ce que nous ne sçaurions assez regretter, c'est que personne n'ait pris la peine de mettre par écrit, du moins les principales choses qui se passèrent dans cette mission et dans plusieurs autres, dont il ne nous est presque rien resté (1).

(1) Notre vieil historien eût été dans le ravissement s'il eût connu le magnifique témoignage rendu par le vénérable M. Olier au saint Instituteur de la Congrégation de Jésus et Marie, à propos de cette mission prêchée à Saint-Sulpice, en 1651, et les détails ajoutés par M. Faillon.

Nous reproduisons ce témoignage si honorable pour le P. Eudes.

« M. Olier employa alors, pour ramener ces pécheurs (de sa paroisse) à Dieu, un moyen plus conforme à sa charité et à la douceur de son zèle : ce fut le bienfait d'une mission générale. Il désirait depuis longtemps de procurer à sa paroisse une grâce si précieuse, la plus capable, sans contredit, d'y réparer les ruines du péché, et d'y faire régner la ferveur..... Ne croyant pas pouvoir y suffire avec ce qu'il avoit de coopérateurs, il appela, pour la diriger en chef, le P. Eudes, son ami, instituteur de la Congrégation des Eudistes.

La seconde mission que le P. Eudes fit en cette année fut à Corbeil, petite ville du dioceze de Paris, à six ou sept lieues de cette grande ville, sur le bord de la Seine. Ce fut Mme Tronson, mère de M. Tronson, plus tard supérieur du séminaire de Saint-Sulpice, qui la sollicita et la défraya. Comme elle avoit été très-fidèle à assister aux exercices de la mission de Saint-Sulpice, sa paroisse, elle en fut si satisfaite et si touchée, qu'elle en voulut procurer une semblable à la ville de Corbeil. Ce qui luy donna beaucoup de facilité pour défrayer cette mission, c'est qu'il ne falloit pas tant d'ouvriers pour cette petite ville que pour Saint-Sulpice; et d'un autre côté, que les missionnaires étant déjà à Paris pouvoient plus facilement se transporter à Corbeil.

Mais il ne nous est resté que fort peu de chose sur cette mission. Un passage d'une lettre écrite par le P. Eudes à M. Mannoury, qui étoit alors à Coutances, la mentionne en ces termes : « Tous nos frères de Corbeil, y est-il dit, embrassent « leurs frères de Coutances. Nostre cher frère M. Jourdan a la « flèvre. Nous sommes icy parmy un peuple *duræ cervicis*,

---

Il ne connaissait personne qui eût mieux le don d'annoncer la parole de Dieu et d'opérer de grandes conversions que cet homme extraordinaire qu'il appelait la merveille de son siècle (*Mém. aut. de M. Olier*) *et aux travaux duquel Dieu avait donné jusqu'alors les fruits les plus abondants.* Le P. Eudes n'avait point encore prêché de mission à Paris. Il partit avec douze de ses disciples dans le dessein de commencer celle-ci, à Saint-Sulpice, le jour de la Purification; mais la Seine étant extraordinairement débordée, il se vit arrêté dans sa marche, et M. Olier ouvrit lui-même les exercices annoncés. « J'aurois besoin, dit-il dans son exorde, *de la lumière de ce grand serviteur de Dieu, dont j'occupe la place, pour vous parler dignement de Jésus-Christ, nostre véritable lumière. Cet homme apostolique a un don tout extraordinaire pour convertir les cœurs, et nous avons la confiance que, dans un tems si favorable, où le Jubilé et le Caresme se trouvent réunis, Dieu nous fera par luy grâce et miséricorde.* » ..... *(Pièce aut.).*
Cette mission, qui dura tout le Carême, eut le succès que M. Olier s'en était promis. D'après ses intentions, le P. Eudes et ses douze collaborateurs logèrent tous au presbytère, et par là firent un double bien ; car, en même temps qu'ils répandirent la semence de la divine parole sur le peuple fidèle avec les plus abondantes bénédictions, la sainteté de leur vie et de leur conversation fut, pour les prêtres de la Communauté, une autre espèce de mission qui porta son fruit comme la première. » (Faillon, *Vie de M. Olier*, t. II, p. 500-502.)

« mais la mission ne laissera pas d'en gagner plusieurs. » La lettre est du 18 may 1651. Elle nous apprend encore que cette mission avoit été commencée peu de temps après Pâques, ce qui explique le peu d'empressement que les peuples apportèrent à en profiter. Comme ils venoient d'accomplir leur devoir paschal, ils crurent que ces exercices avoient pour eux, dans cette circonstance, une importance beaucoup moins grande, et se montrèrent d'abord, pour cette raison, peu empressez à approcher du tribunal de la pénitence. Mais ayant assisté à plusieurs sermons et autres instructions, ils commencèrent à sentir leur besoin et à user du moyen qu'on leur offroit d'y apporter remède ; aussi cette mission finit par réussir, et, comme toutes les autres, elle gagna beaucoup d'âmes à Dieu.

Tandis que le P. Eudes étoit à Paris (nous ne trouvons pas si ce fut devant ou après la mission de Saint-Sulpice), il crut devoir faire encore une nouvelle tentative auprès de M. Molé, évêque de Bayeux, pour voir s'il ne pourroit point adoucir l'esprit de ce Prélat. Il crut que l'honneur que venoit de luy accorder M. Auvry, évêque de Coutances, en luy donnant son séminaire et en luy assurant sa protection, pourroit peut-être produire une impression heureuse sur l'esprit de M. de Bayeux et l'amener à le traiter plus favorablement. Pour cet effet, il luy présenta une requête, où il luy répétoit la meilleure partie des faits et explications contenus dans le *factum* qu'il luy avoit adressé précédemment, et que M. Molé ne s'étoit pas donné la peine de lire.

Il luy remettoit devant les yeux toute la suite des faits relatifs à l'établissement du séminaire de Caën et toutes les démarches qu'il avoit entreprises à ce sujet, luy faisant remarquer qu'il n'avoit manqué en rien au respect, à la soumission, ou aux intérêts ny de luy, ny de son digne prédécesseur, Monseigneur d'Angennes. Il le supplioit très-humblement et très-instamment de luy accorder ses bonnes grâces, de vouloir bien ratifier ledit établissement, et le confirmer de son autorité épiscopale, l'assurant qu'il vouloit luy demeurer soumis en tout, comme à Celuy qui luy tenoit la place de Jésus-Christ, le souverain Pasteur, et dont il étoit l'image vivante sur la terre (1). Mais quoy qu'il pût dire, ses nouvelles instances ne produisirent aucun bon effet; la requête n'opéra pas plus que le *factum*; il ne put jamais fléchir M. de Bayeux, ny rien gagner sur son esprit, trop mal prévenu contre luy; le saint prêtre dut donc continuer à prendre patience.

Après la mission de Corbeil, le P. Eudes revint en Normandie pour faire la troisième mission de cette année à Bernay, petite

(1) *Requeste du P. Eudes et des prestres du séminaire de Caën, à Monseigneur l'Illustrissime et Révérendissime Evesque de Bayeux.*

« Supplient très-humblement Nicolas de Than, Antoine Bernard, Jacques
« Finel, Pierre Jourdan, Simon Mannoury, Thomas Manchon, Thomas Vigeon,
« Richard Le Mesle, Jean-Baptiste de Montagu, Jacques de La Boissière,
« Thomas Vaguel et Jean Eudes, prestres, et vous remonstrent que,
« s'estant assemblez et associez depuis huict ans pour vivre en commu-
« nauté et pour travailler aux exercices d'un séminaire d'ecclésiastiques,
« dans la ville de Caën de vostre dioceze, soubz le bon plaisir et authorité
« de feu M. de Bayeux, vostre prédécesseur d'heureuse mémoire, qui leur
« avoit donné la permission de ce faire par ses lettres du 14 janvier de
« l'année 1644, après qu'il avoit obtenu à cette fin les patentes de sa Majesté
« très-chrestienne, données à Sainct-Germain-en-Laye, au mois de décembre
« 1642 et vérifiées en la Cour du Parlement de Rouën, le 23 mars de la
« présente année (1651); ensuite de quoy, les sieurs de Répichon et de Lion,
« son fils, auroient donné pour la fondation dudict séminaire plusieurs
« pièces de terre de la valeur de 14,000 liv., par contract passé devant les
« tabellions royaux de Caën, le 11 septembre 1644; comme aussy le dict
« sieur de Than auroit donné pour la mesme fin 1,500 liv. de rente hipo-
« tecque, avec 9,000 liv. d'arrérages, et le dict Finel 300 liv. de rente
« hipotecque par contract passé à Caën, le 2ᵉ jour d'aoust 1644. Mais afin
« de rendre cet establissement plus ferme et asseuré, les dicts prestres
« vous supplient très-humblement, Monseigneur, de le vouloir bien confirmer
« par vostre bon plaisir et authorité, suivant le pouvoir que vous en avez,
« par le droit et les ordonnances, les dicts supplians protestant aux pieds
« de vostre dignité épiscopale, qu'ils n'ont point d'autres intentions que de
« s'emploier dans le dict séminaire, non à enseigner les lettres, *cela se*
« *faisant très-dignement dans les colléges de l'Université de la dicte ville de*
« *Caën*, mais à former et instruire les ecclésiastiques, en ce qui est de la
« vie, des mœurs et de toutes les fonctions clericales; le tout soubz vostre
« bon plaisir, pleine et entière juridiction et dépendance, et dans tout le
« respect et obéissance qu'ils vous doibvent, comme à Celuy qui tient la
« place et qui est l'image vivante de Jésus-Christ, le Souverain Pasteur.
« Par ce moyen, Monseigneur, vous obligerez de plus en plus les dicts
« supplians à prier Dieu qu'il vous conserve longues années pour la gloire
« et le bien de son Eglise. »

ville du diocèse de Lisieux, fort peuplée, puisqu'on y compte six mille habitans. Cette mission eut lieu pendant l'été de cette année 1651 ; et elle fut défrayée, en partie, par M. de Croisy, avocat au Conseil. Dez le temps de M. Cospean, c'est-à-dire en 1645, on avoit formé le projet de cette mission, mais sans avoir pu jusque-là l'exécuter. Voicy ce que le P. Eudes écrivoit touchant cette mission à M. Mannoury le 2 juin 1651. « Nous « partons demain pour Bernay, pour y commencer la mission « dimanche. Il me semble qu'il sera bon que M. Saché vienne « à cette mission ; mais faites-luy faire trois jours de retraite « auparavant. »

Et dans une autre lettre qu'il écrivoit au même, il disoit : « je vous avois escrit que vous nous envoyassiez M. Saché, « et vous ne me dites rien là-dessus. Voicy une mission qui « commence par où les autres finissent : nous y avons une « grande disette d'ouvriers. Je craignois que nous n'y eussions « point de croix ; mais Dieu y a pourveu ; car nostre cher « frère, M. de Montagu, est malade de dimanche au matin « d'une fièvre continue, et M. Jourdan est tout occupé auprès « de luy. Hastez-vous de nous faire venir M. Saché. Ne pourriez-« vous point vous passer de M. Le Mesle ; afin qu'il nous « vinst ayder. Je laisse cela à vostre disposition. Escrivez à « M. de Saint-Gervais, pour le prier instamment de nous « envoyer quelques-uns de ses bons ouvriers, en cette mission ; « mais pourtant priez-le de ne nous en envoyer point que « de ceux que nous avons desjà veus. » Il y auroit bien des réflexions à faire sur cette lettre, nous laissons ce soin au pieux lecteur.

Le P. Eudes et les ouvriers qu'il put réunir ne travaillèrent pas en vain dans cette mission de Bernay. Ils eurent la consolation de voir la piété revivre dans le peuple, beaucoup de personnes fréquenter les sacremens dans tout le canton. Depuis ce temps, le pieux usage de la communion, plusieurs fois dans l'année, se répandit dans toutes les paroisses d'alentour, où la plupart n'en approchoient guère qu'à Pâques ; sans compter les conversions sincères, les réconciliations, restitutions du bien d'autry qui eurent lieu en grand nombre. Voilà ce que nous sçavons de cette mission de Bernay.

Pendant l'automne de cette même année, le P. Eudes fit une quatrième mission à Marolles, qui est une grande paroisse dans le dioceze de Lisieux. Dez son arrivée dans ce lieu, s'étant informé, selon sa coutume, des désordres qui régnoient dans le canton, il apprit que les peuples approchoient rarement des Sacremens, la plupart seulement à Pâques; encore n'étoit-ce souvent que par manière d'acquit et pour sauver les apparences; qu'ils n'assistoient point, les dimanches et les fêtes, à la messe et aux offices publics. Cherchant la cause de cette absence de piété, il crut la trouver dans le peu de soin que l'on apportoit à la célébration de l'Office divin : les cérémonies du culte se faisoient en effet très-mal dans cette paroisse. Il apprit de plus que dans le pays un nombre considérable de gentilshommes se battoient souvent en duel.

Il entreprit de combattre fortement ces abus durant la mission, et on peut dire qu'il en vint à bout. Il prêcha avec tant de force et de zèle sur les véritez les plus terribles de la religion, qu'il jeta la terreur dans les âmes les plus insensibles. Un jour qu'il prêchoit sur la rigueur des jugemens de Dieu, son auditoire fut tellement effrayé, que la plupart trembloient et répandoient des larmes en abondance; et luy-même, sensiblement touché des véritez qu'il annonçoit, mêla ses larmes avec celles de ses auditeurs. Après les avoir ainsi touchez, il en obtint presque tout ce qu'il voulut. Il bannit par là cette malheureuse insensibilité pour le salut, qui étoit la cause de tous les désordres. C'étoit effectivement de cette insensibilité que procédoit ce dégoût des sacremens, et le peu de préparation qu'on apportoit à les recevoir, comme aussi l'indifférence pour le service divin.

Mais parce qu'il avoit beaucoup plus affaire aux ecclésiastiques qu'aux simples fidèles pour remédier à ce second abus, c'est-à-dire à la manière peu décente et peu régulière avec laquelle se célébroient les divins offices, il s'attacha beaucoup dans les conférences particulières qu'il donna aux prestres, à les instruire de l'esprit de religion, de la nécessité du culte extérieur, de l'obligation de s'en acquitter avec la décence et la modestie convenables; de célébrer le service divin aux heures marquées et avec les cérémonies prescrites. Profitant de ces instructions, les ecclésiastiques se piquèrent d'honneur et s'acquittèrent de tous ces devoirs avec une décence qui charma les peuples. Depuis ce temps-là, les fidèles qui ne désiroient rien davantage, se rendirent fidèlement aux saints Offices, se faisant grand scrupule de s'en absenter ou d'en perdre la moindre partie.

Le Serviteur de Dieu ne travailla pas moins efficacement à détruire l'habitude effrénée des duels. Ceux qui étoient esclaves de cette malheureuse passion ayant assisté aux sermons pathétiques dans lesquels il s'éleva avec force contre cette abominable coutume, en furent très-touchez; quelques conférences particulières adressées aux personnes de distinction du canton, où il traita cette matière-là à fond, acheva de les réduire; après quoy il en obtint tout ce qu'il souhaitoit. Nous avons une lettre du Serviteur de Dieu à M. Mannoury, écrite de cette mission, en date du 13 octobre 1652, en laquelle il marque les résultats qu'il avoit obtenus à ce sujet. Il dit que luy et ses ouvriers avoient formé en cette mission une compagnie de gentilshommes, au nombre de vingt-cinq, presque tous jeunes gens *qui faisoient métier ordinaire* (ce sont ses paroles) *de se battre en duel*, et qui signèrent de grand cœur une formule par laquelle ils s'engageoient avec serment à renoncer entièrement au duel : M. de Crévecœur-Rabodange en étoit le chef, et M. de Boismorand, le directeur spirituel : le saint missionnaire exhortoit M. Mannoury à en bénir et en remercier Notre-Seigneur et sa très-sainte Mère.

Dez le 23 du mois d'aoust précédent, il avoit receu une lettre de Paris dans laquelle on luy mandoit les soins que prenoient quelques grands personnages pour l'extinction des duels, et les heureux et consolans résultats qu'ils avoient déjà réussi à obtenir en plusieurs provinces du royaume (1). On le prioit d'envoyer les listes des gentilshommes qui, dans ses différentes missions, avoient donné leurs noms et signé la formule par laquelle ils s'engageoient à ne se battre jamais en duel, afin

---

(1) Voir au III⁰ livre de cette histoire, p. 230, l'Association contre les duels fondée par M. Olier, en l'année 1650. Cet excellent moyen paraît avoir été adopté par le P. Eudes, en 1652.

d'en amener d'autres à entrer dans la même association. Ce qui marque combien il avoit cette matière à cœur, et avec quel zèle il s'y employoit dans ses missions. On conserve encore dans les archives du séminaire de Caën plusieurs listes de ces noms, avec la date du temps et du lieu où elles ont été écrites.

La cinquième mission que le P. Eudes fit en cette année et n'acheva même qu'en l'année suivante, fut celle de Coutances. Après la mission de Marolles, écrivant à M. Mannoury, qui étoit allé à Paris pour quelques autres affaires, il luy disoit : « J'ay escrit à Monseigneur de Coutances (qui étoit aussi alors « à Paris) pour le prier de trouver bon que nous fassions main- « tenant la mission à Coutances ; priez-le de faire réponse, afin « de commencer au plus tost : car il y a quantité de personnes « qui la désirent ; et il seroit bien convenable, qu'au commen- « cement de nostre entrée à Coutances, nous rendissions ce « service à Dieu, et au public. »

La réponse ne tarda guère à venir : M. de Coutances n'avoit garde de refuser une telle offre. La mission commença le premier dimanche de l'Avent, et ne finit qu'à la Purification de la sainte Vierge, qui étoit proche du Carême.

On ne pouvoit pas être plus avantageusement prévenu en faveur de l'homme de Dieu qu'on ne l'étoit à Coutances, ny mieux disposé à profiter de la mission qu'il alloit faire. Il y en avoit déjà donné une en 1641 et il y avoit prêché le Carême en 1644, dont bien des gens conservoient encore la mémoire, ainsi que des fruits abondans qui en avoient été la suite.

Aussi, dez les premiers jours, on accourut en foule aux sermons et à tous les exercices : la presse ne fut pas moindre, par proportion, aux confessionnaux, et les fruits extraordinaires apparurent aussitôt. Les gens les moins sensibles étoient touchez jusqu'aux larmes, et pénétrez du désir sincère de se convertir. Les marques non équivoques des bons résultats obtenus furent de nombreuses restitutions et les réconciliations sincères entre personnes qui étoient en discorde ; en un mot, la réformation générale dans la conduite que l'on remarqua en toutes sortes de conditions. Les sermons touchans de cet homme apostolique, joints aux grands exemples de piété et de vertus qu'il donnoit, étoient comme un torrent impétueux qui entraînoit tous les esprits et tous les cœurs à remplir leurs devoirs, et à accomplir tout ce que Dieu demandoit d'eux. Cette mission laissa dans l'esprit de ceux qui eurent le bonheur d'y participer, de telles impressions de piété et de sainteté, qu'ils en conservèrent la bonne odeur durant toute leur vie.

Le P. Eudes avoit envoyé M. Mannoury à Paris, principalement pour faire encore une tentative auprès de M. Molé, en faveur de la Congrégation, et essayer s'il ne pourroit point obtenir par un autre ce qu'il s'étoit vu refuser à luy-même; il luy avoit donné toutes les instructions qu'il croyoit nécessaires pour le succez de cette négociation. Ayant eu cependant occasion de luy écrire pour la mission de Coutances ce que nous avons dit cy-dessus, il y ajouta ce qui suit : « Je vous prie de ne partir point de « Paris, que vous n'ayez employé et fait valoir, autant qu'il « vous sera possible, tous les moyens que la Providence de « Dieu vous a mis et vous mettra entre les mains pour gagner « M. de Bayeux. Il faut accorder à M. de Bayeux tout ce qu'il « souhaite, excepté qu'il ne nommera pas luy-mesme le Su-« périeur du séminaire, mais qu'il trouvera bon qu'il soit eslu « par la Communauté. » M. Mannoury n'épargna rien pour exécuter fidèlement tout ce qui luy avoit été prescrit; mais tout fut inutile. Le Prélat étoit tellement obsédé par les adversaires du Serviteur de Dieu, qui luy répétoient sans cesse tout ce qu'ils sçavoient de nature à aigrir son esprit, que, malgré les représentations les plus raisonnables qui luy furent faites, rien ne put le fléchir.

Le P. Eudes, voyant qu'il n'y avoit plus rien à espérer pour sa maison de Caën, jusqu'à ce qu'il plût à la divine Providence d'en disposer autrement, et qu'il avoit besoin d'un lieu où il pût former les jeunes sujets qui ne laissoient pas de luy venir de tous côtez, nonobstant toutes les persécutions et mauvais traitemens dont il étoit l'objet dans le diocèze de Bayeux, jugea à propos de les mettre dans le séminaire de Coutances, et d'y préposer un de ses prêtres les plus capables, pour les former à l'esprit et aux pratiques de sa Congrégation. Jusque-là, il n'avoit point encore établi de lieu particulier pour ce dessein : c'étoit dans la maison de Caën qu'il travailloit luy-même à les former quand il s'y trouvoit ; pendant les fréquentes absences qu'il devoit nécessairement faire pour aller donner des missions, il confioit cette fonction si importante à quelque sujet des plus expérimentez de la Congrégation qui restoit au séminaire de Caën pour le remplacer. Il ne faisoit pas même difficulté d'emmener avec luy ceux qui étoient déjà prêtres et de les former à la perfection de leur état, en même temps qu'il leur apprenoit à travailler sous ses yeux au salut des âmes. Les choses étoient demeurées en cet état jusqu'à l'interdiction de la chapelle du séminaire de Caën ; mais le triste état où cette maison fut réduite par la persécution acharnée qu'on dirigea contre elle, ne permettant plus de les y laisser, il se détermina à les envoyer au séminaire de Coutances, et à en confier le soin à M. Mannoury, qu'il en établit le directeur. Ils furent d'abord très-mal logez, les batimens en construction étant loin d'être terminez. Ils n'eurent dans le principe, pour toute demeure, qu'un vieux corps de logis en très-mauvais état, et qui menaçoit ruine de tous côtez ; mais ils y vivoient dans une grande paix, ils y trouvoient tant de douceurs et de jouissances intérieures, qu'ils n'auroient pas voulu changer cette pauvre demeure contre les plus belles maisons du pays. M. Mannoury avoit un talent rare pour former les aspirans au sacerdoce à la piété et à l'esprit de leur vocation ; il ne laissoit échapper aucune occasion de développer leur avancement dans la vie spirituelle. Le P. Eudes leur parloit aussi de temps en temps, quand il étoit sur les lieux ; et quand il étoit longtemps éloigné d'eux, il leur écrivoit des lettres qui valoient bien des conférences. Voicy la réponse qu'il fit à un de ses confrères, qui luy avoit écrit en faveur d'un jeune homme qui demandoit à entrer dans la Congrégation :

« Envoyez à Coutances, mon très-cher frère, luy dit-il, le « jeune homme dont vous m'avez escrit, pourveu qu'il soit « bien résolu à renoncer entièrement à sa propre volonté, à « estre averty de ses défauts, et à vivre et mourir dans la « Congrégation. » Voilà en effet ce qu'il demandoit, surtout de ceux qui vouloient entrer dans la Congrégation de Jésus et Marie : il préféroit l'abnégation de soy-même, l'immolation de la volonté propre, aux talens les plus remarquables.

Dez le temps qu'il travailloit à la mission de Corbeil, il écrivit en ces termes à M. Mannoury, à l'occasion d'un autre jeune homme, qui demandoit aussi à entrer dans la Congrégation :

« Vous aurez soin, luy dit-il, de le former dans l'esprit de
« Nostre-Seigneur, qui est un esprit de détachement et de
« renoncement à toutes les choses et à soy-mesme, un esprit
« d'abandon à la divine volonté, qui nous est manifestée par
« les règles de l'Evangile, et par les règlemens de nostre
« Congrégation, qui ne sont qu'une expression des maximes
« évangéliques, et par la conduite de ceux qui nous tiennent la
« place de Dieu; esprit de pur amour pour Dieu qui nous porte
« à ne rien faire que pour luy plaire; esprit de dévotion
« singulière envers Jésus et Marie, les mystères de leur vie,
« et tous les Saincts qui leur appartiennent plus particuliè-
« rement; esprit de mépris et d'aversion pour le monde, qui
« est le corps de Satan, et de ce que le monde aime; esprit
« d'amour pour la croix de Jésus, c'est-à-dire pour les mépris,
« la pauvreté et la douleur; esprit de haine et d'horreur contre
« toute sorte de péchez, qui nous doibt porter à luy faire sans
« cesse la guerre, et à l'écraser en nous et dans les autres;
« esprit d'humilité, de mépris, de haine et d'anéantissement
« à l'égard de nous-mesmes, marqué en cette parole de
« l'*Imitation de Jésus-Christ*: « mettez vostre affection à estre
« inconnu et tenu pour rien »; esprit de charité fraternelle et
« cordiale pour le prochain et spécialement pour ceux de nostre
« Congrégation et pour les œuvres de zèle, pour le salut des
« âmes; esprit de vertu pour aimer toutes les vertus et les pra-
« tiquer solidement dans l'esprit de Jésus, ainsy qu'il est déclaré
« dans le livre du *Royaume de Jésus*, dont vous devez recom-
« mander beaucoup la lecture et la pratique à ceux que
« vous avez à diriger; esprit d'amour, d'estime et de respect
« pour l'Eglise et pour tout ce qui luy appartient; comme
« aussy pour tous les ordres religieux qui sont dans l'Eglise.
« Car nous devons avoir un esprit catholique, c'est-à-dire
« universel, qui embrasse, qui honore et qui aime tout ce
« qui est de Dieu, et pour Dieu ; et nous ne devons rien
« mépriser et haïr que le péché et nous-mesmes; esprit enfin,

« d'oraison et de piété, pour bien faire toutes nos actions dans
« l'esprit, c'est-à-dire dans les dispositions avec lesquelles
« Nostre-Seigneur a faict les siennes. Estudiez-vous tant que
« vous pourrez dans ces esprits, avec la grâce de Nostre-
« Seigneur, et à les donner aux autres, par vostre exemple,
« par vos prières, par vos entretiens et par les méditations,
« lectures et autres exercices; surtout demandez à Dieu qu'il
« vous donne l'esprit de douceur, et veillez sur vous parti-
« culièrement en ce poinct, afin de vous faire aimer et de
« gagner les cœurs, pour y mettre ensuite ce que Dieu vous
« donnera à cette fin. »

Voilà l'esprit qu'il vouloit communiquer à ses jeunes sujets, pendant qu'ils étoient en leur *probation*: car c'est ainsi qu'il a appelé le lieu et le temps que les autres appellent *noviciat*. Voilà de quelle manière cet homme de Dieu vouloit qu'on formât ceux qui devoient être les héritiers de son zèle et destinez aux mêmes fonctions. C'est ce même esprit qu'il ne cesse de recommander aux sujets de sa Congrégation, dans les Constitutions qu'il leur a données, et dont il étoit luy-même rempli. C'est dans cette maison de probation de Coutances que furent formez grand nombre de sujets, qui, dans la suite, firent tant d'honneur à sa Congrégation et rendirent tant de services à l'Eglise. Si l'on considère quelle étoit la condition de plusieurs de ces sujets, les uns déjà avancez en âge, les autres prêtres depuis plusieurs années, d'autres riches, accoutumez par conséquent à vivre à leur aise, passer deux ans de probation dans cette maison, où ils avoient à peine le nécessaire, devoit leur paroître très-pénible; si, cependant dans cette dure condition ils se sont montrez toujours contens, on conviendra que l'esprit de Dieu devoit nécessairement s'en mêler et les fortifier pour leur faire supporter avec bonheur un tel état de choses (1).

(1) La *Probation* resta attachée au séminaire de Coutances, depuis 1652 jusqu'à l'année 1671, où elle fut transférée à Caen. La Congrégation de Jésus et Marie, malgré la dure persécution dont elle était alors l'objet, s'accrut de treize nouveaux sujets. Le 8 février 1654, elle reçut dans son sein M. Jean-Jacques Blouet de Camilly, le digne héritier des vertus et de la charge du P. Eudes.

Le Serviteur de Dieu, voyant sa maison de *probation* déjà ainsi établie, comprit qu'il étoit d'une grande importance de donner à ses sujets des règles et constitutions, pour fixer les jeunes et les anciens dans une exacte discipline, et leur faire prendre des habitudes solides de régularité. Une autre raison qui le pressoit encore fortement de rédiger ces constitutions, c'est que non-seulement le nombre de ses sujets, mais encore le nombre de ses maisons alloit sans cesse croissant. Le séminaire de Coutances était à peine constitué que le Serviteur de Dieu se voyoit pressé, de la manière la plus vive, d'aller fonder un troisième établissement de ce genre à Lisieux. Il comprit que le moment étoit venu de donner une règle unique à ces différens établissemens, pour les réunir par un lien commun et leur inspirer à tous le même esprit. Il s'étoit déjà livré à ce travail important dans les années précédentes, selon qu'il en pouvoit trouver le temps, au milieu des grandes occupations dont il étoit chargé, souvent même en prenant quelques heures sur le repos de la nuit; mais en cette année 1652, il travailla avec plus d'assiduité à mettre en ordre tout ce qu'il avoit assemblé sur ce sujet, ce qui luy fournit la matière d'un volume. On ne peut douter qu'il n'eût receu pour ce travail si important et si épineux des lumières particulières du Saint-Esprit: on y trouve un sens si droit, un esprit si ecclésiastique, un si riche ensemble de moyens propres à former et à entretenir un bon gouvernement, si puissant aussi pour soutenir les sujets dans la ferveur et la piété, qu'il faut convenir que l'esprit de Dieu seul pouvoit en être l'auteur. C'est le jugement qu'en ont porté, jusqu'à présent, tous ceux qui ont lu ces règles avec simplicité et sans prévention.

Le P. Eudes, en travaillant à ses constitutions, ne se contentoit pas de peser les choses en la balance du bon sens; il avoit surtout soin de prier beaucoup, et de consulter Dieu sur chaque article, avec une grande pureté d'intention, ne cherchant uniquement qu'à connoître sa très-sainte volonté. Regardant sa Congrégation, comme le bien, et en quelque sorte, comme la propriété de Jésus et Marie, il tâchoit de ne rien prescrire, que conformément à leur esprit et à ce qu'ils auroient établi et réglé eux-mêmes, s'ils avoient été visiblement présens dans sa maison. Après qu'il eut écrit ses constitutions, quoy qu'il n'y eût pas encore mis la dernière main, il les déposa sur le marchepied de l'autel, comme pour les présenter à Notre-Seigneur et à sa très-sainte Mère, les conjurant que, si elles étoient convenables à leur Congrégation, ils voulussent bien y apposer le sceau de leur approbation et accorder à tous les sujets de sa Communauté les grâces nécessaires pour les observer (1).

Pendant que le P. Eudes travailloit ainsi à donner des règles à sa Congrégation, M. Molé, évêque de Bayeux, persistoit toujours dans ses fâcheuses dispositions à l'égard de ce saint prêtre et de ses associez, et nourrissoit même plus que jamais le dessein formé de détruire la Congrégation de Jésus et Marie dont il ne pouvoit entendre prononcer le nom. Le Serviteur de Dieu, de son côté, ne négligeoit rien de ce qu'il croyoit propre à adoucir l'esprit du Prélat et à se le rendre plus favorable. Mais n'y ayant point réussi, malgré tant d'efforts restez jusqu'alors infructueux, il remit tous ses intérêts entre les mains de Dieu, et dans le Sacré Cœur de Jésus et Marie, abandonnant le tout à leur très-adorable volonté. Dieu prit sa cause en main et mit fin à cette dure affliction, de manière à ne laisser aucun lieu de douter que c'étoit luy-même qui étoit l'auteur du changement subit qui se produisit tout à coup : M. Molé, faible de complexion et d'un assez mauvais tempérament, fut attaqué d'une violente maladie dont il mourut à Paris, le 6 avril 1652, à l'âge de 43 ans.

(1) Le 16 mars 1652 mourut au séminaire de Coutances, à l'âge de 54 ans, et fut inhumé dans l'église de Saint-Nicolas, à l'entrée du chœur, M. Jacques Finel-du-Pont-d'Aulne, le cinquième des premiers Pères de la Congrégation. Ce fut le premier des sujets du P. Eudes qui donna de ses biens à la Congrégation de Jésus et Marie, en faisant présent de 300 livres de rente au séminaire de Caen, à prendre sur sa terre du Pont-d'Aulne. Cette rente a été échangée en 1685 avec le séminaire de Coutances, qui céda à celui de Caen la terre de la Motte, sise à Vaucelles, laquelle était bien plus à la convenance de cette dernière maison. « Grâce à cette acquisition de la Motte, dit le P. Costil, la maison de Caën a une promenade à la sortie de la ville et un lieu fort sain où nos confrères peuvent achever de rétablir leur santé quand ils sont convalescens, ou vaquer en silence aux exercices de la retraite et de la vie intérieure. »

Quoyque le P. Eudes fût, certes, bien éloigné de se réjouir de la mort de ce Prélat, qui avoit tant exercé sa patience, depuis qu'il avoit été nommé à l'évêché de Bayeux, il ne laissa pas pourtant de regarder cette mort comme un coup de la main de Dieu, et un effet sensible de sa protection sur sa petite Congrégation. Cet événement luy fit concevoir l'espérance de pouvoir rétablir les affaires de la maison de Caën, si durement traitée par le Prélat défunt. Il commença par employer ses amis, pour voir s'il ne pourroit point obtenir quelque chose du chapitre de Bayeux pendant la vacance du siége. Mais comme beaucoup de ses membres étoient prévenus contre luy, ils ne voulurent rien changer à ce qui avoit été fait, et réservèrent cette question tout entière au futur évêque.

Mais Dieu vouloit montrer d'une manière évidente que le rétablissement de la Congrégation étoit son propre ouvrage, et non celuy des hommes; il permit que l'abbé de Sainte-Croix, frère de M. Molé qui venoit de mourir, fût nommé par le Roy pour luy succéder. Ce Dieu bon, voulant sans doute récompenser la foy profonde, la ferme confiance et la résignation si complète de ses fidèles serviteurs, avoit arrêté que le séminaire de Caën, fermé par M. Molé, seroit rétabli par l'ordre exprès de son propre frère. En effet, dez qu'il fut nommé au siége de Bayeux, il écouta favorablement tout ce que le P. Eudes et ses amis voulurent luy représenter. Mais afin qu'on ne crût pas que cette grâce n'étoit accordée au Serviteur de Dieu que par les sollicitations d'amis puissans, l'abbé de Sainte-Croix arrêta de ne rien faire à cet égard qu'avec une entière connoissance de cause et conformément aux règles de la plus stricte justice. Pour cet effet, il voulut voir toutes les pièces pour et contre la cause dont il s'agissoit. Il les examina luy-même mûrement, et en délibéra avec son conseil; après quoy, il écrivit au chapitre de Bayeux pour sçavoir les raisons qu'il pourroit avoir de s'opposer à ce rétablissement, qui paroissoit être une chose très-avantageuse au dioceze.

Il est vray que Notre-Seigneur se servit de la vénérée Supérieure des religieuses de la Miséricorde de Paris pour engager l'abbé de Sainte-Croix à rétablir la chapelle du séminaire de Caën ; mais ce ne fut qu'après avoir pris les sages précautions que nous venons de dire, et avoir connu le peu de solidité des raisons des opposans les plus ardens et les plus opiniâtres, qu'il écrivit au chapitre de Bayeux dans les termes à la fois les plus pressans et les plus gracieux. Il leur disoit que, fermement convaincu de la justice de la demande qu'il leur faisoit, il ne la réclamoit cependant de leur part que comme une grâce, mais une grâce dont il se tiendroit plus obligé que de toutes les autres marques de considération qu'ils pourroient luy donner.

Quoy qu'il ne fût point encore sacré, et qu'il n'eût pas même receu ses bulles de Rome, les membres du chapitre ne pouvoient pourtant pas se dispenser de le regarder comme leur évêque, et il n'y avoit guère d'apparence qu'ils pussent luy refuser une chose aussi juste, et qu'il leur demandoit en des termes si pressans et si remplis de courtoisie et d'aménité ; aussi, après bien des délibérations, ils convinrent de s'adresser à l'Official qui avoit porté la sentence d'interdiction de la chapelle, afin de sçavoir de quelle manière il faudroit s'y prendre pour rendre un jugement contradictoire au premier, sans nuire à la mémoire du Prélat décédé. M. l'Official n'y parut pas fort embarrassé ; après les avoir informez comment la chose se pouvoit faire, il donna une sentence de main-levée de la dite interdiction, dont voicy la teneur :

« Devant nous Nicolas Lecomte, etc., Official de Bayeux, au
« siége de Caën, le siége épiscopal vacant, le samedy 10° jour
« de may 1653, sur la requeste présentée par M° Jean Eudes,
« Nicolas Blouet, sieur de Than, Richard Le Mesle, Thomas
« Hubert et Jean de Longval, prestres, pour eux et leurs
« associez de la Congrégation du séminaire en la ville de Caën,
« tendante à ce que nous eussions à leur accorder main-levée
« des défenses à eux faictes par sentence de Nous, donnée le
« 29 novembre 1650, et qu'il leur fust permis, conformément
« aux patentes et arrests de la Cour du Parlement de Nor-
« mandie, de faire les fonctions qu'ils faisoient en la dicte Con-
« grégation auparavant la dicte sentence ; veu la dicte requeste

« signée des dicts Eudes, Blouet, Le Mesle, Hubert et de
« Longval, et datée du cinq du présent moys, et au pied de
« laquelle est nostre ordonnance du dict jour, de communiquer
« icelle avec les pièces y jointes au sieur Promoteur, aux fins
« des conclusions, la dicte sentence donnée de Nous sur la
« réquisition du sieur Promoteur pour lors en charge, par
« laquelle défense leur avoit été faicte de faire aucunes fonc-
« tions ecclésiastiques dans le ressort de cette Officialité, ny en
« public, ny en particulier, en forme de communauté, jusqu'à
« ce qu'ils eussent faict apparoir de l'institution et establisse-
« ment de leur dicte Communauté en forme authentique, par
« Mgr l'Illustrissime et Révérendissime Evesque de Bayeux;
« veu aussy les lettres patentes de Sa Majesté, données à Sainct-
« Germain-en-Laye au moys de décembre 1642, avec l'acte
« d'enregistrement en la dicte Cour le 23 mars 1650, les dictes
« patentes octroyées sur la requeste présentée à Sa Majesté par
« feu d'heureuse mémoire, mon dict seigneur l'Illustrissime
« et Révérendissime messire Jacques d'Angennes, évesque de
« Bayeux, pour l'institution et establissement d'une société de
« prestres ou autres tendans à la prestrise, pour y vivre en
« communauté sous le nom et tiltre de prestres du séminaire
« de Jésus et Marie, dans la ville ou faubourg du dict Caën ;
« lettres d'érection et d'institution de la dicte Congrégation,
« concédées par feu mon dict seigneur évesque au dict Eudes
« et à ses associez; autres lettres données par Mgr l'Illustris-
« sime et Révérendissime archevesque de Rouën, sur la re-
« queste présentée par le dict Eudes et ses dicts associez,
« contenant approbation et confirmation canonique de la dicte
« communauté, avec ordonnance d'enregistrement tant au
« secrétariat du dict archevesque qu'autres lieux, les dictes
« lettres datées du 23 juillet 1647 ; arrest du Parlement pour
« l'enregistrement tant des dictes lettres patentes de Sa Ma-
« jesté que celles d'establissement du dict seigneur évesque de
« Bayeux pour, par le dict Eudes et ses associez en la dicte
« Congrégation soubz le nom de prestres du séminaire du dioceze
« de Bayeux en la dicte ville de Caën, faire et continuer leurs
« fonctions, conformément aux susdictes lettres d'establissement
« et suivant l'Ordonnance de Blois, le dict arrest du 23° jour

« de mars au dict an 1650 ; attendu que les défenses portées
« par nostre susdicte sentence, cy-dessus datée, étoient fondées
« sur la complainte faicte par le dict sieur Promoteur, lors en
« charge, que les dicts Eudes et ses associez en la dicte Con-
« grégation y vivoient ensemble en forme de communauté
« ecclésiastique et faisoient leurs fonctions publiques sans aucun
« consentement ny permission du dict seigneur évesque, lec-
« ture faicte des dictes pièces, présence du dict sieur Promo-
« teur, depuis et de présent en charge, concernant l'institution
« et establissement du dict séminaire, et sur ce ouï en ses
« conclusions ;

« Nous avons, de son consentement, accordé et accordons
« main-levée aux susdicts Eudes, Blouet, Le Mesle, Hubert et
« de Longval, pour eux et leurs associez, des défenses portées
« par nostre dicte sentence du 29 novembre 1650, et en ce
« faisant à eux permis de faire toutes et telles fonctions ecclé-
« siastiques qu'ils pouvoient faire auparavant la dicte sentence,
« parce que les dicts Eudes et autres ses associez et leurs
« successeurs en la dicte Congrégation sont et demeureront
« tousjours sous l'entière direction, dépendance et juridiction
« de nos seigneurs les Illustrissimes et Révérendissimes éves-
« ques de Bayeux, MM. les vicaires-généraux et autres officiers
« du dict évesché, conformément aux dictes lettres de l'esta-
« blissement ; de toutes lesquelles pièces demeureront copies
« deuement collationnées au greffe de cette Officialité, pour y
« avoir recours en cas de besoin.

« Pour ce, il est mandé au doyen de la chrestienté, à son
« vice-gérant et à l'appariteur de la dicte juridiction d'exécuter
« deuement le contenu en la dicte sentence, selon la forme
« et teneur.

« Faict comme cy-dessus.

« *Signé* : QUENTIN.

« Et scellé du sceau du chapitre, le siége épiscopal vacant. »

Cette sentence fut donnée le 10ᵉ jour de may 1653, après Pâques, qui étoit un samedy, jour auquel le P. Eudes et sa Communauté célébroient la fête de l'Apparition de Notre-Seigneur à sa très-sainte Mère, après sa Résurrection, ce

qu'il n'a pas manqué de mettre au nombre des grâces particulières qu'il a receues de cette Mère d'amour, et de le bien marquer dans son Journal, ou *Memoriale beneficiorum Dei* :
« De sorte, dit-il, que nostre chapelle fut réouverte en 1653,
« après Pasques, au jour de la feste de l'Apparition de Nostre-
« Seigneur à sa très-saincte Mère, après sa Résurrection, qui
« fut un jour de grande consolation et de joye extraordinaire
« pour nous et pour nos amis. *Regina cœli lætare*, etc. »

Mais il en écrivit à ses confrères de la maison de Coutances d'une manière beaucoup plus étendue, et avec de bien plus grandes effusions de joye, pour les engager à en bénir Notre-Seigneur et sa très-sainte Mère. La lettre est toute pleine de piété; on ne sera pas fâché d'en trouver icy une copie :

Caën, 15 may 1653.

« Mes très-chers et très-aimés frères,

« *Benedictus Deus, et Pater Domini nostri Jesu Christi,*
« *Pater misericordiarum, et Deus totius consolationis, qui con-*
« *solatur nos in omni tribulatione nostra.*
« *Alleluia, Alleluia, Alleluia.*

« Nostre chapelle est ouverte, et nous y célébrons la saincte
« messe. *Alleluia*. Elle n'est ouverte que de mardy dernier,
« mais nostre affaire est faicte et signée de samedy, jour
« de la feste de l'Apparition de Nostre-Seigneur ressuscité à
« sa très-saincte Mère. *Alleluia, Alleluia, Alleluia*.
« C'est un coup de la puissance incomparable et de la bonté
« ineffable de nostre très-bonne Mère, qui a voulu différer
« l'achèvement de cette affaire au jour de la plus grande
« joye qu'elle ait eue en la terre, et qui l'a faicte lorsque
« nous y pensions le moins, et après y avoir employé en vain
« tous nos efforts et ceux de nos amis. *Alleluia, Alleluia,*
« *Alleluia.*
« Cette Mère de Miséricorde a voulu se servir de la bonne
« Mère Supérieure de la Miséricorde de Paris pour nous faire
« cette faveur, afin de nous faire voir que c'est un effet de sa
« très-grande miséricorde, et que nous sommes les mission-

« naires de la divine miséricorde, envoyez par le Père des mi-
« séricordes pour distribuer les thrésors de la miséricorde aux
« misérables, c'est-à-dire aux pécheurs, et pour traiter avec eux
« avec un esprit de miséricorde, de compassion, de douceur.

« *Alleluia, Alleluia, Alleluia, Alleluia, Alleluia.*

« Que rendrons-nous à cette aimable Mère? Mais que ren-
« drons-nous à son Fils bien-aimé, par lequel toutes choses
« nous sont données du Père céleste? Que rendrons-nous à
« ce Père divin, qui est la source primitive de tout bien?

« Que tous les Anges et tous les Saincts bénissent à jamais
« Jésus et Marie ! Que Jésus et Marie avec tous les Anges et tous
« les Saincts louent et glorifient le Père Eternel ! Que toutes
« les puissances et perfections de la divinité magnifient infi-
« niment le Père, le Fils et le Sainct-Esprit! *Confiteantur*
« *Domino misericordiæ ejus, et mirabilia ejus filiis hominum.*

« Mais ce n'est pas tout : je vous supplie, mes très-chers frères :

« Premièrement, qu'en mémoire et action de grâces de la
« faveur infinie que Nostre-Seigneur nous a faicte de nous
« venir visiter et de nous consoler par sa divine présence au
« Très-Sainct Sacrement, par l'entremise de la mère de
« miséricorde, nous prenions résolution de bien célébrer
« tous les ans la feste de son Apparition à cette divine Mère,
« et de la première visite qu'il luy a rendue estant ressuscité;

« Deuxièmement, que vous disiez tous une messe votive en
« l'honneur du mystère, et qu'ensuite vous disiez encore
« chacun sept messes à vostre dévotion, pour remercier Dieu
« et luy demander trois choses : la première, pour tous ceux
« qui nous ont esté contraires, afin que *non illis imputetur;*
« la deuxième, pour tous nos amis, que Nostre-Seigneur leur
« rende au centuple tous les effets de leur charité envers nous;
« la troisième, pour nous, qu'il nous fasse la grâce de faire un
« sainct usage de ses faveurs, et de commencer tout de bon à le
« servir et aimer, avec la perfection qu'il demande de nous,
« c'est-à-dire par la pratique d'une véritable humilité, d'une
« obéissance exacte, d'une cordiale charité, d'un zèle très-
« ardent pour le salut des âmes, d'un amour pur vers Dieu, et
« surtout d'une parfaite soumission et abandon à la divine
« volonté;

« Troisièmement, que dans la Salutation au très-sainct Cœur
« de nostre Mère de miséricorde, après *Ave Cor beatissimum*,
« nous adjoustions : *Ave Cor misericordissimum*; et dans la
« Salutation, *Ave Maria, filia Dei Patris*, après *Ave Maria,*
« *Mater admirabilis*, nous adjoustions aussy ce verset : *Mater*
« *misericordiæ;* et de mesme dans les litanies de Nostre-Dame,
« après *Mater admirabilis* nous mettions encore : *Mater miseri-*
« *cordiæ;* et, ce, en mémoire et action de grâces de la miséri-
« corde que Dieu nous a faicte en cette occasion par cette
« Mère de grâce et de miséricorde, pour luy offrir, et, par
« elle, à son Fils, tous ceux qui sont dans quelque misère
« spirituelle ou corporelle, mais spécialement ceux qui sont
« dans l'épouvantable misère du péché, et pour nous donner
« à la divine miséricorde, afin qu'elle nous anime de son
« esprit vers tous les misérables, que nous en ayons pitié et
« que nous fassions tout ce que nous pourrons pour les assister
« et soulager;

« Quatrièmement, puisque Nostre-Seigneur nous a faict la
« grâce de revenir dans sa maison, et que nous avons le
« bonheur de le posséder dans la Saincte Eucharistie, nous
« entrions dans un nouveau désir de luy rendre et faire rendre
« en ce Sacrement tout l'honneur et le respect que nous
« pourrons, nous comportant dans l'église avec toute la mo-
« destie, révérence et piété possibles, n'y parlant point, si ce
« n'est pour quelque nécessité, et peu et tout bas; ne souffrant
« point dans nos églises ou chapelles que les enfans y jouent
« ou fassent du bruit, que les pauvres y demandent l'aumône,
« *que l'on y voie des chiens*, ou des personnes causer, ou y
« demeurer dans une posture indécente, ou s'y comporter avec
« irrévérence.

« Donnez-vous tous à Nostre-Seigneur Jésus-Christ et de
« tout vostre cœur, pour entrer dans ses sentimens, et
« pour les mettre en pratique, pour l'amour de nostre très-
« aimable Jésus et de sa très-digne Mère.

« C'est en l'amour sacré de leur très-sainct Cœur que
« je vous embrasse tous en particulier, avec un nouveau
« désir de vous servir en toutes les manières que je
« pourray. Embrassez-vous les uns les autres en ce mesme

« amour ; *Corde magno et animo gaudenti* (1). Je me
« donne tout à eux pour vous, et tout à vous pour eux,
« en qualité de

« Vostre très-indigne serviteur et très-affectionné confrère,

« Jean Eudes,

« *Prestre missionnaire de la Congrégation de Jésus et Marie.* »

On sent assez en lisant, ou entendant lire cette lettre, combien elle est pleine de piété, et ne respire qu'amour et reconnoissance.

---

(1) Le P. Costil (*Annales*, l. II) dit que les paroles *colere Deum et facere voluntatem ejus, corde magno et animo volenti*, peuvent être regardées comme la devise de la Congrégation de Jésus et Marie. On rencontre, en effet, à chaque instant, la dernière partie de ce texte dans les lettres et dans les ouvrages du P. Eudes. Dans l'allégresse qu'il éprouve en voyant sa chère chapelle rétablie, il remplace ici le mot du texte, *volenti*, par celui de *gaudenti*.

« *Ne souffrant pas dans nos églises ou chapelles que les enfans y jouent ou fassent du bruit, que les pauvres y demandent l'aumône, que l'on y voie des chiens* », etc. Le passage suivant du livre du P. Eudes, *La Vie et le Royaume de Jésus*, imprimé à Caen en 1666, fera bien comprendre l'importance de la recommandation adressée par le vénéré supérieur aux membres de la Congrégation de Jésus et Marie :

« Vous les voyés (bon nombre de ceux qui viennent dans les églises)
« tantost debout et se promener impudemment, comme s'ils estoient dans
« vne ruë; tantost mettre vn genoüil en terre et l'autre en l'air, comme s'ils
« vouloient morguer le Souuerain Seigneur du Ciel et de la terre..... Vous
« y entendés les vns causer et discourir, les autres rire, les autres crier
« tout haut comme dans vne halle. Vous voyés les pauures, qui deuroient
« demeurer à la porte des églises, enuironner les autels, non pas pour
« y adorer Dieu, mais pour troubler ceux qui l'adorent, parlans souuent plus
« haut que les prestres qui célèbrent les diuins Mystères..... *Vous y voyés
« souuent des troupes de chiens, qui s'entremordent, qui abboyent, qui
« font leurs ordures contre les autels, qui troublent le seruice diuin, et qui
« contraignent quelquefois les prédicateurs de se taire. Et non-seulement
« personne n'a soin de les chasser, mais plusieurs les amènent auec eux dans
« les lieux saints ; voire mesme il y en a qui les y apportent.....*

« Ce n'est pas tout : vous voyés des laïques, tant hommes que femmes,
« entrer dans le Chœur et dans le Sanctuaire, prendre la place des prestres,
« se placer quelquefois au-dessus d'eux, se mettre contre les autels, et
« mesme s'y appuyer..... Tout est en confusion dans l'église aujourd'huy :
« il n'y a plus ny règle, ny discipline ; chacun y est maistre, tout y est
« égal ; il n'y a plus de discernement entre les prestres et les laïques, et ce

On y peut remarquer l'origine de cette addition, *Mater misericordiæ*, faite aux litanies de la sainte Vierge, qui se chantent ou récitent dans la Congrégation, ainsi qu'aux deux autres prières qui y sont pareillement en usage, mais ne sont pas si connues dans le monde.

Le P. Eudes, voyant de si beaux commencemens de l'abbé de Sainte-Croix, qui avoit daigné luy procurer une si grande faveur, avant même d'avoir ses bulles pour l'évêché de Bayeux, formoit les plus belles espérances pour l'avenir. Libre désormais d'exercer ses saintes fonctions, il se promettoit de se livrer au travail avec un nouveau courage et de faire tout le bien dont la divine Providence lui fourniroit l'occasion. Mais Dieu en avoit autrement ordonné : à peine l'abbé de Sainte-Croix eut-il procuré le rétablissement de la chapelle du séminaire de Caën, qu'il remit le brevet de l'évêché de Bayeux entre les mains de sa Majesté. Cette démission jetoit le P. Eudes dans de nouvelles inquiétudes : il pouvoit craindre avec raison que le nouvel évêque désigné pour le remplacer ne se montrât pas si bien intentionné à son égard. Cependant il abandonna le tout entre les mains de la Providence, se bornant à demander à Dieu avec grande instance un Prélat selon son cœur pour l'évêché de Bayeux.

A cette occasion, il lui vint en pensée de s'adresser à la

« qui est honteux, les prestres et les femmes n'ont plus qu'une mesme
« place.

« Il n'y a plus de sanctuaire, ny de lieu réserué aux sacrés ministres du
« Saint des Saints : tout y est ouuert, non-seulement aux hommes laïques,
« aux femmes mondaines, aux mauuais pauures, qui n'entrent dans les
« lieux saints que pour les profaner, *mais mesme aux chiens, qu'on souffre*
« *s'y promener et y faire tout ce qu'ils veulent.* Ce n'est plus la maison
« d'oraison, c'est une cauerne de larrons, une retraite de bestes, et un
« lieu de profanation. » (*La Vie et le Royaume de Jésus*, édit. de 1666, p. 415-418.)

Cette verte réprimande du rude missionnaire n'est pas sans intérêt historique : les désordres qu'il signale, rapprochés de faits plus lamentables encore attestés par les écrivains contemporains, et notamment par saint Vincent de Paul, montrent que chaque époque a ses misères et ses douleurs, et que le grand siècle a eu une large part dans ce triste héritage de l'humaine nature. Mgr Ketteler l'a dit avec infiniment de raison : *Il n'y a pas eu de bon vieux temps.*

Reine Mère pour lui représenter les besoins de ce dioceze, et la prier d'y nommer un évêque qui pût réparer le mal qui s'y étoit glissé par le passé. Il en conféra avec quelques-uns de ses amis très-zélez pour la gloire de Dieu et le salut des âmes, qui tous approuvèrent son dessein et l'encouragèrent à l'exécuter. Il ne crut pourtant pas le dévoir faire autrement que par lettre. Voicy celle qu'il prit la liberté d'adresser à la Reine :

« Madame,

« Ayant appris que M. l'abbé de Sainte-Croix a quitté le
« dessein de se faire sacrer évesque de Bayeux, je m'estimerois
« extresmement coupable, si je ne suivois le conseil que plusieurs
« grands serviteurs de Dieu m'ont donné de représenter à Vostre
« Majesté, que de tems immémorial il ne s'est faict aucune
« visite par l'évesque, dans le dioceze de Bayeux; que cette
« négligence y a causé des désordres et des profanations plus
« grandes par leur durée, que n'auroient faict plusieurs pas-
« sages d'armées ennemies du nom chrétien, et que cette
« démission volontaire d'un bénéfice si considérable, semble
« avertir Vostre Majesté, que Dieu qui prend soin du moindre
« de nos cheveux, ne suscite une chose si extraordinaire en
« ces misérables jours de corruption (où l'on ne se fait pas
« scrupule de renoncer au bénéfice de l'éternité pour en
« acquérir ou en conserver un bien moindre que l'évesché de
« Bayeux) que pour fournir une occasion à Vostre Majesté, de
« rendre justice au sang de son Fils, lequel par l'effusion tout
« entière qu'il en a faicte, s'est acquis le domaine et la propriété
« des âmes de tout ce dioceze, a bien meilleur et incompa-
« rablement plus juste tiltre, que ceux qui acheptent des
« esclaves à prix d'argent, sur lesquels néantmoins ils ont un
« domaine si absolu. Ces considérations, Madame, plus im-
« portantes sans comparaison, que celles par lesquelles on
« conduit les plus grandes monarchies de l'univers, demandent à
« Vostre Majesté un sainct pour évêque de ce dioceze. Vous estes
« obligée par le sainct Concile de Trente, sur peine de péché
« mortel, de ne nommer à tous les bénéfices qui ont charge
« d'âmes, non-seulement que ceux que Vostre Majesté en-

« estimera dignes, c'est-à-dire des saincts, mais encore les
« plus dignes, c'est-à-dire les plus grands saincts. A plus forte
« raison, Madame, y estes-vous obligée pour un dioceze aussy
« désolé que celuy dont je parle, dont les besoins sont infi-
« niment plus grands, que je ne le puis représenter à Vostre
« Majesté. La connoissance que j'en ay par les fréquens exercices
« des missions que j'ay eu le bonheur de faire en beaucoup de
« lieux, et par les soupirs et gémissemens que font plusieurs
« âmes touchées du zèle de la gloire de Dieu, depuis une
« longue suite d'années, sur un si déplorable subject, joint au
« désir ardent que j'ay de voir couler sur cet estat et la sacrée
« personne de Vostre Majesté autant de bénédictions, que le
« Ciel justement irrité semble nous préparer de malheurs,
« m'ont donné la confiance de me jetter aux pieds de Vostre
« Majesté, au nom de tous les peuples de ce dioceze, quoyque
« le moindre et le plus indigne d'entre eux, pour essaïer d'ob-
« tenir de sa bonté l'effect d'une demande si importante à la
« gloire de Dieu, si nécessaire au salut des âmes, pour les-
« quelles il a livré son propre Fils à la mort, et à la mort de la
« Croix, et si capable de combler Vostre Majesté, et la sacrée
« personne de nostre incomparable Monarque, cet admirable
« Dieudonné, de toutes sortes de prospéritez, en réparant d'un
« costé, les injures faictes à sa gloire dans ce dioceze, pendant
« que, d'ailleurs, ses ennemis et les vostres, qui sont ceux de
« l'Estat luy font des outrages, lesquels ne se peuvent expier
« que par les peines des Enfers. Je supplie la divine bonté qui
« sera un jour vostre partage, Madame, de verser sur Vostre
« Majesté la plénitude des grâces nécessaires pour vous conduire
« en la céleste patrie, etc.

« JEAN EUDES. »

Nous ne sçavons point de quelle manière, ny dans quelles
dispositions la Reine receut cette lettre si pathétique; nous
verrons cependant dans la suite que le P. Eudes eut tout
sujet d'être content de celuy qui fut nommé pour remplir
un siége aussi important que celuy de Bayeux; mais ce ne
fut qu'après en avoir essuyé de longues et de violentes
contradictions.

En attendant ce qu'il plairoit à la divine Providence d'en ordonner, le P. Eudes fit une mission à Pontoise, qui fut procurée et défrayée par les soins de la Mère Jeanne de Jésus (1), carmélite, sœur de M. Séguier, chancelier. Pontoise est une ville du Vexin françois, qui dépend pour le spirituel de l'archevêché de Rouën ; elle forme un grand vicariat, qui, joint à 180 paroisses, forme une sorte de dioceze. Cette ville est considérable en bien des manières ; on la croit peuplée d'environ 5,000 personnes. On trouvoit donc tout ce qu'il étoit possible de désirer pour une grande et importante mission ; car, sans parler des habitans de la ville qui s'y rendoient avec empressement, on y voyoit encore accourir de tous côtez les peuples des campagnes voisines.

La capacité du P. Eudes, ses talens, son habileté en toutes sortes d'affaires, en un mot sa grande réputation l'avoit déjà précédé ; aussi, dez son arrivée à Pontoise, il trouva les esprits bien disposez en sa faveur. Mais quand on vit de plus près la sainteté de ses mœurs, sa modestie et son humilité, son esprit de religion, quand surtout on l'eut entendu prêcher la parole de Dieu, avec cette onction touchante, cette foy profonde, cette animation, cet élan du cœur qui étoient comme le caractère distinctif de son éloquence, on vint en foule pour l'écouter, pour se confesser à luy, et pour le consulter ; dez les premiers jours, il avoit gagné la confiance, l'estime et la vénération de tous. Le digne apôtre, de son côté, se donnoit tout entier à ce bon peuple ; on eût dit d'un père au milieu de ses enfans ; il écoutoit tout le monde avec bonté et ne se refusoit jamais à personne. On peut conjecturer de là combien abondans furent les fruits que produisit cette mission. Ce ne fut pas seulement dans le clergé qu'on vit la ferveur se rallumer ; la foy, l'amour de Dieu et de la religion se renouvelèrent dans toutes les conditions ; les vertus chrétiennes refleurirent dans tout le pays.

Durant l'automne de cette même année 1653, le P. Eudes

---

(1) *Jeanne*, et non *Anne* de Jésus, comme l'a écrit le P. de Montigny. Cette religieuse accorda au P. Eudes une relique du bras de sainte *Anne*, mère de la très-sainte Vierge.

alla donner une mission à la ville de Lisieux (1); mais avant de rapporter ce que nous en sçavons, il faut reprendre les choses d'un peu haut. Après la mort de M. Cospean, arrivée en 1646, M. Léonor de Matignon, premier de ce nom, fut transféré de l'évêché de Coutances à celuy de Lisieux. Le Prélat y amena avec luy M. Le Pileur, son grand-vicaire, qui continua à luy rendre dans ce nouvel évêché les services qu'il luy avoit rendus dans celuy qu'il venoit de quitter. L'évêque et le grand-vicaire ne furent pas longtemps à Lisieux sans s'apercevoir qu'ils avoient une ample moisson à cultiver, et une riche matière à exercer leur zèle. Ils voyoient, en effet, une grande ignorance parmy le clergé de la ville et de tout le dioceze, un grand relâchement dans la discipline, et de la corruption partout. Ils reconnurent qu'une des principales sources de tous ces déréglemens étoit la mauvaise administration du Collége de Lisieux, où les régens s'acquittoient très-mal de leur devoir.

Après y avoir beaucoup réfléchi et conféré ensemble sur ce sujet, ils furent d'avis que, pour remédier à ce triste état de choses, il falloit établir un séminaire dans la ville de Lisieux, donner une autre forme au Collége et le mettre sur un tout autre pied. Comme ils connoissoient parfaitement le P. Eudes, et qu'ils sçavoient de quoy il étoit capable, ils résolurent de luy confier cette affaire, pensant que s'il vouloit bien s'en charger, il ne négligeroit rien pour s'en bien acquitter. Ils s'affermirent surtout dans ce dessein, quand M. Auvry, évêque de Coutances, eut donné au zélé missionnaire la direction de son séminaire. Dez 1651, M. Le Pileur avoit fait un voyage à Coutances pour examiner de plus près cet établissement, juger des garanties d'avenir qu'il offroit, et le prendre pour modèle. M. de Lisieux et son grand-vicaire firent toutes ces démarches sans en rien dire au P. Eudes. Ils convinrent de ne luy proposer d'abord que la mission, et de profiter de ce temps où le saint

(1) Elle fut demandée par M. Le Pileur, M. de Crèvecœur-Rabodenge, et M. de La Motthe-Lambert, Conseiller à la Cour des Aides de Rouen, qui fut plus tard sacré à Paris par l'archevêque de Tours, sous le titre d'évêque de Béryte *in partibus*, et mourut à Siam, en 1679, après avoir évangélisé la Cochinchine pendant dix-sept ans.

apôtre seroit dans le dioceze pour régler avec luy l'affaire du Collège. M. Le Pileur ayant écrit au Serviteur de Dieu au sujet de la mission, il fut convenu qu'elle auroit lieu dans l'automne de cette année 1653.

On ne pouvoit guère être mieux prévenu à l'égard des missionnaires qu'on ne l'étoit à Lisieux lorsqu'ils y allèrent faire cette mission. Le P. Eudes avoit déjà travaillé dans ce dioceze, si souvent, en tant d'endroits et avec de si grandes bénédictions, qu'il y étoit estimé comme un apôtre, et attendu comme un autre Messie : aussi y fut-il écouté comme un oracle, et recherché comme un habile médecin capable de guérir toutes les maladies de l'âme. Cette mission commença par où les autres finissent, c'est-à-dire avec une admirable ferveur, et elle trouva jusqu'à la fin les mêmes dispositions. Les peuples ne pouvoient se contenter d'entendre le grand et infatigable missionnaire, et la presse n'étoit pas moins grande, par proportion, au confessionnal. Les confesseurs ne pouvoient suffire à tous ceux qui demandoient à se confesser ; les pénitens devoient presque toujours attendre bien longtemps avant de voir arriver leur tour.

Cependant, quelque suivie que fût cette mission et quelque occupé que fût le P. Eudes à travailler et à diriger ses ouvriers, il luy fallut encore trouver du temps pour conférer avec M. de Matignon et M. Le Pileur touchant les projets qu'ils avoient formez pour le bien du dioceze. Le Prélat ne luy proposa d'abord que le dessein qu'il avoit formé d'établir un séminaire dans la ville de Lisieux pour le bien de son dioceze, et de luy en confier le soin. Comme le Serviteur de Dieu connoissoit tous les avantages qu'on pouvoit attendre de cet établissement, il ne balança pas à accepter l'offre que Monseigneur luy faisoit et à luy en marquer sa reconnoissance. Mais lorsqu'il fut question de déterminer le lieu où on le pourroit placer, le Prélat luy fit ouverture du second projet qu'il avoit conceu pour le bien de sa ville épiscopale et de tout son dioceze.

Entrant alors dans tous les détails de cette grande question sur laquelle il avoit beaucoup réfléchi avec son grand-vicaire, M. de Lisieux fit connoître au P. Eudes, que depuis longtemps il étoit fort mécontent de son Collége de Lisieux : il étoit, luy dit-il, très-mal administré; les professeurs s'acquittoient très-négligemment de leurs fonctions (1); les écoliers, mal dirigez, mal instruits par leurs maîtres, en sortoient très-ignorans, et souvent cette ignorance les conduisoit au libertinage et à la corruption. De plus, comme grand nombre de ces écoliers prenoient le parti de l'Eglise, c'étoient autant de sujets incapables et vicieux qui, devenant de mauvais prêtres, faisoient le déshonneur du clergé. L'évêque ajouta qu'il étoit persuadé que le séminaire qu'il projetoit d'établir produiroit peu de bien, si on ne trouvoit moyen de remédier aux déréglemens du Collége. Ce fut pour lors qu'il luy proposa de se charger de ce second établissement et d'y donner des régens de sa Congrégation, ajoutant que de cette manière, le séminaire et le Collége étant sous la même direction s'entr'aideroient mutuellement pour le spirituel et le temporel.

Quoyque ce soin ne parût pas trop convenir au P. Eudes, ny se bien accommoder avec les fonctions relatives aux séminaires et aux missions, il ne rejeta pas cependant la proposition que luy faisoit le Prélat; il luy en témoigna, au contraire, sa reconnoissance, le priant seulement de vouloir bien luy accorder quelque peu de temps pour y réfléchir. Il y pensa en effet devant Dieu, il fit part de ces propositions à quelques-uns de ses confrères, occupez à la mission de Lisieux, en qui il avoit le plus de confiance; et ils examinèrent tous ensemble sérieusement cette importante affaire. Le Serviteur de Dieu crut que la direction de ces deux établissemens luy fourniroit les moyens de contribuer puissamment à la gloire de Dieu et au salut des âmes, parce que les régens du Collége étant de sa Congrégation, et animez de l'esprit de piété, commenceroient de bonne heure à l'inspirer à leurs écoliers; et que, ceux-cy entrant ensuite au séminaire pour se faire ecclésiastiques, il seroit aisé de les perfectionner et d'en faire de saints prêtres; sans compter que cette régence ne contribueroit pas peu à luy former de bons sujets, capables de remplir tous les autres emplois de sa Congrégation.

(1) Il ne restait plus que trois classes, réunissant à peine quarante élèves. (Costil, *Annales*, l. IV·)

Ainsi le P. Eudes, de l'avis et du consentement de ses confrères, résolut d'accepter ce Collége, mais avec la résolution formelle de n'en point accepter d'autres dans la suite. Après quoy, ayant marqué à Monseigneur qu'il acceptoit de bon cœur la direction des deux établissemens, que sa Grandeur avoit la bonté de luy offrir, il prit des mesures pour l'exécution de ces projets. Il seroit difficile d'exprimer tous les soins que cet homme apostolique se donna, et qu'il voulut que l'on prît, pour réformer le Collége de Lisieux, les règles sages qu'il donna aux régens et aux écoliers, tant au point de vue de la science que de la piété, et la prudence dont il fit preuve pour préserver les écoliers de la corruption et du libertinage, qui sont si ordinaires parmy les jeunes gens. Aussi, on peut dire que ce Collége a produit depuis ce temps-là des biens immenses dans le diocèze et dans les pays circonvoisins. On en a vu sortir grand nombre de bons chrétiens, qui, se répandant ensuite dans toutes sortes d'états et de conditions, ont fait l'honneur et la consolation de ceux qui avoient travaillé à les former et à les instruire (1).

Tandis que le P. Eudes étoit à Lisieux, pour les affaires dont nous venons de parler, M. le Président d'Amfréville, qui étoit

(1) Les lettres d'Institution furent données par Mgr Léonor de Matignon, évêque et comte de Lisieux, le 25 octobre 1653 (V. aux *pièces justificatives*). La ville et le chapitre de la cathédrale approuvèrent le nouvel établissement le 13 décembre suivant. L'ancien Principal du Collége, Me Pierre Langlois, prêtre, en charge depuis trente-six ans, donna sa démission, en conservant, sa vie durant, sa prébende, estimée 500 livres. Le P. Eudes s'engagea à fournir au Collége quatre régents qui devaient enseigner « *sans exiger aucun salaire de personne* », ce qui doit évidemment s'entendre en dehors des bénéfices attachés à leur charge. La ville de Lisieux consentait à verser aux PP. 200 livres par an. La prise de possession du Collége et la bénédiction de la chapelle provisoire, qui fut dédiée *au très-saint Cœur de la bienheureuse Vierge*, eurent lieu le 26 novembre. Enfin, le 6 mai 1654, les PP. élurent supérieur, à l'unanimité des voix, M. Manchon; la Congrégation de la sainte Vierge fut aussitôt établie dans le Collége. « On commença dès ce temps, ajoute le P. Costil, à acheter des maisons pour avoir un terrain propre à faire un bâtiment et une église, ce qui est revenu à la somme de 40,000 livres, parce qu'il fallut démolir toutes ces maisons pour construire sur leur emplacement les édifices qu'on y voit aujourd'huy. » (*Annales*, l. IV.) Le grand séminaire et l'ancien Collége de Lisieux sont occupés maintenant par les sœurs de la Providence; le petit séminaire du P. Eudes est devenu le Collége communal.

pour lors à sa terre de Cisai, vint demander une mission pour cette paroisse dont il étoit seigneur. Le Serviteur de Dieu avoit trop de respect pour ce grand magistrat; il en avoit reçeu trop de services signalez, pour ne luy pas accorder avec empressement et bonheur une grâce qu'il ne refusoit à personne, pourvu qu'il eût le temps d'y satisfaire. Mais la saison étoit trop avancée pour pouvoir entreprendre alors une mission, puisqu'on étoit proche de la Toussaint. C'est pourquoy on convint de la remettre à l'année suivante, et on choisit l'automne, comme le temps où les peuples pouvoient y assister plus facilement. Cette époque étoit d'ailleurs plus à la commodité de M. le Président qui désiroit s'y trouver : c'étoit luy qui en faisoit la dépense, et il vouloit en suivre tous les exercices, prêcher d'exemple ses vassaux et profiter luy-même pour son salut des grâces que Dieu ne manqueroit pas d'y répandre.

Ce fut aussi durant cette mission de Lisieux que le P. Eudes contracta une sainte liaison avec les religieuses Ursulines de cette ville : il leur fit quelques visites, leur donna une conférence de piété, dont elles furent fort édifiées, aussi bien que des beaux exemples de vertu qu'elles remarquèrent en toute sa conduite; et de son côté, il ne fut pas moins édifié de la grande piété, régularité et perfection qu'il trouva dans cette fervente communauté. L'estime que ces bonnes religieuses conceurent pour le saint missionnaire leur inspira le désir, lorsque quelque temps après elles eurent besoin d'un visiteur, de le choisir pour cet employ; et elles mirent tout en usage pour l'engager à leur rendre ce bon office. Quoy qu'il fût déjà bien surchargé de tant d'occupations, il ne put cependant refuser la nouvelle charge que ces saintes filles le supplioient si instamment d'accepter. Comme elle est élective de trois en trois ans, il se flattoit qu'après son premier triennal, il trouveroit le moyen de s'en débarrasser. En effet, ce terme étant arrivé, il les pria de vouloir bien jeter les yeux sur quelqu'un qui fût moins occupé que luy, et qui pût donner plus de temps à leur communauté. Mais ces bonnes religieuses, qui avoient éprouvé les effets de sa grande charité, et qui étoient si édifiées de toute la conduite de leur saint visiteur, ne purent se résoudre à en élire un autre. Elles en appelèrent à Monseigneur de Lisieux; ce Prélat prié de si bonne grâce le P. Eudes de conserver cet employ, que le saint prêtre croyant voir la volonté de Dieu dans le désir manifesté par l'évêque du diocèze, son supérieur, acquiesça à la demande qui luy étoit faite et n'abandonna point ces saintes religieuses, tandis qu'il put remplir cette fonction qui luy avoit été confiée. Il les visitoit régulièrement tous les ans et leur faisoit toujours quelques conférences quand il passoit par Lisieux : elles n'oublieront jamais la tendre dévotion qu'il leur recommandoit si particulièrement et qu'il laissoit voir luy-même en toute occasion envers la très-sainte Vierge. Dans une visite qu'il fit de leur maison, à chaque image de cette Vierge incomparable qu'il rencontroit (et le nombre en étoit grand), il ne manquoit point de se mettre à genoux pour luy rendre ses respects. Enfin, il leur donna partout des sujets d'édification, et il eut le bonheur de les conserver dans une grande union, et une constante fidélité à tous leurs devoirs durant le temps qu'il fut leur visiteur.

Au commencement de l'année 1654 (1), le P. Eudes donna au public deux nouveaux livres, petits à la vérité, quant à l'étendue, mais dont l'excellence compense bien le petit volume. Le premier a pour titre : *Le contract de l'homme avec Dieu par le saint Baptesme*. Le Serviteur de Dieu étoit si pénétré de reconnoissance pour la grâce ineffable qu'il avoit receue en son Baptême, qu'il ne cessoit d'en bénir Dieu et de l'en remercier; sa grande dévotion étoit de travailler à en remplir les obligations. Ce fut ce qui luy fit prendre, dez sa jeunesse, la sainte pratique d'en renouveler tous les ans les promesses; il avoit tellement à cœur cette pratique, qu'il s'étoit fait une règle de la prêcher dans ses missions et de la conseiller aux personnes de toute condition. Il en a laissé la méthode dans son excellent livre de la *Vie et le Royaume de Jésus*; mais c'est principalement dans celuy dont il s'agit icy

---

(1) « Le 26 avril 1654, le P. Eudes fit acquisition, dans la paroisse d'Hérouville (près Caen), d'une terre qui appartenoit au seigneur du lieu, et étoit située dans un air très-sain. On y a ajouté dans la suite une portion de pré, ce qui la rend fort commode à faire valoir. Elle coûta 23,100 livres, qu'on paya de l'amortissement de plusieurs parties de rente. » (*Annales*, l. V.)

qu'il en montroit l'importance et la nécessité pour tous les chrétiens. Il receut, à ce sujet, une lettre de congratulation d'un Carme déchaussé, à qui il en avoit donné un exemplaire : ce bon religieux en faisoit grand éloge et en parloit comme d'un des livres les plus pieux et les plus solides qui fussent pour lors entre les mains des fidèles.

L'autre petit livre est intitulé : *La manière de bien servir la Messe, contenant la dignité et la sainteté de cette action, et ce qu'il faut faire à l'extérieur, et à l'intérieur pour la bien faire.*

Ce petit livre est disposé par demandes et par réponses en forme de catéchisme. Comme le P. Eudes étoit tout plein de piété et de religion, il ne pouvoit souffrir qu'on s'acquittât mal d'une si sainte action, ce qui malheureusement ne se rencontre que trop fréquemment. Il crut nécessaire de publier ce petit ouvrage, au moment où il voyoit ses séminaires se multiplier, pour servir de conseil et de guide aux aspirans au sacerdoce et aux maîtres qui étoient chargez de les diriger. Or, la manière pieuse et dévote de bien servir la sainte messe luy paroissoit une des premières choses qu'on y devoit enseigner. Dans la suite, il composa pour les séminaires d'autres livres bien plus importans, dont nous parlerons plus tard.

Ainsi que nous l'avons vu, le rétablissement de la chapelle du séminaire de Caën avoit rempli le P. Eudes de joye et d'une grande consolation, et luy avoit fait concevoir de grandes espérances ; il n'étoit pourtant pas encore au bout de toutes ses épreuves. La remise du brevet pour l'évêché de Bayeux, que fit M. l'abbé de Sainte-Croix, peu de temps après l'avoir receu, le rejeta dans de grandes inquiétudes et luy causa de grandes peines. En effet, par suite de cette démission, le diocèze de Bayeux retomba dans une vacance qui ne fut guère plus favorable à l'homme de Dieu que ne l'avoit été l'épiscopat de M. Molé. Parmy les officiers du chapitre, pendant la vacance du siége, plusieurs étoient des adversaires du P. Eudes et ne cherchoient que les occasions de luy marquer leur mauvaise volonté : il ne tint pas à eux que sa Congrégation ne fût entièrement détruite.

Ces premières inquiétudes furent bientôt suivies de quelques autres qui luy parurent plus graves encore. M. Servien, évêque de Carcassonne, venoit d'être nommé à l'évêché de Bayeux, et d'après l'avis que receut le P. Eudes, le nouveau Prélat ne paroissoit pas mieux disposé à son égard que ne l'avoit été M. Molé. En effet, à peine cette nomination fut-elle connue, que ses adversaires qui étoient plus à portée d'arriver jusqu'à l'évêque, prirent les devans, s'emparèrent de son esprit et réussirent à luy faire croire contre le Serviteur de Dieu à peu près tout ce qu'ils voulurent. M. Servien étoit un homme de bien ; c'étoit incontestablement un prélat tout plein de piété, et de bonnes intentions. Mais ce furent ces excellentes dispositions mêmes qui le rendirent plus accessible aux mauvaises impressions qu'on luy donnoit contre le saint missionnaire ; bon comme il étoit, M. Servien ne pouvoit pas se persuader qu'un si grand nombre de personnes *d'un certain caractère* eussent voulu luy en imposer contre le P. Eudes.

Ces adversaires déclarez luy persuadèrent contre le fondateur de la Congrégation de Jésus et Marie tout ce qu'ils avoient fait croire à M. Molé. Ils osèrent même l'assurer que M. de Harlay, archevêque de Rouën, avoit été le premier à conseiller à M. Molé de détruire l'établissement que le P. Eudes avoit commencé à Caën. Aussi, lorsque quelques amis que le digne missionnaire avoit à Paris allèrent, en son nom, saluer M. Servien, en attendant qu'il pût avoir l'honneur de luy présenter luy-même ses respects en personne, ils furent très-mal receus. Ils voulurent luy dire une partie du bien qu'ils connoissoient de cet homme de Dieu ; mais ils trouvèrent chez ce Prélat d'étranges préventions contre luy : à peine voulut-il les écouter, et il parut toujours croire le contraire de tout le bien qu'ils luy pouvoient dire à son endroit. Ils mandèrent au P. Eudes cette fâcheuse disposition du Prélat à son égard, et c'est ce qui le mit dans de si grandes peines et luy causa de si vives appréhensions.

Il vit bien par là qu'il n'étoit pas encore au bout de ses adversitez ; mais toujours résigné à tout, il adora les desseins de Dieu et se soumit à ce qu'il luy plairoit ordonner. Ce fut à ce sujet qu'il écrivit une excellente lettre à un de ses confrères ; elle est trop édifiante pour en priver le lecteur :

« Je remercie de tout mon cœur, dit-il, nostre très-adorable

« Jésus et sa très-aimable Mère de la croix qu'il leur plaist
« nous donner. C'est l'unique thrésor de la terre, le souve-
« rain bien des vrais enfans de Jésus et Marie, la source de
« toutes bénédictions, la gloire et la couronne, l'amour et
« les délices des vrais chrétiens. Je parle selon l'esprit et non
« selon le sens. Adorons donc, très-cher frère, bénissons,
« louons, glorifions et aimons de tout nostre cœur la très-
« aimable volonté de nostre bon Dieu, qui dispose toutes
« choses en la meilleure manière, et qui sçait bien tirer sa
« gloire du péché mesme, qui est le plus grand de tous les
« maux. Disons de toute l'estendue de nostre âme : Je béniray
« le Seigneur en tous tems : le Seigneur est mon secours, je ne
« craindray point ce que me feront les hommes. Il est vray que
« si le Seigneur ne bastit luy-mesme la maison, c'est en vain
« que travaillent ceux qui veulent l'édifier ; mais aussy est-il
« véritable que si le Seigneur ne destruit luy-mesme la maison,
« c'est en vain que travaillent ceux qui veulent la destruire ;
« après tout, que la volonté de Dieu se fasse. Il est le Seigneur,
« que ce qui luy plaira s'accomplisse. » Et après quelques
autres choses, il ajoute : « Au reste, fortifions-nous dans le
« Seigneur et dans la puissance de sa vertu, persuadez que
« que nostre travail n'est point inutile dans le Seigneur. Jettons
« toutes nos inquiétudes dans son sein ; parce qu'il prend soin
« de nous. Ce n'est pas à nous qu'ont affaire ceux qui nous
« traversent ; c'est au Roy et à la Reyne du ciel et de la terre
« qui sçauront bien dissiper tous leurs desseins quand il en
« sera tems. Cependant, il faut faire de nostre costé tout ce
« que nous pourrons pour les affaires de nostre Maistre, et
« demeurer en paix ; n'oubliant pas surtout de bien prier pour
« ceux dont il plaist à Dieu de se servir pour nous chastier,
« comme pour des bienfaicteurs. » La lettre est du 15 de juin
de l'année 1654.

En conséquence de ce qu'il avoit dit dans cette lettre, qu'il
falloit faire, de notre côté, tout ce qui dépendoit de nous, il
se crut obligé d'aller de nouveau à Paris, pour essayer s'il ne
pourroit point ou par luy-même ou par le moyen de ses amis,
gagner quelque chose sur l'esprit de M. Servien. Il y resta
environ deux mois, sçavoir les mois de juillet et d'aoust, pour

tâcher de conjurer la tempête, dont luy et sa Congrégation étoient si violemment menacez. Il se présenta luy-même devant le nouvel évêque pour l'entretenir de la Congrégation de Jésus et Marie et luy offrir ses services ; mais il en fut assez mal receu. Se voyant ainsi repoussé, il résolut d'adresser au Prélat une requête dans laquelle il développoit tous les différens points qu'il n'avoit pu exposer de vive voix ; mais M. Servien, toujours mal prévenu, ne donna pas plus d'attention à la requête du P. Eudes qu'à ses paroles. Notre vénéré maître eut alors recours au crédit de ses meilleurs amis et de ceux qu'il crut avoir quelque pouvoir sur l'esprit de M. de Bayeux ; il ne négligea aucun des moyens humains, qu'il plut à la divine bonté luy fournir, pour tâcher de détruire les préventions de ce Prélat ; mais pour le moment, tout fut inutile.

Le P. Eudes, voyant qu'un plus long séjour à Paris seroit sans résultat, adora avec la résignation la plus parfaite les desseins de Dieu ; il prit le parti de demeurer en repos, et d'attendre avec une entière confiance tout ce qu'il plairoit à la divine Providence d'en ordonner. Comme la saison de faire la mission de Cisal (1), qu'il avoit promise pour l'automne de cette année, approchoit, il écrivit à un certain nombre de ses ouvriers de le joindre à Lisieux, pour la commencer ; et à quelques autres de se tenir prêts pour y venir travailler dans le cas où il auroit besoin d'eux. M. le Président d'Amfréville s'étant rendu à Cisal dez que les vacations du Parlement furent ouvertes, la mission put commencer environ la mi-septembre, et elle dura jusqu'à la Toussaint, avec une grande ferveur.

Les grandes bénédictions que Dieu versa sur les travaux du P. Eudes le dédommagèrent un peu des peines que luy causoient les préventions et les rebuts de M. Servien. Il arriva dans cette mission un fait qui donna une grande jouissance aux missionnaires et fut d'une grande édification dans tout le pays. M. d'Amfréville avoit un vif désir, comme nous l'avons dit, de participer aux biens de la mission ; mais craignant que les missionnaires n'eussent peine à vouloir entendre sa confession

---

(1) Cisai-Saint-Aubin, canton de Gacé, arrondissement d'Argentan (Orne), se trouvait, avant la Révolution, dans le diocèse de Lisieux.

et que sa qualité de Président ne leur fît craindre d'avoir à résoudre des cas de conscience embarrassans et épineux, cet excellent magistrat voulut bien dissiper leur crainte et les rassurer, en leur déclarant publiquement, avec beaucoup d'humilité, qu'il ne prononçoit jamais d'arrêts qu'après avoir consulté quatre habiles avocats sur l'affaire qu'il devoit juger. Une précaution si sage et si chrétienne fit beaucoup de plaisir à tous ceux qui l'entendirent. D'ailleurs, son assiduité à assister à tous les offices ne fut pas d'une moindre édification, et ne contribua pas peu à animer tout le monde à profiter des grâces de la mission.

Cependant M. Servien receut ses Bulles pour l'évêché de Bayeux, le 13 de novembre 1654, et en prit possession par procureur, le 10 de mars 1655; peu de temps après il y arriva luy-même, à dessein d'y résider. Ce prélat vint dans son diocèze avec toutes ses préventions contre le P. Eudes, déterminé à fermer une seconde fois la chapelle du séminaire, aussitôt qu'il en trouveroit l'occasion, et à donner le soin de ses ordinands aux PP. de l'Oratoire. Le P. Eudes essaya encore de faire sa paix avec le Prélat; mais tous ses efforts restèrent sans effet (1).

Enfin, voyant que rien ne profitoit de la part des hommes, il se tourna entièrement du côté de Dieu et le sollicita avec

---

(1) Mgr François Servien fut transféré de l'évêché de Carcassonne à celui de Bayeux par Louis XIV, le 28 mai 1654. Dès le 27 avril 1656, il réunit un synode où il promulgua de nouveaux statuts. Ce vertueux Prélat fit de fréquentes visites dans son diocèse et y détruisit grand nombre d'abus. Le 25 et le 26 septembre 1658, il présida la cérémonie de la translation des reliques de saint Fauste et de sainte Basille, de la cathédrale à l'église de l'Hôtel-Dieu de Bayeux. « Dès le lever du soleil, les tambours avaient averti les bourgeois de se mettre sous les armes, les rues étaient tapissées, et pendant la cérémonie, le canon se fit entendre plusieurs fois. La procession était splendide. Après les religieux marchaient deux cents prêtres en surplis et cinq cent trente-deux revêtus de chapes, sous la conduite de quinze doyens ruraux. Les dignitaires portaient un ornement magnifique, « plus beau que nous ne sçaurions le décrire », dit la Mère Supérieure de l'Hôtel-Dieu. C'était un présent que Mgr Servien faisait à la cathédrale; il était estimé 12,000 livres. » (Laffetay, chanoine de la cathédrale de Bayeux, *Etude sur sainte Basille*.)

Il paraît que Mgr Servien était entretenu dans ses préventions contre le P. Eudes par un certain Père de l'Oratoire, nommé Rabageois. Le P.

de grandes instances. Il eut recours à tous les moyens qu'il crut propres à apaiser sa colère : prières, mortifications, pénitences de toutes sortes ; car il regardoit toutes ces contradictions qu'il éprouvoit comme des punitions de ses péchez. Il employa pareillement le crédit de grand nombre de personnes d'une haute piété, avec lesquelles il entretenoit de saintes liaisons ; il exhorta puissamment tous ses confrères à s'unir avec tant de saintes âmes pour faire une sainte violence à Dieu, l'engager à prendre sa cause en main, et avoir pitié de tant de pauvres pécheurs qui se perdent misérablement tous les jours ; et, afin de se mettre en état d'être plus promptement exaucez, il les pressa de travailler fidèlement à leur perfection. Ce fut dans ce dessein que, dez le 30 janvier, il écrivit une grande lettre à ses prêtres du séminaire de Lisieux pour les exhorter à servir Dieu avec toute la fidélité dont ils étoient capables. Pour cet effet, il leur recommandoit principalement trois choses, qu'il disoit être de très-grande conséquence pour arriver à la sanctification et au salut. La première, c'est de suivre en tout la très-adorable volonté de Dieu, qui est notre centre et notre bonheur ; ce que nous ne pouvons faire, si nous ne renonçons à notre volonté propre, qui est aussi opposée à la volonté divine que le diable l'est à Dieu ; parce que la volonté divine est la source de tous les biens, et la nôtre, la source de tous les maux, etc. Pour atteindre ce but, il les exhortoit à travailler à détruire leur amour propre, à faire grand état de l'obéissance, qui doit être la vertu favorite de sa Congrégation ; de l'humilité, qui en est inséparable, et de la connoissance de soy-même, sans quoy il est impossible de plaire à Dieu.

La deuxième chose qu'il leur recommandoit, c'étoit la dévotion à la sainte Vierge, à laquelle, dit-il, la Congrégation a des obligations incompréhensibles. Il les prioit de ne passer aucun jour sans réciter quelque partie de leur rosaire ; et demandoit ensuite aux confesseurs de recommander cette

---

Costil, jouant sur ce nom, dit naïvement : « en changeant deux lettres, ce nom conviendroit parfaitement à la mission qu'il sembloit s'être donnée de *rabattre* la *joye* que la Communauté espéroit ressentir à la venue d'un Prélat si accompli. »

pratique pieuse à leurs pénitens, et aux régens de l'inculquer à leurs écoliers.

Il leur indiquoit comme troisième moyen la charité mutuelle, que Notre-Seigneur a tant recommandée, et entroit dans un grand détail de ce qu'exige cette excellente vertu; après quoy il leur proposoit les moyens de l'établir et fortifier. Il faudroit transcrire icy cette lettre tout entière, pour en faire bien comprendre l'importance, tant elle est belle, instructive et édifiante. Il la terminoit en les conjurant, par l'amour infini de notre très-adorable Jésus et de sa très-sainte Mère, d'observer fidèlement toutes ces recommandations.

Toute cette année 1655 fut pour le P. Eudes un temps de souffrances, qu'il passa sous le pressoir de la croix. Mais enfin, Dieu touché de sa confiance, de ses prières, de ses larmes, et de sa longue persévérance, comme aussi des prières de tant de saintes âmes, qui avoient imploré son secours en faveur d'une si juste cause, se laissa fléchir, et fit changer tout à coup les choses d'une manière miraculeuse.

M. Servien avoit pour secrétaire M. Larderat, qui étoit plein d'estime et de vénération pour le P. Eudes, et souffroit beaucoup de le voir si injustement persécuté. Il auroit bien voulu trouver l'occasion de parler au Prélat en faveur du Serviteur de Dieu; mais il voyoit M. de Bayeux si prévenu contre luy et si assiégé de gens qui n'épargnoient rien pour l'entretenir dans ces fâcheuses dispositions, qu'il craignoit de se mettre mal luy-même dans son esprit, s'il entreprenoit ouvertement de justifier le P. Eudes, ou du moins de s'exposer à nuire à la cause de la Congrégation au lieu de la servir. Mais la Providence luy en facilita le moyen en ménageant une circonstance dont il ne manqua pas de profiter.

M. Servien, quoyque si prévenu contre le P. Eudes, ne laissoit pas d'être un vertueux Prélat : il se levoit très-ordinairement de grand matin, et faisoit régulièrement tous les jours une heure d'oraison, aussitôt après son lever. Il arriva qu'une nuit, il ne put presque point dormir, et que l'idée du P. Eudes étoit sans cesse présente à son esprit, sans le quitter un seul instant. Ennuyé de cette pensée qui le fatiguoit et dont il ne pouvoit se débarrasser, il se leva plus matin qu'à l'ordinaire, et voulut faire son oraison selon sa coutume; mais il ne luy fut pas possible de trouver de repos en ce saint exercice, cette même idée l'obsédant toujours également, sans qu'il trouvât moyen de s'en défaire. Dans cet état, il fit appeler M. Larderat pour l'entretenir de son tourment. « Je ne sçais, « luy dit-il, comment expliquer ce que j'éprouve : j'ay toujours « le P. Eudes présent à l'esprit ; cette idée ne me quitte point, « elle m'a empêché de dormir toute la nuit. Je me suis levé « pensant m'en débarrasser en faisant mon oraison ; mais tous « mes efforts ont été inutiles ; je ne puis m'appliquer à rien ; « j'ay toujours l'esprit occupé de la pensée de cet homme ; je « ne comprends point ce que peut signifier cette préoccupation, « ny d'où elle me peut venir. »

M. Larderat, profitant d'une occasion si favorable, ne manqua pas de représenter au Prélat, avec respect, qu'il s'étoit laissé un peu trop prévenir contre ce saint prêtre ; que la justice ne permettoit pas de le condamner sans vouloir l'entendre ; que les couleurs sous lesquelles les adversaires du P. Eudes le peignoient étoient fausses ; que c'étoit, au contraire, un homme de bien. « Votre Grandeur, ajouta-t-il, a un moyen bien facile d'apprécier la vertu de ce bon prêtre, c'est la manière humble et résignée avec laquelle il s'est toujours comporté dans les rebuts et les peines qu'il a receus de sa part. » Le loyal secrétaire, remarquant la vive impression que ses paroles produisoient sur l'esprit du Prélat, insista d'une manière encore plus pressante et finit par déclarer à M. Servien, que le P. Eudes étoit un trésor pour son dioceze ; qu'il ne connoissoit pas les grands talens dont Dieu l'avoit doué pour le salut des âmes ; que ce saint missionnaire luy avoit fait offre plusieurs fois de travailler partout où il jugeroit à propos de l'envoyer ; qu'il pouvoit en faire l'épreuve et qu'il en verroit les fruits.

Le Prélat écouta toutes les observations de son secrétaire d'un air surpris, ayant peine à croire qu'on l'eût ainsi trompé. Comprenant néanmoins que la chose n'étoit pas impossible, il prit le parti qui venoit de luy être proposé, sçavoir d'essayer ce que l'on pouvoit tirer du P. Eudes. Il fut convenu qu'on le chargeroit de prêcher une mission dans une paroisse assez rapprochée de Bayeux pour qu'on pût être facilement renseigné sur les œuvres du missionnaire et sur les fruits que produiroient les exercices accomplis sous sa direction. On choisit pour cet effet la paroisse de Lingèvres, qui fut jugée très-convenable au but que l'on se proposoit d'atteindre. Lingèvres est une paroisse qui n'est qu'à deux lieues, ou deux lieues et demie de Bayeux, et sur laquelle est située l'abbaye de Cordillon. Cette paroisse avoit grand besoin d'une bonne mission ; car, outre les nécessitez communes à toutes les paroisses de campagne, celle-cy avoit eu le malheur d'avoir un mauvais curé qui y avoit causé bien du scandale, et les peuples s'étoient trouvez depuis longtemps dans un grand abandon (1).

Quoyque très-peu de gens connussent ce qui étoit arrivé à M. Servien, et le changement produit dans ses dispositions à l'égard du P. Eudes, les amis du Serviteur de Dieu ne laissèrent pas de bien augurer de cette mission, et la regardèrent comme un moyen employé par la Providence pour le mettre bien dans l'esprit de ce Prélat. Pour le P. Eudes qui n'en sçavoit pas plus que les autres, il ne vit dans cet événement qu'une nouvelle occasion de faire du bien. Il n'ignoroit pas qu'il ne dût y être surveillé de bien près par ses adversaires, qui ne manqueroient pas de dénaturer quelqu'une de ses démarches et de luy en faire de nouveaux crimes. Mais se confiant en la bonté de Dieu, il remit le tout entre ses mains, et ne songea qu'à se bien acquitter de son saint ministère.

(1) Lettre de M. Larderat à M. de La Vigne, curé de Saint-Pierre de Caen.

2 Mars 1656.

« *C'est avec une joye particulière que Monseigneur a accepté la demande
« du P. Eudes* (faite par M. Larderat) *pour la mission de Lingèvres. C'est
« un coup du ciel, et le plus favorable qui luy pust arriver en la conjoncture
« des affaires dans lesquelles il peut se rendre recommandable auprès de
« Monseigneur, si il se résout de le servir puissamment, sur ce que je luy
« communiqueray touchant le curé (de Lingèvres).* Monseigneur a pris feu à
« la chose, *et désire que, sans retarder, l'ouverture de la mission se fasse
« dimanche après midy. Le P. Eudes la pourra commencer ce jour, et petit
« à petit y faire venir son monde, en cas que tout ne fust pas prest pour ce
« jour-là. Il faut que de nécessité on commence ce dimanche, pour des con-
« sidérations que je sçay, et qui seront très-avantageuses au P. Eudes. Je
« vous prie qu'il se confie en nous en cette rencontre.* »

La mission fut fixée au Carême de cette année 1656, temps à la vérité le plus incommode pour les ouvriers évangéliques astreints à la loy du jeûne, malgré leur pénible travail, mais aussi beaucoup plus favorable pour attirer les peuples. Plusieurs des amis du P. Eudes contribuèrent volontiers aux frais de cette mission dont l'ouverture eut lieu le premier dimanche de Carême. Les missionnaires travaillèrent avec leur zèle habituel, et Dieu donna à cette mission les mêmes bénédictions et le même succez dont il avoit favorisé toutes les précédentes. Les peuples y accouroient en foule, de tous côtez, et même de très-loin, malgré la difficulté des chemins; il en vint un grand nombre de la ville de Bayeux, les uns par pure curiosité, pour voir si tout ce qu'on publioit du célèbre missionnaire étoit véritable; les autres, à dessein d'en profiter. Des personnes de la maison même de M. Servien vinrent tout exprès pour entendre le P. Eudes : de sorte que le Prélat put être parfaitement renseigné sur les résultats obtenus.

Les religieuses de Cordillon, dont la communauté se trouvoit très-près, profitèrent elles-mêmes des bénédictions que Dieu répandit sur la mission; elles eurent le bonheur d'obtenir quelques conférences du P. Eudes; et ces saintes filles furent comme autant de témoins des grands biens et des fruits abondans produits à Lingèvres par le saint missionnaire et par ses prêtres.

Mais parmy cette foule de témoins et de témoignages, le Prélat en trouva de si avantageux, et de la part de personnes qui ne luy pouvoient pas être suspectes, qu'il commença comme à se réveiller d'un profond sommeil, à ouvrir les yeux et à reconnoître qu'on l'avoit trompé. Le P. Eudes luy apparut alors sous un jour tout nouveau : ce n'étoit plus pour le Prélat ce prêtre insubordonné et orgueilleux que des adversaires implacables luy avoient peint sous les couleurs les plus sombres, dont ils avoient réussi à luy donner une si triste idée. M. Servien se prit à réfléchir sur l'étrange conduite de ces hommes qui s'étoient posez constamment en accusateurs publics de ce digne ouvrier : il voyoit luy-même de ses yeux l'injustice des reproches que luy adressoient ses ennemis ; la mission de Lingèvres les mettoit à néant sur tous les points, en faisant briller les admirables vertus de cet homme apostolique qu'on n'avoit pas craint de représenter comme un grand coupable. Cependant, il ne communiqua rien de ses impressions à personne.

La clôture de la mission eut lieu à la fin du Carême, selon toute probabilité, le dimanche des Rameaux ; elle se fit remarquer pendant toute sa durée et jusqu'au dernier jour, par une grande ferveur et par les fruits abondans opérez par la grâce de Dieu, mais sans que l'on pût sçavoir l'impression qu'elle avoit produite sur l'esprit de M. Servien. La mission étant achevée, le P. Eudes s'en retourna à Caën, toujours dans la même incertitude en ce qui concernoit les dispositions du Prélat à son égard. Les choses en étoient là lorsque, peu de temps après les fêtes de Pâques, M. de Bayeux, touché de la dure conduite qu'il avoit tenue envers ce saint Prêtre, voulut la réparer d'une manière éclatante, et reconnoître aux yeux de tous l'erreur dans laquelle il étoit tombé. Sans rien communiquer de son dessein à personne, il ordonna de mettre les chevaux à son carrosse, et partit de grand matin de Bayeux pour Caën. A son arrivée, il se rendit droit au séminaire, fit entrer dans la cour son carrosse attelé de six chevaux, et demanda le P. Eudes avec empressement. Comme on ne s'attendoit point à cette visite, l'alarme fut grande dans toute la maison ; on crut que le Prélat ne venoit que pour adresser quelque rude réprimande au supérieur du seminaire, et pour interdire la chapelle comme on l'en avoit menacé plusieurs fois.

Mais on fut agréablement surpris lorsque l'on vit le Prélat embrasser cordialement le Père Eudes, et qu'on l'entendit luy demander pardon tout haut de ne l'avoir pas sceu apprécier plus tôt, et de l'avoir traité si mal. Le Serviteur de Dieu receut ces marques de bonté avec une profonde humilité et avec grande confusion, se réputant indigne de telles réparations de la part de son évêque. Prenant ensuite le Père Eudes à part, M. Servien luy demanda plusieurs éclaircissemens sur différens reproches que luy adressoient ses adversaires, au moyen desquels ils l'avoient indisposé contre la Congrégation aussitôt qu'il avoit été nommé à l'évêché de Bayeux, et qu'ils n'avoient cessé de luy répéter depuis ce temps-là.

Le P. Eudes répondit sur tous ces points au Prélat avec tant de modération et de simplicité, qu'il détruisit complétement toutes ces malicieuses allégations, non-seulement par des raisons évidentes, mais encore en produisant des actes en bonne forme, et des pièces authentiques qui en prouvoient la fausseté. M. Servien ne pouvoit assez admirer la méchanceté des adversaires, et la douceur et la patience de cet homme de Dieu, qui ne s'étoit pas donné plus de mouvement pour chercher à se justifier, et à faire connoître la vérité. Mais ce qui le charma le plus, ce fut de voir que le P. Eudes, ayant une si belle occasion de se venger de ses ennemis, et de déclamer contre eux, pour compléter sa justification, et pour empêcher qu'on ne les crût à l'avenir, il ne luy échappa jamais de dire aucune parole d'aigreur contre eux, et que, tout au contraire, il les excusoit en tout ce qu'il pouvoit, et en disoit même du bien.

M. Servien, non content des premières réparations qu'il avoit déjà faites à ce saint missionnaire, les réitéra encore, le priant d'oublier tout le passé, et l'assurant que désormais il le protégeroit en tout ce qui dépendroit de luy, et luy rendroit tous les services qu'il seroit en son pouvoir de luy rendre. Ces paroles du Prélat ne furent point de simples complimens, il en vint aussitôt aux effets. Il s'empressa de luy donner la permission de faire des missions dans tout son diocèze, partout où il le jugeroit à propos. Il luy accorda tous les pouvoirs les plus étendus, même d'absoudre des cas réservez à l'évêque, et cela non-seulement pendant les missions, mais en tout temps ; enfin, à partir de ce moment, il donna à notre vénéré Instituteur toutes les marques de son estime, de sa bienveillance et de la plus entière confiance, regardant ses adversaires comme des gens jaloux, pleins de mauvaise foy, et dont il avoit tout lieu de se défier.

NOTES ET PIÈCES JUSTIFICATIVES.

Page 36.

Lettre de prêtrise du P. Jean Eudes.

JOANNES FRANCISCVS DE GONDY, Dei et Sanctæ Sedis Apostolicæ gratia Parisiensis Archiepiscopus, Notum facimus vniuersis, quod die datæ præsentium in superiori sacello domus nostræ Archiepiscopalis Parisiensis, Reuerendissimus in Christo Pater et Dominus *J. Henricus eadem gratia Tarsens^s Ep^{us}., Coadiutor Abrincens^s* sacros generales Ordines, et Missam in Pontificalibus, de nostris licentia et permissione, celebrans, Dilectum nostrum *Magistrum Ioannem Euldes diœcesis Sagiens^s, mediantibus litteris dimissoriis et titulo patrimoniali* ad sacrum Presbyteratus Ordinem, infra Missarum solemnia ritè et canonicè, Domino concedente, duxit promouendum et promouit.

Datum Parisiis sub sigillo Cameræ nostræ, Anno Domini millesimo sexcentesimo vigesimo quinto, *die Sabti in Ieiuniis Quatuor Temporum, post festum Beatæ Luciæ virginis vigesima decembris.*

BAUDOUYN.

Note de la page 42.

Lettre de recommandation donnée au P. Eudes par le P. Allard, supérieur de l'Oratoire de Caen.

« De mandato R. Patris nostri Generalis, ego subsignatus sacerdos
« Cong. Oratorii, et superior domus Cadomensis, certum facio dilectum
« Joannem Eudes, Sagiensis Episcopatus sacerdotem, de nostra Congre-
« gatione bene meritum, inter vos et inter nos semper conversatum fuisse

« in virtute, scientia, modestia, morum integritate et exemplo, et chari-
« tatis christianæ, honoris Dei, et salutis animarum nutu et motu ad
« vos discessisse. Itaque potest ei secure committi cura et instructio anima-
« rum, verbi Dei dispensatio et administratio omnium sacramentorum,
« in his locis maxime, ubi pro temporum calamitate et epidemiæ morbo
« desunt et absunt sacerdotes. Id a nobis instantissime petiit et obtinuit :
« cum vestra venia judicate. Ordo charitatis postulat ut terræ primum quæ
« dedit ei vitam et gratiam et ordinem rependat quod habet et scientiæ
« et virtutis et prudentiæ et laboris, insuper et animæ : hunc ego cum
« benedictione nostra ad ampliorem benedictionem dimittimus, nos servi
« vestri per Jesum, ut per vos vestris, si necessitas adsit, et suis maxime
« invigilet. Quod habet abundanter dabit ; daturum vos spero quod ei
« necessarium fuerit. Datum Cadomi, anno 1627, die 13 Augusti. »

*Lettre de recommandation donnée au P. Eudes par le P. Allard,
supérieur de l'Oratoire de Caen.*

« En exécution des ordres de notre Révérend Père général, je soussigné,
« prêtre de la Congrégation de l'Oratoire et Supérieur de la maison de
« Caen, atteste que notre bien aimé Jean Eudes, prêtre du diocèse
« de Séez, fort considéré dans notre Congrégation, a toujours paru,
« chez vous comme parmi nous, orné de vertus, de science, de mo-
« destie, de mœurs pures, et mené une vie édifiante, et qu'il ne
« s'est porté à aller chez vous que dans la seule vue et par les mou-
« vemens de la charité chrétienne, de la gloire de Dieu et du salut des
« âmes. On peut donc, en cette considération, luy confier sûrement le
« soin et l'instruction des fidèles, ainsi que la prédication de la parole
« de Dieu et l'administration des sacremens, surtout dans les lieux où
« la misère du temps et la peste causent la disette de prêtres. C'est
« la grâce qu'il nous a demandée avec des instances réitérées, que
« nous n'avons pu lui refuser, et que nous exposons à votre prudence.
« L'ordre de la charité demandoit qu'il fît part de ses talens au pays qui
« lui a procuré la vie, la grâce et l'ordination ; et que son propre diocèse
« fût le premier à recueillir les fruits qu'il a droit d'attendre de sa
« capacité, de sa piété, de sa sagesse, de son travail et de sa propre
« vie. Nous prenons donc la liberté de vous l'envoyer, nous qui sommes
« vos serviteurs en Jésus-Christ, après lui avoir donné notre bénédiction,
« pour en recevoir une autre plus grande et plus abondante de votre
« part, qui lui donnera le moyen de veiller utilement sur les besoins
« des siens et même des vôtres, si la nécessité le requiert, le tout

« sous votre autorité. Comme il ne manquera pas de donner libé-
« ralement ce qui dépendra de lui, nous espérons que vous ne lui
« refuserez pas le nécessaire. »

Donné à Caen, le 13ᵉ d'août de cette année 1627.

ALLARD.

(Traduction du P. de Montigny.)

Note de la page 58.

Laurence de Budos, abbesse du monastère de Sainte-Trinité de Caen. 1598-1650.

« Laurence de Budos, fille du vicomte des Portes, n'avoit que treize ans lorsque le roy Henri IV la nomma à l'abbaye de Sainte-Trinité de Caën, le 17 décembre 1598. Ayant pris possession de son abbaye, le 9 février 1599, elle fut obligée de porter pendant trois ans le voile blanc, en attendant l'âge prescrit par le concile de Trente pour faire sa profession. De bonne heure elle laissa voir le zèle et la fermeté qu'elle devoit posséder plus tard à un si haut degré dans le gouvernement de son monastère. Comme son beau-frère, M. le connétable de Montmorency, avoit obtenu le droit de prélever une pension de 5,000 l. sur l'abbaye de Sainte-Trinité, la jeune abbesse de Caën, qui n'étoit encore que novice, alla trouver le Roy pour le prier de vouloir bien décharger son abbaye de cette obligation, luy déclarant respectueusement mais avec fermeté, qu'elle quitteroit son abbaye plutôt que *d'acheter sa damnation*, disoit-elle, *au prix d'une simonie manifeste*. Sa courageuse démarche eut un plein succès; le Roy s'empressa de faire droit à sa demande. Son abbaye, quand elle en prit possession, étoit dans le plus triste état : les religieuses n'observoient pas la clôture, ne portoient pas l'habit régulier; la loi du silence en usage dans les cloîtres leur étoit inconnue, la plupart des observances avoient disparu : à vray dire, il n'y avoit plus de communauté. Avec le temps, Madame de Budos sut remédier à tout, par sa douceur, sa patience et surtout par son exemple. Elle se lia d'une sainte amitié avec deux illustres abbesses qui ont aussi réformé leur maison : Mᵐᵉ de Beauvilliers, abbesse de Montmartre, et Mᵐᵉ de Montivilliers; elle profita beaucoup de leurs sages conseils pour rétablir la réforme de son abbaye, qui laissoit tant à désirer. Non-seulement elle voulut qu'on reprît l'habit noir au lieu du blanc et du surplis qu'on y portoit, elle prescrivit encore que désormais le linge seroit remis en commun. Elle s'appliqua ensuite à former ses religieuses à la vie intérieure, en établissant dans sa communauté l'usage de l'oraison mentale et de la communion fréquente. Prêchant elle-même d'exemple, elle en vint plus tard à communier presque tous les jours, déclarant avec un pieux abandon à ses sœurs, que la sainte communion la remplissoit tellement de Dieu qu'elle ne pouvoit exprimer ce qu'elle ressentoit alors dans son âme. On commença sous son gouvernement à pratiquer les exercices de dix jours ; et, pour retrancher les occasions de dissipation, on ferma les parloirs durant l'Avent, le Carême et les jours de fête et d'exposition du Saint-Sacrement. Ses religieuses se soumettoient d'autant plus volontiers à toutes ces pratiques, que leur Mère n'ordonnoit rien dont elle ne donnât l'exemple la première. Elle assistoit toujours aux Matines, la nuit, ne prenant rien avant l'heure de Prime, pas même un verre d'eau, faisoit elle-même, à son tour, la visite des cellules après la retraite, se trouvoit exactement aux récréations et au travail en commun, où elle prenoit pour sa part la charge de préparer le linge des sœurs converses. Elle étoit si passionnée d'amour pour la croix, que souvent on l'entendoit se plaindre de ne pas assez souffrir. Pendant une indisposition assez grave qui dura six longs mois, elle ne consentit à interrompre ny le jeûne, ny les autres observances. Elle avoit une dévotion toute particulière envers la très-sainte Vierge qu'elle nommoit « la mère admirable », et aussi envers les saints Anges. Remplie de tendresse pour les pauvres, elle leur distribuoit de 30 à 40 boisseaux de froment par an, et en faisoit nourrir au moins un cent par une de ses confidentes : tant de charité attiroit visiblement la bénédiction de Dieu sur sa maison. Le P. Eudes qu'elle avoit assisté avec tant de dévouement pendant la peste de Caën luy avoit donné pour confesseur M. Jourdan. Ce fut ce saint prêtre qui assista la pieuse abbesse à son lit de mort. Après avoir reçeu la sainte communion avec une piété tout angélique, Madame de Budos remit doucement son âme entre les mains de Jésus et Marie et expira le 23 juin 1650, à l'âge de 66 ans. » (Costil, *Annales*, l. I.) Son tombeau, placé dans le chœur de l'église de l'abbaye, portait cette épitaphe :

Hic tumulo subest, ubi caro præfuit, domina Laurentia DE BUDOS hujus monasterii abbatissa, centum viginti monialium mater in Christo sponso, Borbonidum principum Montmorentiumque ducum matertera, consanguinea Matildum, tam fundatricis quam abbatissæ primæ, huic compar prælaturæ annis 48. Usurpatorum exactrix, dirutorum refectrix, inchoatorum perfectrix, perfectorum asservatrix, novatorum operatrix, non minus pie quam impense. Defuncta anno ætatis 66, Christo 1650, mense Junii 23, laudabilis in Deo juxta sequens anagramma : Laurentia de Budos, laudabor in te Deus. Requiescat in pace.

On lira, pensons-nous, avec intérêt la lettre écrite par le R. Père Eudes à M*me* de Budos, pour la consoler sur la mort de son frère. Cette lettre est antérieure à l'année 1643, puisque le P. Eudes était encore à l'Oratoire quand il l'adressa à l'abbesse de Caen.

VIVE JÉSUS ET MARIE.

Madame,

La grâce, la paix et la consolation de Jésus-Christ Nostre-Seigneur et de sa très-saincte Mère soit avec Vous pour jamais.

Je doibs et veux adorer avec vous, la très-saincte et très-aimable volonté de Dieu, dans l'affliction qu'il luy a plu vous envoyer; je doibs et veux chérir et aimer sa très-juste et très-aimable main, qui a frappé vostre âme d'un si rude coup, et qui a blessé vostre cœur d'une playe si sanglante. Puisque cette divine main ne fait rien que par amour vers soy-mesme et vers ses créatures, qu'elle semble aimer comme soy-mesme, néantmoins il faut que j'avoue que mon âme est remplie de tristesse, et mon cœur plein d'angoisse, en la pensée de vostre agonie. Je ne puis penser à vous, et au pitoyable estat auquel je vous vois, sans douleur et sans larmes; et je crois que cela m'est permis. Je vois Jésus, la joye du Ciel et de la terre, se fondre en larmes et en soupirs, à la veuë des larmes de Marthe et de Madeleine, qui pleuroient la mort de leur frère; pourquoy donc ne me sera-t-il pas permis de pleurer en un semblable subjet? Je veux pleurer avec Jésus, pour honorer les larmes de Jésus. Je veux pleurer avec ceux qui pleurent, selon la parole de son apostre : *flere cum flentibus*. Je veux pleurer par les mesmes mouvemens et sentimens que Jésus a pleuré; je veux luy offrir un sacrifice de larmes, en hommage de ses larmes divines et adorables. Offrons-luy, Madame, offrons-luy nos larmes en l'honneur des siennes, prions-le qu'il les unisse aux siennes, qu'il les bénisse par les siennes, qu'ils les sanctifie par les siennes, et qu'il fasse en sorte que ces eaux, qui sortent de nos yeux, soient jointes avec les eaux célestes desquelles le Prophète va disant : *Aquæ omnes quæ super cœlos sunt, laudent nomen Domini!* Que les eaux qui sont au-dessus des Cieux, louent le nom du Seigneur! Voulez-vous, Madame, que vos larmes soient unies à ces eaux sacrées, qui bénissent Dieu sans cesse dans le Ciel? Pleurez sainctement et religieusement; c'est-à-dire, répandez des larmes dignes d'une personne religieuse, et qui est en un estat portant obligation de saincteté. Que vos yeux pleurent, mais que vostre volonté se soumette à celle de Dieu. Que vos yeux pleurent, mais que vostre cœur et vostre bouche prononcent souvent ces divines paroles que Jésus a prononcées au plus fort de sa douleur, et dans une détresse infiniment plus grande que la vostre : *Non mea voluntas, sed tua fiat*. O mon Père et mon Dieu, non pas ma volonté, mais la vostre soit faicte. Enfin pleurez, mais que ce soit avec patience et modération, et non par excez et impatience. Heureuses vos larmes, si elles sont répandues en cette façon, car elles mériteront d'estre essuyées de la propre main de Dieu, selon cette parole de l'Escriture : *Absterget Deus omnem*, etc. Elles seront recueillies soigneusement par les mains des Anges ; elles seront gardées chèrement comme une précieuse liqueur qui embaumera le Ciel et qui rendra une louange éternelle à Dieu ; là où au contraire, si elles n'estoient accompagnées des dispositions susdictes, elles seroient très-désagréables à Dieu et à ses Anges, et ne vous serviroient que pour rendre les flammes du purgatoire plus ardentes vers vous. Je supplie Nostre-Seigneur Jésus de ne permettre pas que cela soit. Je le supplierois volontiers de transférer en moy, s'il estoit possible, toutes les angoisses de vostre âme, afin que non-seulement je fusse en angoisse et en douleur avec vous, mais encore que je portasse, moy seul, le faix de cette affliction. Mais il est si pesant, qu'il n'y a que Nostre-Seigneur qui le puisse porter. Je le supplie donc, qu'il soit dans vostre âme, qu'il soit au milieu de vostre cœur, pour porter luy-mesme en vous cette croix et ce tourment qu'il a ordonné sur vous. Son Prophète nous dit qu'il est venu au monde pour porter nos douleurs et nos langueurs ; et en effect, il a porté autrefois la mesme douleur que vous sentez maintenant, et elle luy a esté beaucoup plus sensible et plus douloureuse qu'à vous ; et l'angoisse que vous souffrez a esté un des subjets de l'angoisse qu'il a soufferte au jardin des Olives, qui luy a faict suer le sang, et luy a faict dire ces tristes et dolentes paroles : *Tristis est anima mea usque ad mortem*. Ce n'estoit pas seulement la veuë des douleurs qu'il debvoit souffrir en son propre corps, qui luy tira cette parole de la bouche ; mais encore la claire cognoissance qu'il avoit pour lors de toutes les afflictions, tant du corps que de l'esprit, qui debvoient arriver à ses bien-aimez enfans. Il avoit alors devant les yeux l'oppression où vous estes maintenant ; il voyoit vos larmes, il entendoit vos plaintes et vos soupirs ; et tous ces soupirs et ces plaintes estoient autant de flèches aiguës et pénétrantes qui transperçoient son cœur de douleur, à cause de l'amour infiny qu'il vous porte ; tout de mesme, comme les plaintes et les douleurs d'un enfant bien-aimé de son père sont autant de traits douloureux au cœur de ce pauvre père, qui voit les souffrances de son cher enfant. Jésus donc, qui est vostre Père et vostre Epoux, a senty en son cœur paternel, la mesme affliction dont le vostre est maintenant remply. C'est pourquoy elle vous doibt sembler douce et agréable, ayant passé par un cœur si plein d'amour et de douceur. Il a porté, dis-je, autrefois la mesme affliction que vous portez ; mais il la veut encore porter maintenant. Il l'a portée sans vous, et pour vous ; il la veut porter maintenant avec vous, et dedans vous ; mais donnez-luy donc entrée dans vostre âme ; ne vous laissez pas tellement occuper de la douleur, qu'il ne reste plus aucune place dans vostre cœur, pour Celuy qui est vostre joye, vostre consolation et vostre tout.

Je le vois frappant et attendant à la porte de vostre cœur, ayant le cœur et les mains pleines de grâces, de bénédictions et de consolations inexplicables qu'il désire vous communiquer. Je l'entends qui vous dit d'une voix benigne et aimable : « Ouvrez-moy, ma chère bien-aimée Sœur, ouvrez-moy la porte de vostre cœur. » Entrez, ô bon Jésus, entrez dans ce pauvre cœur, il vous est ouvert, je n'en doute pas; seroit-il bien possible que cette âme vous fust si infidelle que de vous refuser l'entrée de son cœur, se laissant entièrement posséder par une tristesse inutile et pernicieuse? Non, non, je ne le crois pas. Entrez donc, ô Dieu d'amour et de consolation, dans ce cœur crucifié de mille douleurs, pour le remplir d'amour et de consolation. Chassez-en la tristesse et l'ennuy, et le remplissez de cet amour fort et vigoureux par lequel vous avez porté fortement et constamment les douleurs et les angoisses de la croix et de la mort. Or sus, Madame, voilà donc Jésus au milieu de vostre cœur; il y est, désirant porter avec vous la rigueur de vostre affliction; mais il ne peut, ny ne veut pas la porter sans vous. Unissez-vous donc avec luy, pour la porter avec luy; unissez vostre esprit à son esprit, vostre cœur à son cœur, vostre volonté à la sienne; portez-la sainctement, comme il l'a portée sainctement et divinement; portez-la fortement et courageusement comme il l'a portée fortement et courageusement. Pour cet effect, je vous conjure de sa part et en son nom, de détourner vostre esprit, de toutes les considérations qui vous attristent, pour l'appliquer à de meilleurs et de plus sainctes pensées. Jetez les yeux sur la très-saincte volonté de Dieu, souvenez-vous que cette divine volonté est très-grande, très-immense, très-digne, très-excellente, très-puissante, et très-absolument souveraine sur toutes choses, très-juste et très-équitable, très-douce, très-aimable, très-heureuse et très-joyeuse en tout ce qu'elle fait, très-sage et très-prudente en tout ce qu'elle ordonne.

Tous ces poincts sont fort considérables en cette volonté divine; il me semble que la plus pure, la plus parfaite et la plus saincte consolation que je vous puisse donner, je la doibs puiser dans ces sainctes et divines considérations, et non point dans des pensées basses et terrestres, puisque je parle à une personne qui a renoncé à tout ce qu'il y a de bas et terrestre au monde, pour faire profession d'une vie saincte et céleste. Considérez donc, Madame, que la volonté de Dieu est immense, c'est-à-dire qu'elle s'étend partout, qu'elle dispose et ordonne tout ce qui se fait au monde; c'est pourquoy rien ne se fait par hasard, ny par fortune ou accident; mais toutes choses arrivent par la conduite de la volonté de Dieu. Considérez qu'elle seule est digne d'estre, seule digne de subsister et d'estre accomplie à cause de son excellence et dignité infinie : que donc, toute autre volonté s'anéantisse en la veuë de celle-cy; qu'elle seule est digne de régner par sa souveraineté : que donc toute autre volonté se soumette à son empire, non par contrainte comme les démons, mais volontairement comme les Anges; qu'elle est très-juste et très-équitable en elle-même, et en tous ses effects : que donc toute autre volonté acquiesce et consente facilement à ses ordonnances, comme estant très-justes et raisonnables; qu'elle est très-douce et très-aimable, faisant tout par amour vers soymesme et vers nous : que donc elle soit aimée et chérie, pour le moins, de ceux qui ont renoncé à l'amour du monde, pour se consacrer à l'amour divin; qu'elle fait tout avec joye et resjouissance : que donc elle soit louée et bénie en tous ses effects avec joye et resjouissance, chassant bien loin tout excez de tristesse; qu'enfin elle fait toutes choses pour le mieux, en la meilleure manière qu'il se peut, au lieu, au tems, et à l'heure la plus convenable qui soit : que donc elle soit adorée et glorifiée mesme dans les conditions et circonstances avec lesquelles elle accomplit ses œuvres.

C'est ainsy, Madame, que les Anges et les Saincts regardent et adorent la très-adorable volonté de Dieu dans le Ciel. Combien pensez-vous qu'il y a de Saincts dans le Ciel qui voient leur père, leur mère, leurs frères et autres parens dans la damnation de l'enfer, qui est le malheur des malheurs, et le comble de tout malheur, et néantmoins parcequ'ils voient que telle est l'ordonnance et la volonté de la justice divine sur leurs parens, ils adorent, ils aiment, ils bénissent avec joye et allégresse, cette très-juste volonté.

Grâces à Dieu, il n'y a rien de pareil. Le subjet dans lequel vous avez à adorer la volonté de Dieu, est infiniment moins fascheux, et moins amer que celuy-là. Voyez ce n'est que miel en comparaison de celuy-là : il s'agit là d'une mort éternelle, d'une mort terrible et épouvantable; il est question icy d'une mort temporelle seulement, et qui ne doibt pas estre appelée mort, ains plutost passage d'une vie mortelle et malheureuse à une vie immortelle et bienheureuse. Adorez donc en ce subjet si doux et si bénin, à qui le sçait bien entendre, adorez dis-je, aimez et glorifiez la très-douce et très-aimable volonté de Dieu en la terre, comme les Saincts l'adorent et la bénissent dans le Ciel. Vous le faites, je n'en doute point, et si vous ne le faisiez pas, comment oseriez-vous espérer d'estre un jour associée avec les Saincts dans le Ciel, puisqu'il faut faire en la terre, ce qu'ils font dans le Ciel, si nous désirons un jour d'estre unis avec eux dans le Ciel. Si vous ne le faisiez, comment oseriez-vous dire ces paroles que vous dites tant de fois tous les jours à Dieu : *Que vostre volonté soit faicte en la terre comme au Ciel*. Ne craindriez-vous pas que le Fils de Dieu ne vous fist ce terrible reproche qu'il fit autrefois aux Pharisiens hypocrites: Hypocrites que vous estes, Isaïe a bien prophétisé de vous, disant : Ils m'honorent des lèvres, et leur cœur est bien éloigné de moy. Ils disent de bouche, que ma volonté soit faicte en la terre comme au Ciel, mais leur cœur va démentant leur langue ; leurs œuvres sont contraires à leurs paroles. A Dieu ne plaise, Madame, que jamais cela soit dict de vous. Faites plutost que vous soyez du nombre de ceux desquels il est faict mention en ces grandes paroles que l'Eglise vous met souvent en la bouche : *Sanctis qui sunt in terra ejus, mirificavit omnes voluntates meas in eis.* C'est Jésus qui parle par la bouche de son Prophète, et qui parle de son Père Eternel et de ses Saincts. Mon Père, dit-il, a rendu toutes mes volontez merveilleusement admirables aux Saincts ; vous estes en un lieu de saincteté : il ne doibt point y avoir de personnes en ce lieu qui ne soient Sainctes, ou tendant à la Saincteté. Que donc, toutes les volontez de Jésus, quelles qu'elles soient, aussy bien les plus rigoureuses que les plus délicieuses, vous soient également merveilleuses, admirables et aimables ; c'est-à-dire, qu'elles vous soient toutes merveilleusement chères, merveilleusement agréables, merveilleusement précieuses, et plus précieuses que tout ce qu'il y a au Ciel et en la terre, de façon que vous puissiez dire de cœur ce que vous dites tous les jours de bouche : *Bonum mihi lex oris tui super millia auri et argenti* ; et non-seulement *super millia auri et argenti*, mais encore, *super millia fratrum et amicorum* : c'est-à-dire mon Dieu, vostre volonté m'est plus chère et plus précieuse, non-seulement que des millions d'or et d'argent, si je les possédois ; mais encore, que des millions de frères, de parens et d'amis, si je les avois ; j'aimerois mieux estre privée de cent millions de frères, de parens et d'amis, si je les avois, que vous fussiez privé de l'accomplissement de la moindre de vos volontez. Faisant ainsy, Madame, vous mériterez d'estre du nombre de ceux qui sont compris en cette parole, *Sanctis qui sunt in terra ejus.* C'est en ce poinct que consiste la vraie saincteté, à se soumettre de bon cœur à la volonté de Dieu en toutes choses. Je ne vois rien au monde, en quoy vous puissiez tant vous avancer en grâce et saincteté qu'en cecy. Oh que ce tems d'affliction vous devroit estre cher et précieux ! C'est un tems de grâce et de saincteté pour vous. Dieu a maintenant une infinité de grâces et de bénédictions à vous communiquer, si vous voulez vous disposer à les recevoir par une humble soumission de vostre volonté à la sienne ; vous pouvez plus avancer en grâce, en une heure de ce tems d'affliction, qu'en plusieurs jours d'un tems de consolation. C'est le dessein que Jésus a maintenant sur vous ; il a un désir infiny d'opérer en vostre âme plusieurs effects de grâce et de saincteté, par le moyen de cette tribulation qu'il vous a envoyée. Ne permettez pas qu'il soit privé de l'effect de son désir; ne permettez pas qu'il soit frustré de son dessein et de son intention ; mais ce qui est beaucoup plus important, ne permettez pas qu'il soit privé de l'amour et de la gloire que vous pouvez luy rendre maintenant. Vous luy avez tant de fois protesté que vous ne souhaitiez rien tant que de l'aimer, et de l'honorer ; or vous ne pouvez jamais l'aimer plus parfaitement, ny l'honorer plus sainctement que maintenant. Vous pouvez en ce tems d'affliction luy rendre plus de gloire et d'amour en un moment, qu'en plusieurs jours d'un tems de consolation. Ne le privez donc pas de choses si grandes, que vous pouvez et devez luy rendre facilement, en soumettant vostre volonté à la sienne. Il est vray que cela n'est pas facile à la nature ; mais il est facile à la grâce qui vous est présentée pour cela. Il vous sera facile, si vous vous souvenez que la plus rigoureuse et la plus terrible volonté que Dieu ait jamais eue, et qu'il aura jamais, ça esté celle par laquelle il a voulu que son fils, et son fils unique, et son fils bien-aimé qui estoit Jésus, il a voulu dis-je, qu'il souffrist des tourmens si cruels et si horribles ; non-seulement qu'il les souffrist, mais encore qu'il mourust, et qu'il mourust de la mort la plus atroce et la plus ignominieuse de toutes les morts. O quelle volonté ! O que cette volonté d'un père à l'égard de son fils est rigoureuse ! O qu'elle est estrange et terrible ! Cependant ce mesme fils qui est Jésus, délaisse et anéantit, en quelque manière, sa propre volonté, quoyqu'elle soit toute pure, toute saincte et toute divine, pour adhérer à cette volonté de son Père, si pleine de rigueur et de terreur pour luy, que la seule pensée d'icelle luy fait suer le sang. Que si Jésus a délaissé et anéanty, en quelque façon, une volonté si digne et si précieuse comme estoit sa volonté humaine, n'est-il pas bien raisonnable, Madame, que nous quittions une volonté si impure, si imparfaite, si corrompue par le péché comme est la nostre, pour suivre la très-saincte, très-divine et très-aimable volonté de Dieu ? Mais je veux cesser de vous parler, car j'entends une voix qui sera plus capable de vous consoler que la mienne. C'est la voix de celuy que vous pleurez comme mort, qui néantmoins n'est pas véritablement mort ; c'est la voix de vostre bien-aimé frère, qui vous parle, et qui vous dit : « Pourquoy pleurez-vous tant, ma chère Sœur ? Est-ce parce qu'on vous a dict que je suis mort ? Mais non, cela n'est point ; je ne suis point mort, mais je suis vivant, et plus vivant que jamais. Je ne suis point mort, mais je suis vivant à Dieu, auquel toutes choses sont vivantes ; c'est la première parole qui a esté dicte en l'Office qui a esté chanté pour moy : *Regem cui omnia vivunt, etc.* Je ne suis point mort, mais plutost j'ay cessé de mourir pour commencer à vivre. Ne sçavez-vous pas que la vie de la terre est une vie de mort ? Mort vivante et vie mourante ; vie qui doibt plutost estre appelée mort, que non pas vie : vie terrestre, vie imparfaite, vie pécheresse. Direz-vous que je suis mort, si j'ay quitté cette misérable vie, pour estre dans une vie céleste, dans une vie parfaite, dans une vie éternelle et bienheureuse ? Ne sçavez-vous pas qu'il n'y a que les fous et les insensez qui réputent les gens de bien pour morts ? Non, non, ils ne sont pas morts ; ceux qui meurent en Jésus-Christ, c'est-à-dire, en la grâce et en son amour, ne meurent point, mais ils passent d'une mort très-fascheuse à une vie très-heureuse; et beaucoup moins ceux-là meurent-ils, qui donnent leur vie pour les intérests et pour la gloire de Jésus-Christ. Si j'estois mort comme un païen, comme un hérétique, ou comme un faux catholique, vous auriez subject de pleurer. Si j'estois mort dans un duel pour la défense de mon honneur, et de mes intérests particuliers, je vous dirois : pleurez, pleurez, et vous fondez en larmes, et en larmes de sang. Mais quoy, je suis mort dans une armée qui combat pour la querelle de Dieu et pour ses intérests, je suis mort pour la gloire de Jésus-Christ, pour la défense de son Eglise, et pour l'establissement de sa foy et de son Evangile; cette mort n'est-elle pas bienheureuse? N'est-elle pas glorieuse, n'est-elle pas plus digne de joye et de resjouissance, que de larmes et de pleurs? N'est-ce pas faire tort à la dignité et à la gloire d'une telle mort, que de la déplorer et lamenter, comme si c'estoit la plus misérable mort du monde? Pourquoy donc, ma chère Sœur, pourquoy vous affliger tant? Est-ce parce que vous ne me voirez plus en la terre? Mais consolez-vous, car vous me voirez dans le Ciel, et dans peu de tems; en attendant ce bonheur, pendant que vous demeurez en la terre, je vous auray toujours devant les yeux, pour vous assister en tous vos besoins et nécessitez devant le Roy du Ciel, auprès duquel je n'ay pas moins de faveur, que j'en avois auprès du Roy de la terre. Cessez donc, ma bien-aimée Sœur, cessez, je vous prie, de vous lamenter, accoisez vostre douleur, modérez vos soupirs, arrestez le cours de vos larmes, lesquelles désormais me seroient injurieuses et désagréables, d'autant qu'elles offenseroient Celuy que j'aime plus que moy-mesme. »

Ce sont les paroles et la voix de vostre très-aimable et très-aimé frère, Madame, qui vous doibvent beaucoup consoler, si vous n'estes incapable de consolation. Mais voicy que j'entends une autre voix qui vous veut consoler; c'est la voix de vostre très-cher Epoux, Madame, c'est la voix de Jésus, le Dieu de toute consolation, et qui seul vous peut donner une parfaite consolation. Ecoutez-la donc, s'il vous plaist; et pour la mieux entendre fermez les oreilles à toutes les voix de la nature, de la passion et du propre intérest, qui sont entièrement contraires à la voix de Jésus-Christ.

Voicy donc Jésus, qui vous parle, et qui vous dit : « Qu'y a-t-il, ma chère fille, qu'y a-t-il qui vous afflige tant? Eh bien! vostre frère est mort, il est vray, mais c'est moy qui l'ay ainsy ordonné, et qui l'ay ordonné par amour vers vous, et vers luy; pour vostre plus grand bien et pour le sien. Cela seul ne devroit-il pas suffire pour vous consoler? La seule raison de ma très-aimable volonté, ne devroit-elle pas vous consoler et vous contenter? N'ay-je point assez d'ennemis qui me persécutent, et qui me font la guerre, s'opposant à tous mes vouloirs et à tous mes desseins ? Voulez-vous me quitter pour vous ranger du party de ceux-là ? Voulez-vous estre du nombre de ceux qui veulent destruire et anéantir ma très-saincte volonté, pour establir la leur en la place ? Voulez-vous ravir à ma souveraine volonté l'empire et le domaine qu'elle doibt avoir sur toutes choses, pour le donner à la vostre ? Je vous ay privée pour un peu de tems de la présence de vostre frère ; mais moy, ne suis-je pas tousjours avec vous ? Moy, dis-je, qui suis le plus grand de tous vos amis ; je suis vostre père, vostre frère, vostre époux, et vostre tout ; moy, qui vous suis meilleur que dix, voire que dix millions de frères ; moy, qui vous aime d'un amour infiny, et qui suis tout cœur et tout amour pour vous ; moy qui suis infiniment puissant pour vous assister en tous vos besoins, nécessitez, et pour vous deffendre contre vos adversaires, ou plutost contre les miens ; car ceux qui vous sont contraires, me sont contraires ; ceux qui sont vos ennemis, me sont ennemis, pourvu que vous demeuriez tousjours unie avec moy ; et puis, je vous ay osté vostre frère, sans vous l'oster néantmoins, ains afin de vous le rendre en une meilleure manière ; ne sçavez-vous pas que je rends au centuple tout ce qu'on me donne de bon cœur ; je l'ay pris, afin de vous obliger à me le donner, et si vous me le donnez volontairement et de bon cœur, je vous le rendray au centuple, mesme dez cette vie. Je vous rendray au centuple toutes les assistances, toutes les consolations et toutes les faveurs que vous auriez receues de luy, et ainsy vous ne perdrez rien, mais vous gagnerez beaucoup. Donnez-le moy donc, ma fille, donnez-le moy de bon cœur ; me refuserez-vous si peu de chose, à moy qui vous ay donné, et qui vous donne tous les jours choses si grandes ? Me refuserez-vous la vie d'un homme mortel à moy qui ay donné ma propre vie pour vous, une vie si précieuse et si digne, qu'un seul moment de cette vie vaut mieux que toutes les vies des anges et des hommes ? Donnez-le moy donc volontairement, et non par contrainte et nécessité, et je vous rendray au centuple ce que vous m'aurez donné. Et ne vous allez point remplir l'esprit de pensées et de soins inutiles, disant en vous-mesme : mais que deviendront ceux-cy et ceux-là ? Que feront ces personnes-cy et ces personnes-là ? Qui pourvoira aux affaires de cette maison-icy et de cette maison-là ? Eh quoi ! Où est donc la confiance que vous devez avoir en ma Providence, et en ma bonté ? N'aimé-je pas plus que vous ces personnes-là, dont vous prenez tant de soin ? Je cognois assez leurs besoins ; n'ay-je pas assez de puissance, pour disposer de tout ce qui les regarde en la meilleure manière qu'il se peut ? Pour ce qui est de la maison en laquelle vous estes, dez-là qu'elle existe, vous avez et devez en avoir beaucoup de soin. Sçachez qu'elle est plus à moy qu'à vous ; et que je ne manque pas de volonté et de puissance pour conduire heureusement et avantageusement toutes les affaires qui en dépendent.

Chassez-donc, ma bien-aimée fille, chassez tous ces soins superflus de vostre esprit, abandonnant toutes choses à ma bonté et à ma Providence. Chassez aussy toute autre pensée et considération, qui ne servent qu'à remplir vostre âme de trouble, et vostre cœur d'angoisse. Mettez fin à vos pleurs et à vos soupirs; c'est assez pleurer et lamenter; c'est assez gémir et sangloter; c'est assez donner à la douleur et à la tristesse; il est tems d'essuyer vos larmes, pour vous employer à des choses plus sainctes et plus dignes de vostre condition; il est tems de rendre à vostre âme sa première paix et tranquillité; il est tems de rendre à vos Sœurs et à tous ceux qui vous cognoissent la consolation et l'édification que vous leur devez. Il est tems de me rendre les devoirs et obligations de la charge en laquelle je vous ay establie, autrement vous donnerez subject de croire que vous aimeriez plus vostre frère que moy, et cependant vous sçavez que j'ai dict : *Que celuy-là n'est pas digne de moy, qui aime son père, sa mère, son frère ou sa sœur plus que moy.* Si vous persévériez davantage dans l'excez de vos tristesses et de vos pleurs, ne craindriez-vous pas de servir de scandale à tant de personnes de toutes sortes de conditions, qui ont les yeux fichez sur vous, et qui attendent de vous une constance et une vertu digne de l'estat auquel vous estes. Que diroient les mondains et les séculiers, s'ils voyoient une personne qui fait leçon aux autres de vertu et de saincteté, il y a tant d'années, n'avoir pas encore appris à se soumettre à ma volonté, qui est le fondement de toute vertu et saincteté? Leur donneriez-vous pas subject de mépriser l'estat et l'ordre dans lequel vous vivez, qui auroit si peu opéré en vous, en un si long tems. Non, ma fille, ne faites pas ce tort à la dignité de vostre estat; ne faites pas ce tort à la saincteté de vostre Ordre; ne faites pas ce tort à la vertu et à la puissance de ma grâce. Conduisez-vous de telle sorte, en tous vos mouvemens et sentimens, en toutes vos paroles, et en tous vos comportemens extérieurs, qu'on ne voie rien en vous, qu'on n'entende sortir aucune parole de vous, qui ne soit digne de la grandeur de vostre qualité, digne de la sublimité de vostre estat, digne de la gloire de vostre Ordre, et digne encore de la saincteté et excellence de ma grâce et de mon amour, qui est résidant en vous. »

Madame, après ces divines paroles de Jésus vostre divin Epoux, il ne me reste plus rien à dire; seulement je supplie la Mère de Jésus d'imprimer bien avant dans le secret de vostre cœur les paroles de son fils. Je supplie cette Mère de grâce et d'amour, Mère de toute consolation, de remplir vostre cœur de ses divines consolations, et de vous faire participante de la grâce et de l'amour par la vertu duquel elle a porté constamment et sainctement la très-sanglante playe qu'elle a receüe de ce glaive de douleur qui a transpercé son âme au tems de la passion et de la mort de son fils unique, et uniquement aimé.

Je vous escris ces choses, en attendant que j'aie le bien de vous parler de bouche, quand la presse des visites qui vont vous estre rendues sera un peu passée.

Je suis en Jésus et Marie,

Madame,

Vostre très-humble, très-obéissant, et très-affectionné serviteur,

Jean EUDES,
Prestre de l'Oratoire de Jésus.

Note de la page 92.

Miséricorde! mon Dieu, miséricorde!

« Le P. Eudes parloit un jour dans un sermon des châtimens dont Dieu punit le péché. Après avoir représenté vivement les peines que les damnés souffrent, il montre tout à coup à ses auditeurs l'enfer ouvert sous leurs pieds; dans ces cachots ténébreux, une multitude de réprouvés, victimes de la souveraine justice, et moins coupables qu'ils ne le sont eux-mêmes, leur place déjà marquée dans ce lieu d'horreur, le Tout-Puissant irrité, que le ciel et la terre, indignés de leurs attentats sollicitent de hâter sa vengeance ; toute la colère d'un Dieu prête à éclater sur leurs têtes criminelles. « Malheureux « pécheurs, s'écrie-t-il alors, qui te mettra à couvert contre l'indignation « de l'Eternel ? Un moment, un seul moment, ce moment qui s'échappe « va décider de ton sort pour l'éternité et tu es tranquille !... J'en frémis... « Le bras du Seigneur est levé, la foudre part. O Dieu, sur lesquels des « pécheurs qui m'écoutent va tomber le trait inévitable? Miséricorde, « Seigneur ! Miséricorde ! C'est du plus profond de nos cœurs que nous la « réclamons cette miséricorde infinie... Que nos cris, que nos soupirs se « fassent entendre jusqu'au pied de votre trône ! Je le dis pour tous ceux « qui sont ici présens ; ils le disent tous avec moi : Miséricorde, ô mon Dieu ! « Miséricorde ! »

Tous les auditeurs, saisis d'effroi, étoient prosternés, et il n'y en avoit pas un seul qui ne fondît en larmes, qui n'éclatât en soupirs. On eût dit autant de criminels qui n'attendoient que le coup de la mort. A ces mots : miséricorde, ô mon Dieu ! miséricorde ! l'espérance sembla renaître, mais sans bannir encore la terreur. Un cri général s'élève de toutes parts ; mille voix qui se confondent répètent ces paroles : Miséricorde, ô mon Dieu ! miséricorde ! Le prédicateur est obligé de s'arrêter et de donner à ce transport le temps de se calmer. Il reprend aussitôt : « Oui, mes frères, c'est « cette miséricorde infinie qui peut seule ranimer votre espérance ; c'est à « elle seule que vous êtes redevables de n'être pas encore livrés à la justice « de votre Dieu. Ne l'oubliez jamais, répétez-le sans cesse ; c'est votre misé- « ricorde, Seigneur, qui me met en état d'apaiser votre justice, et de me dé- « rober à ses feux vengeurs : *Misericordiæ Domini, quia non sumus con-* « *sumpti.* » S'étendant ensuite sur la gratuité, sur l'immensité de cette miséricorde, sur la crainte que doit avoir le pécheur qu'elle ne se lasse enfin de supporter ses désordres, il en conclut que la reconnoissance dont le pécheur doit être pénétré au souvenir des bontés et de la patience de son Dieu le doit rendre capable de tout entreprendre désormais pour faire oublier au Seigneur son ingratitude ; que ce n'est plus que par un retour de fidélité, d'amour, et de l'amour le plus généreux qu'il doit honorer cette miséricorde qui doit être la source de son bonheur. Après avoir paraphrasé ce verset du psaume 88 : « Je chanterai à jamais les miséricordes du Seigneur », en suggérant à ses auditeurs les sentimens et les affections dont une âme vraiment pénitente est facilement pénétrée, il les laisse résolus de s'abandonner à toutes les impressions que la grâce faisoit si sensiblement dans leur cœur.

Voici un fait qui suivit de près ce triomphe du P. Eudes, et qui prouve combien un homme apostolique a d'avantage sur l'orateur le plus éloquent, lorsqu'il s'agit de remuer les esprits et de toucher les cœurs. Le sermon dont on vient de parler ne fut pas plus tôt fini, qu'on s'entretint dans toute la ville des effets extraordinaires qu'il avoit produits ; on étoit dans l'admiration de voir, à la parole d'un homme, un auditoire entier saisi de cet enthousiasme dont les plus froids et les plus insensibles avouoient eux-mêmes n'avoir pu se défendre. On en parla au célèbre M. Camus, ancien évêque de Belley, un des plus fameux prédicateurs de son temps, et qui demeuroit alors à Caen dans la maison de l'Oratoire ; il donna au missionnaire de sincères éloges, en montrant cependant que des traits pareils n'avoient rien qui le surprît, qu'au moins ils ne lui paroissoient pas inimitables. Il fit plus ; il lui prit envie d'en faire lui-même l'essai, et il se promettoit bien de réussir. Il se mit donc à composer un sermon dans le goût qu'il imagina le plus propre à causer de ces mouvemens extraordinaires ; il y fit entrer tout ce qu'il crut propre à inspirer la crainte des jugemens de Dieu, et dans l'endroit du discours où les peintures étoient les plus vives et les plus animées, il ne manqua pas de se proposer de crier aussi miséricorde, et d'engager son auditoire à le faire après lui.

Le jour où il devoit prêcher étant arrivé, l'estime qu'on avoit pour le prélat lui attira une foule d'auditeurs choisis. Il monte en chaire, il commence son sermon, et dans l'endroit où il croit son auditoire bien préparé, il élève tout à coup la voix et s'écrie : « Miséricorde, ô mon Dieu ! Miséricorde ! » Il s'arrête après cet éclat, sans que personne s'empresse de le seconder. Plus animé qu'auparavant il présente avec un nouveau feu tout ce qu'une imagination montée lui peut fournir de plus frappant ; il va jusqu'à ordonner à ses auditeurs de crier avec lui : Miséricorde ! L'on se regarde les uns les autres, on est surpris d'un pareil ordre ; mais on ne se met point encore en devoir de l'exécuter. Le prédicateur, surpris et mortifié de voir manqué l'effet qu'il attendoit, invective contre la dureté de cœur et l'insensibilité de ceux qui l'écoutent ; il presse, il sollicite, il croit voir enfin sur les visages étonnés qu'il peut risquer un dernier effort ; il s'écrie pour la troisième fois : « Miséricorde, ô mon Dieu ! Miséricorde ! » Chacun baisse les yeux et convient tacitement de l'insensibilité qu'on lui reproche ; mais pas un n'ose rompre le silence, et tous sortent muets ou insensibles.

« Cet essai, qui ne fut pas heureux, décida M. Camus à renoncer pour toujours à un genre d'éloquence qui n'étoit pas le sien. »

(Le P. DE MONTIGNY.)

Note de la page 153.

Supplique adressée au Pape Urbain VIII par Mgr de Matignon, évêque de Coutances, pour demander l'érection de la Congrégation de Jésus et Marie (1643).

Beatissime Pater,

Quod in conventu Prælatorum Galliæ Parisiis congregatorum anno Domini 1625 decretum fuerat, ut in singulis diœcesibus singula erigerentur Collegia a viris eximiæ sanctitatis et doctrinæ administranda, in quibus statis temporibus convenirent presbyteri illi præsertim quibus incumbit juvare animas, ut de munere suo recte fungendo edoceantur, id venerabilis viri Magistri Joannis Eudes operà perfici posse in pluribus etiam diœcesibus judicavimus.

Cum enim in pluribus locis missionem fecerit a quindecim annis, et in diœcesi nostrâ sexies a duobus annis incredibili penè populorum concursu et quàm maximâ optari potuerit animarum utilitate, seorsum a plebe convocatos presbyteros tam Curatos quam non Curatos, de officio suo monere solitus est, ut ad pauculas ejus exhortationes totus clerus cujuslibet stationis in alium mutatus videretur.

Quapropter Nobis visus est idoneus qui viros ecclesiasticos seligeret, institueret, erudiret per seipsum et per ipsos, alios. Unde supplicamus humi-

liter Sanctitati Vestræ, quatenus, pro suâ in sedulos Christi operarios
benignitate, ipsius votis et supplicationi annuere velit.

Note de la page 153.

*Supplique adressée au Pape Urbain VIII par Monseigneur
d'Angennes, évêque de Bayeux, pour demander l'érection
de la Congrégation de Jésus et Marie (1643).*

Sanctissimo Domino nostro Papæ Urbano VIII.
« Cum ante sex annos supra triginta in Episcopum Bajocensem a
« Sanctitate Vestra inauguratus et consecratus fuerim, ut tantum onus
« humeris meis impositum cum Dei gratia manuum vestrarum im-
« positione, ut spero, mihi data, sustinere possem, id unum maxime
« curavi, et a Deo omnis sapientiæ et virtutis fonte multis votis
« expetivi, ut in parœciam mihi commissam fidelissimos coadjutores
« mittere dignaretur. Sed quam pauci sunt, ex multis quos in partem
« sollicitudinis meæ vocavi, qui generose tanto muneri incumbant !
 « Unum adversus morbos serpentes occurrit remedium, missiones
« scilicet, Sanctitatis Vestræ litteris, indultis et gratiis præmunitæ, fre-
« quentes per diœcesim. Sed inter cæteros multis præfuit dilectus mihi
« in Christo venerabilis vir Magister Joannes Eudes, presbyter Sagiensis
« diœcesis, et in hac a quindecim annis commorans, qui scientiam et
« prudentiam, quâ multùm pollet, cum candida simplicitate et modestia
« in sua cum proximo conversatione, et in concionibus quas ad populum
« habet, ita conjungere novit, ut hinc plurimos in animis a se invicem
« dissitis reconciliandis, in restitutionibus procurandis, et cæteris hujus
« modi piis operibus exercendis, fructus referat.
 « Maxime vero sacerdotes, et sacerdotii candidati utilitatem ex illius
« missionnibus percipiunt. Hos enim statis diebus, horis et locis, a plebe
« separatim convocat, de officio suo monet, sacras cœremonias, clericorum
« et singulorum ordinum functiones, et debitam sacramentorum admi-
« nistrationem edocet, et pro suis viribus omnium saluti se impendit.
 « Cum igitur abhinc octo mensibus in urbe Cadomo hujus diœcesis
« collegium instituissem sub titulo *Presbyterorum Congregationis Jesu
« et Mariæ*, regio diplomate confirmatum, in quo sacerdotes ordinandi,
« et ad regimen animarum admittendi instrui possint a sacerdotibus
« eximiæ probitatis et doctrinæ, ibidem simul degentibus, de sacramentis
« sancte ministrandis, et de sacris ritibus decenter obeundis, et denique
« ut muneri suo rite fungendo apti et digni redderentur, huic colle-

« gio prædictum Magistrum Joannem Eudes præposui, ut ii qui suæ
« perfectioni et aliorum juvandæ saluti studere cupierint, habeant
« in promptu magistrum qui nullo voto religionis obstrictus eodem
« jure utitur, iisdem legibus vivit, quibus cæteri uti et vivere debent
« sacerdotes.

« Nec tamen intra muros collegii sese continet illius et associatorum
« charitas. Hi etenim et RR. DD. Episcopis pro missionibus faciendis,
« parochis pro confessionibus audiendis, et fidelibus pro multiplici alio
« pietatis usu sese paratissimos offerunt, ut jam abunde ex multis
« experimentis mihi constat.

« Omnia illorum officia ad majorem Dei gloriam et Ecclesiæ ædi-
« ficationem cessura spero, si benedictione apostolica stabiliantur et
« firmentur. Quapropter Sanctitati Vestræ humiliter supplico quatenus
« præfatum Magistrum Joannem Eudes, quo solet favore missionarios
« et alios Christi vineæ operarios prosequi, honorare dignetur. Quod
« fiet, si illius petitionibus annuerit, si gratias, et indulgentias, quas enixe
« et humillime postulat, sua benignitate concesserit, tam pro collegio
« Cadomi erecto, quam pro aliis deinceps instituendis.

« Datum Bajocis, sub signo sigilloque nostris, ac Secretarii nostri
« chirographo, anno Domini supra millesimum sexcentesimo quadra-
« gesimo tertio, die vero mensis octobris vigesima secunda. »

† JACOBUS, *episc. Bajocensis.*

Supplique de Mgr d'Angennes au Pape Urbain VIII, 1643.

« Très-Saint Père, depuis 36 ans que j'ai eu le bonheur d'avoir été
« installé et consacré par Votre Sainteté pour l'évêché de l'église de Bayeux,
« j'ai cru qu'un des premiers soins que je devois prendre pour pouvoir,
« avec la grâce de Dieu, que j'espère avoir receue par l'imposition de vos
« mains, supporter la charge qu'il m'avoit imposée, étoit de luy deman-
« der, comme à celuy qui est la source de la sagesse et de la force, qu'il luy
« plût me donner de fidèles coopérateurs pour travailler auprès du trou-
« peau qui m'avoit été confié. Mais que j'ai eu de peine à en trouver,
« entre tous ceux que j'avois appelez à mon secours, qui fussent en état
« de s'en acquitter avec le courage qui seroit nécessaire pour un si
« grand employ !

« Le remède qui seroit le plus efficace pour guérir les maux dont je
« me plains seroit de faire des missions dans mon diocèze, et de procurer
« qu'elles fussent soutenues par des bulles, des pouvoirs et des indulgences
« émanées de Votre Sainteté. C'est aussi ce que j'ai fait jusqu'à présent

« et j'ai été témoin de la manière édifiante avec laquelle notre bien-aimé
« le sieur Jean Eudes, prêtre du diocèze de Séez, et recommandable par
« ses bonnes qualitez, a présidé à un grand nombre de ces missions,
« depuis l'espace de 15 ans qu'il travaille dans mon diocèze ; car il sçait
« si bien allier la science et la prudence, dont Dieu l'a favorisé, avec la
« simplicité et la modestie dans les entretiens qu'il a avec le prochain,
« ainsi que dans les discours qu'il luy donne en public, qu'il s'en sert heu-
« reusement pour produire de très-grands fruits, par le soin qu'il prend
« pour réconcilier les esprits qui vivoient dans une longue dissension, pour
« faire restituer le bien mal acquis, et exercer un grand nombre de pareilles
« bonnes œuvres.

« Mais les prêtres et les aspirans au sacerdoce sont ceux qui semblent
« retirer de plus grands avantages de ses missions ; car il a soin de les
« assembler séparément du reste des fidèles, à des jours réglez,
« dans des lieux particuliers, pour leur parler de leurs devoirs et pour leur
« donner des instructions convenables sur la manière de faire les cérémo-
« nies, et exercer avec décence les autres fonctions de leurs ordres, ainsi
« que sur l'administration des sacremens : enfin il s'applique de toutes ses
« forces à fournir à tout le monde les moyens de travailler à l'affaire du
« salut.

« Ainsi, dans le dessein que je formay il y a déjà 8 mois d'ériger dans la
« ville de Caën, qui est de mon diocèze, une communauté ecclésiastique,
« sous le titre de *prêtres de la Congrégation de Jésus et Marie*, en faveur
« de laquelle j'avois obtenu des lettres patentes du Roy, dans le dessein d'y
« faire instruire, par des prêtres d'une probité et d'une capacité reconnues,
« les autres prêtres du clergé, ainsi que les jeunes ecclésiastiques, de l'ad-
« ministration des sacremens, de la pratique des cérémonies et des autres
« choses convenables pour les rendre capables de s'acquitter saintement et
« avec facilité de tous leurs autres devoirs, je jetai les yeux sur ledit Jean
« Eudes pour luy donner le gouvernement de cette communauté, et fournir
« ainsi à ceux qui voudront travailler au salut du prochain, sans négliger
« l'étude de leurs progrez spirituels, le moyen de profiter des leçons d'un
« supérieur qui, sans s'astreindre à aucun vœu des ordres religieux, fait
« profession de jouir des mêmes droits et de suivre les mêmes loix que les
« autres ecclésiastiques.

« Cependant la charité de ce bon prêtre et de ses associez ne prétend
« pas se renfermer dans l'enceinte de leur maison. Car je suis témoin
« qu'ils se sont déjà offerts plusieurs fois aux Reverendissimes Nos
« Seigneurs les évêques pour faire des missions dans leurs diocèzes,
« ainsi qu'aux curez pour entendre les confessions de leurs paroissiens, et en
« général à tous les autres fidèles pour leurs divers besoins spirituels.

« Au reste je ne doute point que tous ces emplois de charité, qui leur

« sont ordinaires, réussissent pour la plus grande gloire de Dieu et pour
« l'édification du prochain, pourvu qu'ils soient munis et appuyez de la béné-
« diction apostolique. C'est pourquoy je supplie humblement Votre Sainteté
« de vouloir bien honorer le dit Jean Eudes de la même protection dont
« elle a coutume d'honorer les missionnaires et les autres ouvriers de la
« vigne du Seigneur, en luy accordant l'effet de sa prière et les autres
« grâces et indulgences qu'il demande avec toute l'instance et toute l'humi-
« lité possibles, à Votre Sainteté, tant pour la maison qui se trouve déjà
« érigée à Caën que pour les autres qui se pourront fonder ailleurs.
« Donné à Bayeux, le 22 d'octobre de l'an 1643. »

(*Traduction du P. Costil.*)

Page 159.

Lettres d'Institution de la Congrégation de Jésus et Marie, 1644.

« Jacobus d'Angennes, Dei et Sanctæ Sedis Apostolicæ gratia Bajo-
« censis Episcopus, universis præsentes litteras inspecturis, Salutem in
« Domino.

« Cum pastoralis officii sollicitudo subditorum saluti prospicere debeat,
« tum maxime clericorum moribus invigilare, qui, si suo muneri accurate
« satisfaciant, et cæteris, ut par est, vitæ probitate, honestate morum et
« doctrina præfulgeant, fieri omnino non potest quin cultus Dei maximum
« inde splendorem, Ecclesia decus et ornamentum, populus ædificationem
« ac consolationem accipiant, necnon hæreticorum et inimicorum crucis
« Christi calumniæ et querimoniæ penitus compescantur.

« Nihil autem ad stabiliendam et perficiendam ecclesiasticam disciplinam
« efficacius atque accommodatius à majoribus nostris judicatum est,
« quam si clericorum seminaria instituerentur, in quibus ad gradum
« sive officium ecclesiasticum promoti vel promovendi, per tempus
« competens probarentur, ad pietatem et religionem informarentur, quæ
« sui sunt muneris edocerentur, et ad quæ, cum propriæ saluti et per-
« fectioni vacare vellent, nonnumquam accedere possent, et ex quibus
« rectores ecclesiarum subsidia cum necessitas postularet, reciperent,
« necnon inde operarii idonei et inconfusibiles assumerentur ad excolen-
« dam vineam Domini, et ad colligendam messem ejus in horreum
« ipsius per missionum exercitia, nempe per conciones, exhortationes,
« catechismos, confessionum auditiones, dissidentium reconciliationes, et

« alia ejus modi pia opera, hinc denique multa alia, quæ longum esset
« recensere.

« Quod sane opus, ut arduum est et difficillimum, non alia ratione
« perfici et pro dignitate absolvi posse videtur, quam si aliqui viri non
« minus pietate quam eruditione præstantes, solo Dei amore ducti, hanc pro-
« vinciam suscipiant, et in eam curam cogitationemque sedulo incumbant.

« Cum igitur a venerabili viro Magistro Joanne Eudes, presbytero, supplex
« libellus Nobis nuper porrectus fuerit, quo se paratum esse huic muneri,
« si ita Nobis placeret, deservire profiteretur cum multis aliis presbyteris quos
« sibi adjunxit idipsum sentientibus, et propterea a Nobis humiliter expos-
« ceret quatenus sibi in nostrâ diœcesi Congregationem Ecclesiasticorum,
« quam ab aliquot annis meditabatur ad dicta munia obeunda instituere,
« ac in eâ sic institutâ fundos donationes et quoscumque reditus recipere,
« cæteraque in talibus assueta facere per Nos liceret, et quia dicta Congre-
« gatio nondùm satis erecta ac formata videtur, ut possit sibi superiorem
« aliquem ritè et canonicè eligere, placeret Nobis unum ex iis qui se
« eidem Congregationi addixerunt constituere superiorem ejusdem Con-
« gregationis, ipsique facultatem tribuere alios Ecclesiasticos ad dictam
« Congregationem admittendi, admissosque remittendi seu repellendi,
« officiarios constituendi, regulas ac statuta condendi, cæteraque in talibus
« assueta faciendi, absque tamen præjudicio juris quod dicta Congregatio
« postquàm erecta et confirmata fuerit habebit eligendi alium superiorem
« post obitum ejus quem constituerimus, qui, iisdem facultatibus potietur,
« secundum regulas tamen ac statuta dictæ Congregationis.

« Nos, Episcopus præfatus Bajocensis, de dicti Joannis Eudes et aliorum
« Presbytorum, quos sibi adjunxit, fide catholica, morum integritate, reli-
« gionis zelo, doctrina et eruditione debite informati, ejusdem humillimæ
« supplicationi annuentes, ad majorem Dei gloriam ac sanctæ Ecclesiæ,
« maximè verò nostræ diœcesis utilitatem, ac religionis incrementum, illi
« ipsi, ut præfatam Congregationem Ecclesiasticorum sub nomine et titulo
« *Presbyterorum Congregationis Jesu et Mariæ*, utpote summo Domini
« Jesu sancti ordinis presbyteratus institutoris sacerdotio consecratam,
« necnon sub protectione beatissimæ virginis Mariæ, matris ejus, constitu-
« tam in nostrâ diœcesi, sub nostra omnimoda, et successorum nostrorum
« episcoporum jurisdictione et obedientia, auctoritate, correctione, appro-
« batione et jure ordinario visitationis per Nos aut vicarios nostros gene-
« rales vel quoslibet alios a Nobis ad id specialiter deputatos faciendæ, in-
« stituere et erigere valeat potestatem in Domino fecimus et facimus, ad
« prædicta seminariorum sive collegiorum sanctorum exercitia adimplenda;
« in sua dicta Congregatione sic erecta ac instituta fundi, donationes
« et alii reditus ac proventus quicumque recipi, acquiri ac possideri
« possint.

« Insuper præfatum Magistrum Joannem Eudes ejusdem Congregationis
« superiorem constituimus, necnon ut alios Ecclesiasticos ad dictam Con-
« gregationem admittere et incorporare admissosque remittere et expellere,
« officiarios constituere, regulas ac statuta condere, cæteraque in talibus
« assueta facere ac prestare, consultis primum in rebus magni momenti
« quibusdam ex antiquioribus et prudentioribus ejusdem Congregationis
« sacerdotibus, libere possit et valeat, facultatem in Domino concessimus
« et concedimus; decernentes tamen quod dicta Congregatio nullis omnino
« queat frui regulis et statutis, quin priùs per Nos visa et approbata
« fuerint.

« Declaramus igitur quod statuendo dictum Magistrum Joannem Eudes
« superiorem dictæ Congregationis, ac facultates præmissas ipsi concedendo,
« nullo modo derogare intendimus juri dictæ Congregationis, postquam
« erecta et formata fuerit, eligendi alium superiorem et Nobis præsentandi
« post obitum præfati Joannis Eudes, qui iisdem facultatibus potietur
« secundum regulas ac statuta dictæ Congregationis, neque etiam juri
« nostro episcopali eumdem ipsum superiorem sic a dictâ Congregatione
« electum, et Nobis præsentatum admittendi et approbandi, cæterosque
« quos in eadem Congregatione et familia ad conciones habendas confessio-
« nesque audiendas idoneos judicaverimus.

« Denique cætera jura, immunitates et prærogativas ad seminaria eccle-
« siastica spectantes præfatæ Congregationi decernimus et impertimur per
« præsentes, jure tamen nostro et alieno semper salvo.

« In cujus rei fidem et testimonium præsentes litteras manu nostrâ
« subscriptas per nostrum secretarium ordinarium subsignari sigilloque
« nostræ episcopalis curiæ jussimus communiri.

« Bajocis, die mensis januarii 14, anni 1644.

† Jacobus, episc. Bajocensis.

Lettres d'Institution de la Congrégation de Jésus et Marie.

« Jacques d'Angennes, par la grâce de Dieu et du Saint Siége apostolique,
« évêque de Bayeux, à tous ceux qui verront ces lettres, Salut en
« Notre Seigneur. La vigilance pastorale qui a pour objet le salut de
« ses inférieurs doit s'étendre encore plus particulièrement sur les mœurs
« des ecclésiastiques. En effet, lorsqu'ils s'acquittent comme il faut de
« leurs devoirs et qu'ils donnent aux autres le bon exemple qu'ils ont
« droit d'en attendre, par la régularité de leur conduite, la pureté de
« leurs mœurs et de leur doctrine, ils relèvent la majesté du culte

« divin, ils procurent l'honneur de l'Eglise, dont ils sont l'ornement,
« et le peuple fidèle en reçoit de la joye et de l'édification, ce qui sert
« encore à réprimer entièrement les calomnies et étouffer les reproches
« des hérétiques et des autres ennemis de la croix de Jésus-Christ.

« Aussi nos pères n'ont pas trouvé de moyen plus convenable ny plus
« efficace pour établir et perfectionner la discipline ecclésiastique que
« l'érection des séminaires, dans lesquels ceux qui sont déjà promus,
« ou qui désirent être élevez à quelque degré ou employ dans l'Eglise,
« trouvent le moyen, non-seulement d'examiner leur vocation, mais de
« plus, de se former à la piété et à la dévotion, et d'apprendre la
« science de leurs devoirs. Ces lieux servent encore d'honnête retraite
« à ceux qui veulent travailler avec plus de loisirs à leur salut et à
« leur propre perfection. Les curez peuvent en retirer de grands secours
« dans le besoin de leurs peuples, et on y peut prendre des ouvriers
« irréprochables et capables de cultiver la vigne du Seigneur et ramasser
« la moisson dans les greniers du père de famille, en travaillant aux
« missions, c'est-à-dire par les sermons, les exhortations, les catéchismes,
« l'assiduité à entendre les confessions et à réunir les esprits divisez, et par
« plusieurs semblables exercices de piété. Enfin, ces lieux de piété servent
« à faire un grand nombre d'autres biens qu'il seroit ennuyeux de
« rapporter icy.

« Or il est évident qu'il est impossible de venir à bout d'une
« entreprise si haute et si difficile que par le secours de quelques
« personnes, autant remplies de piété que d'érudition, qui n'ayant en
« vue que le pur amour de Dieu veulent bien se charger de ce soin
« et y donner toute leur attention. C'est pourquoy ayant égard à la
« très-humble requête que le vénérable prêtre, Jean Eudes, nous a
« fait présenter depuis peu, dans laquelle il nous exposoit qu'il étoit prêt à
« travailler à cette bonne œuvre sous notre bon plaisir, avec plusieurs
« autres prêtres qu'il s'est associez et qui ont tous les mêmes veues, et à la
« prière qu'il nous a faite qu'il luy fût permis d'ériger dans notre
« dioceze, pour ce même sujet, une Congrégation ecclésiastique dont
« il avoit formé le dessein depuis quelques années, avec le pouvoir d'y
« recevoir, après qu'elle seroit érigée, des fonds, des donations et toutes
« sortes d'autres revenus, et pratiquer le reste de ce qui est d'usage dans
« ces occasions ; et que vu que la dite Congrégation ne paroît pas encore
« assez solidement établie ny formée, pour qu'elle puisse se choisir elle-
« même un supérieur selon les règles canoniques, il nous plût de luy en
« donner un entre ceux qui y sont déjà entrez, auquel nous accorderions
« la faculté de recevoir d'autres ecclésiastiques dans la même Congrégation
« ou de les en exclure après qu'ils y auroient été admis, d'établir des offi-
« ciers, de faire des statuts et dresser des règlemens et le reste qui convient,

« sans toutefois que ce choix que nous ferions pour cette fois d'un supé-
« rieur pût préjudicier au droit qu'aura cette même Congrégation dans la
« suite, c'est-à-dire après la mort de celuy que nous aurons nommé, et
« lorsqu'elle se trouvera établie et confirmée de notre autorité, de se choisir
« un autre supérieur qui aura les mêmes pouvoirs que son prédécesseur,
« conformément aux règles et statuts qu'on aura dressez :

« A ces causes, Nous, évêque de Bayeux, étant bien informé de la foy
« catholique, de la pureté des mœurs, du zèle pour la religion, de la
« doctrine et de la capacité du susdit Jean Eudes et de ses associez, et
« écoutant favorablement la très-humble prière qu'il nous a faite, à la
« plus grande gloire de Dieu et de la sainte Eglise, et en particulier pour
« l'avantage de notre dioceze, et le progrez de la Religion, luy avons
« permis et permettons, pour remplir le dessein de Collége des saints
« exercices, d'ériger dans notre dioceze la susdite Congrégation ecclé-
« siastique, sous le nom et titre de *Prêtres de la Congrégation de Jésus et
« Marie*, comme étant consacrez au souverain sacerdoce de Notre Seigneur
« Jésus-Christ et sous la protection de la bienheureuse Vierge Marie, sa
« mère, lesquels demeureront sous notre entière juridiction, dépendance,
« autorité, droit de correction et de visite et de nos successeurs les
« évêques, que nous pourrons faire par Nous, nos vicaires-généraux
« ou tels autres qu'il nous plaira y commettre ; et leur permettons de
« recevoir et posséder et jouir des fonds, donations et de tous autres
« revenus de quelque nature qu'ils soient.

« De plus, Nous avons choisi le dit Jean Eudes pour être le supérieur de
« la susdite Congrégation, et luy avons permis et permettons d'admettre des
« ecclésiastiques dans la même Congrégation, et de les y incorporer, ainsi
« que de les en retrancher, d'établir des officiers, de dresser des règlemens
« et des statuts, et de faire les autres choses nécessaires, après avoir pris
« toutefois l'avis de quelques-uns des plus anciens et des plus prudens
« de la même Congrégation, dans les affaires qui paroîtront de grande
« conséquence.

« Nous déclarons cependant que la susdite Congrégation ne pourra
« se servir d'aucun statut ou règlement qu'après que Nous leur aurons
« donné notre approbation, comme aussi qu'en choisissant ledit
« Jean Eudes pour supérieur avec les pouvoirs que nous luy avons
« accordez, Nous ne prétendons point déroger au droit que ladite Congré-
« gation aura, après qu'elle sera formée, d'élire et de Nous présenter
« un autre supérieur après la mort du susdit Jean Eudes, lequel aura
« les mêmes pouvoirs, ny au droit de notre charge d'approuver le même
« supérieur qu'on aura élu, et qu'on Nous aura présenté, ainsi que
« les autres prêtres de la même Congrégation que nous trouverons
« capables de prêcher et de vaquer aux confessions. Enfin, nous accordons

« par ces présentes à la susdite Congrégation tous les autres droits,
« priviléges et prérogatives qui appartiennent au séminaire ecclésiastique,
« sauf notre droit et celuy d'autruy.

« En foy de quoy nous avons signé de notre propre main, et fait
« contre-signer par celle de notre Secrétaire, et fait munir de notre
« sceau ces lettres.

« Donné à Bayeux le 14 janvier 1644. »

(*Traduction du P. Costil*).

Note de la page 184.

*Lettre adressée au Pape Innocent X, par Mgr Cospean, évêque
de Lisieux, pour demander l'érection de la Congrégation de
Jésus et Marie (1645).*

Sanctissimo Domino nostro Papæ Innocentio X, Philippus,
Episcopus et Comes Lexoviensis humillima pedum oscula.

BEATISSIME PATER,

Accedo unà cum R. P. Joanne Eudes, verissimo Neustriæ nostræ apostolo, ad sacros pedes Sanctitatis Vestræ, idipsum quod ipse rogat totâ animi demissione rogaturus, simulque cum summâ fide coram Deo et Sanctitate Vestrâ dejeraturus nihil me nosse optimo isto viro aut sacris ejus concionibus religiosius, nihil quod majori æterni Spiritus vi atque energia Christum christianorum inferat pectoribus, quos tanto numero ad se trahit, in odorem unguentorum ejus quem prædicat, ut id unice nobis sit credibile qui testes habemus oculos.

Sentiat itaque Te in Domino, cujus vices incredibili christiani orbis felicitate geris, etiam atque etiam obtestor, Pater Sanctissime, ad eum se Pontificem accessisse, qui non tam dignitate quam pietate, misericordia, charitate Eum referat a quo suprà omnes mortales summo, quod et ipse largitus est, merito fuerit evectus.

Sum, eroque, dum vivam, Pater Sanctissime, tuæ Sanctitatis devotissimus servus.

† PHILIPPUS,

Episcopus et Comes Lexoviensis.

A Notre Seigneur le Pape Innocent X, Philippe, Evêque et Comte de Lisieux, qui luy baise très-humblement les pieds.

TRÈS-SAINT-PÈRE,

Je me prosterne aux pieds de Votre Sainteté avec le R. P. Jean Eudes, le véritable apôtre de notre Normandie, pour vous demander en toute humilité la même grâce qu'il vous demande, pour protester en toute vérité devant Dieu à Votre Sainteté que je ne connois rien qui l'emporte en matière de piété au dessus de ce très-excellent prêtre, et de ses discours; rien qui approche de l'onction avec laquelle il établit J. C. dans les cœurs des fidèles qu'il luy gagne en si grand nombre qu'il paroîtroit incroyable à tout autre qu'à nous qui voyons ces merveilles de nos yeux. Je vous supplie donc Très-Saint-Père, et je vous conjure, au nom du Seigneur, dont Vous tenez la place pour le bien et l'avantage du monde chrétien, de luy faire connoître en cette occasion le bonheur qu'il a eu de s'adresser à un Pape qui représente encore plus par sa clémence, sa compassion et sa bonté paternelle que par sa dignité, Celuy qui l'a élevé au-dessus de tous les hommes, en considération des mérites qu'il lui avoit accordés par sa grâce.

Je suis et seray toute ma vie, Père très-saint, de Votre Sainteté

Le très-dévot serviteur,

† PHILIPPE,

Evêque et comte de Lisieux.

Lettre de Monseigneur Cospean au Cardinal Grimaldi.

MONSEIGNEUR,

La cognoissance que j'ay de l'extresme piété de Vostre Seigneurie Illustrissime, fait que je ne crains pas d'estre éconduit en la très-humble supplication que je luy vais faire en faveur du R. Père Eudes, de qui ce porteur vous parlera. Car certes, Monseigneur, je vous puis protester que c'est un homme tout à fait apostolique et qui a faict des merveilles par toute la Normandie, pour le salut des âmes, si extraordinaires, qu'il n'y a homme vivant qui ait rien veu de semblable. D'ailleurs, il est autheur d'un dessein que Vostre Seigneurie Illustrissime trouvera, je m'asseure, aussy utile à l'Eglise qu'aucun autre que nous y voyons. Je vous supplie donc au nom de Dieu, Monseigneur, de luy vouloir estre favorable et de le recommander à Sa

Sainteté. Je ressentiray sans comparaison plus cette grâce que si elle estoit faicte à moy-mesme, et seray toute ma vie et de tout mon cœur,

Monseigneur,

De vostre Seigneurie Illustrissime, le très-humble et très-obéissant serviteur,

PHIL. COSPEAN,
Ev. de Lisieux.

A Lisieux, le 20 febvrier 1645.

Note de la page 206.

Examen des reproches adressés au P. Eudes par Huet dans le livre des Origines de Caen.

« Le P. Eudes avoit une éloquence... véhémente, plus propre à toucher ses auditeurs par la terreur, qu'à les attirer par la douceur..., se laissant emporter à son zèle, qui n'étoit pas toujours assez réglé ; n'ayant ni droit, ni mission, ni le caractère de l'autorité, il se portoit à des actions hardies, qui ont eu quelquefois de fâcheuses suites » (Huet, *Orig.* p. 429-31).

Nous allons examiner d'une façon toute spéciale ce reproche, qui a été sans cesse rebattu, depuis Huet jusqu'à ce jour, bien qu'il ne repose sur aucun fondement. Incontestablement, le P. Eudes avait un tempérament tout de feu, un zèle ardent, impétueux, une énergie indomptable, « *audax et ardens.* »

C'est bien à lui que l'on peut justement appliquer les paroles de l'Ecriture : « *Zelus domus tuæ comedit me.* » Mais ce zèle n'a pas été indiscret. Le mot caractéristique de l'éloquence du P. Eudes, c'est l'animation, l'ardeur, l'impétuosité, la force accompagnée d'une grande onction, une expression de foi profonde qui portait la conviction dans les âmes. « Lion en chaire, disaient les religieuses de Montmartre, agneau au confessionnal ; » nous avions trouvé le mot avant de savoir qu'il était historique.

« Ardent pour le salut des âmes, et pour la gloire de son Maître, a dit également M. l'abbé de La Palluelle, infatigable dans les travaux, terrible dans la chaire, prudent dans le confessionnal, patient dans l'adversité, affable dans la conversation (1). » L'historien de Picpus,

(1) Oraison funèbre prononcée au séminaire de Coutances, en 1682.

continuateur du P. Hélyot, Hermant qui l'avait entendu prêcher, le P. Hérambourg et le P. de Montigny, le P. Costil et le P. Beurier, enfin, tous les écrivains qui l'ont jugé équitablement, parlent de son zèle, de son ardeur impétueuse, de son courage à dire la vérité tout entière, mais aussi d'une onction qui allait au cœur et le gagnait à Dieu. En chaire donc il tonnait contre les vices ; mais ce foudre de guerre a converti des milliers de pécheurs qui ont trouvé en lui un cœur compatissant et toujours prêt à prendre à sa charge une part de leurs pénitences. Les vieux chroniqueurs français rapportent que lorsque le chevaleresque Jean, roi de France, vit les Anglais à Poitiers, « le sang lui mua », et que saisissant sa hache d'armes, il s'élança au plus épais des bataillons ennemis : c'est le portrait de notre valeureux P. Eudes. Il aimait tant Dieu, que lorsqu'il se voyait en face des vices qui désolaient alors la société, « le sang lui muait ; » il s'élançait alors sur l'ennemi, il le chargeait vigoureusement, frappant d'estoc et de taille ; mais plus prudent et aussi plus heureux que l'infortuné roi de France, il prenait si bien ses précautions et conduisait si habilement ses charges répétées, qu'il sortait toujours vainqueur de la lutte. La bataille finie, les vaincus étonnés trouvaient en lui le plus doux, le plus généreux des vainqueurs, un vainqueur qui n'avait combattu que pour gagner leurs âmes : « *Diligite homines, interficite errores* (1). » Voilà ce que Huet n'a pas vu tout d'abord ; on sait du reste comment il a grandement et généreusement réparé plus tard son erreur dans son *Commentarius de rebus ad eum pertimentibus* (p. 355). Son premier jugement, d'ailleurs, est facile à expliquer. Huet, sous-précepteur du Dauphin, en 1670, s'est fait naturellement, tout d'abord, l'écho des murmures et des blâmes des courtisans vicieux, qui devaient voir de mauvais œil ce prêtre, ce nouveau Jean arrivé de Normandie, assez audacieux pour venir dénoncer publiquement leurs vices, et jeter ses *non licet* jusqu'au milieu de la cour du grand Roi. Mais la Reine mère et Louis XIV goûtaient fort les prédications du saint apôtre. Dans la mission de Saint-Germain-des-Prés, quand le P. Jean Eudes, avec infiniment de respect, mais aussi avec une liberté tout évangélique, eut exposé à la Reine régente ce qu'elle avait à faire pour extirper les vices qui deshonoraient son royaume, et arriver ainsi à gouverner selon la volonté de Dieu, les courtisans le déclarèrent perdu ; la Reine, disaient-ils, allait le faire enlever et jeter à la Bastille. Informée de ces bruits malveillants et ridicules, Anne d'Autriche envoya féliciter le vénérable missionnaire, et elle ajouta, en s'adressant à ceux qui l'entouraient : « Il y a longtemps que je n'avois entendu de prédications, mais j'en ay entendu une aujourd'huy. Voilà comme il faut prescher,

---

(1) Saint Augustin.

et non pas me dire des fleurettes, comme les autres me disent. » Aussitôt tous les courtisans répétèrent en chœur que le P. Eudes était vraiment admirable. Souvent, il est vrai, ses adversaires ont voulu retourner contre lui son zèle pour le perdre ou du moins l'amoindrir; jamais ils n'y ont réussi, et quoi qu'en ait dit Huet, « ses actions hardies » n'ont jamais eu que des résultats merveilleux, ce qui prouve que le genre choisi par l'orateur était le bon. « Doux et humble de cœur, » le divin Maître, son modèle, n'était-il pas, lui aussi, terrible contre les vices des Pharisiens? Il fallait les saintes hardiesses du P. Eudes pour remuer et régénérer cette société du XVII° siècle, alors si ignorante des vérités religieuses, si corrompue, mais dont la foi était pourtant encore si vivace et qu'il ne fallait que tirer de son sommeil de mort. Il ne faut pas oublier, d'ailleurs, que les hommes providentiels, les saints apôtres de la taille du P. Eudes, ont des hardiesses, des façons de dire à eux seuls permises; en voulant les copier, nous dirions presque les singer, on se rendrait ridicule. L'évêque de Belley l'apprit à ses dépens dans l'église Saint-Etienne de Caen. Voulant essayer, à l'exemple du P. Eudes, d'enlever ses auditeurs et de leur faire crier, par des prodiges d'éloquence : « Miséricorde ! O mon Dieu ! » il faillit les faire rire.

Quant à la réflexion de Huet, que le P. Eudes n'avait « ni droit, ni mission, ni le caractère de l'autorité », nous avouons franchement ne pas en comprendre le sens. Le saint missionnaire n'a rien fait, absolument rien, jamais, nulle part, ni donné de missions, ni fondé de séminaires, ni même soigné les pestiférés, sans la permission de ses légitimes supérieurs, sans l'autorisation, souvent même sans l'appel pressant des évêques, sans lettres patentes, sans lettres d'institution, délivrées en bonne et due forme. Mgr de Harlay, archevêque de Rouen l'avait nommé chef de toutes les missions de Normandie, et ce privilège lui a été maintenu; l'Assemblée du clergé de France et la Cour de Rome l'ont encouragé dans son œuvre. Quand il arrivait avec ses prêtres dans une paroisse pour une mission, il commençait par déposer entre les mains du curé l'autorisation signée de l'official; c'est à la demande des évêques qu'il a fondé ses séminaires à Caen, Coutances, Lisieux, Rouen, Evreux et Rennes. Que pouvait-on lui demander de plus? Dès lors partout et toujours, il a pu dire comme à Saint-Germain-des-Prés en présence de la reine mère : « qu'il n'estoit qu'un chétif homme et un misérable pécheur, mais qu'au lieu où il estoit et tenant la place de Dieu, il pouvoit dire avec saint Paul et avec tous ceux qui ont l'honneur d'annoncer la sainte parole de Dieu : » *Pro Christo legatione fungimur.*

A l'appui de nos assertions, nous pouvons citer les PP. Hérambourg, Martine, de Montigny, Beurier, Costil, le continuateur du P. Hélyot,

Hermant (1), et enfin Huet lui-même. C'est, en effet, de l'évêque d'Avranches que sont ces belles et touchantes paroles, ce jugement magistral que nous devons bien reproduire :

« Is singulari sua virtute et ardentissima pietate me ad sui amorem et admirationem jam allexerat. Inanem hic sumerem operam, si laudes prosequerer hominis quem infiniti ad promovendum Dei cultum et animarum procurandam salutem suscepti labores ac piissimæ etiam et utilissimæ scriptiones et Deo carum et Ecclesiæ venerabilem effecerunt. »

Cela s'appelle parler d'or. Il faut s'en tenir à ce dernier jugement, c'est le bon. Nous croyons cependant devoir ajouter que si la première critique du savant prélat a été erronée sur certains points, elle est toujours restée complètement respectueuse.

Examen du chapitre consacré par l'abbé De La Rue au P. Eudes.

« La maison de l'Oratoire de Caen se préparoit depuis longtemps à l'établissement d'un séminaire dans notre ville. Des fonds, provenant des offrandes et des aumônes des fidèles, étoient préparés pour cet effet, lorsque le Père Eudes abandonna l'Oratoire pour établir lui-même un séminaire, dont il fut le fondateur et le chef. Les mémoires de la Congrégation qu'il quitta brusquement, et les lettres de ses généraux sur sa conduite particulière, sont loin de lui être favorables, mais nous sommes loin aussi des événemens, et nullement à portée de prononcer sur ce point..... L'évêque Edouard Molé fit fermer la chapelle (des Eudistes), parce qu'il pensa que le Père Eudes n'avoit obtenu, en 1642, des lettres-patentes portant approbation de son Institut, que sur des certificats fabriqués et faussement attribués à son prédécesseur. (*Suit l'accusation portée par Huet*)..... On lui attribue une vie de Marie des Vallées, et plusieurs ouvrages sur les visions de cette béate..... Il existe une histoire manuscrite de la Congrégation des Eudistes, en 2 vol. in-4°, mais elle ne renferme rien d'intéressant. » (*Essais historiques sur la ville de Caen*, t. II, ch. IV.)

Nous devons examiner cet article avec la plus grande attention, parce qu'il appartient à un historien de Caen, que naguère encore on citait comme un oracle en fait d'histoire locale. Comme toutes ces assertions sont

---

(1) « La duchesse de Guise..... étoit pénétrée d'estime pour ce Père, que ses missions et ses prédications pleines d'onction lui avoient acquise. » Hermant, *Histoire du diocèse de Bayeux*, t. III, p. 94 (manuscrit).

inexactes, nous sommes obligé de les reprendre et de les examiner par parties.

Nous remarquons d'abord que cet article, évidemment hostile au P. Eudes, a un premier tort : celui de procéder par insinuation, de réunir une série d'accusations sans preuves et présentées d'une manière assez vague pour n'engager en rien la responsabilité de l'écrivain, mais suffisantes pour indisposer l'esprit du lecteur contre le personnage dont on résume ainsi la vie à grands traits. Au nom de l'impartialité, nous protestons contre cette manière d'écrire l'histoire.

« La maison de l'Oratoire de Caen se préparoit depuis longtemps à l'établissement d'un séminaire dans notre ville. » C'est une première erreur commise par M. De La Rue. Jamais l'Oratoire de Caen n'a conçu ce projet. Cela est si vrai, que lorsqu'en 1641, deux ans avant de quitter l'Oratoire, le P. Eudes demanda l'autorisation de recevoir dans l'établissement de Caen quelques ecclésiastiques qui désiraient s'y former à la pratique de leurs devoirs, il lui fut répondu par un refus formel. On ne voit aucune trace du projet supposé. Il y a plus : l'Oratoire avait si peu l'intention de fonder des séminaires, qu'en 1648, au moment où le supérieur général, M. de Bourgoing, reconnaissait lui-même que la fondation des séminaires était un des principaux buts poursuivis par le cardinal de Bérulle, sa Congrégation, qui possédait déjà soixante collèges en plein exercice, n'avait encore qu'un seul séminaire, celui de Saint-Magloire à Paris ; et cela cinq ans après la sortie du P. Eudes. Évidemment, à cette époque du moins, l'Oratoire avait abandonné l'idée de son saint fondateur, relativement à la question des séminaires : c'était pour reprendre cette idée et la réaliser que le P. Eudes quitta l'Oratoire.

« Des fonds provenant des offrandes et des aumônes des fidèles étoient préparés pour cet effet, lorsque le P. Eudes quitta l'Oratoire pour établir lui-même un séminaire. » Pour quiconque connaît la question et sait comprendre l'allusion de l'écrivain, cela signifie que le P. Eudes, en se retirant, garda pour sa Congrégation des sommes qui lui avaient été données pour l'Oratoire. Le P. Eudes a déclaré que ces offrandes lui avaient été remises pour la Congrégation nouvelle qu'il voulait fonder, et non pour l'Oratoire. La seule déclaration d'un homme du mérite, de la vertu et de la loyauté du P. Eudes serait suffisante, quand les adversaires ne peuvent produire aucune preuve à l'appui de leur réclamation. Mais le doute n'est pas même possible, puisque le principal donateur a déclaré qu'il avait fait son offrande, non pour l'Oratoire auquel il n'avait pas même pensé, mais bien pour la nouvelle Congrégation de Jésus et Marie. La lettre de M. de Répichon tranche la question. Quant à la duchesse d'Aiguillon, en donnant 1,000 livres au P. Eudes pour la construction du séminaire de Caen, elle ne faisait que remplir les intentions de son oncle, le cardinal de

Richelieu. Enfin, l'excellent P. Eudes, qui, par amour de la paix et par esprit de charité, était toujours disposé à faire des concessions même à des demandes sans aucun fondement, et les cas que l'on pourrait citer sont nombreux, offrit aux Oratoriens de leur céder la moitié des sommes reçues pour sa Congrégation : ils rejetèrent fièrement cette proposition pourtant si aimable : ils voulaient tout ; c'était vraiment trop d'exigence quand ils n'avaient droit à rien. L'insinuation de M. De La Rue est donc injustifiable.

« Les Mémoires de la Congrégation qu'il quitta brusquement, et les lettres de ses généraux sur sa conduite particulière sont loin de lui être favorables », ajoute l'historien de Caen dans son réquisitoire. Nous relevons d'abord ce pluriel « ses Généraux. » Le P. Eudes a été sous trois supérieurs généraux pendant le temps qu'il a fait partie de l'Oratoire : le saint cardinal de Bérulle et le vénérable P. de Condren, on le sait, lui ont été très-favorables, et l'ont toujours regardé comme un sujet d'élite. Reste donc le seul P. de Bourgoing, sous l'administration duquel le P. Eudes a quitté l'Oratoire, en 1643. Il faut donc dire « son général », et non « ses généraux », pour ne pas induire le lecteur en erreur. Un second tort de M. De La Rue, c'est d'avoir donné l'acte d'accusation sans avoir produit la défense. Ne vouloir écouter qu'une des parties et repousser l'autre sans l'entendre, c'est un procédé arbitraire qui ne sera jamais admis tant que le mot de justice aura un sens dans l'esprit du législateur. Et quand l'auteur des *Essais* a la bonté d'ajouter, comme pour accorder au P. Eudes le bénéfice des circonstances atténuantes : « mais nous sommes loin aussi des événemens, et nullement à portée de prononcer sur ce point », il commet une autre erreur bien plus grave encore. Comment ne s'aperçoit-il pas qu'il détruit la certitude historique ? L'abbé De La Rue est né en 1751, c'est-à-dire soixante-onze ans après la mort du P. Eudes. Si, à cent ou cent vingt ans de distance, quand les documents abondent, l'historien ne peut pas élucider des faits importants consignés dans des pièces que les intéressés doivent facilement produire, il ne faut plus parler d'histoire, ni de critique historique. Cette déclaration a de quoi surprendre, venant de la part d'un historien archéologue qui s'est acharné, quelquefois sans obtenir de grands résultats, sur des questions bien autrement nébuleuses que celle du P. Eudes, et incontestablement moins importantes. On sait avec quel effroi les auditeurs de M. De La Rue l'entendaient, dans son cours d'histoire, revenir incessamment sur l'emplacement de la fameuse *Otlingua Saxonia*, sans jamais réussir à trouver une hypothèse de nature à le satisfaire. Les documents que l'on peut étudier et comparer sont nombreux ; quand on les lit avec attention et impartialité, la vérité se dégage d'elle-même et la lumière est bientôt faite. On comprend bien vite que les Pères de l'Oratoire devaient être au désespoir de voir leur échapper un pareil sujet : *inde iræ*. Pour ce qui est de cette « sortie brusque » dont parle M. De La Rue, elle est toute naturelle : puisque les Oratoriens ne fondaient pas de séminaires, et que le P. Eudes avait la conviction que ces établissemens étaient indispensables à la régénération de la société chrétienne, il lui fallait nécessairement prendre un parti sans plus de retard ; c'est ce que fit le zélé et saint prêtre : il alla planter sa tente ailleurs. Dieu a béni son œuvre et l'opinion publique lui a donné raison. Nous n'avons pas à revenir sur le passage des *Origines de Caen* : nous y avons répondu plus haut ; mais nous avons bien le droit de demander pourquoi M. De La Rue, qui l'a si soigneusement enregistré, n'a pas également reproduit l'admirable passage du *Commentarius* qui l'efface bien un peu ? Il est vrai que si l'historien de Caen l'eût cité, il aurait dû jeter au panier son article sur Jean Eudes et en donner un autre plus conforme à la vérité historique. Il nous semble que sa réputation d'historien n'y aurait rien perdu. « Huet, dit l'abbé De La Rue, n'a rien voulu changer au passage qu'on lit dans *Les Origines*. » C'est vrai ; mais il ne faut pas demander à un homme, qui a certainement pu être de bonne foi, un sacrifice trop pénible pour son amour propre d'auteur. Ce serait trop exiger de la faiblesse humaine de soutenir que le célèbre prélat aurait dû biffer, aux yeux de tous, ce passage qui, en fin de compte, n'a rien de bien compromettant pour le P. Eudes ; il suffit que, de fait, ce premier jugement se trouve réformé par un éloge postérieur donné sans aucune restriction. L'intention est évidente. Quant à laisser croire que Mgr Molé « fit fermer la chapelle de la Congrégation, parce qu'il pensa que le P. Eudes n'avait obtenu, en 1642, des lettres patentes portant approbation de son Institut, que sur des certificats fabriqués et faussement attribués à son prédécesseur », c'est en vérité trop fort. La supposition que le P. Eudes ait eu l'impudence de fabriquer des certificats est une idée impossible, que n'a pu concevoir sérieusement l'évêque : pourquoi la donner comme la vraie cause de l'interdiction ? Les lettres d'Institution revêtues du sceau de Mgr d'Angennes existaient, l'évêque pouvait les vérifier et s'assurer de leur authenticité. La raison alléguée est puérile. La fermeture de la chapelle eut pour cause l'hostilité bien connue, d'ailleurs, de Mgr Molé contre la Congrégation de Jésus et Marie.

« Le P. Eudes, continue M. De La Rue, a laissé plusieurs ouvrages ascétiques et tous bien connus. » Cette fois, l'auteur des *Essais* a rendu un hommage complet à la vérité. Nous pensons même ne pas nous tromper en disant qu'il a dû remarquer surtout le VIIIe livre de l'ouvrage intitulé : *Le Royaume de Jésus*. Il traite de l'humilité d'une manière remarquable dont tout le monde peut faire son profit. On a depuis détaché et publié à part ce VIIIe livre dans un petit opuscule auquel on a donné le nom de *Livre d'Or*, et il mérite bien cette qualification.

« On attribue à Jean Eudes, ajoute ensuite l'auteur des *Essais*, une *Vie*

de Marie des Vallées et plusieurs ouvrages sur les visions de cette béate. »
Les erreurs vont recommencer. Le P. Eudes a réuni sur Marie Desvallées,
des documents que les adversaires ont décorés du nom pompeux de *Vie
de Marie des Vallées*, et qu'ils ont donnés comme formant 3 vol in-4°.
Mais encore, il y a in-4° et in-4°; l'étendue de ces documents, restés
manuscrits, et non encore retrouvés, nous est inconnue; dès lors nous
n'en pouvons rien dire. En tout cas, c'est la seule vie que le P. Lelong de
l'Oratoire ose attribuer au P. Eudes; et pourtant l'Oratorien est loin de
lui être favorable, puisque, laissant de côté tous ses ouvrages, il n'indique
que la *Vie de Marie des Vallées*, qu'il appelle ironiquement « le chef-
d'œuvre de l'auteur. » En revanche, il est vrai, il énumère soigneusement
les autres écrits publiés sur la pauvre fille, sur la « béate », comme dit
M. De La Rue, mais non par le P. Eudes; voire même le burlesque *facium*
de l'abbé d'Aulnay. La partialité est-elle assez évidente ? Et puis, quand
M. De La Rue, non content des 3 volumes in-4°, composés par le P. Eudes,
sur « cette béate », lui attribue obligeamment la paternité « de plusieurs
ouvrages » sur le même sujet, ne dirait-on pas qu'il s'agit d'une nouvelle
Summa theologica, d'une série d'ouvrages formant une véritable collec-
tion, une sorte d'encyclopédie ? Comme tout cela est sérieux !

Enfin, dit en terminant l'historien de Caen, « il existe une histoire
manuscrite de la Congrégation des Eudistes, en 2 volumes in-4°, mais
elle ne renferme rien d'intéressant. » Serait-ce par hasard les *Annales de
la Congrégation de Jésus et Marie*, que l'auteur des *Essais* traite avec
un ton si léger et si expéditif? Tout porte à le croire, puisqu'on ne connaît
pas sur le P. Eudes d'autres histoires en 2 vol. in-4°, et que cet ouvrage
se trouvant au monastère de Notre-Dame de Charité, dont M. De La Rue a
été chapelain en second, de 1780 à 1785, il a pu facilement le connaître
et l'examiner. Dans ce cas, cette dernière appréciation serait encore
très-erronée ; car, indépendamment des faits concernant la Congrégation,
on y rencontre une foule de détails d'un très-grand intérêt pour la ville
de Caen. Vraiment, si M. l'abbé De La Rue a fait hommage à son ancienne
communauté de cette nouvelle Introduction à la vie dévote du P. Jean
Eudes, les chères filles du bon Père ont dû trouver que le langage de
leur chapelain d'autrefois n'avait rien « d'ascétique. »

En terminant notre appréciation sur cet article de M. De La Rue,
nous tenons à renouveler la déclaration que nous avons faite il y
a deux ans, dans une séance de la Société des Antiquaires de
Normandie, où nous avions pareillement réfuté une autre erreur du
même historien. Nous sommes sincèrement reconnaissant envers notre
compatriote des éclaircissements qu'il a apportés sur certains points de
notre histoire locale : ses investigations seront certainement d'un grand
recours à l'historien de l'avenir appelé à écrire d'une manière complète

l'histoire de notre chère cité. Dans le cas où l'auteur des *Essais* serait attaqué sans raison, si nous pouvions quelque chose, nous mettrions à le défendre le même zèle que nous avons apporté à réfuter ses erreurs. Mais, sans manquer en rien au respect dû à la mémoire de cet infatigable chercheur, nous croyons pouvoir dire qu'aujourd'hui il est généralement reconnu que ses recherches laissent souvent à désirer, sous le rapport de la critique historique, et que ses assertions, quand elles ne sont appuyées d'aucune preuve, doivent toujours être acceptées sous bénéfice d'inventaire, surtout quand il prend le ton doctrinal qu'on lui connaît. La vérité vraie, c'est que M. De La Rue ne connaissait pas la question du P. Eudes. Pourquoi ne pas dire alors comme le bon chanoine de Bayeux, mestre Wace de Jersey; « *Jo ne scai* »; ou comme Benoît de Sainte-More : « *Ne l'ai pas lu en livre.* » C'est au moins de la loyauté. Bref, l'article de M. De La Rue sur Jean Eudes doit-être regardé comme non-avenu.

Page 280.

Lettre de Monseigneur de la Madeleine de Ragny, évêque d'Autun, au pape Innocent X (1648).

Sanctissimo Domino nostro Papæ Innocentio Decimo, Claudius de la Magdelene de Ragny, Augustodunensis Episcopus, humillima pedum oscula.

Accedo ad pedes Sanctitatis Vestræ cum Reverendo et Dilectissimo Patre Joanne Eudes, Seminarii Cadomensis, in diœcesi Bajocensi, presbytero, homine vere a Deo misso ad salutem et resurrectionem multorum, qui perierunt, domus Israel, testificaturus coram Deo in Christo Jesu me neminem hactenus vidisse, qui ferventius atque utilius inserviat Deo et Ecclesiæ suæ sanctæ in salute animarum procuranda.

Ipse etiam potens opere et sermone, et quasi malleus conterens petras, obdurata plurimorum corda emollit ac frangit, et ad pœnitentiam adducit. Hujus rei testis est incredibilis hominum multitudo, qui undique ad ipsum audiendum affluunt; testes lacrymæ et suspiria audientium conciones ejus; testes innumeræ pene confessiones generales quæ fiunt ubicumque verbum Dei annuntiat, dissidentium item reconciliationes, bonorum alienorum restitutiones, hæreticorum conversiones, librorum prohibitorum, picturarum inhonestarum, taxillorum, et aliorum hujusmodi peccati instrumentorum coram omnibus in plateis combustiones; testes denique oculi nostri. Ipsi enim vidimus in pluribus missionibus, quas præfatus P. Joannes Eudes, cum quibusdam ex sociis suis, viris certe apostolicis, ab extremis Normaniæ partibus, a Nobis propter famam pietatis et doctrinæ ejus, advocatus, a quatuor annis in multis diœcesis nostræ locis fecit, præcipue vero et novissime in civitate nostra Augustodunensi, necnon in urbe Belnensi, vidimus, inquam, miranda prorsus gratiæ et virtutis opera, quæ Dominus per ipsum et socios ejus operatus est in conversione multorum peccatorum, et in pluribus aliis christianæ religionis exercitus, maxime vero erga curatos et sacerdotes plurimos.

Ipsi etiam speciali gratia a Deo donatum est, ut verbo et exemplo suo multos clericos et sacerdotes, ad ressuscitandam in semetipsis gratiam quæ data est eis per impositionem manuum presbyterii impellat. Illos namque seorsum a plebe in missionibus suis solet convocare, privatas exhortationes super ea quæ ad munus ipsorum spectat ad eos habere, illosque postea per aliquos dies in rerum divinarum meditatione, librorum spiritualium lectione, aliisque hujus modi piis operibus exercere, quæ vulgo exercitia spiritualia vocantur. Unde ingens et manifestus oritur fructus ad maximam Dei gloriam, Ecclesiæ sanctæ ædificationem, et multarum animarum salutem.

Quæ cum ita sint, et cum idem P. Joannes Eudes singulari doctrina, pietate, prudentia, modestia, mansuetudine, zelo vere apostolico, et summa erga sanctam Sedem apostolicam et omnes Ecclesiæ prælatos et pastores reverentia præditus sit, cumque omnes fere sacerdotes filiali quodam animo erga eum affecti sunt, haud dubie sperandum est, si paterna vestra benedictione, et auctoritate apostolica, illum decorare et communire Sanctitati Vestræ placeret, in stabiliendis seminariis undique eum fore advocandum, et multo plures et majores fructus in missionibus suis allaturum.

Quamobrem illum dignissimum judicavimus, quem totis visceribus his nostris litteris apud S. V. commendaremus, ipsamque enixe rogaremus ut summam illam benevolentiam ac benignitatem, qua omnes sedulos et fideles Christi ministros prosequitur, erga hunc fidelem servum ejus a viginti quinque annis in vinea illius laborantem ostendere dignetur; ipsique paternam vestram benedictionem, cæterasque gratias et indulgentias, quas a Sanctitate Vestra humillime postulat, non denegetis; ut in tot tantisque laboribus, quos a tam multis annis propter Deum solum et salutem animarum suscipit, confortetur cor ejus, animus erigatur, manus roborentur ad opus Domini viriliter peragendum, et Deum Optimum Maximum nobiscum deprecetur, quatenus sanctitati Vestræ longos et beatos annos ad sanctam Ecclesiam sancte et feliciter regendam largiatur.

Datum Augustoduni, anno Domini 1648, die vero aprilis 18.

† CLAUDIUS, *Episcopus Æduensis.*

« *A Notre Seigneur le Pape Innocent X, Claude de la Madeleine de Ragny, évêque d'Authun, qui luy baise très-humblement les pieds.*

« Je me prosterne aux pieds de Votre Sainteté, avec le R. P. Jean Eudes, notre bien-aimé prêtre du séminaire de Caën, dans le dioceze de Bayeux, homme véritablement envoyé de Dieu pour le salut d'un grand nombre d'âmes qui étoient mortes dans la maison d'Israël, afin de vous attester devant Dieu et Jésus-Christ, que jusqu'à présent, je n'ay vu personne qui rendit service à sa divine Majesté et à son Eglise, dans l'affaire du salut des âmes, avec plus de zèle et de succez que luy : car il est puissant en œuvre et en parole. Comme un marteau propre à briser les pierres, il amollit et rompt la dureté d'un grand nombre de cœurs et les attire à la pénitence ; tesmoin cette multitude incroyable de gens qui accourent à ses sermons de tous côtez : tesmoin les larmes et les gémissemens dont son auditoire est remply ; tesmoins une infinité de confessions générales, de réconciliations d'ennemis, de restitutions, de conversions d'hérétiques et de feux publics où l'on a brûlé une multitude de mauvais livres, de peintures deshonnêtes, de dés, de cartes et d'autres pareils instrumens de péché ; tesmoins enfin nos propres yeux. Depuis quatre ans, en effet, qu'il travaille avec ses associez dans ce dioceze, où nous l'avons appelé des extrémitez de la Normandie, sur le bruit de sa piété et capacité, pour y faire des missions en plusieurs lieux et en particulier dans notre ville d'Authun et dans celle de Beaulne, nous avons vû des prodiges de grâces qu'il a plu à Dieu d'opérer par son ministère, non-seulement par rapport à la conversion des pécheurs, mais encore pour le bien de nos curez et des autres prêtres de notre dioceze. Car il a receu de Dieu ce don particulier de porter par son exemple et par ses discours, un grand nombre de prêtres à faire revivre la grâce qu'ils avoient receuë de leurs Prélats par l'imposition de leurs mains : ce qu'il pratique dans le temps de la mission, les assemblant en particulier pour leur parler de leurs obligations, et leur faire les exercices spirituels ; ce qui produit de très-grands fruits à la plus grande gloire de Dieu. Ainsi, ledit P. Jean Eudes se trouvant remply d'une singulière doctrine, de piété, prudence, modestie, douceur, d'un zèle vrayment apostolique et d'une profonde vénération pour le Saint-Siége et les autres prélats et pasteurs qui sont dans l'Eglise, et jouissant de l'affection filiale de la plupart des prêtres, on ne peut douter, pourvu qu'il plaise à Votre Sainteté de l'honorer et de le munir de sa bénédiction et autorité apostolique, qu'on ne l'invite à aller de tous côtez, pour y établir d'autres séminaires, et faire encore de plus grands fruits dans les missions. C'est pourquoy, nous jugeons qu'il mérite bien que nous le recommandions de tout notre cœur à Votre Sainteté, et que nous la supplions de faire éprouver à ce fidèle serviteur de Jésus-Christ, qui travaille depuis 25 ans dans sa vigne, quelques effets de cette bonté qu'elle a fait ressentir aux autres fervens ouvriers de ce divin Maître, et de ne luy pas refuser la bénédiction paternelle et les autres grâces qu'il demande très-humblement à Votre Sainteté. Par ce moyen, vous fortifierez son courage, vous l'animerez à poursuivre l'œuvre de Dieu, et l'engagerez à joindre ses prières aux nôtres pour demander à Dieu une longue et heureuse vie en faveur de Votre Sainteté, pour faire jouir l'Eglise d'un saint gouvernement.

Donné à Authun, le 18 avril 1648. »

CLAUDE, *Evêque d'Authun*.

(Traduction du P. Costil).

Page 303.

Contrat de vente fait par Hierosme Totain, escuier, sieur de Savilly, à M· Thomas Quetissens, d'une maison située à Caen, pour la somme de 7,300 livres.

A tous ceulx qui ces lettres verront Thomas Morant chevallier seigneur et baron du Mesnil-Garnier et de Courseulle conseiller ordinaire du roy en ses conseils destat et finances et garde heredital des seaux des obligations de la Viconté de Caen Sallut.

Scavoir faisons que par devant Thomas du Rozier et Jean Caumont son adjoint tabellions royaux en la Sergenterie de Cheux fut présent Hierosme Tostain escuier sieur de Savelly demeurant en la parroisse de Champeaux Viconté d'Argentan herittier de feu Charles Tostain vivant escuier sieur du Pont son frère lequel au dit nóm de sa pur et franche vollonté confessa avoir vendu quitté cedé et délaissé afin d'héritage pour luy et ses hoirs a honorable homme Thomas Quetissens bourgeois de Caen présent et aceptant.

Cest ascavoir ung corps de maison consistante en cave salles chambres vys fermantes avecq la court fermée de murailles et porte dans laquelle court y a escuryes en appentif et ung jardin herbier aussy fermé le tout assis en la ville et bourgeoisie dudict Caen au franc alleu parroisse de nostre dame de froide rue en la grande place de la chaussaie buttant sur la rue la ditte maison court et jardin ainsy que le tout se contien et pourporte en ce comprins les veues dignittés droittures et libertés en despendantes jouxte le cours de la rivière d'une part et la ditte rue dautre et du tout et auttant qu'il en peut appartenir audict sieur vendeur à cause de la succession dudict feu sieur du Pont son frère escuier par luy en faire aucune exception reservation ny retenue neantmoings quelle sont plus anplement exprimées par les lettres et contratz concernant la poccession de laditte ventte lesquels ledit sieur vendeur promet bailler et mettre es mains dudict sieur acquéreur toutes fois et quantes pour soy contenir au privilège diceux a la charge par luy de faire et paier par chacun an a ladvenir comme du dernier terme quarante huit sols de rente foncière allant a lhostel de la ville dudit Caen deue à cause du fondz pour fieffe.

La présente ventte faitte en oultre moiennant le prix et somme de sept mille livres tournois de principal aveq trois centz livres pour vin le tout franchement venant es mains dudict sieur vendeur ledict vin a luy payé presentement conptant en pistolle dor et autre monnoye ayant cours et mise dont il fut content la somme principalle de son consentement demeurée es mains dudict sieur acquereur lequel sest pour ce submis a charge de paier et acquitter a lacquit dudict sieur vendeur le sort principal avecq unne année de soixante et unze livres huit sols six deniers de rente hypotecque deue à Mᵉ Jean Durant bourgeois dudict Caen de l'obligation dudict feu sieur du Pont ledict sort et année revenant à mil soixante et unze livres huit sols six deniers. Item acquittera comme dict est trois centz livres de rentte a vie annuelle a damoiselle Anthoinette de Courtaleur, veufve dudict feu sieur du Pont envers laquelle ledit sieur vendeur s'est obligé pour son douaire après le decedz de laquelle damoiselle laditte rentte demeure extainte et la continuera ledit sieur acquéreur au bénéfice dudict sieur vendeur a condittion de la pouvoir franchir et retirer toutes fois et quantes en payant pour le sort quatre mil deux centz livres avecq les arrerages et prorata sy aucuns en estoient allors deubz et sy a esté acordé que au cas que le dict sieur vendeur face acord payement ou composition avecq laditte damoiselle veufve pour le faict des dittes trois centz livres de rentte a vye et de ce faisant apparoir de contrat par lequel elle déclare renoncer a en inquietter ny rechercher ledict sieur acquereur et len tenir deubment descharhé cela estant il sera tenu et sest submis vuider ses mains en celle dudict sieur vendeur de laditte somme de quatre mil deux cents livres avecq lintherest quatre mois appres et au regard de loutre plus de la ditte somme principalle revenant a dix sept cents vingt huit livres unze solz six deniers ledict sieur acquéreur en paira audict sieur vendeur dans le vingt cinquième jour de Mars prochain venant douze centz vingt huit livres unze solz six deniers et le reste qui font cinq centz livres est demeuré es mains dudict sieur acquéreur constitué en trente cinq livres quatorze solz trois deniers de rentte hypotecque pour asseurance du present conquest laquelle rentte commencera à courir dudict jour vingt cinqe mars prochain que ledit sieur acquereur a promis paier dudict jour a l'advenir jusques au racquet et franchissement qu'il en pourra faire toutes fois et quantes en payant pareille somme de cinq centz livres avecq lintherest sil en est deub et du consentement dudit sieur vendeur touttes les lettres quittances racquits et admortissemens que ledit sieur acquereur pourra faire pour la descharge et aconplissement du présent luy demeureront en ses mains en leurs force et vertu des jours et daptes dicelles lettres pour luy servir dainesse et seurette a ce present au cas denpeschement y arrivant comme subroge a la teneur des dittes lettres et par ces termes et moyens ledit sieur vendeur sest desaisy de laditte ventte et en a saisy presentement ledict sieur acquereur fors quil en souffrira la jouissance sans en prétendre aucune chose jusques audict jour vingt cinquemè mars prochain aux sieurs pretres du seminaire de Jésus et Marie desquels ledict sieur racuillera le louage de laditte ventte jusques audict jours et sy a esté acordé que ledict sieur acquereur leurs en souffrira la jouissance encores unne année appres et en racuillera diceux les fermages au prix du bail verbal de ce fait sans y appeller ledict sieur vendeur lequel a promis garantir laditte ventte envers tous et contre tous franche et quitte de touttes renttes charges et enpeschement quelconques en aconplissant et parfaissant les charges cy dessus pour asseurance desquelles laditte ventte demeurera specialement affectée et generallement tous les autres biens dudict sieur acquereur sans que la speciallitté desrhge a la generallitté ny au contraire et a tout ce que dessus les dittes partyes se sont vollontairement obligés tous leurs biens meubles et heritages a prendre et vendre par execution de justice sans procès. En tesmoing de quoy ses lettres sont sellée des ditz sceaux sauf autruy droict et pour l'execution du present eñ tant que mestier sera ledict sieur vendeur a fait et elleu pour luy son domicille pour y recepvoir tous exploits et advertissements en la maison et personne de Robert Le Roy bourgeois de Caen du mestier de tisserant demeurant en la rue des Jacobins. Ce fut fait et passé a Putot le jeudy avant midy vingt huite jour de janvier mil six cens quarante neuf présens Thomas et Abraham dictz Tocquet frères du dict lieu tesmoings lesquels ont avecq les dittes partyes et tabellions signé a la minutte du présent demeurée vers ledict Du Rozier lung diceux tabellions lacquereur adverty faire controller et notiffier suivant les ordonnances du Roy notre sire.

Signé : Du Rozier et Caumont.
Pour ledict sieur acquéreur.

Controllé et registré au unze iesme registre hérédital du controlle des tiltres de la ville et Viconté de Caen feuilliet quatre et septiesme et autres en suivantz par moy controleur a ce commis soubzsigné le sabmedy trentieme jour de janvier mil six cens quarante neuf.

Signé pour l'absence du. . . . . . . Lefebvre.

Charles Boullard sergeant royal en la provosté ville et Vicomté de Caen exploitant par tout le royaume de France certiffie que ce dimenche trente et unieme jour de janvier mil six cent quarante neuf à la requete de honnete homme Thomas Quetissants bourgeois de Caen je me suis cedict jour transporté à la sortye et hissue des gens sortissans de la grande messe paroichalle de Nostre-Dame de froide rue de Caen auquel lieu hors lieu sainct, endroit acoustumé à faire crier et proclamations publicques je faict lecture mot apres autre dun contrat passe devant tabellions de la sergeanterye de Cheux par lequel Hierosme Tostain escuier sieur de Savelly a vendu audict sieur Quetissant une maison comme elle se contient jouxtes et bornes par ledict contractz . . . par le prix et somme de sept mil livres et trois cents livres tournois de vin aifin qu'il soit notoire a un chacun et que personne n'en ignore presentz a ladicte sortye de messe Pierre Allain escuier sieur de Cricqueville Jean Trenchant Thomas Le Cordier George Lenepveu Laurens Sevestre et Jean Jacques Duthon tous paroissiens de ladicte paroisse avec Georges Bigot et Pierre Moisson mes recordz tesmoingts.

Signé : Allain, Trenchant, T. Le Cordier, Bigot, Lenepveu, Sevestre, Duthon et Goullard.

Les trois cent livres de rente mentionnées au present ont été raquitez des deniers dudit seminaire en deux fois scavoir le 12 septembre 1653 et six décembre en suivant par contrats receus devant les tabellions de Caen.

En marge est écrit : Lan mil six centz quarante neuf le vendredy douzᵉ jour de mars le présent contract a esté notiffié et enregistré au greffe des notifications de la ville et Viconté de Caen au dixieme vollume feuillet cent soixante par moy greffier commis soubzsigné.

Signé : Butaille.

Reçu pour le droit de notiffication dudict contrat la somme de dix sept livres quinze sols suivant l'ordonnance, Scelle le dernier janvier 1649.

Pour copie certifiée conforme à l'original déposé aux archives départementales.

Caen, le 10 mai 1879.

Le secrétaire-général,
Laugier.

Collationné.

L'archiviste du Calvados,
Eug. Chatel.

Déclaration faite par M. Thomas Quetissens au proffit de la communauté des prestres du Seminaire de Caen de l'acquisition par luy faite d'une maison au dit Caen par contract du 28 janvier 1649.

A tous ceulx qui ces lettres verront Thomas Morant chevallier seigneur et baron du Mesnil-Garnier et de Courseulle conseiller du roy en ses conseils destat et finances et garde héréditai des sceaux des obligations de la Vicomté de Caen, sallut.

Scavoir faisons que par devant Thomas du Rozier et Jean Caumont son adjoint tabellions roiaux en la sergenterie de Cheux fût présent honnest homme Thomas Quetissentz bourgeois de Caen lequel en exécution de sa promesse recongneut et confessa avoir quitte mis et delaisse et par ce present quitte et delaisse affin d'héritage perpetuel au suppost noms et benefice des sieurs pretres de la Congregation du Seminaire de Jesus et Marie dudict Caen, a ce presentz M° Jean Eudes superieur dudict seminaire M° Nicollas Blouet et M° Thomas Manchon trois diceux tant en leurs noms que faisant fort pour leurs autres freres absentz et aceptantz.

Cest ascavoir tout et tel droit d'acquest conceu sur le nom dudit sieur Quetissentz contenant ventte a luy faitte par Hierosme Tostain escuier sieur de Savellye en quallitte dherittier de feu Charles Tostain vivant escuier sieur Dupont son frère dung corps de maison a divers usages escurie court et jardin herbier en sa sirconstance et despendance seize en la ville et bourgeoisie dudict Caen paroisse de Notre-Dame de froide rue en la grande place de la Chaussaye sellon quelle est amplement déclarée par bornes et jouxtes par le contrat de laditte ventte de ce fait et passé devant les susditz tabellions en dapte du vingt huit° jour de janvier mil six centz quarante neuf, le prix de laquelle vente se montte a sept mil livres de principal et trois centz livres pour vin lesquelles trois centz livres de vin pour lors furent payée es mains dudict vendeur par ledict sieur Quetissens et au regard de la somme principalle demeurée en submisions et charges portées par ledit contrat.

La presente demiszion faitte au molen et par ce que icelluy sieur Quetissens a recongneu que tant la ditte somme de trois centz livres palez pour ledit vin que pareillement touttes les parties de deniers que en suivent luy auroient esté depossée et garnye en ses mains par les ditz sieurs et de leurs propres deniers pour satisfaire aus dittes submisions, premierement a M° Jean Durant mil soixante et douze livres deux sols six deniers par contrat passé devant les tabellions de Vaucelles dudict Caen le vingt trois° de febvrier audict an six centz quarante neuf. Item aux pretres de l'Oratoire dudict Caen cent cinquante livres pour le sort principal sept années d'arerages et le prorata de sept livres deux solz dix deniers de rente hypotecques par contrat passé devant les tabellions audit Caen le vingt troisieme de novembre dernier. — Item pareille somme et pour pareille rentte aux relligieux Carmes dudict Caen par contrat devant les ditz tabellions le unze° de décembre ausy dernier. — Item ausy pareille somme aux relligieux Jacobins dudit Caen et pour mesme rentte par contrat passe devant les dits tabellions le quatorze° dudit mois de décembre ausy dernier. — Item a lHostel Dieu dudict Caen deux centz livres pour le corps de quatorze livres cinq solz huit deniers de rentte sellon le contrat devant les ditz tabellions le quinze° dudit mois de décembre ausy dernier avecq les quittances de tous les arrérages et prorata ausy paiez es mains des administrateurs de laditte maison Dieu estant en charge de present. — Item autre payement fait de six centz soixante et dix huit livres unze solz garnis es mains dudict Hierosme Tostain escuier par contrat devant les ditz tabellions le douze° dudit mois de novembre ausy dernier, toutes lesquelles sommes sus dittes auroient esté ainsy garnye es mains dudict sieur Quetissentz pour mieux facilliter en son nom le dict contrat dacquest ainsy que les ditz sieurs auroient de luy requis et en estoient pour lors demeurez dacord ensemble avecq sa promesse de leurs en faire le présent quittement et au regard de trois centz livres de rentte qui restent encor deubz à la damoiselle du Gruchet veufve dudict sieur Dupont menttionnée par le susdit contrat de vente iceux sieurs en demeurent chargés en sort principal prorata et faisance comme pareillement de touttes autres charges généralement quelconques sans autrement leur spécifier que pourroient rester en estre demandée en consequence dicelluy contrat neantmoings que en icelluy ilz ne soient expliquée recongnoissant iceux sieurs que ledit sieur Quetissentz a fidellement vide ses mains de tous les ditz deniers a luy depossez pour ce subgect dont ilz declarent pour eux et aus ditz noms l'en tenir quitte et mesmes ont tousjours jouy de l'effect de laditte ventte attendu que a leur priaire et requeste ledict acquest avoit esté fait et conceu sur son nom seullement pour leur faire plaisir a laquelle fin et pour sen liberer et pour toutte garantie de sa part il leur a presentement baille et mis en leurs mains tant le sus dict contrat que tous les autres sus daptez et autres quittances non daptée le tout fait et paye par leurs advis néantmoingz qu'ilz ny soient desnommez ny presentz afin de s'en servir sellon leur forme et teneur et y demeurer subrogez a quoy ilz ont declare sarrester prenant le tout a leurs perilz et dangers renonsant de bonne foy quelque sorte de trouble ou empeschementz qui puissent arriver jamais nen inquietter ny rechercher ledict sieur Quetissentz ny ses aians cause lequel ausy de sa part renonse a jamais y rien demander sur lobligation de tous ses biens et les ditz sieurs pour eux et aus ditz noms pour lentretien de tout ce que dessus obligerent génerallement tous leurs biens et speciallement laditte maison sans que la speciallitté desroge a la generaillité ny la generallitté à la specialité ny au contraire par execution de justice sans procez. En tesmoing de ce ses lettres sont sellée dudit scel sauf autruy droit, ce fut fait et passe à Carpicquet le sabmedy après midy vingt deux° jour de janvier mil six cenz cinquante presence Thomas et Abraham ditz Tocquet de Putot tesmoingz lesquelz ont avecq les dittes parties et tabellions signé en la minutte du present demeuré vers ledict du Rozier lung des ditz tabellions adverty faire notiffier suivant lordonnance.

Signé : Du Rozier et Caumont.

Pour les dits sieurs.

Controllé et registré au quatre yesme registre heredital du controlle des tiltres de la ville et Viconté de Caen, feuillet quatre° et autres ensuivantz par moy controleur a ce commis soubzsigné ce lundy quatre° jour d'apvril mil six cens cinquante.

Signé : Lefebvre.

Plus bas est écrit : les 300 fr. de rente mentionnées au present ont esté raquitées des deniers dudit seminaire en deux fois par contracts passez devant les tabellions de Caen les douze septembre 1653 et six décembre ensuivant. Sceltée le 4° avril 1650.

Pour copie certifiée conforme à l'original déposé aux archives départementales.

Caen, le 10 mai 1879.

Le secrétaire-général,

Laugier.

Collationné.

L'archiviste du Calvados,

Eug. Chatel.

Lettres d'Institution des Séminaire et Collège de Lisieux (1653).

Léonor de Matignon, par la grâce de Dieu et du Saint-Siége apostolique, « évesque et comte de Lisieux.

« Le soin pastoral que nous devons avoir du troupeau que Dieu nous a « commis nous oblige d'employer toutes sortes de moyens pour procurer « son salut. Or, tout le monde sçait qu'il n'y en a point de plus efficace « que le bon exemple des prestres qui mènent une vie conforme à la « sainteté de leur condition, et qui s'acquittent dignement des obligations « de leur sacerdoce. »

Le Prélat cite ensuite les mêmes autorités et dans les mêmes termes que nous l'avons vu dans les lettres d'institution de Mgr Auvry pour le séminaire de Coutances, jusqu'à ces mots : « pour y faire ce qu'ils faisaient en celuy de Bayeux », après quoi il continue ainsi :

« Mais comme la cognoissance de la langue latine est non-seulement « nécessaire à ceux qui aspirent à l'estat ecclésiastique, mais aussy à tous « ceux qui désirent se rendre capables d'exercer la justice et les autres arts « et sciences nécessaires tant à l'Eglise de Dieu qu'à la République (c'est-à-« dire à l'Etat), le même Concile de Trente après celuy de Latran a voulu « qu'en chaque église cathédrale il y eust un précepteur qui enseignast « gratuitement la grammaire aux clercs et aux autres pauvres escholiers « pour les rendre capables des études de la sainte Théologie ; ce qui a « obligé nos Roys d'ordonner, tant aux Estats d'Orléans (article 9), qu'à « ceux de Blois (article 33), quil y eust en chaque église cathédrale ou « collégiale une prébende où le revenu d'icelle demeure destiné pour « l'entretien d'un précepteur qui soit tenu, moyennant ce, d'instruire les « jeunes gens de la ville, gratuitement et sans salaire ; lesquels ayant esté « vérifiez et confirmez par plusieurs arrests des Cours souveraines, le revenu « de l'une des prébendes de nostre église cathédrale de Lisieux auroit tost « après ladicte vérification et publication desdictes ordonnances esté affecté « à l'entretien d'un précepteur et de ses régens qui auraient enseigné les « lettres humaines avec un heureux succez jusques à quelques années.

« C'est pourquoy, désirant suivre les décrets des saints Conciles, les « Ordonnances de nos Roys très-chrétiens et les sentimens des dictes as-« semblées générales de 1625 et de 1645, et estant bien informé de la « vertu, prudence, science et piété des vénérables personnes, maistre Jean « Eudes, Thomas Manchon et autres prestres de la Congrégation du sé-« minaire de Jésus et Marie establie ès ville de Caen et de Coutances, qui

« se sont associez pour travailler aux fonctions des séminaires, soubz le bon
« plaisir et obéissance de nos Seigneurs les évesques ; comme aussy ayant
« cognoissance des grands fruits que Dieu a operez par eux, tant dans les
« missions ès quelles ils ont esté employez dans nostre diocèze et plusieurs
« autres, que dans les exercices des séminaires où ils sont appliquez
« depuis longtemps, tant en la ville de Caën qu'en celle de Coutances:
« Nous, pour la plus grande gloire de Dieu et le salut des âmes qu'il nous
« a commises, suivant la puissance et authorité que nous en avons par les
« sacrez Conciles et Ordonnances de nos Roys, avons donné et donnons par
« ces présentes pouvoir aux susdicts maistres Jean Eudes, Thomas
« Manchon, leurs associez et leurs successeurs, d'ériger et establir en cette
« ville de Lisieux, lieu de nostre siége épiscopal, une compagnie ou Congré-
« gation d'ecclésiastiques soubz le nom et tiltre de prestres de la Congré-
« gation du séminaire de Jésus et Marie, comme estant dédiée et consacrée
« en l'honneur du souverain prestre N.-S.-J.-C. et soubz la protection
« spéciale de sa très-sainte Mère, pour vivre en société et communauté et
« s'employer par leurs exemples et par les exercices du séminaire à former
« et instruire les prestres et autres tendant à l'estat du sacerdoce, qui
« seront envoyez ou se retireront pour un temps ou pour tousiours dans leur
« maison, en ce qui regarde la vie, les mœurs et toutes les obligations et
« fonctions sacerdotales, comme aussy pour travailler au salut des âmes
« que Dieu Nous a commises, indépendamment de tout autre que de Nous,
« par les catéchismes, prédications, conférences spirituelles, administration
« des sacremens de Pénitence et d'Eucharistie et autres exercices des
« missions, tant en leur église ou chapelle que Nous leur permettons
« d'ériger et bastir à cette fin, qu'en tous les autres lieux de nostre diocèze
« où ils seront appelez par Nous ou nos grands-vicaires, et aussy pour
« enseigner la jeunesse tant de la dicte ville de Lisieux, que de nostre
« diocèze, dans leur collége.

« Le tout, soubz les charges et conditions par eux acceptées et dont ils sont
« et demeurent d'accord, et moyennant la somme de 500 livres qui sera
« payée annuellement, le décez arrivant de sieur Langlois, principal dudict
« collége, aux dicts prestres et leurs successeurs establis au dict collége, par
« le receveur de nostre chapitre, ainsy qu'elle a esté cy-devant payée au
« dict Langlois, icelle somme de 500 livres estant par les droits et revenus
« de la prébende préceptoriale affectée à l'instruction de la jeunesse.

« En laquelle Congrégation ou compagnie lesdicts prestres pourront re-
« cevoir et posséder fondations, donations, legs et autres revenus, et
« acquérir terres, rentes, maisons, ou bastir si besoin est.

« Toutes lesquelles fonctions de seminaire, missions et instruction de la
« jeunesse lesdicts prêtres, leurs associez et leurs successeurs ne pourront
« exercer dans ledict collége, leur église ou chapelle et tous autres lieux

« de nostre dioceze que soubz nostre authorité, entière dépendance, ap-
« probation, juridiction, droit de correction, visite et tous autres droits
« épiscopaux, tant pour Nous que pour nos successeurs.

« Avons permis et permettons auxdicts maistres Jean Eudes, Thomas
« Manchon et autres prestres, leurs associez et leurs successeurs en ladicte
« Communauté, de faire élection pour le temps réglé et déterminé par les
« statuts de la dicte compagnie d'un d'entre les prestres résidant dans
« ladicte compagnie et communauté pour estre supérieur d'icelle, lequel
« supérieur estant élu sera tenu de se présenter à Nous ou à nostre grand-
« vicaire, dans le moys, pour estre ladicte élection ainsi faicte, receue et
« approuvée; sans que ladicte Communauté puisse jamais dépendre d'autre
« que de Nous ou de nos successeurs à qui lesdicts prestres se sont soumis
« et obligez pour eux et leurs successeurs en ladicte Communauté.

« Avons donné et donnons pouvoir auxdicts Eudes et Manchon et aux-
« dicts prestres de recevoir, admettre et incorporer dans la dicte Congré-
« gation ceux qui s'y présenteront et qu'ils jugeront avoir les qualitez
« requises pour y servir Dieu dans le séminaire ou les missions et enseigner
« la jeunesse dans ledict collége, comme aussy de retrancher et renvoyer
« ceux qu'ils en trouveront incapables.

« Nous avons aussy consenti et voulons que ladicte compagnie ou Con-
« grégation de nostre séminaire de Jésus et Marie jouisse de tous les droits,
« prérogatives et privilèges, tant pour le spirituel que pour le temporel,
« dont jouissent les autres communautez de nostre ville et dioceze.

« Donné à Lisieux en nostre palais épiscopal, le samedy 25 octobre de
« l'an de grâce 1653.

« † LÉONOR, *évesque et comte de Lisieux.* »

SOMMAIRES.

LIVRE PREMIER.

SOMMAIRE.

Isaac Eudes et Marthe Corbin. — Leur vœu et leur pèlerinage à la chapelle de Notre-Dame de Recouvrance. — Naissance de Jean Eudes. — Bénédictions dont il est prévenu dez son enfance. — Son premier maître. — Sa première communion et son vœu de chasteté. — Ses études à Caën chez les P. P. Jésuites. — Il fait choix d'un directeur. — Sa dévotion à la Sainte Vierge. — Son progrez dans la piété et à l'étude. — Choix d'un état de vie. — Une assertion gratuite et invraisemblable. — Ses parens luy permettent de se faire prêtre. — Il reçoit, à Séez, la tonsure et les ordres moindres (mineurs). — Il se dégoûte du monde et arrête de se retirer à l'Oratoire. — Son départ de la maison paternelle. — Accident qui le fait revenir. — Son père luy donne son consentement. — Arrivée à la maison de Saint-Honoré. — Sa grande estime pour les P. P. de Bérulle et de Condren. — Ses vertus pendant son noviciat. — On l'envoie à Notre-Dame des Vertus. — Il reçoit les ordres majeurs. — Sa première messe. — Son retour à Saint-Honoré. — La peste de Séez. — Dévouement héroïque du P. Eudes. — Il est envoyé à Caën pour se préparer aux missions. — La peste de Caën. — Nouveau dévouement du jeune prêtre. — Il se loge la nuit dans un tonneau. — Le Supérieur de l'Oratoire de Caën enlevé par la peste. — Conversion et mort d'un vieux huguenot. — Le P. Eudes tombe dangereusement malade. — Ses désirs de la mort et du ciel. — Prières à Caën pour sa guérison. — Rétablissement de sa santé. — Lettre à une religieuse sur ce sujet.

LIVRE SECOND.

SOMMAIRE.

Le P. Eudes est appliqué aux missions. — Nécessité des missions, état du clergé. — Corruption du peuple. — 1632. Missions de Lessay, Périers, Saint-Sauveur-le-Vicomte, La Haye-du-Puits, Cherbourg, Montebourg. — Grands fruits de ces missions. — 1635. Le P. Eudes, chef de mission. — Missions de Beneauville, Avenay, Evrecy, Villers-Bocage. — 1636. Missions en Bretagne, à Pleurtuit, à Plouër, à Cancale. — Etat de ce pays. — Premières calomnies. — Heureux résultats. — Missions de Fresne. — Huguenots convertis. — Le P. Eudes y établit les prières du matin et du soir. — Ses livres des *Exercices de piété* et du *Royaume de Jésus*. — 1637. Ses désirs de la mort et son vœu du martyre. — Mission de Ri. — Délicatesse de sa chasteté. — 1638. Missions de Bremoy et d'Etréham. — Liaison du P. Eudes avec M. de Cospean ; caractère de ce prélat. — Mission du Pont-l'Evêque. — — 1639. Mission de Saint-Etienne de Caën — Lettre de M. Cospean. — Le P. Eudes prêche le Carême au Pont-l'Evêque. — Nouvelle lettre de M. Cospean. — Le P. Eudes supérieur de l'Oratoire de Caën. — Emotions populaires à Caën. — Punition des séditieux. — Le P. Eudes prêche l'Avent à Saint-Pierre de Caën. — 1640. Il y prêche le Carême. — Témoignage que luy rend l'évêque de Belley. — Lettre de M. Cospean. — Projet de mission manqué. — Nouvelles lettres de M. Cospean au P. Eudes. — Mission du Mesnil-Mauger. — Il prêche l'Avent de 1640 et le Carême de 1641 à Lisieux. — 1641. Missions à Urville, à Remilly, à Landelles, à Coutances, au Pont-Audemer. — Fruits de ces missions. — Les liaisons du P. Eudes avec M. de Bernières. — Ses entretiens aux prêtres. — Ses liaisons avec M. de Renty et M. Le Pileur. — Lettre de M. Cospean. — Deux nouveaux livres du P. Eudes : Le *Testament de Jésus* et le *Catéchisme de la Mission*. — Projet de l'Ordre de Notre-Dame de Charité et de la Congrégation de Jésus et Marie. — 1642. Mission de Saint-Ouën de Rouën. — Lettre de M. Cospean. — Le P. Eudes mandé à Paris. — Mission de Saint-Malo. — Le livre des *Avertissemens aux Confesseurs*. — Mission de Saint-Lo. — Huguenots convertis. — Le cardinal de Richelieu mande le P. Eudes en cour et luy communique ses grands desseins sur l'établissement des Séminaires. — Il luy promet des lettres patentes pour la Congrégation qu'il projette d'établir. — Conférences du P. Eudes à Saint-Magloire. — Mort du cardinal de Richelieu. — Retour du P. Eudes à Caën. — Il consulte de nouveau M. d'Angennes sur l'établissement de sa Congrégation. — Réponse du Prélat. 59-131.

LIVRE TROISIÈME.

SOMMAIRE.

Commencement de la Congrégation. — Premier logement. — Premiers bienfaiteurs. — M. de Camilly et sa famille. — Premier gouvernement. — Fausses raisons opposées à la sortie du P. Eudes. — Dépit des P. P. de l'Oratoire. — Missions de Saint-Sauveur-le-Vicomte et de Valognes. — Académie de sçavantes déconcertée. — Rétablissement d'une chapelle. — Mauvais livres brûlez publiquement. — Le P. Eudes travaille à affermir sa Congrégation. — Témoignage de M. Le Pileur sur les Missions. — Attestation de M. l'Evêque de Coutances. — Supplique de M. l'Evêque de Bayeux. — Le P. Eudes s'adresse à la Cour. — Il veut s'unir à la Congrégation fondée par M. d'Authier de Sisgau. — Lettres d'Institution de M. d'Angennes. — Le P. Eudes prêche le Carême à Coutances. — Mission de Honfleur. — Lettres de M. Cospean. — Réponse du cardinal de Saint-Onuphre. — Mort du pape Urbain VIII. — Fondation du séminaire de Caën. — Entrée de M. de Than dans la Congrégation. — Conversion d'un huguenot. — Douceurs et consolations du P. Eudes dans ces commencemens. — Pourquoy Dieu le ménagea ainsi. — Horrible tempête contre le P. Eudes. — Sa résignation et sa grande tranquillité. — Réconciliation de M. de Renty avec le P. Eudes. — Premières règles de la Congrégation. — Insuccez du Serviteur de Dieu. — Voyage de M. Mannoury à Rome. — Missions d'Estrées, de Vimoutiers, d'Arnay-le-Duc, de Couches, de Torigny, de Bény, de Lion. — M. Finel et M. Le Mesle entrent dans la Congrégation. — Jalousie et plaintes des P. P. de l'Oratoire. — Lettre édifiante de M. de Renty. — Manifeste du P. Eudes. — Mort de M. Cospean et de M. d'Angennes. — M. de Renty écrit au P. Eudes. — Soumission parfaite du P. Eudes à la volonté de Dieu dans ces contradictions. — Digression sur les Missions du P. Eudes en général. — Son talent pour le confessionnal. — Ses consolations et ses peines dans les missions. — Estime du P. Eudes pour les confesseurs. — Son grand désintéressement. — Instructions aux ouvriers de ses missions. — Différens exercices de la mission. — Conférences aux prêtres, aux gentilshommes, aux dames, aux artisans. — La guerre qu'il fait aux duellistes. — Les catéchismes de ses missions. — Soin accordé aux enfans. — Première communion. — Ouverture et conclusion des missions. — Le brûlement des mauvais livres. — Après la mission.   133-239.

LIVRE QUATRIÈME.

SOMMAIRE :

Missions de Nogent-le-Rotrou et de Fouqueville. — Le P. Eudes est autorisé par le Métropolitain à s'occuper de l'œuvre des séminaires dans la province de Normandie. — Il va à Paris saluer M. Molé et en est mal reçeu. — Mission de La Ferté-Vidame. — Maladie du Serviteur de Dieu. — Il guérit miraculeusement. — Lettre de M. de Renty au P. Eudes. — Le saint missionnaire part pour la Bourgogne. — Il envoie M. Mannoury à Rome. — Belles espérances. — Longs délais. — Confiance et résignation du P. Eudes. — Retour de M. Mannoury en France. — Mission d'Autun. — Le P. Eudes retourne à Arnay-le-Duc. — Mission de Beaune. — Liaisons du P. Eudes avec la sœur Marguerite du Saint-Sacrement. — Suppression d'un grand abus. — Conclusion de cette mission. — Brûlement des mauvais livres. — Un des missionnaires reçoit un soufflet. — Lettre honorable de Mgr l'évêque d'Autun. — Mission de Citry. — Services que M. de Renty rendoit aux missions. — Mort de M. de Renty. — Mission de La Fère. — Brouilleries d'Etat à Paris. — Exhortation du P. Eudes à ses prêtres. — Il écrit à la Reine mère. — Ses ennemis le calomnient auprès de M. Molé. — Les P. P. de l'Oratoire s'opposent à son établissement à Caën. — Missions à Saint-Sauveur-Lendelin, à Briquebec, à Alleaume, à Saint-Sever. — Achat de l'ancien séminaire de Caën. — M. Molé prend possession de l'évêché de Bayeux. — Le P. Eudes fait vérifier ses premières lettres patentes — Irritation de M. Molé. — MM. Godefroy et Fossey abandonnent la Congrégation. — Mission de Vesly. — Chapelle réédifiée. — Missions de Denneville et de Ravenoville. — Instructions données aux ouvriers des missions. — Comment le Serviteur de Dieu est reçeu par M. Molé, et ce qu'il fait pour l'apaiser. — M. Auvry luy donne le séminaire de Coutances. — Mission de Gatteville. — Interdiction de la chapelle du séminaire de Caën. — Belle résignation des Pères de la Congrégation de Jésus et Marie. — M. Auvry donne au P. Eudes des lettres d'institution. — Commencement du séminaire de Coutances. — Construction de l'église du séminaire. — Missions de Saint-Sulpice et de Corbeil. — Le P. Eudes tâche de fléchir M. Molé. — Missions de Bernay et de Marolles. — Les duellistes. — Mission de Coutances. — M. Mannoury chargé d'apaiser M. Molé. — Probation établie à Coutances. — Esprit de la Congrégation. — Le P. Eudes luy donne des règles. — Mort de M. Molé. — La chapelle de Caën est rétablie par M. de Sainte-Croix. — Le P. Eudes écrit à la Reine. — Missions de Pontoise et de Lisieux. — Mgr l'évêque de

Lisieux donne son séminaire et son collége au P. Eudes. — Liaisons du Serviteur de Dieu avec les Ursulines de Lisieux. — Il donne deux livres au public. — M. Servien est nommé à l'évêché de Bayeux. — Ses préventions contre le P. Eudes. — Lettre édifiante sur les persécutions. — M. Servien reçoit mal le P. Eudes. — Mission de Cisai. — M. Servien prend possession de l'évêché de Bayeux. — Lettre du P. Eudes au séminaire de Lisieux. — Changement miraculeux de M. Servien. — Mission de Lingèvres. — Réconciliation de M. Servien avec le P. Eudes. — Il luy donne tous ses pouvoirs. 241-374

Notes et pièces justificatives. 375-427

Caen, Typ. F. Le Blanc-Hardel.

OUVRAGES DU MÊME AUTEUR.

Conspiration des barons normands contre Guillaume le Bâtard, et la bataille du Val-ès-Dunes, en 1047. Prix. . . . . 2 fr.

Étude sur la première croisade, coup d'œil sur l'ordre des Hospitaliers de Saint-Jean de Jérusalem. Prix. . . 2 fr.

Notice archéologique sur l'église de Cintheaux. Prix. . . . . 1 fr. 50

Notice généalogique sur la famille irlandaise des Macquir.

Dévouement et mort héroïque du soldat Galibourg, 1870.

Fête de la plantation du Calvaire de Cormelles-le-Royal, 1874.

Fête de la plantation du Calvaire d'Olendon, 1875.

Le chant de l'O Salutaris, réponse à M. le Procureur général Delisle.

La sépulture de Charles de Bourgueville, sʳ de Bras, dans l'église St-Pierre, à Caen. Prix. . . . 1 fr. 50

www.ingramcontent.com/pod-product-compliance
Lightning Source LLC
Chambersburg PA
CBHW070220240426
43671CB00007B/707